U0943945

全国高等院校应用技术型财会类精品教材系列

SHENJIXUE
YUANLI YU SHIWU

审计学

原理与实务

主　编◎赖秋萍
副主编◎张荣庆　吴　烨　潘丽萍　黄春玲

西南财经大学出版社

图书在版编目(CIP)数据

审计学原理与实务／赖秋萍主编.—成都:西南财经大学出版社,2015.5

ISBN 978－7－5504－1873－8

Ⅰ.①审… Ⅱ.①赖… Ⅲ.①审计学—高等职业教育—教材
Ⅳ.①F239.0

中国版本图书馆 CIP 数据核字(2015)第 082721 号

审计学原理与实务

主　编:赖秋萍

副主编:张荣庆　吴　烨　潘丽萍　黄春玲

责任编辑:孙　婧

封面设计:墨创文化

责任印制:封俊川

出版发行	西南财经大学出版社(四川省成都市光华村街 55 号)
网　　址	http://www.bookcj.com
电子邮件	bookcj@foxmail.com
邮政编码	610074
电　　话	028－87353785　87352368
照　　排	四川胜翔数码印务设计有限公司
印　　刷	四川森林印务有限责任公司
成品尺寸	185mm×260mm
印　　张	20.75
字　　数	435 千字
版　　次	2015 年 5 月第 1 版
印　　次	2015 年 5 月第 1 次印刷
印　　数	1— 3000 册
书　　号	ISBN 978－7－5504－1873－8
定　　价	39.80 元

前言

党的十八届三中全会通过的《中共中央关于全面深化改革若干重大问题的决定》首次提出了推进国家治理体系和治理能力现代化的要求；党的十八届四中全会提出全面推进依法治国的方略，强调加强审计监督，完善审计制度，保障依法独立行使审计监督权，形成科学有效的权力运行制约和监督体系。由此可以预见，被誉为“经济警察”的审计工作将会在完善国家治理体系、提高国家治理能力、推进依法治国的进程中发挥越来越重要的作用。为满足新形势下普通高等院校和高等职业院校会计、审计类专业审计课程教学的需要，我们编写了这本《审计学原理与实务》教材。

本书的主要特色如下：

1. 体现了职业教育发展的新理念

本书的编者在充分吸收国内外本科、高职层次审计学教材精华和优点的基础上，遵循“职业行动能力导向”的职业教育理念，按照“基于审计工作过程”的思路编排教材内容的顺序，以方便教师实施“审计项目导向”和“审计任务驱动”教学。

2. 依据最新审计准则的要求编写

本书引用或运用的审计准则均以国家审计署、中国注册会计师协会、中国内部审计协会近年来发布的相关准则的最新版本为准。

3. 突出了注册会计师审计职业的特点

本书以注册会计师进行的财务报表审计为例，通过对审计案例的深入分析，说明审计人员应当具备的职业谨慎态度、职业怀疑思维、专业判断能力以及如何依据不同的审计对象实施恰当的审计程序。

4. 增强了学生学习审计理论和审计职业技能的直观性

本书紧扣审计计划、审计实施、审计报告三大阶段的核心工作要求和审计职业岗位群各个岗位的职责和素质要求，设定了三大模块共13个教学项目，在每一个教学项目下又分别设定了若干项工作任务。同时，每个教学项目配有大量的审计案例及解析，这使得学生学习的目的更加明确，学习的思路更加清晰，学习的过程更加轻松，学习的效果更加容易检验和评判。

本书共分三大模块：模块一，审计的计划阶段；模块二，审计的实施阶段；模块三，审计的报告阶段。其中模块一包括审计概论、审计组织和审计程序、审计职业道德与法律责任、审计的重要性和审计风险四个教学项目；模块二包括内部控制评审、审计证据和审计工作底稿、销售与收款循环审计、采购与付款循环审计、生产与存货循环审计、筹资与投资循环审计、货币资金审计共七个教学项目；模块三包括出具审计报告前的准备工作、如何出具审计报告两个教学项目 。

此外，本书编写人员还编写了与本书配套的《<审计学原理与实务>配套实训题集》，并制作了与教材内容配套的 PPT 课件，作为学生课后实训和教师教学的参考。

本书内容编排的总体思路是：首先，要了解最基本的审计理论，这是从事审计工作的知识准备。其次，开展审计工作时，各审计主体要按照所适用的审计准则要求计划审计工作，并在评审内部控制、评估审计风险的基础上对五大经济业务循环涉及的会计资料及相关资料进行实质性测试。此过程的核心工作就是收集审计证据和编制审计工作底稿。最后，审计人员要在复核审计工作底稿、分析审计证据、调整审计差异的基础上发表审计意见，出具审计报告。

本书可供参与高等教育改革转型的技术型高等院校和高、中等职业技术院校的会计、审计类专业教学使用，也可供广大审计工作者、审计事业的爱好者学习和参考。

本书模块一的项目一、二、三、四由汉中职业技术学院国际注册内部审计师、中国注册会计师赖秋萍副教授编写；模块二的项目一、二、三由汉中职业技术学院潘丽萍（研究生）讲师编写，项目四、五、六由汉中职业技术学院张荣庆副教授编写；模块二的项目七和模块三的项目一、二由广西经济干部管理学院黄春玲高级会计师编写；全书的总体设计、统稿、校对工作由吴烨老师负责。

本书出版的过程得到了各位会计、审计专家和同行们的大力支持，也借鉴了有关文献和书刊的相关资料和观点，我们在此一并表示最诚挚的谢意。

鉴于总结审计工作规律的复杂性以及审计具体实践活动的多样性和灵活性，再加上编者的认识水平和实践能力存在局限性，本书难免有错误或疏漏之处，编者真诚希望得到审计教育战线广大老师、学生们的批评指正，以便我们今后对本书作出改进和修订。

编者

2015 年 3 月

目录

模块一　审计计划阶段

项目一　审计概论

学习目标

学生通过对本项目的学习，对我国及西方国家审计产生的背景和社会根源有深入的了解，并知晓如下四个问题：审计是做什么的？审计目的是什么？谁可以做审计工作？审计工作有什么意义？

能力目标

1. 理解审计产生的社会根源。
2. 掌握审计的内涵和本质特征。
3. 正确运用审计方法。

任务1　掌握审计的概念

【审计案例 1-1-1】①

2013 年，我国审计署派出审计项目组对中国大唐集团公司 2012 年度财务收支进行了审计，重点审计了大唐集团总部及所属大唐国际发电股份有限公司等 10 家企业。据大唐集团合并财务报表反映，2012 年年底资产总额为 6 559.36 亿元，负债总额 5 729.28 亿元，所有者权益总额 830.08 亿元；当年实现营业收入 1 917.98 亿元，净利润 37.02 亿元，资产负债率 87.35%，净资产收益率 4.83%。

本次审计发现大唐集团公司在会计核算和财务管理方面存在的主要问题如下：

(1) 2012 年，大唐集团所属中国大唐集团科技工程有限公司等 5 家单位存在将应计入递延收益的财政补贴资金一次性计入营业外收入、未及时对已投产的固定资产计提折旧等问题，合计多计收入 0.75 亿元，少计成本费用 1.15 亿元，导致多计利润 1.9 亿元。

(2) 2012 年，大唐集团合并财务报表编制不规范，多计收入 25.98 亿元，多计成本 26.04 亿元，导致少计利润 0.06 亿元。

(3) 2011 年至 2012 年，集团所属大唐同舟科技有限公司和大唐国际燃料公司通过虚列派遣劳务人员费用套取 211.40 万元现金设立“小金库”，全部用于向领导班子成员及中层管理人员发放奖金 。

对审计中发现的问题，审计署已依法出具了审计报告，下达了审计决定书。大唐集团具体整改情况由其向社会公告。审计发现的有关人员涉嫌经济违法违纪线索，移送有关部门进一步调查处理。

【问题思考】

1. 审计的主体、依据和本质属性是什么？
2. 审计的对象、职能和目的分别是什么？

一、审计的概念

审计工作的历史悠久，审计的内涵十分丰富，学习审计，首先要明白审计的概念。

（一）审计的定义

1. 审计的原始含义

“审计”一词的英文为“Audit”，被注解为“查账”。“审”即“审查”，“计”

① 资料来源：中华人民共和国审计署“2014 第 16 号审计公告——《中国大唐集团公司 2012 年度财务收支审计结果》”。

的静态含义为“会计”或“会计资料”，动态含义有“计算、对比、分析”之意。综合起来看，早期人们对“审计”的认识比较单纯，认为“审计”即审查会计账目，直至今天，一提到审计，人们就会想到“查账”工作。

2. 当代审计学术界和实务界对审计概念的代表性表述

迄今为止，审计学术界和实务界对审计的定义并没有完全一致的表述，具有代表性的有以下两种：

（1）美国会计学会 1972 年颁布的《基本审计概念公告》中指出：“审计是指为了查明有关经济活动或经济现象的认定与既定标准的一致程度而客观地收集和评估证据，并将结果传递给有利害关系的使用者的系统过程。”

（2）我国关于审计定义较为统一的表述是：“审计是由专职机构和人员，对被审计单位的财政财务收支及相关经济活动的真实性、合法性和效益性进行审查和评价的独立性经济监督活动。”

一般说来，审计定义中包含以下六大基本要素：

审计主体：专职机构和人员（如国家审计机关、社会审计组织、内部审计机构）。

审计客体：被审单位（如国家行政机关、企事业单位及其他组织）。

审计依据（或标准）：国家的法律、法规或社会公认原理、行业准则、制度等。

审计对象：审计的总体对象应为财政、财务收支及相关经济活动，具体对象应为会计资料及相关经济资料。

审计目的：对财政财务收支及相关经济活动的真实性、合法性和效益性进行审查，并发表意见。

审计的本质特征：独立性。

（二）审计独立性的含义

审计的独立性是指从事审计的机构和人员应当独立于被审计单位或审计对象。它主要包括：

1. 机构独立

机构独立是指审计机构与被审计单位之间没有组织上的隶属关系，以保证审计监督的有效性。

2. 经济独立

经济独立是指审计机构和人员从事审计工作的经费不需要由被审计单位提供，不受被审计单位制约。

3. 人员独立

人员独立是指审计人员与被审计单位或被审计的对象之间不应该存在利害关系，如果存在，应当回避。

机构独立、经济独立、人员独立是审计工作在形式上保持独立性的标志。

4. 工作独立

工作独立是审计人员开展工作时，具有独立的情感、态度和意志，发表审计意见时不受任何单位和个人干涉、阻碍。如某审计人员在揭露被审计单位存在的问题时，由于个人情感好恶、权力或人际关系等外界因素的干扰，最终没有依据实际查明的事实或证据撰写审计报告，说明该次审计工作违反了审计独立性的内在要求。所以，工作独立是审计工作保持实质上独立性的重要标志。

（三）审计的其他特征

1. 权威性

权威性是指审计机构一般都由国家法律明确规定赋予其执行审计的合法资格和地位，审计结论或审计报告具有法律效力，非法律授权组织不得从事审计。

2. 公正性

公正性是指审计人员应当公正地作出审计判断，得出审计结论，发表审计意见，能够做到不偏不倚地对待利益关系各方。

3. 客观性

客观性是指审计证据的收集、分析、鉴定要依据被审计事项的客观情况，既不能夸大甚至捏造查出的问题，也不能对查出的重大问题视而不见。

二、审计的职能

审计的职能是指审计工作本身所具有的内在功能。它主要包括：

（一）经济监督

经济监督职能是指审计机构对被审计单位的财政财务收支及相关经济活动进行监察和督促，使之在法定或正常的轨道内运行。

（二）经济评价

经济评价职能是指审计人员以独立的身份、客观的视角评价被审计单位的计划、决策、方案是否科学可行，经济活动是否按照既定目标运行，内部控制是否健全有效等，以便为审计业务委托人提供意见、建议。

（三）经济鉴证

经济鉴证职能是指通过对被审计单位财务报表及相关经济资料作出审核和查验，鉴别其可信程度，以便向审计委托人提供可供参考的审计意见。

需要说明的是，一般情况下，一项审计活动往往会体现多种审计职能，也即三种职能交叉重叠在一项审计活动中是十分正常的。有些审计活动也可能主要侧重于体现一种或两种职能，其他职能的显现可能比较隐含。

审计的职能不是一成不变的，而是随着经济的发展而不断发展变化的。

三、审计的种类划分

（一）按照审计执行主体分类

1. 国家审计

国家审计是指经该国法律授权，由有权代表国家的专门审计机关对各级政府及其部门和国有企事业单位的财政财务收支及有关经济活动的合法性、真实性、效益性进行的审查。国家审计的主要特点是强制性。

目前，我国的国家审计体制属于行政型。在世界范围内看，国家审计的体制除行政型外，还有立法型、司法型等。不同审计体制的独立性程度有一定差异。

2. 注册会计师审计

注册会计师审计是指由经过政府部门批准注册的会计师事务所和注册会计师接受委托，对委托人指定的财务报表和相关资料进行的审计。注册会计师审计又称社会审计或民间审计。注册会计师审计最突出的特点是审计意见具有法律效力和鉴证作用。

3. 内部审计

内部审计是指由组织内部设立的审计机构对本部门及所属单位的经营活动和内部控制的适当性、合法性和有效性进行的审查和评价活动。其主要特点是审计服务的内向性，审计意见没有鉴证作用和法律效力。

（二）按照审计执行方式分类

1. 就地审计

就地审计是指审计人员到达被审计单位驻地实施审计。它的主要优点是有利于提高收集审计证据的效率和质量。因此，它成为审计实务中经常选择的一种审计执行方式。

2. 报送审计

报送审计是指被审计单位将指定的受审资料送交到审计机构接受审计。这种审计执行方式适用于国家审计机关对规模小、资料少、业务单一的行政事业单位进行财务审计或专项审计。

（三）按照审计的目的和内容分类

1. 财政财务审计

财政财务审计也称常规审计或传统审计，它是指审计人员通过对被审计单位会计资料和相关资料的审核，以查明被审计单位财政财务收支活动是否合法、真实的一种审计活动。审计目的和审计内容都是针对最常规的经济活动进行的。

2. 财经法纪审计

财经法纪审计是指为查明被审计单位或被审计人员是否遵守国家财经政策、法规、制度而进行的专门审计。该种审计活动的目的、对象、内容有很强的针对性。

3. 经济效益审计

经济效益审计是指审计人员对被审计单位经济活动的经济性、效率性、效果性进行的审查和评价活动。该种审计活动的目的侧重于为被审计单位提出改进管理、提高经济效益的意见和建议，同时也为政府部门和其他利益关系人的经济决策提供参考。

4. 经济责任审计

经济责任审计是对被审计的组织机构负责人在任职期间履行经济责任情况进行的审查和评价。在我国，主要是各级党委组织部门委托国家审计机关对地方各级党委、政府的主要党政领导和国有企事业单位主要党政领导进行离任经济责任审计，将审计结果作为干部任免、确定或解除干部经济责任的参考依据之一。

（四）审计的其他分类

（1）按照审计的范围大小划分，可分为全面审计和抽样审计。

（2）按照审计人员与被审计单位的关系划分，可分为外部审计和内部审计。

（3）按照审计实施时间划分，可分为事前审计、事中审计、事后审计。

（4）按照审计是否具有强制性划分，可分为强制审计和委托审计。

【审计案例 1-1-1 分析】

依据前述审计案例所述内容，至少说明以下几点：

（1）审计的本质是独立性的经济监督活动。

审计署通过对大唐集团公司及其下属机构 2012 年的财务收支审计，代表国家对中央级国有企业执行国家财经法规情况进行了监督。审计署派出的审计人员是来源于被审计单位大唐集团公司之外的专门人员，与大唐集团公司没有行政隶属关系和经济利益关联，不参与大唐集团公司的经营管理活动，确保了审计的独立性，增强了审计意见的公正性和国家审计工作的权威性。

（2）审计执行主体是法定的。

本案例中执行审计的机构是中华人民共和国审计署，它是依据《中华人民共和国宪法》（以下简称《宪法》）和《中华人民共和国审计法》（以下简称《审计法》）设在国务院内的代表国家从事专门审计监督的最高机构。

（3）审计的具体对象是被审计单位财务收支及相关经济活动的载体——会计资料及相关经济资料。

如：审计署所查明大唐集团 2012 年财务会计核算不符合会计准则，合并财务报表编制不规范，导致多计利润 1.84 亿元（1.9 亿元-0.06 亿元）的问题，是通过对大唐集团母公司合并财务报表和子公司财务报表审计后，收集到客观的证据作出的审计结论。

（4）审计的最基本职能是经济监督。

本案例中，审计署通过审计查明了大唐集团公司及其下属公司在 2012 年财务收支活动中共多计利润 1.84 亿元，说明该公司会计信息严重不真实，违反了会计法和相关会计准则规定，审计人员责令其调整财务报表。本次审计还查明该公司通过虚列派遣劳务人员费用套取211.40万元现金建立“小金库”，用于向领导班子成员和中层管理干部发放奖金等其他违反财经法规的问题。审计署在下达的审计决定书中要求全额上缴该笔款项，并将有关人员涉嫌经济违法违纪线索，移送有关部门进一步调查处理。本次审计促使大唐集团公司在今后的经营管理活动中严格遵守国家财经法规和会计准则，维护了国家资产权益，充分体现了国家审计的监督职能。

（5）国家审计的目标侧重于促进国家财经法纪严格贯彻执行，维护国有资产的安全。

（6）审计的主要依据是国家的法律法规、规章、制度、会计准则等。

（7）一项审计活动包含多种审计类型。

审计署对大唐集团公司2012年度财务收支审计活动的审计项目，从执行主体看属于国家审计；从审计机构与被审计单位的关系看属于外部审计；从审计目的和内容看，属于财政财务审计；从审计执行时间看属于事后审计；从审计类型是否具有强制性看属于强制审计。

【审计案例1-1-2】

在【审计案例1-1-1】中，假定审计署2013年进入大唐集团审计时知晓，在此前的5年中，天泽国际会计师事务所连续5年接受委托审计了大唐集团各年度的合并财务报表，并出具了无保留意见的审计报告。

【问题思考】天泽会计师事务所审计的性质是什么？

【审计案例1-1-2分析】

本案例中，天泽国际会计师事务所对大唐集团公司及其下属公司的审计，是属于注册会计师审计，也称社会审计。该种审计的执行主体是会计师事务所及其注册会计师，会计师事务所的审计业务只能是在受托后进行，会计师事务所的注册会计师可以依据审计结果出具审计报告提交委托人。会计师事务所进行的审计是一种独立性程度较高的外部审计。注册会计师审计主要体现审计的经济评价和经济鉴证职能。

【审计案例1-1-3】

20世纪90年代初，嘉华公司审计部审查下属企业财务收支时发现，财务科出纳任职1年贪污10万余元的涉嫌经济犯罪案件。该出纳员平均每月贪污1万元，这在当时已是十分惊人的大案。公司审计部查明了案犯的作案手法，落实了犯案金额。公司随后召开会议要求该下属企业从此案中吸取教训，完善内部财务控制，以便更好遵守财经法规，维护公司利益。

【问题思考】内部审计的主要职责和特点是什么？

【审计案例 1-1-3 分析】

内部审计顾名思义是指组织内部设立的审计机构进行的审计监督活动。该案例中，嘉华公司审计部是嘉华公司设立的内部审计机构，通过其对下属企业进行的财务审计活动的结果可以看出，内部审计的主要职责是审查本部门、本单位以及下属组织的经营活动和内部控制的合法性、适当性与有效性，促进组织实现经营目标，增加组织的价值。这充分体现了内部审计所具有的审计服务的内向性特征。

任务 2　了解审计的产生与发展

【审计案例 1-1-4】①

审计署 2013 年对中国烟草总公司 2012 年度财务收支进行了审计，重点审计了中国烟草总公司总部及所属上海烟草集团有限责任公司、云南中烟工业有限责任公司、湖南中烟工业有限责任公司等 7 家企业。经审计发现它们在会计核算和财务管理中存在的主要问题如下：

（1）2012 年，中国烟草总公司编制报表不准确，所属云南中烟工业有限责任公司等 6 家单位存在未按规定核算销售收入及成本、少计固定资产维修费用等问题，多计收入共 4.53 亿元，多计成本费用共 0.17 亿元，导致利润多计 4.36 亿元。

（2）2012 年，中国烟草总公司编制合并报表不完整，导致当年少计资产 5 579.07万元，少计负债 1 843.17 万元，少计所有者权益 3 735.94 万元。

（3）至 2012 年年底，所属广东中烟等 3 家企业有 6.32 亿元投资收益长期未收回，也未收取资金占用利息 895.70 万元。

（4）2012 年，所属广东中烟烟草展销有限公司在批发销售卷烟时累计漏缴消费税 32.56 万元。

【问题思考】

1. 本案例所述的国家审计工作从什么时代开始出现？

2. 审计产生的社会根源是什么？

一、中国审计的产生与发展

1. 最早的国家审计

根据《周礼》记载，在周朝官制天官系统中设有“宰夫”一职。宰夫不掌管周王朝的财物收支，他的职责是对负责周王朝会计工作的“司会”和负责财政工作的“小宰”所掌管的账目进行审查。由于宰夫的身份独立于负责财务会计工作的部门

---

① 资料来源：摘自审计署《审计结果公告》（2014 第 9 号）。

之外，并且专门通过查看会计簿记记录或听取“司会”汇报，了解周朝的财物收发管理情况。这就是我国古代宫廷开展的专门的经济监督活动。西周时期，“宰夫”的设立标志我国国家审计的萌芽。

2. 最早使用“审计”命名经济监督机构的朝代

北宋时期设“审计司”，南宋时期设“审计院”，主要职责是对财政收支情况进行审核监督。宋代是我国审计发展史上第一次用“审计”一词命名国家专门的经济监督机构的朝代。

3. 我国最早的民间审计

1918 年 9 月，北洋政府农商部颁布了《会计师暂行章程》，并向会计师谢霖颁发第 1 号会计师证书，标志着我国民间审计的诞生，谢霖被认为是中国第一位注册会计师。

20 世纪 20 年代，在中国一些大城市成立了四大会计师事务所，如 1921 年谢霖在北京创办正则会计师事务所；1927 年，潘序伦在上海创立了立信会计师事务所；奚玉书在北京创办公信会计师事务所；徐永祚在上海创办徐永祚会计师事务所。1925 年 3 月，上海会计师公会成立，这是我国最早的注册会计师审计职业团体。

辛亥革命以后，随着我国资本主义工商业的迅速发展，注册会计师审计呈现出良好的发展势头。然而，在半殖民地半封建社会的旧中国，政治局势动荡，经济发展缓慢，审计工作没有长足发展。

4. 新中国的审计工作

（1）新中国的国家审计

新中国成立初期，全面学习苏联的各种制度，我国没有设立独立的审计机构，对国家财政收支和企事业单位财务收支的监督是通过各级财政部门会计检查、银行业的金融业务检查、税务部门的纳税检查等业务部门的自上而下的自我监督体现的。文化大革命时期政治动荡，经济瘫痪，国家审计工作没有取得进展。党的十一届三中全会以后，为适应改革开放和经济发展的需要，我国把建立国家审计制度、实行专门的审计监督制度写进了 1982 年修订的《宪法》中。

1983 年 9 月，我国最高审计机关——中华人民共和国审计署成立，隶属国务院，标志着新中国专门的国家审计机构诞生。此后，地方各级人民政府成立了审计厅（局），形成了较为完备的国家审计体系。

1984 年 12 月 17 日，中国审计学会成立。1988 年 11 月，国务院发布《中华人民共和国审计条例》。1994 年 10 月，《审计法》颁布，从法律上进一步明确了国家审计监督的地位。

2006 年 6 月 1 日，新修订的《审计法》开始实施。2008 年，我国又颁布了一系列适用于国家审计机关的基本审计准则和具体准则，标志着我国审计工作进入全面振兴时期。

（2）新中国的内部审计

20 世纪 80 年代中后期，随着改革开放的不断深入，经济组织的种类逐步增多，规模不断增大，经济交易越来越复杂，各企事业单位加强内部控制和经济监督的需要日益迫切，一些政府部门、国有大中型企事业单位和基本建设单位开始探索设立内部审计机构，以加强对本部门、本单位日常财政财务收支的监督检查，同时也弥补了当时国家审计监督力量的不足的缺陷。

1984 年中国内部审计学会成立，这是新中国第一个内部审计行业团体。2002 年更名为中国内部审计协会，其性质为企事业单位内部审计机构和内部审计人员自愿结成的全国性的社会团体，是为所有内部审计机构和内部审计工作者服务的社团组织。

1985 年 10 月，审计署发布《审计署关于内部审计工作的若干规定》。1988 年 11 月，国务院发布的《中华人民共和国审计条例》中原则性地规定了内部审计机构的设置、隶属关系及审计范围。1999 年 10 月 31 日，新修订的《中华人民共和国会计法》（以下简称《会计法》）规定各单位应当建立健全本单位内部会计监督制度，要求各单位对会计资料定期进行内部审计的办法和程序应当明确。这是我国在《会计法》中首次对各会计核算单位做好内部审计工作提出要求。

2003 年 3 月 4 日，审计署第 4 号令《审计署关于内部审计工作的规定》发布。

2003 年 6 月 1 日，中国内部审计协会发布的《内部审计基本准则》《内部审计人员职业道德规范》和 10 个具体准则开始实施。这标志着我国内部审计工作步入了较快的发展轨道。

随着我国内部审计的转型和发展，内部审计的理念、目标和定位也逐渐由“查错纠弊”向防范风险和增加价值方向转变。2013 年 8 月 20 日，中国内部审计协会以公告形式发布了新修订的《内部审计基本准则》和 22 项具体准则（第 1201 至 2306 号），从 2014 年 1 月 1 日开始实施。这标志着我国内部审计准则开始与国际惯例接轨。同时宣布 2003 年以来陆续发布的《内部审计基本准则》《内部审计人员职业道德规范》以及 1~29 号具体准则同时废止。

（3）新中国的注册会计师审计

新中国成立初期，陈云主管经济工作时曾经大胆聘用会计师查账，目的是对一些资本主义工商业囤积居奇、偷税漏税、投机倒把行为进行核查，但随着资本主义工商业改造的完成，我国实行高度集中的计划经济模式，注册会计师职业退出历史舞台。

党的十一届三中全会后，中国改革开放步伐加快。随着外商来华投资办企业日益增多，1980 年 12 月 14 日，财政部颁发《中华人民共和国中外合资经营企业所得税实施细则》。它规定了外资企业的财务报表要由中国注册会计师审计，这为我国恢复注册会计师制度提供了法律依据。

1980 年 12 月 23 日，财政部发布《关于成立会计顾问处的暂行规定》。这标志着我国注册会计师事业开始恢复。

1981 年 1 月 1 日，“上海会计师事务所”宣告成立。这是新中国第一家由财政部批准独立承办注册会计师业务的社会审计组织。

1988 年 11 月 15 日，财政部领导下的中国注册会计师协会成立。1993 年 10 月，八届人大四次会议审议通过了《中华人民共和国注册会计师法》（以下简称《注册会计师法》），于 1994 年 1 月 1 日开始实施。

1996 年 10 月，中国注册会计师协会正式加入亚太会计师联合会。

1997 年 5 月 8 日，国际会计师联合会（IFAC）全票通过接纳中国注册会计师协会为正式会员。按照国际会计师联合会章程，中国注册会计师协会同时成为国际会计准则委员会正式会员。

随着国家法律、法规不断规范和完善，我国注册会计师行业得到了快速发展。截止到 2012 年 3 月 31 日，我国共有会计师事务所 8 023 家，注册会计师 97 472 人。这支社会审计力量的崛起，对促进我国进一步改革开放和完善市场经济体制起到了非常积极的作用。

二、西方审计的产生与发展

1. 西方国家审计的产生与发展

在西方国家中，最早出现国家审计萌芽的是奴隶制国家古罗马、古希腊、古埃及等。公元前 2 世纪末期，罗马共和国政府曾设置了负责会计检查工作的专职官员，其主要职责是负责检查各属地官员的会计账目和财务收支事项。如公元前 400 年罗马共和国早期，设置监督官，隶属元老院。罗马共和国规定：所有的财务官和行政官离任退职时，均须报送其任期内的财务收支资料供监督官审查，以确认其政绩与经济责任，并根据审查结果决定对官员的奖惩。上述监督模式是西方国家最早的国家审计雏形。

现代大多数西方国家在议会下设专门的国家审计机构，对政府及公营企事业单位的财政财务收支进行审计监督。如美国的总审计局、加拿大的审计公署、西班牙的审计法院等，都是隶属于国家立法机构的国家审计机关。还有一些国家的国家审计机关隶属于司法系统，如法国的审计法院。

第二次世界大战以后，西方国家审计理论与实务有了较大的突破，审计工作从传统的财务审计向“三 E 审计”、管理审计、绩效审计方向发展。

2. 西方注册会计师审计的产生与发展

1720 年，英国南海公司（股票上市公司）倒闭的消息传来，对陶醉在黄金美梦中的债权人和投资人犹如晴天霹雳。当这些“利害关系者”知晓数百万英镑的损失将由自己承担的时候，他们一致向议会发出了严厉惩罚欺诈者并赔偿损失的呼声。英国议会迫于舆论压力，成立了一个特别委员会调查南海公司破产事件，并委托伦敦的会计学教授查尔斯·斯内尔对南海公司的财务报表及相关资料进行核查。

查尔斯·斯内尔于 1721 年编制了一份查账报告，指出该公司存在舞弊行为。议会根据该查账报告，除没收全部公司董事的个人财产以外，还将一名负直接责任的经理逮捕，押进了伦敦塔。独立于公司股东、管理层和英国议会的专业会计师——查尔斯·斯内尔的查账工作，开创了西方国家注册会计师审计的先河。

18 世纪初至 19 世纪中期，英国产业革命基本完成，以发行股票方式筹集资金的股份公司大量涌现，公司所有权和经营权分离的现象越来越明显，对经营管理者的监督成为全社会的普遍需求。大批职业会计师应运而生，专门接受企业所有人委托审查会计账目，并以独立于所有人和经营人之外的第三者身份提出鉴证意见，使注册会计师审计实务获得迅猛发展。该时期的审计突出查错防弊目标，对会计账簿记录采用详细审查的方式，又称“英国式审计”。

从 20 世纪初开始，随着全球经济发展中心由欧洲转向北美洲。美国南北战争结束后，英国的民间审计传入美国，大批的英国会计师到美国执业，使美国的注册会计师事业得到了迅速发展，并对注册会计师职业在全球的推广发挥了重要引领作用。1887 年，“美国公共会计师协会”成立，后改为“美国注册公共会计师协会”，发展成为当今美国最大的职业会计师职业团体。美国会计师突破详细审计的做法，创立了以保护债权人为目的，对贷款企业的资产负债表进行分析性审查的资产负债表审计，又称为“美国式审计”。

1929 年经济危机爆发后，美国民间审计的重点从资产负债表审计开始转向以保护投资者利益为目的、以损益表为中心的全部财务报表审计。

第二次世界大战以后，经济发达国家通过各种渠道推动本国企业向海外扩张，跨国公司获得空前发展，国际资本的流动推动了注册会计师职业跨国界化，形成了“八大会计公司”，20 世纪 80 年代末合并为“六大会计公司”。2001 年，美国安然公司宣告破产，为安然公司财务报告出具审计报告的安达信会计公司的审计“丑闻”浮出水面。这使西方注册会计师审计界认识到必须进一步加强行业自律，提高注册会计师职业的公信力。安达信会计公司主要因审计失败而倒闭。目前，国际上有“四大”知名会计公司，即德勤、毕马威、安永、普华永道。

3. 西方国家内部审计的产生与发展

19 世纪末 20 世纪初，资本主义国家垄断企业的经营规模庞大，经营地点分散，经营业务复杂，最高层管理人员难以亲自观察和控制所有的经营活动，只有对企业实行分权管理和多级控制，即依靠企业内部建立的各级管理机构来履行日常管理职责。那么各部门职责的履行状况如何，经营活动是否合理，各分支机构的经营目标能否实现，客观上需要一个专门的职能部门去审查、评价和报告。在这种背景下，一些大企业开始在内部设置相对独立的监督机构——内部审计机构。美国的铁路行业最先配备内审人员，巡视各路站，检查财务制度的遵守情况和有关会计记录的真实、正确性。1875 年，德国最大的军火制造商克虏伯公司设置内审部门，开展财务合理性审计。随着经济的高速发展，现代企业制度的进一步完善，人们愈发认识到内部审计制度在公司治理中的重要性。

美国是西方国家中内部审计发展得较早、较快的国家，对内部审计事业在世界范围内的推广和普及发挥了积极作用。1941 年春，美国的爱迪生电力研究所和美国电气化联合会，发起建立了内部审计分委会。1941 年 4 月该分委会邀请北美公司内部审计负责人约翰 · B. 瑟斯顿（John B Thurston）作了题为《内部审计——管理之必需》的演讲。会议达成共识：内部审计要作为独立的职业从会计行业中分离出来。

1941 年 12 月 9 日，美国内部审计师协会宣告成立，标志着内部审计从此成为一种独立的职业，后来发展成为国际内部审计师协会（IIA），中国内部审计学会在 1987 年加入了国际内部审计师协会。

美国证券交易委员会（SEC）也非常重视上市公司的内部审计工作，并于 2003 年 11 月批准“纽约证券交易所和纳斯达克证券市场条例”。该条例要求上市公司都必须设立内部审计机构。

国际内部审计师协会（IIA）在最新修订的《内部审计实务标准》中指出：“内部审计是一种独立、客观的确认与咨询活动，旨在增加价值和改善组织运营。它通过应用系统化、规范化的方法，评价并改善风险管理、控制和治理过程中的效果，帮助组织实现其目标。”

国际内部审计师协会（IIA）关于内部审计定义把增加价值和改善组织的运营同时作为内部审计的目标，标志着西方现代内部审计理论研究已取得重大突破。

三、审计产生的社会根源

我国著名的会计审计学家杨时展教授认为：“审计因受托责任的发生而发生，又因受托责任的发展而发展。”

纵观古今中外审计发展历史背景，不难看出财产的所有权与经营权的分离催生了受托经济责任关系，受托经济责任关系的存在催生了独立的审计监督。

1. 财产的所有权与经营权的分离产生了受托经济责任关系

随着人类社会生产力水平发展到一定程度，经济组织规模日益扩大，经济业务越来越复杂，经济组织的管理层次越来越多，分工越来越细。财产的所有人无法亲自掌管全部生产经营活动，只好委托他人代为经营管理，财产的所有权就与经营权分离，受托经营管理人对财产的所有人自然负有一系列经济责任，如确保财产安全完整、保值增值等，故财产经营管理人对于财产所有人的受托经济责任关系产生。

2. 受托经济责任关系的存在催生了独立的审计监督

财产所有人将自己的财产交由他人管理后，自然会产生了解和监督财产经营管理者履行经济责任的情况的强烈意愿。一般说来，反映经济责任履行情况的信息最关键的是会计信息，而会计信息主要通过经济管理者提交的年度财务报告来反映，经营管理者编报的财务报告反映的会计信息是否合法、真实、公允，最适合由精通财务会计准则和相关财务会计法规的专业人士作出判断。于是，财产所有者开始授权或委托独立于所有人和经营人之外的精通财务会计准则和相关财务会计法规的专门机构和人员进行财务报表审查。这种专门的机构和人员就是今天所说的审计机构和审计人员。可见，审计是在财产的所有权与经营权分离、产生受托经济责任的情况下，基于经济监督的需要而产生的。

3. 审计关系人及相互关系

审计理论研究发现，任何审计活动都包含三大关系人，即审计人、被审计人和审计委托人。

审计关系人之间的相互关系如下：

（1）审计委托人授权被审计人代其管理财产，被审计人对审计委托人或授权人负有经济责任；

（2）审计委托人授权或委托审计人对被审计人履行经济责任的情况进行审查监督，并向委托人或授权人汇报审计结果；

（3）被审计人要向审计人提交受审会计资料和其他资料，审计人对被审计人提交的会计资料及其他资料进行审查鉴证并出具审计报告。具体如图 1-1-1 所示。

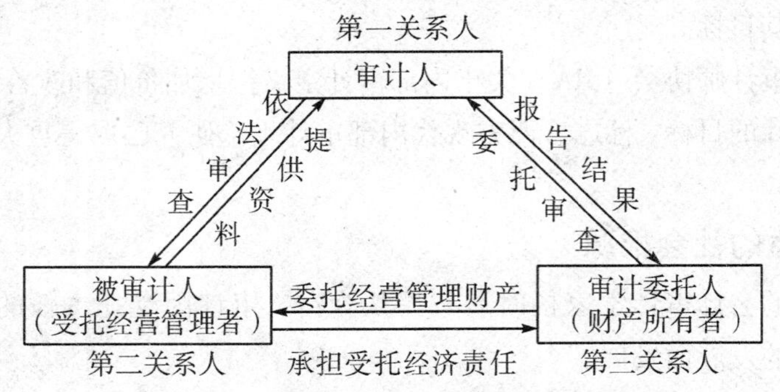

图 1-1-1　审计关系人及相互关系示意图

【审计案例 1-1-4 分析】

该案例所述 2013 年审计署对中国烟草总公司总部及其下属 7 个公司 2012 年度财务收支审计活动包含了三大审计关系人及相互关系。其中审计署为审计人；中央政府（国资委）为审计委托人，代表国家行使国有资产所有权；实际占用管理并使用中央烟草行业资产的中国烟草总公司总部及下属的上海、云南等 7 个烟草有限责任公司为被审计人。

本案例也说明审计是独立于财产所有人和财产经营管理人之外的专门经济监督活动。审计署查出中国烟草总公司总部及下属企业的财务问题，并责令其纠正，承担了维护国有资产所有权的重任，体现了审计的经济监督基本职能。

【审计案例 1-1-5】

北京京都会计师事务所有限责任公司注册会计师张某和李某接受中国全聚德（集团）股份有限公司（以下简称“全聚德公司”）委托，审计了该公司 2007 年年 12 月 31 日的公司合并资产负债表以及 2007 年度的公司合并利润表、合并现金流量表、合并股东权益变动表和财务报表附注。

张某和李某于 2008 年 3 月签发了一份审计报告。注册会计师发表的审计意见是：“我们认为，全聚德公司的财务报表已经按照企业会计准则的规定编制，在所有重大方面公允反映了全聚德公司 2007 年 12 月 31 日的财务状况以及 2007 年度的经营成果和现金流量。”

【问题思考】说明该审计案例中审计关系人及相互关系。

【审计案例 1-1-5 分析】

此案例的审计委托人是全聚德公司全体股东，被审计人是中国全聚德公司的经营管理层，审计人是北京京都会计师事务所有限责任公司及其 2 位注册会计师。他们三者之间的关系如下：

北京京都会计师事务所有限责任公司及其 2 位注册会计师既独立于全聚德公司股东，又独立于全聚德公司管理层，他们受托对管理层编报的财务报告进行审计，且注册会计师具有执行审计业务的资质，从专业角度看也有能力对全聚德公司财务报告进行审计并发表恰当审计意见。

全聚德公司全体股东是公司财产的所有人，人数众多而分散，没有能力和精力亲自审核公司管理层的财务报告，委托专业的注册会计师审计财务报表后向其汇报审计结果是股东降低监督成本的最佳选择。

作为本案例的被审计人——全聚德公司经营管理层对全聚德公司的全体股东投入公司的财产负有经济责任。按照证券市场相关法律法规要求，管理层必须将年度财务报告交由中国注册会计师审计，注册会计师对全聚德公司的审计报告具有鉴证作用。

任务 3　了解审计的基本方法

【审计案例 1-1-6】

小王是毕业于某大学会计专业本科学生，毕业后在一家中型企业财务科当会计。由于他知识面较广，会计专业知识比较扎实，很快适应了公司的会计工作，三年后任公司会计主管，深受公司领导和同事好评。为充实公司内部审计力量，公司人力资源部将懂会计的小王调入审计部从事公司内部审计工作。上岗第三天，小王就被指派与另一名同事一起到下属分公司审查当年度财务报表，目的是检查分公司财务收支的真实性、合法性以及效益性。面对堆积如山的凭证、账册，小王不知道如何下手，小王立即向审计部的同事请教审计方法。但审计组几位同事对小王指点的审计方法都不一样。A 同事说要他先抽查一些原始凭证，有问题了再去核对明细账、总账，直到财务报表相关项目；B 同事说从原始凭证查看，是眉毛胡子一把抓，领导只给了 10 天时间，这样做工作量太大，审计效果不会好，弄不好完不成审计任务，故建议他先浏览财务报表，看看有没有什么可疑项目，再决定审查总账、明细账，直到调阅会计凭证；C 同事要他先验算一些财务报表上的主要项目数据是否正确；D 同事建议他可以调出前一年的会计资料，分析当年一些主要账户数据的变化趋势，把异常项目找出来，详细审查这些项目涉及的会计凭证、账簿记录和报表数据。

小王虽然耐心倾听了各位同事的建议，但他对究竟应当采用什么方法进行审计依然是一头雾水。

【问题思考】审计工作中常用的方法有哪些？

一、审查书面资料的方法

（一）按照审查书面资料的技术划分

1. 审阅法

审阅法是审计人员对被审计单位的会计资料及其他资料进行阅读和审查，以发现问题的一种审计方法。这种方法是审计工作中最常用的方法，无论是传统审计还是现代审计都离不开这种方法的运用。它侧重于审查书面资料的真实性、合法性，在财政财务收支审计中运用得最为广泛，主要用于审阅会计凭证、会计账簿、财务报表等会计资料及其他资料。

（1）原始凭证的审阅

重点审阅原始凭证的种类及监制单位、填制日期、交易对方单位名称、交易的数量和金额等信息是否清晰、正确，反映的经济业务内容是否合法、真实，原始凭证的手续是否齐备等。

（2）记账凭证的审阅

记账凭证审阅重点包括：审阅记账凭证是否附有合法的原始凭证；审阅记账凭证的审批传递手续是否符合规定程序；有无制单、复核、记账和主管人员的签章；审阅记账凭证上载明的所附原始凭证张数是否与实际所附原始凭证的张数一致；审阅会计分录编制及金额是否正确，与所附原始凭证记载经济活动内容是否一致。

（3）账簿的审阅

由于总账反映一段时期某类经济业务的汇总数据，审计人员难以通过审阅总账发现经济业务的具体问题，审计人员往往将明细账、日记账与相关总账核对相符以后，就把账簿的审阅重点放在明细账和日记账上。

明细账审阅的重点是：账簿摘要是否清楚简明地反映业务内容；账簿反映的业务内容是否真实存在；账簿登记是否规范等。

（4）报表的审阅

报表审阅的重点是：审阅财务报表的编制是否符合《企业会计准则》及国家有关财务会计制度规定；审阅财务报表项目是否完整，各项目的对应关系和勾稽关系是否正确，相关数据是否一致；审阅财务报表附注是否对应予以揭示的重大问题作了充分的披露。

（5）其他资料的审阅

它主要是指审阅与被查证会计事项相关的其他资料，如经济合同、计划、预算、方案、会议决议、会议记录等。

【审计案例 1-1-7】

审计人员审查辽通机械厂 2010 年财务报表时，抽查了该年管理费用若干明细账记录，其中 12 月 19 日第 15 号记账凭证及所附原始凭证引起了审计人员的注意。原始凭证有：发货票 1 张、入库验收单 1 张和转账支票存根 1 张。转账支票上的付款金额及收货单位与上述发货票相符。其中发货票、入库验收单简易格式及有关信息见表 1-1-1 和表 1-1-2。

表 1-1-1　**昌河县百货公司大理门市部发货票**

购货单位：辽通机械厂　　2010 年 12 月 23 日　　NO. 006857

品名	单位	数量	单价	金额（元）	备注
打印纸	包	10 000	50	500 000	
打印墨粉	瓶	1 000	20	20 000	
人民币大写	伍拾贰万元整				

经办人：张小花　　用途说明：各部门办公用纸

表 1-1-2　**辽通机械厂验收入库单**

购货单位：辽通机械厂　　2010 年 12 月 19 日　　NO. 10258

品名	单位	数量	单价	金额（元）	备注
打印纸	包	10 000	50	500 000	
打印墨粉	瓶	1 000	20	20 000	
合计				520 000	

验收员：张琳　　审核：李力

审计人员了解了被审计单位的情况后，发现存在两点异常：一是入库单日期在发票日期之前不太符合常规；二是辽通机械厂上半年参加厂里统一招标采购了一批打印纸和墨粉，采购数量已经可以供全年办公使用，为什么还要单独购买如此多的打印纸和墨粉？

审计人员赴昌河县百货公司查阅发票存根得知，同一号码发票存根上并不是全额为52万元的打印纸和墨粉，而是500多元的普通签字笔。向相关经办人员调查后得知，原来是该厂领导想购置一台小轿车，却又不想让小轿车计入单位的固定资产，希望财务人员把购车款520 000元以费用直接计入损益的方式消化掉。故该厂财务人员就指示相关人员找私人关系让昌河县百货公司以大头小尾的方式编造了辽通机械厂购买打印纸和打印墨粉的发票作为列账依据。

【问题思考】本案例所述的审计工作中，审计人员采用的审计方法是什么？

【审计案例1-1-7分析】

该案例所述审计工作中审计人员运用的主要审计方法就是审阅法，特别是通过审阅原始凭证即采购发票和验收入库单的品名、数量金额后，与该厂办公用品采购的基本情况联系起来分析，发现了明显的矛盾、可疑之处，决定顺藤摸瓜，最终查明了该公司在管理费用和固定资产账目上弄虚作假的问题。

【审计案例1-1-8】

审计人员在审查某企业12月份销售收入业务时，发现一张记账凭证的记录为“借：应收账款200 000元，贷：销售收入200 000元”。按常规，作为记录产品销售收入的记账凭证，应附有产品销售发票的会计记账联等其他单据，但这张记账凭证却未附任何原始凭证。通过进一步查询得知，被审计单位为了完成当年的利润指标，填制了这张虚假的转账凭证，并准备下年年初用红字冲回。

【问题思考】本案例所述的审计工作中，审计人员采用的审计方法是什么？

【审计案例1-1-8分析】

审计人员主要运用了审阅法，审阅过程中特别检查了记账凭证后面是否附有能够证明销售产品业务发生的原始凭证，结果发现没有任何原始凭证。这当然是十分不正常的情形，并以此为线索深入审查后证实该记账凭证反映的销售确实是一笔假账。

【审计案例1-1-9】

审计人员审阅某公司2010年6月“销售费用”明细账，有关数据见表1-1-3。

表1-1-3　　销售费用明细账　　单位：元

2010年		凭证		摘要	包装	广告	展览	其他	合计	转出
月	日	字	号							
6	1			支付包装费	3 000				3 000	
	4			招待客户用餐				1 500	1 500	
	6			向灾区捐款				5 000	5 000	
	18			支付电台广告费		5 000			5 000	
	31			支付合同违约金				2 500	2 500	
				合计	3 000	5 000		9 000	17 000	17 000

【问题思考】本案例所述的审计工作中，审计人员采用的审计方法是什么？

【审计案例 1-1-9 分析】

审计人员主要运用了审阅法。审计人员审阅 6 月份的销售费用明细账发现，招待用餐花费的 1 500 元、灾区捐款 5 000 元、合同违约金 2 500 元都是不应该记入“营业费用”账户的，招待费应记入“管理费用”账户，向灾区捐款和支付合同违约金应记入“营业外支出”账户。

【审计案例 1-1-10】

某注册会计师张某和刘某受托对红星公司 2013 年度财务报表进行审计，在审阅公司当年 12 月 31 日的资产负债表时，注意到该公司无形资产期初数为 500 000 元、期末数为 2 500 000 元，期末比起初增加了 2 000 000 元。究竟是什么原因使得该公司无形资产价值发生如此大的增加呢？后经核对总账和明细账并调阅相关会计凭证，询问财务会计人员得知，该公司为使资质达标升级，请当地的一家资产评估公司将红星公司的一项商标权重新评估一次，仅这一项评估增值就达到 2 000 000 元。所作会计处理为：

借：无形资产　　2 000 000

　贷：资本公积　　2 000 000

所附凭证为某资产评估公司出具的无形资产评估报告。

【问题思考】本案例所述的审计工作中，审计人员采用的审计方法是什么？

【审计案例 1-1-10 分析】

审计人员主要运用了审阅法。审计人员之所以发现了红星公司虚增资产的问题，是他们在对资产负债表有关项目审阅时发现了无形资产价值的异常，以此为审计线索进一步审查，最终查实了虚增资产的问题。

通过上述 4 个关于审阅法运用的案例进行分析，说明审计工作中审阅法的运用非常普遍，同时也需要注意，审阅法往往只能发现审计线索和疑点，仅使用审阅法一种方法还不能取得确凿证据，要彻底查清问题的真相，必须将审阅法与其他审计方法结合使用。

2. 核对法

核对法是指对被审计单位的凭证、账簿和报表等书面资料之间的有关数据，按照其内在联系进行相互对照检查，以获取审计证据的方法。核对法侧重审查各种相关资料的一致性。核对的主要内容有：

（1）原始凭证的数量、单价、金额及其合计数是否与相关原始凭证及记账凭证一致；

（2）日记账或明细分类账的记录是否与相应的原始凭证或记账凭证的记录一致；

（3）总分类账各账户的借方发生额和余额合计与贷方发生额和余额合计是否相等；

（4）总分类账各账户的发生额和余额合计是否与财务报表上相应项目的金额相等；

（5）财务报表上各有关项目的数字计算是否正确，各报表之间有关数字是否一致；

（6）实物盘存记录与本期有关账目的记录是否相符。

【审计案例 1-1-11】

审计人员审查某厂 2010 年 3 月份的原始凭证。经核对，发现一张购买水泥发票与相应验收单金额不同，发票上注明购买水泥 170 吨，单价 300 元/吨，而验收单上注明入库水泥却是 110 吨。审计人员通过进一步调查，并向供应水泥单位进行了函询，证实实际购买水泥 110 吨，是采购入员私自篡改，将“110 吨”涂改为“170 吨”，并据以报销，贪污现金 18 000 元。

【问题思考】本案例所述的审计工作中，审计人员采用的审计方法是什么？

【审计案例 1-1-11 分析】

审计人员主要运用了核对法。核对法强调将两种或两种以上应该相等或者相符的数据资料进行对照。本例中审计人员将发票和验收单对比后发现，在同一笔采购业务中采购数量与入库数量不相符，感觉十分可疑。为核实真实采购量，又与供货商的同一笔水泥销售量进行核对后，发现了实际销售数量为 110 吨而不是 170 吨，再考虑有涂改痕迹的可疑之处，最终证实是采购员以“以小改大”“虚报冒领”的手法，贪污公款 18 000 元的事实。

再例如：在【案例 1-1-10】中，审计人员将资产负债表与无形资产总账核对，无形资产总账与明细账核对，明细账与记账凭证核对，记账凭证再与评估报告核对，最终找出了被审计单位虚增资产的证据。

3. 验算法

验算法是指审计人员对被审计单位书面资料的有关数据进行重新计算，以验证原计算结果是否正确的方法。验算法可以取得书面证据。

验算的内容主要包括：

（1）对凭证、账簿、报表中有关项目的乘积数、小计数、合计数、总计数和累计数等的验算；

（2）对某些业务的计算结果进行验算，如固定资产折旧额、职工福利费的计提额、有关应交税费额的计算等的验算；

（3）对有关成本、费用归集和分配的结果进行验算，以验证成本、费用的分配标准和方法是否正确；

（4）对其他书面资料有关数据的验算，如财务分析中的流动比率、速动比率、销售利润率等指标的验算。

【审计案例 1-1-12】

某企业对材料采用计划成本核算。审计人员在审查“生产成本”“原材料”和

"材料成本差异"明细账时，发现甲材料8月初材料成本差异为借差6 400元，库存材料计划成本为150 000元；8月份购入甲材料计划成本为1 300 000元，其实际成本为1 235 000元；8月份基本生产车间耗用甲材料的计划成本为250 000元，结转耗用材料的实际成本为262 300元。

【问题思考】请代审计人员验证该企业发出材料成本结转的正确性。

【审计案例1-1-12分析】

审计人员需要运用验算法。审计人员抽查了有关材料耗用汇总表和材料成本差异计算表。验算材料实际成本如下：

材料成本差异率=［6 400+（1 235 000-1 300 000）］÷（150 000+1 300 000）×100%

=-4.04%

发出材料实际成本=250 000+250 000×（-4.04%）=239 900（元）

多转材料成本=262 300-239 900=22 400（元）

验算结果表明，该企业8月份多转材料成本22 400元。审计人员向有关会计人员查询后证实，由于材料会计计算错误，将本期购入材料的节约差异额65 000（1 235 000-1 300 000）元当成超支差异额，使本期材料成本差异率计算错误，进而导致生产车间耗用甲材料应分摊节约差异却变成分摊了超支差异，虚增了产品生产成本。

4. 分析法

分析法是指审计人员对被审计单位重要的比率或趋势进行的分析，包括调查异常变动以及这些重要比率或趋势与预期数额和相关信息的差异。

（1）比较分析法

比较分析法是通过对被审计单位某一具体项目与既定标准进行比较，寻找差异，发现问题，以获取审计证据的一种技术方法。常用的比较标准有计划数、预算数、上期实际数或同行业数等。

（2）比率分析法

比率分析法是指通过对两个性质不同但又相关的指标所构成的比率进行分析，从中发现疑点，进一步查明原因的一种技术方法。

【审计案例1-1-13】

资料见表1-1-4。

表1-1-4　　庆丰股份有限责任公司资产负债表（局部）

2009年12月31日　　单位：千元

项目	本年未审计数	上年已审计数	增减金额	增减百分比（%）	审计策略
流动资产：					
货币资金	713 731.65	64 456.93	649 274.72	1 007.30	增幅大，重点审查

表1-1-4(续)

项目	本年未审计数	上年已审计数	增减金额	增减百分比(%)	审计策略
应收票据	2 153. 10	3 222. 27	-1 069. 17	-33. 18	减幅较大，一般审查
应收账款	70 665. 07	76 092. 31	-5 427. 24	-7. 13	减幅小，一般关注
其他应收款	305 681. 43	162 013. 61	143 667. 82	88. 68	增幅大，重点审查
预付账款	1 910. 59	46 997. 04	-45 086. 45	-95. 93	减幅大，重点审查
存货	17 587. 32	51 045. 73	-33 458. 41	-65. 55	减幅较大，一般审查
流动资产合计	1 111 729. 16	403 827. 89	707 901. 27	175. 30	增幅大，重点审查

【问题思考】本案例所述的审计工作中，审计人员采用的审计方法是什么？

【审计案例 1-1-13 分析】

审计人员主要使用了分析法中的绝对数比较分析法。审计人员的思路是：通过对被审计单位资产负债表主要资产项目的本年未审计数（编报数）与上年已审计数的绝对数变化进行对比后，将增减金额和增减幅度较大的项目如货币资金、其他应收款、预付账款作为审计重点领域，同时在全部资产项目中将流动资产作为资产审计的重点，有利于提高资产审计工作的针对性和工作效率。

【审计案例 1-1-14】

资料见表 1-1-5。

表 1-1-5　**大唐股份有限公司生产成本比较表**

2009 年 12 月 31 日　　单位：千元

成本项目	2007 年度		2008 年度		2009 年度		审计策略
	金额	比 2006 年增长（%）	金额	比 2007 年增长（%）	金额	比 2008 年增长（%）	
直接材料	135	-3. 57	130	-3. 70	126	-3. 08	降幅趋势合理，一般关注
直接人工	43	10. 26	56	30. 23	68	21. 43	连续增幅大，重点审计
制造费用	27	-10. 00	28	3. 70	26	-7. 14	减幅较大，重点审计
合计	205	1. 91	214	4. 39	220	2. 80	

【问题思考】本案例所述的审计工作中，审计人员采用的审计方法是什么？

【审计案例 1-1-14 分析】

审计人员使用了相对数比较分析法。审计的工作思路是：观察各生产成本项目在 2007、2008、2009 年连续 3 年的增减百分比变化趋势，最后决定将 2007—2009 的 3 年间持续大幅度增减的项目，如直接人工费用和制造费用作为审计重点，有利于提高成本审计的工作效率。

【审计案例 1-1-15】

审计人员对大同公司 2012 年损益表进行审计，在检查账目前，决定先采用比率分析法，分析被审计年度 1~12 月毛利及毛利率的变动趋势，以确定收入、成本审计的重点。审计人员收集了该公司 1~12 月份全部营业收入、营业成本数据以及各月份毛利率，见表 1-1-6。

表 1-1-6　　1~12 月营业收入与营业成本明细表　　单位：万元

月份	主营业务收入	主营业务成本	毛利	毛利率（%）
1	7 800	7 566	234	3
2	7 600	6 764	836	11
3	7 400	6 512	888	12
4	7 700	6 768	932	12.01
5	7 800	6 981	819	10.5
6	7 850	6 947	903	11.50
7	7 950	7 115	835	10.50
8	7 700	6 830	870	11.30
9	7 600	6 832	768	10.10
10	7 900	7 111	789	9.88
11	8 100	7 280	820	10.12
12	19 900	15 139	4 761	23.92
合计	105 300	91 845	13 455	12.78

【问题思考】本案例所述的审计工作中，审计人员采用的审计方法是什么？

【审计案例 1-1-15 分析】

审计人员主要运用了比率分析法。即首先收集计算毛利需要的各月份营业收入、营业成本这两个不同但又密切相关的数据指标，再计算出全年各月份的毛利和毛利率，最后通过对比分析全年各月份毛利率的变化情况，初步判断大同公司营业收入和营业成本存在的异常之处。具体如下：

（1）1 月份毛利率为 3%，远远低于全年综合毛利率 12.78% 和其他月份的毛利率。

（2）12 月份主营业务收入占全年主营业务收入比例较高，达 19.90%，毛利率相对较高，达 23.92%。

所以，审计人员认为：主营业务收入和主营业务成本的重点审计领域在 1 月份和 12 月份。

（二）按审查书面资料的顺序分

1. 顺差法

顺查法是指按照会计核算的处理顺序，依次对证、账、表各个环节进行审查的方法。

一般步骤是：

第一步，审查原始凭证是否真实正确、合理合法，并与记账凭证核对；

第二步，以记账凭证核对相应明细账和总账记录，审查账证是否一致，总分类账余额同所属明细分类账余额的合计是否一致；

第三步，以账簿核对财务报表相关项目，审查报表填列与账簿是否一致。

优点：审查全面，不易发生遗漏，方法简单，易于核对，结果精确。

缺点：面面俱到，容易忽视重大问题，费时费力，工作量大。

顺查法主要适用于规模较小、业务量少、内部控制制度不健全的被审计单位，以及重要的审计事项和贪污舞弊的专案审计。

2. 逆查法

逆查法是指按照与会计核算程序相反的方向对表、账、证各个环节进行审查的方法。一般步骤是：

第一步，先从审阅浏览财务报表入手，分析发现可疑项目或重点项目；

第二步，查阅重点项目或可疑项目涉及的账簿，确定重点业务或可疑业务；

第三步，审查重点业务或可疑业务涉及的记账凭证和原始凭证。

优点：便于抓住问题的实质，节省人力，提高工作效率。

缺点：不能全面地审查问题，容易遗漏。

逆查法主要适用于规模大、业务量多、内部控制制度健全有效且会计核算质量高的单位。

【审计案例 1-1-16】

2013 年 5 月，某市审计局接到群众举报反映康乐医药公司总经理张某涉嫌贪污挪用公款 500 000 元。审计局局务会议初步分析研究认为，近 2 年已经接到多个渠道对张某涉嫌贪污挪用公款的举报材料，而且举报材料列举的事实非常详细，诽谤诬陷的可能性较小，再加之该公司总经理张某与公司财务部经理是儿女亲家关系，审计局决定对该举报材料所述情况进行审计。

审计组到达康乐医药公司后，了解到张某上任公司总经理时间跨度已有 2 年，为全面查明张某是否有贪污挪用公款的问题，审计小组决定对张某任职总经理期间所有会计账目以顺查的方式进行审计。审计组先检查了张某签字的所有库存现金、银行存款支出业务的原始凭证、记账凭证，并与相关账簿、报表项目核对，最终查实张某贪污公款 40 多万元、挪用公款 20 多万元的违法事实，将张某涉嫌犯罪的相关材料移交检察机关追究张某的刑事责任。

【问题思考】本案例所述的审计工作中，审计人员为何要采用顺查法?

【审计案例 1-1-16 分析】

该案例中，对被举报案件当事人张某涉嫌贪污挪用公款舞弊项目的专门审计最适合采用顺查法，有利于将张某任职期内发生的款项开支的合法性、真实性情况查清查透，以免遗漏张某违法犯罪的线索与问题。

【审计案例 1-1-17】（资料见【案例 1-1-10】）

【问题思考】本案例所述的审计工作中，审计人员是如何运用逆查法的?

【审计案例 1-1-17 分析】

审计人员首先通过对红星公司资产负债表有关项目进行了审阅浏览，发现了无形资产期末数相比期初数有较大增长；其次，审阅核对了无形资产总账、明细账，虽然是一致的，但明细账中一笔增加商标权价值的业务引起审计人员怀疑；最后调阅了该笔可疑业务的记账凭证及原始凭证审核，终于查实了红星公司通过人为的资产评估增值，以虚增资产的会计舞弊行为。

（三）按审查书面资料的数量分

1. 详查法

详查法是对被审计单位审计期内被审计事项的所有凭证、账簿、报表进行详细审查的一种审计方法。

特点：对被审计期间的全部会计资料和其反映的经济活动进行全面、详细的审查，以查找其中的错弊为重要目标。

优点：能全面查清被审计单位所存在的问题，特别是对弄虚作假、营私舞弊等违反财经法纪的行为，一般不易疏漏，以保证审计质量。

缺点：工作量太大，费时费力，审计成本高，故难以普遍采用。

详查法适用于规模较小的单位或有重大错弊或违法行为的单位。

2. 抽查法

抽查法是从被审计事项涉及的全部会计资料和相关资料中选取部分资料进行审查，根据审查结果推断全部被审计资料有无错弊的一种审计方法。

特点：以具有代表性的被审计资料为样本进行审查，以推断全部被审计资料的正确性。

优点：高效率、低费用，节约时间和人力，能够收到事半功倍的效果。

缺点：如果样本抽查不当，不能代表总体特征，就可能作出错误结论。

抽查法适用于内部控制制度健全、会计基础较好的被审计单位。

二、证实客观实物的方法

1. 盘存法

盘存法是指对被审计单位各项财产物资进行实地盘点，以确定其数量、品种、规格及其金额等实际情况，借以证实有关实物账户余额是否真实、正确，从中收集实物证据的一种方法。盘存法一般可分为直接盘存法和监督盘存法两种。

（1）直接盘存法是指审计人员亲自到现场盘点实物，并要求被审计单位有关人员协同执行，以证实书面资料同有关的财产物资是否相符的方法。

（2）监督盘存法又称监盘，是指审计人员现场监督被审计单位各种实物资产及库存现金、有价证券等的盘点，并进行适当的抽查。

需要强调的是，利用盘存法取得的证据往往只能证明被查财产物资的实际存在状况。如果要证实所有权归属，还需要与其他审计方法配合使用。

2. 查询及函证法

查询法是审计人员向有关人员调查询问以获取审计证据的方法。使用查询法应注意：①明确查询内容，事先拟出询问提纲；②确定查询对象，要向知情人询问；③在查询过程中，应采用恰当的查询方式，对查询内容应作好记录；④如果作为重要证据使用，应当请被查询人签字；⑤查询法获得的证据只能作为辅助证据，可以为进一步审计指明方向。

函证法是指审计人员为查实被审计单位会计记录或相关记录所载事项的实际情况，向相关单位和个人发出信函以取得审计证据的一种审计方法。它包括：

（1）肯定式函证

肯定式函证要求收函单位对询问的事项无论与事实是否相符必须给予回函答复，多适用于对金额大、时间长、疑点多的往来款项进行查证。

（2）否定式函证

否定式函证要求收函单位对询问的事项有异议时才在限定的时间内给予复函，一般适用于金额小、时间短、疑点少的往来款项进行查证。一般说来，否定式函证的可靠性不如肯定式函证。

3. 观察法

观察法是指审计人员实地观察被审计单位的经营场所、实物资产、有关业务活动、内部控制的执行情况等，以获取审计证据的方法。

适用面广、灵活性强、易发现疑问，但通常只能获得一些片面的感性资料，不足以形成独立准确的审计判断，故该方法需要和其他方法结合使用。

【审计案例 1-1-18】

审计人员审查某企业的固定资产，通过盘点发现账实不符之处较多，另外，审计人员晚饭后在公司厂区散步中观察看见，该公司许多职工晚上都会去新装修的职工俱乐部活动。审计人员经过仔细回忆后再次审阅了固定资产明细账，没有发现有新增加固定资产的业务，怀疑被审计单位设立账外资产。经向有关人员调查，并审阅核对"管理费用"的相关账证资料后得知，该俱乐部装修总共花费了20万元，全部是在"管理费用"项下列支的。

【问题思考】观察法是否能够独立运用？

【审计案例1-1-18分析】

审计人员通过观察法，只是发现了被审计单位可能建立账外固定资产的疑点，但仅采用观察法一种方法，不足以取得证明被审计单位建立账外资产、虚列管理费用的证据。本例中审计人员除了运用观察法，还使用了查询法、审阅法、核对法等多种审计方法才查明了该公司存在的问题。

4. 调节法

调节法是指在审查某个项目时，由于被查会计资料的结账日数据和审计日数据不一致，通过对审计日数据进行增减调节，以证实被查会计资料结账日数据是否正确的一种审计方法。常见的有对未达账项的调节和对财产物资的调节。

（1）如果审计盘存日在被查财产物资的结账日之后，可用如下公式调节：

结账日应存数=审计盘存数+结账日至盘存日发出数-结账日至盘存日收入数

（2）如果审计盘存日在被查财产物资的结账日之前，可用如下公式调节：

结账日应存数=审计盘存数+结账日至盘存日收入数-结账日至盘存日发出数

【审计案例1-1-19】

某企业2009年12月31日账面结存甲种材料2 100千克，经审阅和核对无差错。审计人员于2010年2月10日对甲种材料进行了监盘，2010年1月1日到2月10日期间收入2 050千克，发出1 800千克。1月1日期初余额及收发数额均经审阅、核对和验算无误。2月10日监督盘存数为2 350千克。

【问题思考】该企业结账日甲种材料实有数是否正确？

【审计案例1-1-19分析】

甲种材料结账日结存数=2 350+1 800-2 050=2 100（千克）

经过调节计算说明，甲种材料结账日列报的账面结存数是正确的。

【案例1-1-20】

审计人员在对某大地公司2012年6月30日银行存款进行审计时，发现以下情况：

6月30日银行存款日记账账面余额是133 750元，开户银行送来的对账单中银行存款余额是127 000元，经查对发现以下几笔未达账项：

（1）6月29日委托银行收款125 000元，银行已入账该企业账户，收款通知单尚未送达企业；

(2) 6月30日该企业开出现金支票一张，计400元，企业已减少存款，银行尚未入账；

(3) 6月30日银行已代付企业电费250元，银行已经入账，企业尚未收到付款通知；

(4) 6月30日企业收到外单位转账支票一张，计16 000元，企业收款入账，银行尚未记账。

【问题思考】假定银行对账单所列企业银行存款余额正确无误。试问在编制调节表时发现错误金额是多少？2012年6月30日大地公司银行存款日记账正确余额是多少？

【审计案例1-1-20分析】

审计人员为核实大地公司银行存款余额，从公司调取了6月份的银行存款对账单，将其与银行存款日记账主笔核对后，编制了一份专用工作底稿——“银行存款余额调节表”，记录了调节银行存款，并核实余额的过程。具体见表1-1-7。

表1-1-7 银行存款余额调节表

被审单位：大地公司　　2012年6月30日　　单位：元

项目	金额	项目	金额
企业银行存款日记账	133 750	银行对账单余额	127 000
加：银行已收 企业未收	12 500	加：企业已收 银行未收	16 000
……	……	……	……
减：银行已付 企业未付	250	减：企业已付 银行未付	400
调整后存款余额	146 000	调整后存款余额	142 600

从调节表中可以看出：审计人员要求企业调节未达账项后，日记账余额还是比对账单余额多出3 400元。经查属于企业在银行日记账上漏记了一笔3 400元的银行存款支出业务所致。经过调节，说明在6月30日企业银行存款账面的正确余额应为130 350元（133 750−3 400）。

【审计案例1-1-21】

审计人员在审查某厂在产品时，了解到如下情况：

(1) 该厂生产甲产品，开始加工时一次投料，每投入1千克A材料，可制成0.95千克甲产品，且在产品重量随加工程度变化而递减；

(2) 6月15日经实地盘点，在产品盘存数为480千克（加工程度为80%）；

(3) 6月1日至15日甲产品完工入库1 900千克；

(4) 6月1日至15日领用A材料2 200千克。

【问题思考】推算5月31日在产品账面盘存数400千克（加工程度为40%）的正确性，并说明其可能对财务报表项目的影响。

【审计案例 1-1-21 分析】

1~15 日完工产品耗用材料＝1 900÷0.95＝2 000（千克）

6 月 15 日盘存在产品耗用材料＝480÷0.96＝500（千克）

5 月 31 日盘存在产品耗用材料＝500+2 000−2 200＝300（千克）

5 月 31 日盘存在产品数量＝300×0.98＝294（千克）

经审查 5 月 31 日在产品盘存数应为 294 千克（加工程度为 40%），而不是原账面 400 千克，如果 5 月份生产出来的产成品已经被销售并计入产品销售成本，那么该企业 5 月份就存在多计在产品成本，少计产成品成本，虚减产品销售成本，虚增销售利润的问题。

5. 鉴定法

鉴定法是指对书面资料和实物的性能、质量、价值的分析、鉴别，超越了审计人员的能力和知识水平时，聘请有关专业部门或人员运用专门技术进行确定和识别以获取审计证据的方法。它主要用于对书面资料真伪的鉴定，对特殊实物资产的性能、质量、价值的鉴定等。

【审计案例 1-1-6 分析】

本案例中，小王承担的下属公司财务收支审计项目后，由于对选择审计方法感到困惑而请教同事，A 同事的建议是顺查法，B 同事的建议是逆查法，C 同事的建议是验算法，D 同事的建议是分析法。应该说这四位同事介绍的审计方法各有千秋，不能说谁的方法更高明，谁的方法不可行。

一般说来，在一个审计项目中，审计人员往往要将多种审计方法共同配合使用。同时，还要考虑审计的目的和重点，被审计单位的内部控制情况以及审计风险评估结果等诸多因素，从而选择合适的审计方法，以提高审计工作的效率和效果。

项目二　审计组织和审计程序

学习目标

通过对本项目的学习，了解我国审计组织的设置及审计人员素质要求，了解我国三种审计组织进行审计工作的基本程序。

能力目标

1. 能够熟悉我国各类审计组织的性质、职权、业务范围和人员素质要求。
2. 能够掌握注册会计师从事审计工作的基本程序。

【审计案例 1-2-1】

原审计署审计长李金华2004年6月23日在向全国人大常委会作审计工作报告时披露：广东佛山民营企业主冯某累计从中国工商银行南海支行（下称“南海工行”）骗取贷款74.21亿元，至审计时尚有余额19.29亿元贷款未收回。经初步核查，银行贷款损失已超过10亿元。广东省佛山市民营企业主冯某利用其控制的13家关联企业，编造虚假财务报表，与银行内部人员串通，累计从南海工行取得贷款74.21亿元，至审计时尚有余额达19.29亿元。这些贷款有许多没有用于生产经营，而是大量转入个人储蓄账户或直接提取现金，有些甚至通过非法渠道汇出境外。该桩巨额骗贷案牵出一串政府官员，时任肇庆市市长离职接受调查。

【问题思考】国家审计机关的职责是什么？

任务1　了解审计组织机构及审计人员

一、国家审计机关及审计人员

（一）领导体制类型

国家审计机关是代表国家行使审计监督权的机构。在世界范围内看，国家审计机关的领导体制主要有立法型、司法型、行政型等。现代大多数西方国家在议会下设专门的国家审计机关，对政府及公营企事业单位的财政财务收支进行审计监督。如美国的总审计局、加拿大的审计公署、西班牙的审计法院等，都是隶属于国家立法机构的国家审计机关。还有一些国家的国家审计机关隶属于司法系统，如法国的审计法院。我国的国家审计机关属于隶属于政府的行政型体制。不同审计体制下审计的独立性程度有一定差异，选择什么模式的国家审计领导体制主要取决于本国的政治经济体制。

（二）我国国家审计机关的设置

1. 审计机关设立的法律依据

按照我国现行《宪法》第九十一条的规定：国务院设立审计机关，对国务院各部门和地方各级政府的财政收支，对国家的财政金融机构和企事业组织的财务收支，进行审计监督。审计机关在国务院总理的领导下，依照法律规定独立行使审计监督权，不受其他行政机关、社会团体和个人的干涉。

《审计法》规定：国务院设立审计署，在国务院总理的领导下，主管全国的审计工作，审计长是审计署的行政首长。

2. 审计机关的组成

（1）中央政府审计机关

我国中央政府的审计机关为中华人民共和国审计署，成立于1983年9月，它是国务院所属部委级国家机关。审计署按照统一领导、分级负责的原则组织和领导全国的审计工作。

（2）地方审计机关

地方审计机关是指省、自治区、直辖市、设区的市、自治州、县、自治县、不设区的市、市辖区的人民政府的审计机关，分别在省长、自治区主席、市长、州长、县长、区长和上一级审计机关的领导下，负责本行政区域内的审计工作。地方各级审计机关对本级人民政府和上一级审计机关负责并报告工作，审计业务以上级审计机关领导为主。

（3）审计特派员办事处

《审计法》规定：审计机关根据工作需要，经本级人民政府批准，可以在其审计管辖范围内设立派出机构。如审计署驻海南特派员办事处、陕西省审计厅驻某市审计处等。

（三）我国国家审计机关的职责

《审计法》第十六条至第二十六条明确规定了审计机关的职责，可归纳为对国家公共资金取得、管理和使用进行监督。它可简要概括为如下6个方面：

（1）对国家各级政府财政收支审计；

（2）对国有金融机构、国有资本占主导地位的企业、事业单位财务收支审计；

（3）对政府投资和以政府投资为主的建设项目预决算审计；

（4）对政府管理和委托其他单位管理的各类基金、社会捐赠资金的财务收支审计；

（5）对国际组织和外国政府援助、贷款项目的财务收支审计；

（6）对法律、行政法规规定的其他事项的审计。

（四）我国国家审计机关的权限

依据《审计法》，我国国家审计机关主要有以下权限：

（1）要求报送资料权；

（2）监督检查权；

（3）调查取证权；

（4）行政强制权；

（5）建议纠正权；

（6）行政处理处罚权。

【审计案例1-2-1分析】

本案例所述国家审计署李金华审计长2004年6月在会议披露的审计机关审查发现的广东民营企业骗取南海工行贷款74.21亿元的案件，即体现了审计机关对国有金融机构财务收支以及执行国家金融政策法规情况的审计监督职责。私营企业主冯某通过编造虚假财务报表并伙同银行工作人员骗取贷款，取得贷款后大部分没有用于生产经营，而是大量转入个人储蓄账户或直接提取现金，有些甚至通过非法渠道汇出境外。这种严重违反金融法规，侵害国家国有资产权益的违法犯罪问题，只有通过国家审计机关代表国家行使审计监督权和处理处罚权，纠正制止违法行为，同时将审计中发现的涉嫌犯罪人员证据材料移交司法机关追究刑事责任，以维护国家法律的权威和尊严。

（四）我国国家审计人员的性质与业务素质要求

1. 国家审计人员的性质

我国国家审计机关审计人员属于公务员身份。

2. 业务素质要求

（1）基本知识能力要求

具有丰富的会计、审计理论知识和业务知识，以及相关财经法律法规知识；掌握财政金融、财务管理、企业经营管理、风险控制等方面的基本原理；拥有熟练的计算机信息处理能力、较好的语言文字表达能力、沟通协调能力和分析判断能力。

（2）国家审计人员的资格要求

目前，要成为一名国家审计机关的审计人员，必须通过每年举行的中央或省级公务员招考，笔试、面试均通过。被招录到相应层次的国家审计机关，即取得国家审计机关审计人员身份。在审计机关内，为进一步提高审计人员的业务能力与综合素质，各个国家审计机关均鼓励审计人员考取中、高级审计专业技术职务资格和中、高级会计专业技术资格，也允许国家审计人员考取注册税务师、注册会计师、注册资产评估师等资格（只能为非执业）以扩大国家审计人员的知识视野，增进国家审计人员与社会审计人员的业务交流，促进国家审计工作水平的提高。

二、内部审计组织

（一）领导体制类型

国际内部审计协会发布的《国际内部审计专业实务标准》关于内部审计独立性和客观性描述为“内部审计部门必须保持其独立性，内部审计师必须客观地开展工作”。这一原则所描述的独立性要求对我国各部门和单位设立内部审计机构有指导作用。但由于我国内部审计事业起步较晚，内部审计理论和实践还处于探索阶段，各部门各单位内部审计领导体制呈现多样化特点。

1. 隶属于董事会下设的审计委员会

这种体制是大多数上市公司选择的内部审计领导体制。即按照公司治理结构的需要，在董事会下设审计委员会，公司设立的审计部直接受董事会领导，同时负责审计委员会的日常事务。这种内部审计体制的独立性程度较高。

2. 隶属于部门或单位的行政负责人

这是我国大多数政府部门和国有大中型企事业单位内部审计机构的领导体制。这种体制下内部审计机构可以直接向部门或单位行政负责人报告工作，具有相对的独立性。但审计工作容易受到行政干预，可能会影响到内部审计的独立性和客观性。

3. 隶属于本部门或本单位财务会计机构或总会计师

由于种种原因，我国少数部门和单位内部审计制度很不健全，主要表现是没有独立设置内部审计机构，而是将内部审计机构或人员作为单位财务会计机构的下属机构和职员。该种体制缺乏形式上的独立性，从而使得实质上的审计独立性难以保证。

【审计案例 1-2-2】

北京首钢股份有限公司内部审计制度（节选）如下：

第一条　为加强公司内部控制，规范内部审计工作，根据《公司法》《证券法》等有关法律法规的规定，以及《北京首钢股份有限公司章程》，结合公司实际情况，制定本制度。

第二条　本制度所称内部审计，是指公司内部审计机构依据国家有关法律法规、财务会计制度和公司各项制度规定，对本公司及控股公司经营活动的经济性、效率性和效果性，以及内部控制的适当性、有效性进行的监督和评价活动。

第三条　依据完善公司治理结构和完备内部控制机制的要求，公司董事会设立审计委员会，监督内部审计制度的实施。审计部在董事会领导下，具体负责公司内部审计工作和董事会审计委员会日常工作，并接受监事会的指导。

第四条　内部审计人员应忠于职守，廉洁奉公，并具备与审计工作相适应的专业知识和业务能力

【问题思考】试评价首钢公司内部审计机构的独立性。

【审计案例 1-2-2 分析】

本案例所述的首钢公司由董事会的审计委员会领导内部审计工作，说明该公司的内部审计机构隶属于董事会。在规范的公司制企业中，经营管理活动的具体执行权在经理层，审计部独立于执行层设置，有利于对公司的经营活动和内部控制的适当性、合法性、有效性进行独立监督评价，对发现问题可以直接向具有决策权的董事会报告，便于董事会敦促有关部门及时纠正与公司价值增值目标相背离的行为。

首钢公司内部审计体制的独立性程度较高，与《国际内部审计实务标准》倡导的内部审计体制一致，该体制对完善公司治理体系具有积极意义。

（二）内部审计组织的工作职责

由中国内部审计协会 2013 年发布，2014 年 1 月 1 日起实施的《第 1101 号——内部审计基本准则》将内部审计定义为一种独立、客观的确认和咨询活动。它通过运用系统、规范的方法，审查和评价组织的业务活动、内部控制和风险管理的适当性和有效性，以促进组织完善治理、增加价值和实现目标。

依据内部审计基本准则明确的审计目标，可以将内部审计机构的职责具体化为：

（1）对本单位及所属单位财务收支及有关经济活动进行审计；

（2）对本单位内设机构及所属单位领导人的经济责任审计；

（3）对本单位及所属单位大宗采购和固定资产投资项目进行审计；

（4）对本单位及所属单位的内部控制健全性、有效性以及风险管理情况进行评审；

（5）对本单位及所属单位经济效益和经济管理情况进行审计；

（6）法律法规规定或本单位权力机构交办的其他事项审计。

（三）内部审计人员的职业资格获取

《国际内部审计专业实务标准》强调，内部审计师在开展业务时，必须具备专业能力和应有的职业审慎。内部审计师必须具备履行其职责所必需的知识、技能和其他能力。内部审计部门整体必须具备或获得履行其职责所必需的知识、技能和其他能力。

我国设立了内部审计机构的部门和单位对于内部审计人员的职业资格并没有统一要求。由于历史原因，许多内部审计机构的内部审计岗位人员大多由单位内部具有中高级会计专业技术职务的财务人员转岗而来，只要取得了审计机关颁发的内部审计岗位资格证书就算具有了上岗资格。目前，在我国只有已经在内部审计岗位上从事内部审计工作的人员才能报名参加内部审计岗位资格证考试，这是我国统一的内部审计职业资格准入制度还没有建立并对外开放的标志之一。

近年来，许多上市公司或大型企事业单位招聘内部审计人员时要求求职者必须持有国际注册内部审计师证书，这是我国内部审计人员的准入制度迈向国际化的重要一步。

我国于 1998 年首次从国外引进了国际注册内部审计师资格（CIA）考试。该考试由总部设在美国的国际内部审计协会命题，考试合格后发给国际注册内部审计师资格证书。该证书是被国际内部审计界公认的可从事内部审计工作的职业资格证书，在全球范围内有效。2014 年国际注册内部审计师考试（简称 CIA 考试）全国报考总人数已突破万人大关，达 12 944 人。

三、注册会计师审计组织——会计师事务所

（一）会计师事务所的性质

根据《注册会计师法》，会计师事务所是依法设立并独立承办注册会计师业务的机构。注册会计师必须加入或设立一家会计师事务所，才能以会计师事务所的名义对外承接审计业务。

我国会计师事务所分为有限责任制和合伙制两种形式。会计师事务所具有自收自支、独立核算、自负盈亏、依法纳税的特点。

（二）我国会计师事务所的设立条件

1. 有限责任制会计师事务所的设立条件

有限责任制会计师事务所是由一定数量的注册会计师作为股东出资组成，每个股东以其所认缴的出资额为限对会计师事务所的债务承担责任，会计师事务所以其

全部财产对事务所的债务承担责任。设立有限责任制会计师事务所的基本条件为：

（1）有五名以上符合规定条件的发起人；

（2）有十名以上国家规定职龄以内的专职从业人员，其中包括五名以上中国注册会计师；

（3）注册资本为人民币三十万元以上；

（4）有固定的办公场所；

（5）审批机关规定的其他条件。

申请设立事务所的发起人应当具备的条件为：取得中国注册会计师证书，并且具有3年以上在事务所从事独立审计业务的经验和良好的职业道德记录；为事务所的出资人；不在其他单位从事获取工资等劳动报酬的工作；年龄在国家规定的职龄以内；审批机关规定的其他条件。

2. 合伙制会计师事务所的设立

合伙制会计师事务所是由两个或两个以上的注册会计师组成的合伙组织。合伙人按出资比例或协定，以个人财产承担会计师事务所的债务，合伙人对会计师事务所的债务承担连带责任。

设立合伙制会计师事务所的基本条件为：

（1）有两名以上注册会计师为合伙人，以合伙人聘用一定数量符合规定条件的注册会计师和其他专业人员参加会计师事务所工作；

（2）有固定的办公场所和必要的设施；

（3）有能够满足执业和其他业务工作所需要的资金。

其中，申请成为会计师事务所合伙人的注册会计师必须符合的条件是：中华人民共和国的公民；持有中华人民共和国注册会计师有效证书，有五年以上在会计师事务所从事独立审计业务的经验和良好的道德记录；不在其他单位从事谋取工资收入的工作；至申请日止在申请注册地连续居住一年以上。

（三）中国注册会计师资格的获取

注册会计师资格的英文缩写为CPA（Certified Public Accountant）。具有高等专科以上学校毕业的学历，或者具有会计或者相关专业中级以上技术职称的中国公民，可以申请参加注册会计师全国统一考试。注册会计师考试分为专业阶段考试和综合阶段考试。专业阶段考试科目有会计、审计、财务成本管理、公司战略与风险管理、经济法、税法6科。综合阶段考试科目有职业能力综合测试1科（试卷一、试卷二）。在取得全科合格证、具有两年以上从事独立审计业务工作实践经验的人员，可向省、自治区、直辖市注册会计师协会申请注册成为执业注册会计师。执业注册会计师可以在会计师事务所独立执行审计业务，有资格签发审计报告。非执业注册会计师，为中国注册会计师协会的非执业会员，不能签发审计报告。

（四）中国注册会计师的业务范围

我国2014年8月30日，第十二届全国人大常委会第十次会议修订的《注册会计师法》规定的注册会计师的业务范围有：审查企业财务会计报告，出具审计报告；验证企业资本，出具验资报告；办理企业合并、分立、清算事宜中的审计业务，出具有关的报告；法律、行政法规规定的其他审计业务。注册会计师依法执行审计业务出具的报告，具有证明效力。

随着我国经济的快速发展，注册会计师业务范围在实践中不断拓展，理论研究也取得了进步。在审计实务中，中国注册会计师的业务范围被概括为鉴证业务和相关服务两大类。《注册会计师法》中所列举的五大类审计业务属于“鉴证业务”类别；《注册会计师法》第十五条所述的“会计咨询、会计服务业务”属于“相关服务”类别。

1. 鉴证业务

按照提供的保证程度和鉴证对象的不同，鉴证业务可分为审计业务、审阅业务和其他鉴证业务。

（1）审计业务

审计业务是注册会计师执行历史财务信息审计业务，如财务报表审计、验资、特殊目的审计业务。这类业务中，注册会计师提供合理保证。

（2）审阅业务

审阅业务是注册会计师执行历史财务信息的审阅业务，如财务报表审阅。这类业务中，注册会计师只提供有限保证。

（3）其他鉴证业务

其他鉴证业务是指除历史财务信息审计和审阅业务之外的鉴证业务。这类业务鉴证的对象不是历史财务信息，如内部控制鉴证、预测性财务信息审核等。

2. 相关服务

相关服务是注册会计师执行的除鉴证业务以外的相关服务业务，如对财务信息执行商定程序、代编财务信息等。它是注册会计师充分利用从事鉴证业务的知识和技能专长所开展的相关服务的总称。图 1-2-1 即为注册会计师业务范围示意图。

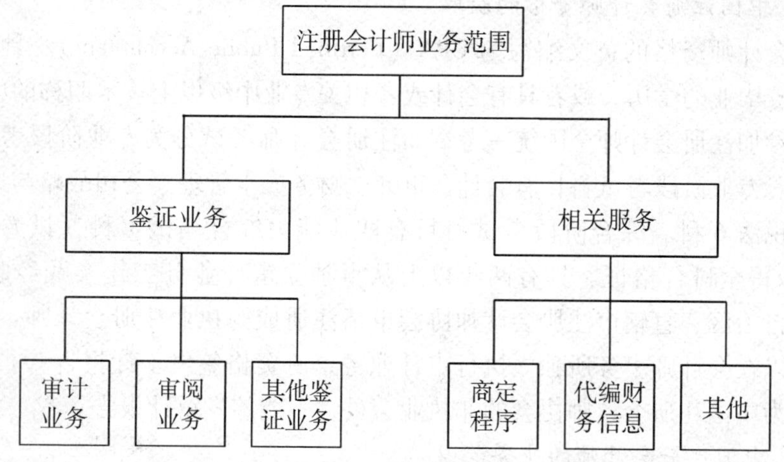

图 1-2-1　注册会计师业务范围示意图

【审计案例 1-2-3】

普华永道国际会计公司由原普华国际会计公司和永道国际会计公司于 1998 年 7 月 1 日合并而来。合并后的普华永道已成为一个真正的巨人和一家真正的全球性公司，在全球 150 多个国家拥有办事处。普华和永道的合并同时创造了全美最大的政府咨询公司之一。业务范围有：

保证及企业咨询服务，包括财务报表审计、石油行业价值证分析、全球扩展及私有化、内部控制服务、内部审计服务、风险管理、外包服务等；商业程序外包，包括财务及会计、应用流程、采购、人力资源、不动产管理等；财务咨询服务，包括企业重组服务、致力于有形及无形资产评估等的公司价值咨询服务等；全球人力资源服务，具体包括全球人力资源解决方案、人力资源咨询支持等；管理咨询服务，包括公司战略、技术战略、组织战略、经营战略、改造战略等。

【问题思考】试分析会计师事务所业务范围的变化趋势。

【审计案例 1-2-3 分析】

本案例所提及的普华永道国际会计公司已经属于在全球注册会计师审计界具有很高影响力和职业水平的跨国会计师事务所。从收入来源结构看，提供财务报表审计服务取得收入已经不占主体，更多的业务转向了财务、管理等咨询领域。这种现象是注册会计师审计业务随着经济发展而不断拓展的标志。

据 2014 年国际会计专业网络排行榜显示，普华永道国际会计公司 2013 年营业收入为 320. 89 亿美元，截止到 2013 年年底拥有注册会计师 184 235 人，位居全球第二位，仅次于德勤国际会计公司。

中国注册会计师协会 2012 年 7 月 30 日公布的《2012 年会计师事务所综合评价前百家信息》显示，我国前 100 家事务所 2011 年度自身业务收入达到 279 亿元，占全行业总收入的 63. 6%。排名前 6 位的事务所业务收入均超过 10 亿元，其中，立信会计师事务所收入达到 15. 04 亿元。这是除国际四大事务所之外国内单家会计师事务所业务收入首次突破 15 亿元。

本案例也说明会计师事务所作为注册会计师审计组织，除了发挥经济监督职能外，经济鉴证和经济评价两项职能的发挥更为突出，业务范围由传统审计业务向管理咨询、绩效评估等咨询服务转变的趋势日益显现。

任务 2　了解审计工作的程序

【审计案例 1-2-4】

张某在某县审计局从事审计工作已有 8 年，2009 年参加注册会计师考试合格后从审计局离职进入一家会计师事务所，2013 年取得了执业注册会计师资格。张某主要负责客户委托的财务报表审计项目。在工作中，由于张某总是习惯于套用过去在审计局工作时的一些经验和工作程序给项目组成员安排工作，多次遭到事务所主任会计师刘某的批评指责，张某却认为，财务审计的目的不都是要查明被审计单位财务报表中存在的问题吗？不管是什么性质的审计机构，工作的程序应该大体相同啊！他感觉很委屈，很困惑。

【问题思考】注册会计师审计的程序与国家审计的程序是否相同？

审计程序是指审计工作的基本过程或者工作步骤，它是审计组织及审计人员从最初准备审计工作到最终完成审计任务的全过程中经历的工作环节。由于国家审计机关、注册会计师审计组织、内部审计机构的性质、地位和职责或业务范围的不同，审计程序也有所差异。本任务将分别说明国家审计、注册会计师审计的一般工作程序。

一、国家审计的程序

现以国家审计机关进行就地审计为例，说明国家审计的基本工作程序。

（一）审计的准备阶段

1. 明确审计任务

各级国家审计机关的审计任务可以分为计划内审计任务和计划外审计任务。计划内的审计任务是审计机关根据国家宏观经济政策导向、财政政策要求、上级审计机关部署及本级人民政府的安排确定并列入年度审计计划的任务。

审计署2010年9月第8号令《中华人民共和国国家审计准则》（以下简称《国家审计准则》）规定：“审计机关应当根据法定的审计职责和审计管辖范围，编制年度审计项目计划。编制年度审计项目计划应当服务大局，围绕政府工作中心，突出审计工作重点，合理安排审计资源，防止不必要的重复审计。”

计划外的审计任务是没有事先列入年度审计计划的临时性审计任务，大多源于上级审计机关和本级人民政府临时交办的各种专项审计任务。

2. 组织审计力量

审计机关对于将要进行的审计项目，会根据审计项目业务量的大小、审计复杂程度、允许投入的时间长短以及审计人员素质等因素组建审计项目工作小组（常简称审计组），作为完成某一审计项目的审计力量。

3. 调查了解被审计单位的基本情况

为制定切实可行的审计工作实施方案，审计组成立后就必须了解被审计单位的概况。主要了解以下情况：①单位性质、组织结构；②职责范围或者经营范围、业务活动及其目标；③相关法律法规、政策及其执行情况；④财政财务管理体制和业务管理体制；⑤适用的业绩指标体系以及业绩评价情况；⑥相关内部控制及其执行情况；⑦相关信息系统及其电子数据情况；⑧经济环境、行业状况及其他外部因素；

⑨以往接受审计和监管及其整改情况；⑩需要了解的其他情况。

4. 选择并熟悉相关审计标准

审计组人员在进驻被审计单位前，要广泛收集、查阅并学习与被审计单位业务相关的法律、法规、政策和制度等审计标准，以便对被审计事项的真实性、合法性、效益性作出正确的判断。

5. 编制审计工作实施方案

审计组应当在调查了解被审计单位基本情况，评估被审计单位存在重大问题的可能性，并确定审计应对措施的基础上，编制审计实施方案。按照《国家审计准则》要求，审计实施方案的内容主要包括：①审计目标；②审计范围；③审计内容、重点及审计措施；④审计工作要求，包括项目审计进度安排、审计组内部重要管理事项及职责分工等。

6. 通知被审计单位

审计实施方案经批准后，应当在实施审计的 3 日前向被审计单位送达审计通知书。审计通知书的内容主要包括被审计单位名称、审计依据、审计范围、审计起始时间、审计组组长及其他成员名单、对被审计单位配合审计工作的要求。

（二）审计实施阶段

1. 进驻被审计单位

审计组成员应于审计通知书规定的开始时间进驻被审计单位。进驻之后，应与被审计单位领导和相关人员取得联系。一般通过召开会议方式，由审计组组长说明本次审计的目的、任务、主要审计内容、对被审计单位的要求等，以取得被审计单位的支持与配合。

2. 评价内部控制

审计人员对审计事项进行实质性审查前，如有必要，应评价被审计单位的内部控制制度的健全性和有效性，以确定实质性审查的时间、程序和范围（有关内部控制评审问题在模块二的项目一“内部控制评审”中详细介绍）。

3. 修订审计工作实施方案

审计准备阶段制订的审计工作实施方案是在对被审计单位情况的初步了解为基础上编制而成。随着审计的进一步深入，审计人员对被审计单位存在重大问题的可能性评估结果可能发生变化，就促使审计人员修正审计应对措施，则审计工作方案就应当作出适当修订。

4. 收集审计证据，编制审计工作底稿

审计证据是指审计人员获取的能够为审计结论提供合理支撑的全部事实材料的总称。整个审计实施阶段的工作核心就是收集用以得出审计结论的证据材料，并编制审计工作底稿。审计人员应将审计证据材料作为审计工作底稿的附件（有关审计证据和审计工作底稿相关知识将在模块二下的项目二“审计证据和审计工作底稿”中详细介绍）。

（三）审计报告阶段

1. 整理审计工作底稿

在实施阶段形成的审计工作底稿可能是零散的、不系统的。所以，审计人员在撰写审计报告前必须依据审计工作底稿所记录问题的性质、类别、重要性程度对审计工作底稿进行分类整理。审计人员一般要对底稿中记载的重大问题再一次核实原始材料，使得佐证存在重大问题的审计证据确凿无误，为作出恰当审计结论打下坚实的基础。

2. 撰写审计报告

审计组按照《国家审计准则》规定的工作程序对审计工作底稿进行审核后，组织起草审计报告。

3. 征求被审计单位意见

审计组实施审计后，应当提出审计报告，按照审计机关规定的程序审批后，以审计机关的名义征求被审计单位以及拟处罚的有关责任人员的意见。如果审计报告中涉及重大经济案件调查等特殊事项，经审计机关主要负责人批准，可以不征求被审计单位或者被审计人员的意见。

被审计单位和被审计人员或者有关责任人员对征求意见的审计报告有异议的，审计组应当进一步核实，并根据核实情况对审计报告作出必要的修改。

4. 提交审计报告

审计组实施审计后，应当向派出审计组的审计机关提交审计报告。

（四）审计处理阶段

1. 作出处理决定

按照《国家审计准则》的有关规定，对被审计单位或者被调查单位违反国家规定的财政收支、财务收支行为，依法应当由审计机关进行处理处罚的，审计组应当起草审计决定书。

审计组要将审计报告、审计处理决定书等材料，报送审计机关业务部门复核；审计机关业务部门应当将复核修改后的审计报告、审计决定书等审计项目材料连同书面复核意见，报送审计机关的审理机构审理。审理机构将审理后的审计报告、审计决定书连同审理意见书报送审计机关负责人。

审计报告、审计决定书原则上应当由审计机关审计业务会议审定；在特殊情况下，经审计机关主要负责人授权，可以由审计机关其他负责人审定。

2. 送达审计决定

经过审定后的审计报告、审计决定书，交由审计机关负责人签发。审计机关负责人签发后，审计报告送达被审计单位，审计决定书送达被审计单位和被处罚的有关责任人员。

二、注册会计师审计的工作程序

一般说来，无论哪种审计机构做审计工作，一般都要经过审计的准备、实施和报告三大阶段。但由于注册会计师审计的性质、审计的业务范围、审计责任和工作权限与国家审计不同，因此，注册会计师审计工作的三大阶段的具体程序与国家审计必然存在某些差异。下面将参照注册会计师审计准则的相关要求进行说明，并与国家审计的程序略作比较。

（一）计划审计工作阶段

1. 签约前的准备工作

（1）明确审计业务的性质

本程序的目的是会计师事务所与委托人对审计业务的性质（主要指业务种类）、目的、范围达成共识。如需要进行财务报表审计还是经济责任审计，是对什么时间或期间的财务报表及相关资料进行审计，审计报告的用途是什么等。该项程序与国家审计准备阶段中“明确审计任务”的程序相似。不同的是，国家审计的具体审计项目源于年度审计项目计划安排，注册会计师审计项目源于审计业务委托人的委托。

（2）了解被审计单位及其环境

一般说来，会计师事务所在签约前应当全面了解被审计单位如下基本情况：性质及隶属关系；经营范围和经营方式；经营规模和组织结构；目前的经营情况和面临的经营风险；近三年主要经济指标及变化趋势；以前年度接受审计的情况；财会机构的设置及财会人员素质、内部审计组织设置等。

会计师事务所应在了解被审计单位及其环境的基础上，初步评价审计风险，决定是否适宜接受委托。对于委托审计的动机不良、审计风险较高的客户，会计师事务所可以不接受委托。这一点是注册会计师审计与国家审计相区别的重要标志之一。

国家审计主要是按照批准的年度审计计划进行，凡被列入审计计划的被审计行业和单位必须接受审计。所以，在国家审计工作中也有“了解被审计单位基本情况”这一程序，但该项工作的主要目的是编制切实可行的“审计工作实施方案”，以便将来顺利开展审计工作。国家审计属于强制性审计，故不存在需要取消或回避某一审计项目的情形。

（3）评价会计师事务所的胜任能力

会计师事务所在了解被审计单位的情况后，应对自身的胜任能力进行评价。主要评价以下方面：评价审计执行能力；评价自身的独立性；评价遵守职业道德的情况。若经评价发现不具备专业胜任能力，就应当拒绝接受委托；若具备专业胜任能力，可以接受委托。如果经评价，独立性和遵守职业道德情况可能受威胁，必须采取能够消除威胁的措施；否则，不宜接受委托。而国家审计机关一旦向业务部门下达审计任务，就等于默认了审计人员的专业胜任能力，故不存在此项程序。

（4）商定审计收费

注册会计师审计是一种委托审计，它有别于国家审计的强制审计性质。因此注册会计师审计对于被审计单位来说，是会计师事务所为其提供了审计服务，会计师事务所理所当然要向被审计单位收取能够反映其专业价值的审计服务费用。

会计师事务所应在估计审计业务工时的基础上，提出审计收费水平，并与被审计单位协商谈判。确定审计收费时，应考虑如下因素：专业服务所需的知识和技能；所需专业人员的经验水平要求；参与审计的专业人员提供服务所需时间；提供服务所需承担的责任大小。

（5）明确被审计单位应协助的工作

会计师事务所应当向被审计单位说明，如果接受本次审计委托，就需要被审计单位提供截至何时点或何时期的何种会计资料及相关资料以及必要的协助工作。双方要围绕此问题进行认真商讨，最终达成一致意见，为顺利签约作准备。

在国家审计活动中，《审计法》赋予了国家审计机关的调查权与检查权，关于被审计单位应当协助的工作问题是不需要详细商讨的，被审计单位配合协助是其应当履行的法律义务。

2. 签订审计业务约定书

（1）审计业务约定书的概念

审计业务约定书是会计师事务所与被审计单位签订的，用以确认审计业务的委托与受托法律关系的书面协议。审计业务约定书具有合同的性质，一经签约双方签字或盖章，即对签约双方产生法律效力。

（2）审计业务约定书的作用

①有助于双方明确责任和义务，避免误解，减少分歧；

②有助于双方分别评定对方的约定义务履行情况；

③有助于在出现法律诉讼时，为准确界定签约双方的责任提供依据。

（3）审计业务约定书的主要内容

虽然在财务报表审计实务中，不同会计师事务所制作的审计业务约定书格式内容可能有所差异，但按照《中国注册会计师审计准则第 1111 号——就审计业务约定条款达成一致意见》的规定，约定书的基本内容应当包括：财务报表审计的目的；被审计单位的会计责任和会计师事务所的审计责任；被审计单位管理层采用的会计准则和会计制度；出具审计报告的时间要求；审计收费；注册会计师拟出具的审计报告的预期形式和内容；对在特定情况下出具的审计报告可能不同于预期形式和内容的说明等。

【案例 1-2-5】

北京红光股份有限公司委托北京信义会计师事务所对其 2013 年度财务报表进行审计，经双方协商一致，于 2014 年 1 月 3 日签订了一份审计业务约定书。具体格式内容如表 1-2-1 所示。

表 1-2-1　　审计业务约定书（范例）

审计业务约定书

甲方：北京红光股份有限公司

乙方：北京信义会计师事务所

兹有甲方委托乙方对其 2013 年度财务报表进行审计，经双方协商，达成如下约定：

一、业务范围及审计目标

1. 乙方接受甲方委托，对甲方按照《企业会计准则》和《企业会计制度》编制的 2013 年 12 月 31 日的资产负债表和 2013 年度利润表、股东权益变动表和现金流量表及财务报表附注进行审计。

2. 乙方通过执行审计工作，对财务报表的下列方面发表审计意见：①财务报表是否按照《企业会计准则》和《企业会计制度》的规定编制；②财务报表是否在重大方面公允反映了甲方的财务状况、经营成果和现金流量。

二、甲方的责任和义务

（一）甲方的责任

1. 根据《会计法》和《企业财务会计报告条例》，甲方及甲方负责人有责任保证会计资料的真实性和完整性。因此，甲方管理层有责任妥善保存和提供会计记录（包括但不仅限于会计凭证、会计账簿、财务报表及其他会计资料）。这些记录必须真实完整地反映甲方的财务状况、经营成果和现金流量。

2. 按照《企业会计准则》和《企业会计制度》编制财务报表是甲方管理层的责任。这种责任包括：①设计、实施和维护与财务报表编制有关的内部控制，以使得财务报表不存在由于舞弊和错误导致的重大错报；②选择运用恰当的会计政策；③作出合理的会计估计。

（二）甲方的义务

1. 及时为乙方的审计工作提供其所要求的全部会计资料和其他资料，并保证所提供的资料真实完整。

2. 确保乙方不受限制地接触与审计有关的任何记录、文件和所需信息。

3. 甲方管理层对其所作出的与审计有关的声明应予以书面确认。

4. 甲方应为乙方派出的工作人员提供必要的条件和协助。

5. 甲方应按照约定书的约定及时足额支付审计费用以及乙方人员审计期间的交通费、食宿费和其他相关费用。

三、乙方的责任和义务

（一）乙方的责任

1. 乙方的责任是在实施审计的基础上对财务报表发表审计意见。乙方按照《中国注册会计师审计准则》（以下简称《审计准则》）的规定进行审计。注册会计师应当遵守职业道德规范，计划和实施审计工作，以对财务报表是否不存在重大错报获取合理保证。

2. 乙方的审计工作涉及实施审计程序，以获取财务报表金额和披露的证据。审计程序的选择取决于乙方的职业判断，包括对由于舞弊或者错误导致财务报表重大错报风险的评估。在进行风险评估时，乙方应考虑与财务报表编制相关的内部控制，以设计恰当的审计程序，但目的并非对内部控制有效性发表意见。审计工作还包括评价管理层选用的会计政策的恰当性和会计估计的合理性，以及评价财务报表的总体列报。

3. 乙方需要合理计划和实施审计工作，以使得乙方能够获取充分适当的审计证据，为甲方财务报表是否不存在重大错报获取合理保证。

4. 乙方有责任在审计报告中指明所发现的甲方在某重大方面没有遵循《企业会计准则》和《企业会计制度》编制财务报表且未按照乙方的建议进行调整的事项。

表 1-2-1（续）

5. 由于测试的性质和审计的其他固有限制以及内部控制的固有局限性存在，财务报表中不可避免存在着某些重大错报未被乙方发现的风险。

6. 在审计过程中，乙方若发现甲方的内部控制存在乙方认为的重大缺陷，应向甲方提交管理建议书。但乙方提交的管理建议书中提出的各种事项，并不代表已经全面说明甲方所有可能存在的缺陷或所有应改进的建议。甲方在实施乙方提出的改进建议前，应当全面评估其影响。未经乙方许可，甲方不得向任何第三方提供乙方出具的管理建议书。

7. 乙方的审计责任不能减轻或替代甲方管理层和甲方负责人的责任。

（二）乙方的义务

1. 乙方应按照约定时间完成审计工作并出具审计报告。乙方应于 2014 年 3 月 25 日前出具审计报告。

2. 除下列情况外，乙方应对执行审计业务中知悉的甲方的信息予以保密：①取得甲方授权；②根据法律法规规定，为法律诉讼准备文件或者提供证据，以及向监管机构报告发现违反法规行为；③接受行业协会和监管机构依法进行的质量检查；④监管机构对乙方进行行政处罚（包括监管机构进行处罚前的调查、听证）以及乙方对此提起行政复议。

四、审计收费

1. 本次审计服务的收费是以乙方各级别工作人员在本次审计工作中所耗用时间为基础计算的。乙方预计本次审计服务的费用总额为 10 万元人民币。

2. 甲方应于本约定书签署之日起 7 日内支付审计服务总费用的 30%，即 3 万元整，其余费用应于审计报告完成日结清。

3. 如果由于无法预见的原因，致使乙方从事本约定书涉及的审计服务的实际时间比签订约定书预计的时间明显增加或减少时，甲乙双方应通过协商相应调整本约定书第四项第 1 段所述审计费用。

4. 如果由于无法预见的原因，致使乙方审计人员抵达甲方工作现场后，本约定书的审计服务不再进行，甲方不得要求乙方退还预付的审计费用。如果上述情况发生于乙方人员完成现场审计工作，并离开甲方的工作现场后，甲方应另行支付 1 万元人民币的补偿费给乙方，该补偿费应于甲方收到乙方收款通知之日起 5 日内支付。

5. 与本次审计有关的交通费、食宿费及其他相关费用由甲方承担。

五、审计报告和审计报告的使用

1. 乙方按照《中国注册会计师审计准则第 1501 号——审计报告》和《中国注册会计师审计准则第 1502 号——非标准审计报告》规定的格式和类型出具审计报告。

2. 乙方向甲方致送审计报告一份。

3. 甲方在向有关部门提交或对外公布审计报告时，不得修改乙方出具的审计报告和其后所附的已审计财务报表。当甲方认为有必要修改会计数据、报表附注和相关说明时，应当事先通知乙方，乙方应当考虑甲方的修改对审计报告产生的影响，必要时，重新出具审计报告。

六、本约定书的有效期

本约定书自签署之日起生效，并在双方履行完本约定书的所有义务后终止。但其中第三项第（二）部分第 2 段所述（1）（2）（3）（4）情形的义务不因约定书终止而失效。

七、约定事项的变更

如果出现不可预见的情形，影响审计工作如期完成，或需要提前出具审计报告，甲乙双方均可以要求变更约定事项，但应当及时通知对方，共同协商后对变更事项达成共识。

八、终止条款

1. 如果根据乙方的职业道德及其他有关专业职责、适用法律法规或其他任何法定要求，乙

表 1-2-1（续）

方认为已经不适宜继续为甲方提供本约定书约定的审计服务时，乙方可以采取向甲方提出合理通知的方式终止履行本约定书。 2. 在终止业务约定的情况下，乙方有权就其于本约定书终止之日前对约定审计项目所提供的审计服务收取合理的审计费用。 九、违约责任 甲乙双方按照《中华人民共和国合同法》的规定承担违约责任。 十、适用法律和解决争议的方式 本约定书所有方面均适用中华人民共和国法律进行解释并受其约束。本约定书的履行地为乙方管理机构所在地，因本约定书引起或与本约定书有关的任何纠纷或者争议，双方选择以下第 2 种方式解决： 1. 向有管辖权的人民法院提起诉讼； 2. 提交北京市东城区仲裁委员会仲裁。 十一、双方对其他有关事项的约定 本约定书一式两份，甲乙双方各执一份，具有同等法律效力。 甲方：北京红光股份有限公司（盖章）　　乙方：北京信义会计师事务所（盖章） 甲方授权代表：李××　　乙方授权代表：张×× 二〇一四年一月三日　　二〇一四年一月三日

3. 计划审计工作

《中国注册会计师审计准则 1201 号——计划审计工作》第四条规定："注册会计师的目标是计划审计工作以使审计工作以有效的方式得到执行。"

注册会计师审计活动中的计划审计工作与国家审计活动中制订审计实施方案的工作有相似之处，但由于注册会计师审计业务的特殊性质，计划审计工作就不能完全等同于国家审计实施方案的制订工作。(此处仅作简要说明)

审计计划是指注册会计师为有效执行审计而制订的工作规划。《中国注册会计师审计准则 1201 号——计划审计工作》对审计计划的作用归纳如下：

(1) 有助于注册会计师适当关注重要的审计领域；

(2) 有助于注册会计师及时发现和解决潜在的问题；

(3) 有助于注册会计师恰当地组织和管理审计业务，以有效的方式执行审计业务；

(4) 有助于选择具备必要的专业素质和胜任能力的项目组成员应对预期的风险，并有助于向项目组成员分派适当的工作；

(5) 有助于指导和监督项目组成员并复核其工作；

(6) 在适用的情况下，有助于协调组成部分注册会计师和专家的工作。

审计计划包括总体审计策略和具体审计计划两部分。

(1) 总体审计策略

总体审计策略是指注册会计师对所承接的审计业务在实施审计前所作的总体规

划。制定总体审计策略的主要意义在于向审计项目组成员传达在审计实施阶段的工作方向，以提高审计工作的效率和效果。总体审计策略的主要内容包括：

①审计范围；

②报告目标、时间安排及所需要的沟通；

③审计方向；

④审计资源。

【审计案例 1-2-6】

以前述【案例 1-2-5】的审计业务约定书材料为例，假定北京信义会计师事务所已经接受委托并与北京红光股份有限公司签约。随后，北京信义会计师事务所立即成立了红光股份有限公司财务报表审计项目组，审计项目负责人为注册会计师刘亚东。他带领项目组成员制定了如下总体审计策略（如表 1-2-2 所示）。

表 1-2-2　　**总体审计策略表**

被审计单位	北京红光股份有限公司
审计业务	北京红光股份有限公司 2013 年度财务报表审计
编制日期	2014 年 1 月 3 日
一、审计范围	
1. 适用的财务报告准则	《企业会计准则》
2. 适用的审计准则	《中国注册会计师鉴证业务基本准则》《中国注册会计师审计准则第 1101 号——注册会计师的目标以及审计工作基本要求》等多项具体准则
3. 与财务报告相关的行业特别规定	《财务会计报告条例》、珠宝玉石行业涉及的税收政策法规、证监会发布的上市公司信息披露文件等
4. 需要审计的集团内部组成部分的数量及所在地点	本次审计需要审计红光股份公司总部及所属全资子公司 8 家，子公司名称地址分别为：……
5. 需要阅读的含有已审计财务报表的其他信息	2013 年度董事会会议记录、总经理办公会会议记录、股东大会决议等
二、本次审计的重要性水平确定	
1. 确定方法	净资产的 5%或营业收入的 0.5%
2. 依据的准则	《中国注册会计师审计准则第 1221 号——计划和执行审计工作时的重要性》

表1-2-2(续)

<table>
<tr><td>3. 财务报表层次和账户余额层次的重要性水平</td><td colspan="2">资产负债表的重要性水平为50万元
利润表的重要性水平为40万元，经过综合评估，最终确定本次审计中财务报表层次的重要性水平为40万元。将其分配给各账户余额后，有关账户余额层次的重要性水平如下：
货币资金：3 000元
应收账款：10 000元
……</td></tr>
<tr><td>4. 重大错报风险领域</td><td colspan="2">经初步评估，本次审计应当重点关注北京红光公司珠宝玉石产品的预售业务收入确认，委托加工珠宝玉石产品的成本核算以及利润核算的准确性</td></tr>
<tr><td colspan="3">三、报告目标、时间安排及所需沟通</td></tr>
<tr><td>1. 报告目标</td><td colspan="2">依据《证券法》和《上市公司信息披露管理办法》有关规定，北京红光股份有限公司的年度财务报告需要经会计师事务所审计。会计师事务所受托对红光股份有限公司2013年度财务报告进行审计并出具审计报告，以符合证券监管机构对上市公司信息披露的要求</td></tr>
<tr><td>2. 执行审计的时间安排</td><td colspan="2">2014年1月4日进驻现场，2014年3月10日前结束外勤审计工作，2014年3月15日前形成审计报告草稿，2014年3月25日前正式向红光股份有限公司提交审计报告</td></tr>
<tr><td>3. 所需沟通</td><td colspan="2"></td></tr>
<tr><td>（1）与管理层和治理层的沟通</td><td colspan="2">1月5日与董事会代表、监事会负责人沟通情况</td></tr>
<tr><td>（2）项目组预备会、总结会</td><td colspan="2">1月3日审计项目组预备会议，3月20日召开项目总结会</td></tr>
<tr><td>（3）与专家或有关人士的沟通</td><td colspan="2">拟联系珠宝专家张某某商谈</td></tr>
<tr><td>（4）与前任注册会计师的沟通</td><td colspan="2">拟联系前任会计师事务所注册会计师李某某</td></tr>
<tr><td>……</td><td colspan="2"></td></tr>
<tr><td>4. 人员安排</td><td colspan="2">本项目组由5人组成，分别为：……</td></tr>
<tr><td>（1）项目组成员的责任</td><td></td><td></td></tr>
<tr><td>职务</td><td>姓名</td><td>工作职责</td></tr>
<tr><td>项目负责人（注册会计师）</td><td>刘亚东</td><td>对整个审计项目的审计质量负责，有责任督导各项具体审计程序的正确实施，确保审计意见的恰当性</td></tr>
<tr><td>项目经理（注册会计师）</td><td>张某</td><td>……</td></tr>
<tr><td>注册会计师</td><td>李某</td><td>……</td></tr>
<tr><td>注册会计师</td><td>王某</td><td>……</td></tr>
<tr><td>注册会计师助理（会计师）</td><td>秦某</td><td>……</td></tr>
<tr><td>5. 对专家及有关人士工作的利用</td><td colspan="2"></td></tr>
</table>

表1-2-2(续)

(1) 对内部审计工作的利用	本次审计中打算利用红光公司审计部内审人员在2013年12月25日审核过的红光公司存货盘点表，计提存货跌价准备明细表，作为收集存货存在性证据的参考
(2) 对前任注册会计师工作的利用	经了解，本次信义会计师事务所的审计是该公司第8次接受注册会计师审计。2012年的签约会计师事务所为北京诚实会计师事务所。经了解北京诚实会计师事务所在业界声誉良好，没有发现红光公司董事会决议、股东大会表决解聘北京诚实会计师事务所的原因存在异常。因此，本次审计制订具体审计计划时拟参考诚实会计师事务所2012年财务报表审计的风险评估资料，并依据2013年的变化情况作出合理修正
(3) 对专家工作的利用	鉴于红光股份有限公司主营产品为黄金珠宝饰品类，本次审计可能需要向珠宝鉴定专家寻求咨询服务，以便收集有关红光公司存货资产认定是否正确的审计证据

(2) 具体审计计划

具体审计计划的制订与总体审计策略的制定是结合起来考虑的，它的核心内容是确定具体审计程序的性质、时间和范围。审计程序的性质即审计程序的目的和类型，如检查、观察、询问、重新计算、分析程序等。审计程序的时间即审计程序的实施时间或时点，如在被审事项进行的期初、期中还是期末实施。审计程序的范围即要实施的某审计程序的数量范围，包括审计抽样的样本或对某项活动的观察数量等。

按照《中国注册会计师审计准则第1201号——计划和实施审计工作》的有关规定，具体审计计划应当包括以下内容：

①风险评估程序的性质、时间和范围

风险评估程序是注册会计师为了识别财务报表存在的重大错报风险而实施的审计程序。注册会计师主要通过询问、分析、观察和检查方法，深入了解被审单位及其环境，以识别和评估重大错报风险。

②计划实施的进一步审计程序

针对确定的重大错报风险领域，注册会计师应当明确计划实施的进一步审计程序的性质、时间和范围。这是具体审计计划的核心内容。

③计划实施的其他审计程序

与审计风险评估有关的知识将在模块一项目四“审计的重要性和审计风险”中详细介绍，此处暂不赘述。

【案例1-2-7】

信义会计师事务所审计项目负责人刘某依据前述的“总体审计策略”，组织项目组成员分析研究后，制订了一份关于对红光股份有限公司2013年度财务报表审计的具体审计计划，并将该份计划一式五份发放到各位项目组成员手中（如表1-2-3所示）。

表1-2-3　　　　　　　　　　**具体审计计划表**

<table>
<tr><td>被审计单位名称</td><td colspan="2">北京红光股份有限公司</td></tr>
<tr><td>编制人</td><td colspan="2">张某、王某等</td></tr>
<tr><td>编制日期</td><td colspan="2">2014年1月4日</td></tr>
<tr><td>复核人</td><td>张某</td><td>复核日期：2014年1月5日</td></tr>
<tr><td>项目质量控制复核人</td><td>刘亚东</td><td>复核日期：2014年1月5日</td></tr>
<tr><td colspan="3">目　录</td></tr>
<tr><td colspan="3">一、风险评估程序
1. 了解被审计单位及其环境
主要方法：①浏览阳光公司官网；②阅读宣传册；③阅读公司相关文件；④询问访谈公司领导及有关职员；⑤分析近年来的财务数据……
红光股份有限公司是1996年6月成立、2005年上市的一家主营珠宝玉石生产的工业企业。……（注：主要描述北京红光股份有限公司组织机构及隶属关系、公司管理层及治理层的设置、公司经营规模、经营范围和经营方式、近3年来主要经济指标完成、竞争环境及经营风险情况、财务会计机构和内部审计机构的设置情况等）
2. 了解内部控制情况
根据对北京红光股份有限公司基本情况的了解和初步风险评估情况，本次应重点测试销售与收款循环内部控制、购货与付款循环内部控制、投资与筹资循环内部控制的有效性……
具体的方法：
①阅读公司规章制度文本；②阅读董事会文件；③访谈公司办公室主任及部门负责人；……
3. 评估的重大错报风险（包括报表层次和账户余额认定层次的重大错报风险）
经评估，北京红光股份有限公司重大错报风险领域可能主要集中在跨会计年度产品和服务的营业收入确认、长期资产减值准备计提、对外投资收益确认和借款费用资本化会计处理方面，审计风险相对较高。
因此，应将总体审计策略中确定的财务报表层次重要性水平从40万元降为30万元，同时相应降低各账户余额层认定的重要性水平，同时调整重大错报风险领域涉及的账户（如主营业务收入、坏账准备、固定资产减值准备、投资收益等）的重要性水平，以使本次审计总风险控制在本会计师事务所可接受水平内。
二、计划的进一步审计程序
1. 控制测试程序
（1）销售与收款循环内部控制中主要测试：接受订货、批准赊销、会计记录、职责分离、内部核查五个环节的控制政策和措施是否得到一贯执行。
（2）购货与付款循环内部控制测试中主要测试：……
（3）……
2. 实质性测试程序
（1）主营业务收入的实质性程序，包括：获取或编制主营业务收入明细表；抽查主营业务收入；对主营业务收入的实施分析性程序；抽查相关凭证；实施销售截止测试等。
（2）……
三、其他方面的程序
1. 对舞弊的考虑；
2. 对违反法规的考虑；
3. 持续经营；
4. 关联方关系。</td></tr>
</table>

（二）审计实施阶段

1. 实施控制测试

该项工作是依据上一阶段风险评估的结果，对被审计单位的内部控制进行测试和评价，以再次确定重大错报的风险领域，为进一步明确实质性测试的性质、时间和范围打好基础。该项工作在国家审计准则中也有明确的要求，评审内部控制依据的原理和工作思路基本相同（有关具体内容将在模块二下的项目一“内部控制评审”中作详细介绍）。

2. 实施实质性测试

实质性测试又称实质性程序。它是注册会计师在内部控制测试的基础上，运用恰当审计方法，实施具体审计计划确定的相关审计程序，收集足以支撑审计结论和审计意见的证据材料。实质性测试是整个审计实施工作的核心环节（具体内容将在模块二下的项目三、四、五、六、七所述五大业务循环审计中作详细介绍）。

《国家审计准则》中虽然没有使用注册会计师审计实务中“实质性测试”这一概念，但在第四章“审计证据”中特别强调了审计人员要采用检查、观察、分析、外部调查、重新计算、重新操作、询问等方法向有关单位和个人获取审计证据。这些要求相当于注册会计师审计所要求的“实质性测试”或“实质性程序”。

（三）审计报告阶段

本阶段的最终任务是会计师事务所要向审计业务的委托人提交书面审计报告。主要工作程序如下：

（1）整理评价审计证据；

（2）复核审计工作底稿；

（3）汇总审计差异，提请被审计单位调整或披露；

（4）提出审计意见，编制审计报告。

在国家审计活动中，审计组在现场审计工作结束后也必须撰写书面审计报告。但由于国家审计与注册会计师审计性质不同，因此两种审计机构审计报告在形成过程、表现形式和内容要求等方面存在很大差异。

【审计案例 1-2-4 分析】

张军的困惑在于完全忽视了国家审计的工作程序与注册会计师审计的工作程序之间的差异，这是不对的。一般说来，国家审计与注册会计师审计的程序从总体上都可以分为三大主要阶段，即准备阶段（计划审计工作阶段）、实施阶段和报告阶段。但由于两种审计组织的性质地位、职责或业务范围、审计权限、审计目标等诸多方面的不同，故国家审计与注册会计师审计的具体工作程序有诸多差异。如在审计的准备阶段，国家审计机关要向被审计单位发出审计通知书，而注册会计师审计要与委托人签订审计业务约定书；在审计的实施阶段，虽然两种审计机构的审计人员都将搜集审计证据作为核心工作，但注册会计师审计要考虑审计成本，只要收集的证据足以为发表审计意见提供合理保证即可，而国家审计一般不强调这一点。在审计报告阶段，国家审计活动中，审计项目组的审计报告要报送派出审计机关审定，注册会计师签发审计报告后呈送审计业务的委托人。

项目三　审计准则、职业道德与法律责任

学习目标

1. 了解审计准则的含义和作用；
2. 了解我国审计准则体系的构成；
3. 掌握我国注册会计师职业道德规范的具体要求；
4. 了解我国注册会计师的法律责任种类。

能力目标

1. 能够区别注册会计师鉴证业务和其他服务；
2. 能够结合实际判断出符合注册会计师职业道德的行为；
3. 能够结合实际正确理解注册会计师的法律责任。

【审计案例 1-3-1】

1938 年，美国爆发了审计史上令人震惊的“麦克逊·罗宾斯公司破产案”。

1938 年年初，美国证券交易委员会立案调查麦克逊·罗宾斯公司。问题如下：

（1）该公司的财务报表近 10 年来均由美国第一流会计公司——普赖斯·沃特豪斯会计公司执行审计。他们对麦克逊·罗宾斯公司的财务状况及经营成果出具了无保留意见审计报告。

（2）1937 年 12 月 31 日麦克逊·罗宾斯公司的合并资产负债表中总资产为 8 700万美元，其中，1 907.5 万美元属虚假资产（存货 1 000 万美元，销售收入 900 万美元，银行存款 7.5 万美元）。1937 年度该公司合并损益表中虚假销售收入为 1 820万美元，虚假毛利为 180 万美元。

（3）公司现任总经理菲利普·科斯特使用化名并有诈骗犯罪前科，其 3 位兄弟均使用化名在公司任要职。菲利普·科斯特与其 3 位兄弟合伙舞弊，利用公司内部控制薄弱，贪污巨款。

随后，美国证券交易委员会颁布了上市公司新的报告事项，强调了审计人员对公共持股人的责任，提出了发表审计意见的具体规范。

美国执业会计师协会积极作出反应，建立“审计程序委员会”，并于1939年制定《审计程序的扩展》，对完善审计程序提出了具体要求。

1947年10月，美国执业会计师协会的审计程序委员会，颁布了《审计准则草案——公认的意见和范围》，1954年对其修改，改名为《公认审计准则——其意义和范围》。从此，美国注册会计师审计界有了一套公认的执业准则。

【思考问题】

1. “麦克逊·罗宾斯公司破产案”牵出的财务舞弊，对注册会计师审计事业产生何种影响？

2. 该案件暴露出“普赖斯·沃特豪斯会计公司”审计工作存在哪些问题？

3. 讨论该案件对注册会计师审计准则出台的意义。

任务1　认识审计准则

一、审计准则的含义和作用

（一）审计准则的含义

审计准则是由国家审计机关或审计职业团体制定并发布，用以规范和指导审计人员执业资格和执业行为的准则。它也被看成社会各界衡量审计质量的尺度。

1938年，美国麦克逊·罗宾斯公司破产的爆发，在一定程度上催生了注册会计师审计准则的出台。1947年10月，美国执业会计师协会的审计程序委员会，颁布了《审计准则草案——公认的意见和范围》，标志着美国注册会计师审计准则诞生。美国成为世界上最早制定审计准则的国家（见引导案例）。

（二）审计准则的主要作用

制定并颁布审计准则，对于充分发挥审计职能具有重大意义。这主要表现在：

1. 审计准则有助于实现审计工作科学化、规范化

审计准则产生发展的历史充分说明，如果没有审计准则规范和指导审计工作，审计人员在实施审计的过程中很容易任意选择审计程序和方法，任意发表审计意见，审计工作不规范，就难以取得社会公众的理解和信赖，审计工作的权威性难以保证，审计职业也不可能持续健康发展。

2. 审计准则可以作为社会各界衡量和评价审计质量的依据

审计是否能够发挥应有职能，是否能够满足社会需求并赢得社会公众的信任，关键在于审计质量是否被社会各界认可。有了成文的、公认的审计准则，政府部门、司法机关、被审计单位、社会公众等审计信息使用人或利益关系人可以依据审计准则的要求，判断审计机构及审计人员是否正确履行了审计责任，以此评价审计工作的质量高低。

3. 审计准则有助于维护审计人员的正当权益

审计人员只要严格按审计准则的规范要求进行了审计工作，没有失职、渎职行为，就算尽到了审计责任。在注册会计师涉及的法律诉讼活动中，社会公众及司法审判机关评判注册会计师是否履行了审计责任的主要标准就是：注册会计师是否按照相关审计准则实施了审计工作。可以说审计准则是一把“双刃剑”，它既是对审计人员正当权益的一种保护，又是对审计人员执业资质和行为的约束。

【审计案例 1-3-1 分析】

在本案例中，普赖斯·沃特豪斯会计公司曾经是美国著名的注册会计师审计组织，由于它对客户麦克逊·罗宾斯公司 1937 年的财务报告发表了不恰当的审计意见，使其专业的权威性严重受损，社会舆论对民间审计的可信赖程度产生广泛质疑。这迫使美国注册会计师审计界自觉剖析问题产生的根源，研究解决问题的对策。

仅从审计机构方面的原因分析，主要是由于当时的注册会计师审计工作缺乏公认的专业标准，注册会计师对某一被审计事项的检查所采用的程序和方法基本靠经验判断确定，主观随意性很强。如麦克逊·罗宾斯公司的存货资产虚构金额达1 000 万美元，审计人员没有发现问题的原因是注册会计师根本就没有实施任何存货盘点程序，对于应收账款也没有向债务人函证以取得公司债权确实存在的证据，对于该公司销售收入的确认审计程序不科学等。麦克逊·罗宾斯公司的财务报告严重造假是被审计单位没有尽到会计责任，但普赖斯·沃特豪斯会计公司的注册会计师实施的审计程序欠缺或不当，也说明注册会计师没有很好地尽到审计责任。

此事件的发生，促使美国的注册会计师审计职业界深入探讨审计职业的科学性和规范性问题。审计界达成了如下共识：必须由权威性的会计审计组织研究制定一套审计准则，以条文形式公开发布，督促审计人员自觉遵守，增强审计工作的规范性，接受社会监督，取信社会公众，以提高审计质量。

1947 年 10 月，美国执业会计师协会的审计程序委员会，颁布了《审计标准草案——公认的意见和范围》，成为世界上最早的审计准则。

二、国际审计准则

在 20 世纪的西方主要资本主义国家中，美国的审计职业发展迅速，国家审计、内部审计、注册会计师审计都很活跃，对世界审计职业的发展起到了推动引领作用。美国的审计总署为国家审计制定了《政府审计准则》，美国注册会计师协会在 1972 年为注册会计师审计制定了《一般公认审计准则》和《审计准则说明书》，美国引领的国际内部审计师协会为内部审计制定了《内部审计实务标准》。

下面简要介绍《一般公认审计准则》的三个框架：

（一）一般准则

一般准则是对审计人员从业资质和态度的要求。如要求“审计应由经过充分技术培训并精通审计实务的人员担任，审计人员在执行审计工作时应保持独立的意志和态度”。

（二）外勤工作准则

外勤工作准则主要针对注册会计师计划审计和实施审计的行为提出具体要求。如规定：审计工作必须妥善地进行计划安排，对助理人员必须加以监督和指导；应适当地研究和评价内部控制系统，以确定可信赖程度，并以此作为决定审计程序和测试范围的依据；运用检查、观察、查询、函证等方法，获取充分而确切的证据，作为对所审核的财务报表发表合理意见的依据。

（三）报告准则

报告准则主要针对如何出具审计报告提出要求。如规定：审计报告应当说明财务报表是否按照一般公认的会计准则编制；本期所使用的会计准则是否与上期一致；报告应就整个财务报表发表意见或表明不能发表意见，若属后者，应说明理由。在任何情况下，财务报表一经审计，审计人员应在报告中明确表示审核的性质与所负的责任。

继美国的一般公认的审计准则之后，其他国家在参考美国审计准则的基础上，结合本国实际也制定了本国的审计准则。如 1956 年 2 月，日本大藏省企业会计审计会参照美国的审计准则制定了日本的审计准则；1976 年经过三次修改后，形成了《审计准则、审计实施准则及审计报告准则》。加拿大、澳大利亚、英国、德国等国家也相应参考美国的审计准则制定了各自的审计准则。

随着经济全球化速度的加快，审计业务不断跨越国界，为协调不同国家审计准则和实务的差异，消除各国审计准则和实务方面的分歧，客观上要求建立一套普遍适用于各国的审计准则，以便于各国审计组织协调处理本国面临的国际审计问题。

1977 年，在联合国的支持下，最高审计机关国际组织于秘鲁首都利马举行的会议上通过了一份国家审计机关审计规则的国际性文件——《利马宣言——审计规则指南》。国际会计师联合会下设的国际审计实务委员会先后发布了一系列国际审计指南，对各国审计事业的发展产生了重大影响。

1997 年 7 月 10 日，《国际审计指南》正式更名为《国际审计准则》，基本内容与美国的《一般公认审计准则》的内容大致相同，已经发布的准则包括一般准则、外勤工作准则和报告准则三部分。

三、我国审计准则体系

我国的审计准则按照适用对象不同，分别有国家审计准则、内部审计准则、注册会计师执业准则构成。

（一）国家审计准则

国家审计准则是为国家审计机关审计人员执行审计业务制定的行为指南。我国审计署于 1996 年 12 月 6 日颁布了第一部正式的审计准则——《国家审计基本准则》，后来又陆续发布了 28 项具体审计准则。

2006 年以来，审计署积极修订完善国家审计准则，于 2010 年 9 月 1 日，颁布了《国家审计准则》，并于 2011 年 1 月 1 日实施。内容共分七章，即总则、审计机关和审计人员、审计计划、审计实施、审计报告、审计质量控制和责任、附则，共 200 条，简称新的国家审计准则（见《习题集》附录一《中华人民共和国国家审计准则》），以前颁布的国家审计准则系列废止。

（二）内部审计准则

内部审计准则是用来指导内部审计工作的规范，其目的是提高内部审计工作的质量，促进内部审计事业的发展。我国的内部审计准则由中国内部审计协会准则委员会负责制定。

随着我国经济的迅速发展，内部审计监督的需求日益旺盛，我国内部审计与国际惯例接轨已经成为内部审计界的共识。2013 年 8 月，中国内部审计协会在征求社会各界意见的基础上，经过广泛调研和深入研究，对 2003 年以来陆续发布的一系列内部审计准则进行了修订完善，新发布了《第 1101 号——内部审计基本准则》等 22 项内部审计准则和《第 1201 号——内部审计人员职业道德规范》（以下简称新内部审计准则）。这是我国内部审计工作趋向规范化的标志。

（三）注册会计师执业准则

注册会计师执业准则是用来规范注册会计师执行审计业务，获取审计证据，形成审计结论，出具审计报告的专业标准。注册会计师执行审计业务时，只要是以发表审计意见为目的，均应遵照执行。

2005 年以来，中国注册会计师协会先后修订了《中国注册会计师鉴证业务基本准则》等 35 项审计具体准则，2006 年 2 月 15 日，财政部以财会字〔2006〕4 号文件形式对外发布。

2010 年 11 月，为了规范注册会计师执业行为，提高执业质量，维护社会公众利益，促进社会主义市场经济的健康发展，中国注册会计师协会在 2006 年发布的准则的基础上进行了修订完善，形成了《中国注册会计师审计准则第 1101 号——注册会计师的工作目标和审计工作的基本要求》等 38 项准则，由财政部以财会〔2010〕21 号文件形式发布，从 2012 年 1 月 1 日起执行。

我国现行注册会计师执业准则可分为注册会计师业务准则和会计师事务所质量控制准则两大类。其中，注册会计师业务准则由鉴证业务准则和相关服务准则构成。鉴证业务准则中，鉴证业务基本准则是鉴证业务准则的第一层次，第二层次包含审计准则、审阅准则和其他鉴证业务准则。相关服务准则包括执行商定程序和代编财务信息两个方面的规范。具体如图 1-3-1 所示。

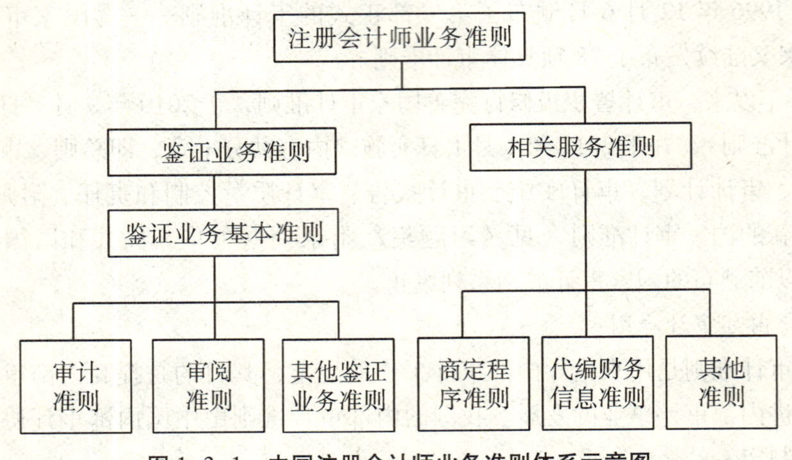

图 1-3-1　中国注册会计师业务准则体系示意图

1. 鉴证业务准则

鉴证业务准则由鉴证业务基本准则统领，按照鉴证业务提供的保证程度和鉴证对象不同，分为审计准则、审阅准则和其他鉴证业务准则。其中，审计准则是整个注册会计师执业准则的核心。

（1）鉴证业务基本准则

鉴证业务基本准则是鉴证业务的概念框架，目的是明确注册会计师执行鉴证业务目标和要素，确定审计准则、审阅准则、其他鉴证业务准则使用的鉴证业务类型。《中国注册会计师鉴证业务基本准则》共 9 章 60 条，主要对鉴证业务的定义和目标、业务承接以及鉴证业务与第三方的关系、鉴证对象、标准、证据、鉴证报告等鉴证业务的要素进行了规范。

（2）审计准则

审计准则用以规范注册会计师执行历史财务信息审计业务。在提供审计服务时，对所审计的历史财务信息是否存在重大错报提供合理保证，体现在注册会计师在审计报告中是以积极方式作出结论。

我国注册会计师的审计准则共有 44 项，包含了六大方面，简要介绍如下：

①规范一般原则与责任的审计准则有 9 项，即《中国注册会计师审计准则第 1101 号——注册会计师的总体目标和审计工作的基本要求》《中国注册会计师审计准则第 1111 号——就审计业务约定条款达成一致意见》《中国注册会计师审计准则第 1121 号——对财务报表审计实施的质量控制》《中国注册会计师审计准则第 1131 号——审计工作底稿》《中国注册会计师审计准则第 1141 号——财务报表审计中与舞弊相关的责任》《中国注册会计师审计准则第 1142 号——财务报表审计中对法律法规的考虑》《中国注册会计师审计准则第 1151 号——与治理层的沟通》《中国注册会计师审计准则第 1152 号——向治理层和管理层通报内部控制缺陷》《中国注册会计师审计准则第 1153 号——前任注册会计师和后任注册会计师的沟通》。

②规范风险评估和风险应对的审计准则共有 6 项，即《中国注册会计师审计准则第 1201 号——计划审计工作》《中国注册会计师审计准则第 1211 号——通过了解被审计单位及其环境识别和评估重大错报风险》《中国注册会计师审计准则第 1221 号——计划和执行审计工作时的重要性》《中国注册会计师审计准则第 1231 号——针对评估的重大错报风险采取的应对措施》《中国注册会计师审计准则第 1241 号——对被审计单位使用服务机构的考虑》《中国注册会计师审计准则第 1251 号——评价审计过程中识别出的错报》。

③与审计证据有关的审计准则共 11 项，即《中国注册会计师审计准则第 1301 号——审计证据》《中国注册会计师审计准则第 1311 号——对存货等特定项目获取审计证据的具体考虑》《中国注册会计师审计准则第 1312 号——函证》《中国注册会计师审计准则第 1313 号——分析程序》《中国注册会计师审计准则第 1314 号——审计抽样》《中国注册会计师审计准则第 1321 号——审计会计估计（包括公允价值会计估计）和相关披露》《中国注册会计师审计准则第 1323 号——关联方》《中国注册会计师审计准则第 11324 号——持续经营》《中国注册会计师审计准则第 1331 号——首次审计业务涉及的期初余额》《中国注册会计师审计准则第 11332 号——期后事项》《中国注册会计师审计准则第 1341 号——书面声明》。

④涉及利用其他主体共同工作的审计准则共有 3 项，即《中国注册会计师审计准则第 1401 号——对集团财务报表审计的特殊考虑》《中国注册会计师审计准则第 1411 号——利用内部审计人员的工作》《中国注册会计师审计准则第 1421 号——利用专家的工作》。

⑤涉及审计结论与报告的审计准则共 5 项，即《中国注册会计师审计准则第 1501 号——对财务报表形成审计意见和出具审计报告》《中国注册会计师审计准则第 1502 号——在审计报告中发表非无保留意见》《中国注册会计师审计准则第 1503 号——在审计报告中增加强调事项段和其他事项段》《中国注册会计师审计准则第 11511 号——比较信息：对应数据和比较财务报表》《中国注册会计师审计准则第 1521 号——注册会计师对含有已审计财务报表的文件中的其他信息的责任》。

⑥与特殊领域审计有关的审计准则共有 10 项，即《中国注册会计师审计准则第 1601 号——对按照特殊目的编制基础编制的财务报表审计的特殊考虑》《中国注册会计师审计准则第 1602 号——验资》《中国注册会计师审计准则第 1603 号——对单一财务报表和财务报表的特定要素、账户或项目审计的特殊考虑》《中国注册会计师审计准则第 1604 号——对简要财务报表出具报告的业务》《中国注册会计师审计准则第 1611 号——商业银行财务报表审计》《中国注册会计师审计准则第 1612 号——银行间的函证程序》《中国注册会计师审计准则第 1613 号——与银行监管机构的关系》《中国注册会计师审计准则第 1631 号——财务报表审计中对环境事项的考虑》《中国注册会计师审计准则第 1632 号——衍生金融工具的审计》《中国注册会计师审计准则第 1633 号——电子商务对财务报表审计的影响》。

（3）审阅准则

审阅准则用以规范注册会计师执行历史财务信息的审阅业务。在提供审阅服务时，注册会计师对所审阅的历史财务信息是否不存在重大错报提供有限保证，体现在注册会计师在审计报告中以消极方式提出结论。

我国注册会计师审阅准则只有 1 项，即《中国注册会计师审阅准则 2101 号——财务报表审阅》。

（4）其他鉴证业务准则

其他鉴证业务准则用以规范注册会计师执行历史财务信息审计和审阅以外的其他鉴证业务，如内部控制鉴证、预测性财务信息审核等，根据鉴证业务的性质和业务约定书的要求，提供有限保证或合理保证。

我国其他鉴证业务准则有 2 项，即《中国注册会计师其他鉴证业务准则第 3101 号——历史财务信息审计和审阅以外的鉴证业务》《中国注册会计师审计准则第 3111 号——预测性财务信息的审核》。

2. 相关服务准则

相关服务准则用以规范注册会计师执行除鉴证业务以外的其他相关服务业务，如执行商定程序、代编财务信息等。

我国注册会计师相关服务准则有 2 项，即《中国注册会计师相关服务准则第 4101 号——对财务信息执行商定程序》和《中国注册会计师相关服务准则第 4111 号——代编财务信息》。

提供相关服务时，注册会计师的工作性质是代理、咨询服务，不是鉴证业务，故不为客户提供任何程度的保证。

3. 质量控制准则

质量控制准则用以规范会计师事务所在执行审计、审阅、其他鉴证业务、相关服务时应当遵守的质量控制政策和程序，是对会计师事务所的质量控制提出的制度性要求。

我国注册会计师质量控制准则有 2 项，即《中国注册会计师审计准则第 5101 号——业务质量控制》和《中国注册会计师审计准则第 1121 号——历史财务信息审计的质量控制》。前者规范的是会计师事务所对包括历史财务信息审计在内的所有业务的质量控制，后者根据《会计师事务所质量控制准则第 5101 号——业务质量控制》制定，规范的是项目负责人对每项历史财务信息审计业务的质量控制。

质量控制准则旨在促进注册会计师在执行各类服务时，遵守国家法律法规、职业道德守则及执业准则的规定，为委托人提供高质量的鉴证服务和相关服务。

任务 2　理解注册会计师职业道德规范

注册会计师职业道德是指注册会计师在执业时应当遵守的道德规范，包括职业品德、职业纪律、专业胜任能力及职业责任等方面应当达到的行为标准。

我国注册会计师职业道德规范主要有：中国注册会计师协会于2002年发布并实施的《中国注册会计师职业道德规范指导意见》（以下简称《指导意见》），以及2009年发布、2010年实施的《中国注册会计师职业道德守则》（以下简称《职业道德守则》）。

《指导意见》和《职业道德守则》可以看成中国注册会计师行业的自律规则，它是注册会计师行业组织对团体会员和个人会员进行自律管理的基本要求。它包括基本原则和具体要求两个层次。其中，基本原则要求注册会计师执行审计、审阅等鉴证业务时，要恪守独立、客观的工作原则，保持应有的职业谨慎，保持和提高专业胜任能力，勤勉尽职，履行对客户的责任，对执业过程中获悉的客户信息保密，配合同行并与其保持良好的工作关系。具体要求包括独立性、专业胜任能力、保密收费与佣金、执行与鉴证业务不相容的工作，接任前任注册会计师的审计业务，以及广告、业务招揽和宣传等内容。现将具体要求介绍如下：

一、独立性

独立性是注册会计师执行鉴证业务的灵魂。注册会计师执行鉴证业务时，必须具有实质上和形式上的双重独立性，才能使得社会公众信赖注册会计师提供的审计信息。

保持实质上的独立性就是要求注册会计师作出职业判断，提出审计意见的过程不受任何可能妨碍审计客观公正性的任何因素影响，有利于注册会计师从专业的角度谨慎、客观、公正地发表审计意见。

保持形式上的独立性，能够避免出现重大的事实和情况，致使拥有充分相关信息的理性的第三方合理推定会计师事务所或鉴证小组成员的公正性、客观性或职业谨慎性受到威胁。

通常说来，威胁独立性的因素有经济利益、自我评价、关联关系和外界压力等。在审计实践中，会计师事务所和注册会计师应当充分考虑可能损害独立性的所有因素。

二、专业胜任能力

专业胜任能力是指注册会计师能够胜任所承接的审计、审阅及其他鉴证业务所应具备的专业素质的总称，它包括专业胜任能力的获取和专业胜任能力的保持两个方面。专业胜任能力的获取，除了要接受与注册会计师执业要求相关的高水平的专业教育、培训和考试外，还要有相应时间段的实践经历，这是各国培养注册会计师的基本模式。专业胜任能力的保持是指取得注册会计师资格后，在职业生涯中依然要持续学习，不断提高执业水准，使自己的专业胜任能力不落后于时代进步。如果注册会计师不能保持和提高专业胜任能力，就难以完成客户委托的业务，就无法从根本上满足客户需求。

如果注册会计师缺乏足够的专业知识、技能或经验的情况下，依然承诺为客户提供专业服务，本身就是一种欺诈行为。注册会计师职业道德规范要求注册会计师不能对客户宣称自己拥有本来并不具备的知识、能力或经验。

当然，注册会计师并非所有领域的专家，对于在执业中遇到超出注册会计师专长的特定领域业务的判断或鉴别，注册会计师可以向其他同行、律师、精算师、评估师、工程师等专业人士寻求技术建议。但是，在利用专家协助工作时，注册会计师也应当对专家遵守执业道德的情况进行指导和监督。

三、保密

注册会计师在执业过程中对于获知的客户信息（主要指商业机密）负有保密的义务，此义务不因业务约定的终止而终止。会计师事务所在与客户签订业务约定书时，就应当书面承诺，在执行业务中对知悉的客户商业机密信息予以保密；同时还应当采取措施，确保业务助理人员和专家遵守保密原则，并不得利用这些信息为自己和他人牟取不正当利益。

注册会计师只有在下列情况下才能披露客户信息：①取得甲方授权；②根据法律法规规定，为法律诉讼准备文件或者提供证据，以及向监管机构报告发现违反法规行为；③接受行业协会和监管机构依法进行的质量检查；④监管机构对乙方进行行政处罚（包括监管机构进行处罚前的调查、听证）以及乙方对此提起行政复议。

注册会计师在决定披露客户信息时，应当考虑是否了解和证实了所有相关信息、信息披露的方式和对象，以及可能承担的法律责任和后果等因素。

四、收费和佣金

在确定收费时，会计师事务所应当考虑以下因素，以客观反映为客户提供专业服务的价值：专业服务所需的知识和技能；专业人员所需的水平和经验；每一专业人员提供服务所需的时间；提供服务所需承担的责任。

应当在业务约定书中明确服务的收费依据、标准、结算方式及时间等问题。如果收费报价明显低于前任注册会计师或其他会计师事务所的相应报价，注册会计师应当确保客户了解服务的范围和收费基础，并在提供专业服务时，确保工作质量不受到损害。除法规允许外，注册会计师不得以或有收费方式提供鉴证服务，不得为招揽客户向推荐方支付佣金，不得因向第三方推荐客户而收取佣金，也不得因宣传他人产品或服务收取佣金。

五、执行与鉴证业务不相容的工作

注册会计师不得同时从事与提供专业服务不相容的业务、职业或活动。如注册会计师已经接受委托为客户提供审计服务，同时又向该被审计单位提供评估、代编财务报表、法律和管理咨询等服务，这对于审计业务来说，将会产生自我评价威胁，可能损害鉴证业务的独立性。所以，注册会计师在接受客户的鉴证业务后，对于被审计单位提供非鉴证业务的需求，注册会计师应当评价非鉴证业务与鉴证业务是否相容，并采取防范措施将可能产生的影响降到最低限度，否则就不应当接受此类业务。

在我国，会计师事务所不得为上市公司同时提供编制财务报表和对财务报表审计服务，会计师事务所的高级管理人员或员工不得担任鉴证客户的董事（包括独立董事）、经理以及其他关键管理职务。如果允许会计师事务所同时为一家上市公司提供两类业务，所产生的自我评价威胁和经济利益威胁可能会非常大，以至于会计师事务所可能没有任何防范措施将对独立性的威胁降至社会公众可接受的水平。

六、接任前任注册会计师的审计业务

前任注册会计师是指代表会计师事务所，对最近期间财务报表出具了审计报告或接受委托后未完成审计工作，已经或可能与委托人解除业务约定的注册会计师。后任注册会计师是指代表会计师事务所正在考虑接受委托，接替前任注册会计师执行财务报表审计业务的注册会计师。我国职业道德规范关于接任前任注册会计师审计业务的要点如下：

（1）在接受审计业务委托前，后任注册会计师应当向前任注册会计师询问被审计单位变更会计师事务所的原因，并关注前任注册会计师与被审计单位之间在重大会计、审计等问题上可能存在的意见分歧。

（2）后任注册会计师应当提请被审计单位授权前任注册会计师对其询问作出充分的答复。如果客户拒绝授权或限制前任注册会计师作出答复的范围，后任注册会计师应当向被审计单位询问原因，并考虑是否接受委托。

（3）在征得被审计单位书面同意后，前任注册会计师应当根据所了解的事实，对后任注册会计师的合理询问及时作出充分答复。

如果受到被审计单位的限制或存在法律诉讼的顾虑，决定不向后任注册会计师作出充分答复，前任注册会计师应当向后任注册会计师表明其答复是有限的，并说明原因。如果得到的答复是有限的，或未得到答复，后任注册会计师应当考虑是否接受委托。

（4）如果发现前任注册会计师审计的财务报表可能存在重大错报，后任注册会计师应当提请被审计单位告知前任注册会计师。必要时，后任注册会计师应当要求被审计单位安排三方会谈，以便采取措施进行妥善处理。

七、广告、业务招揽和宣传

广告、业务招揽和宣传都是注册会计师和会计师事务所向社会公众传递某种信息的方式。注册会计师应当维护职业形象，对外传递信息必须客观、真实得体。

（一）广告

我国会计师事务所可以做广告，但对广告的形式和内容进行了一定的限制。按照《指导意见》规定，会计师事务所不得利用新闻媒体对其能力进行广告宣传，但刊登设立、合并、分立、解散、迁址、名称变更、招聘员工等信息以及注册会计师协会为会员所作的统一宣传不在此限。

（二）业务招揽

会计师事务所和注册会计师不得采用强迫、欺诈、利诱或骚扰等方式招揽业务。会计师事务所和注册会计师在招揽业务时不得有以下行为：

（1）暗示有能力影响法院、监管机构或类似机构及其官员；

（2）作出自我标榜的陈述，且陈述无法予以证实；

（3）与其他注册会计师进行比较；

（4）不恰当地声明自己是某一特定领域的专家；

（5）作出其他欺骗性的或可能导致误解的声明。

（三）宣传

会计师事务所和注册会计师进行宣传时，不得有以下行为：

（1）利用政府委托或特别奖励谋取不正当利益；

（2）当会计师事务所将其名称、地址、电话号码以及其他必要的联系信息载入电话簿、信纸或其他载体时，含有自我标榜的措辞；

（3）当注册会计师就专业问题参与演讲、访谈或广播、电视节目时，抬高自己及其会计师事务所；

（4）当会计师事务所通过新闻媒体发布招聘信息时，含有抬高自己的成分。

会计师事务所可以将印制的手册向客户发放，也可以应非客户的要求向非客户发放，但手册的内容应当真实、客观。

注册会计师在名片上可以印有姓名、专业资格、职务及其会计师事务所的地址和标识等，但不得印有社会职务、专家称谓以及所获荣誉等。

【案例 1-3-2】

安然公司成立于1930年，是一家总部位于美国得克萨斯州休斯敦市的能源类公司。在2001年宣告破产之前，安然公司拥有约21 000名雇员，是世界上最大的电力、天然气以及电讯公司之一，2000年披露的营业额达1 010亿美元之巨。公司连续六年被《财富》杂志评选为“美国最具创新精神公司”，这个拥有上千亿资产的公司在2002年的几周内宣告破产。

1. 事件起因

2001年年初，一家短期投资机构老板吉姆·切欧斯公开对安然公司的盈利模式表示了怀疑。他指出，虽然安然的业务看起来发展得很好，但实际上赚不到什么钱，也没有人能够说清安然是怎么赚钱的。据他分析，安然的盈利率在2000年为5%，到了2001年年初就降到2%以下，对于投资者来说，投资回报率仅有7%左右。

切欧斯还注意到安然公司的首席执行官——斯基林一直在抛出手中的安然股票，而他不断宣称安然公司的股票会从当时的70美元左右升至126美元。而且按照美国法律规定，公司董事会成员如果没有离开董事会，就不能抛出手中持有的公司股票。

2001年8月9日，安然股价已经从年初的80美元左右跌到了42美元。10月16日，安然公司发表2001年第二季度财报，宣布公司亏损总计达到6.18亿美元，即每股亏损1.11美元；同时首次透露因首席财务官安德鲁·法斯托与合伙公司经营不当，公司股东资产缩水12亿美元。

10月22日，美国证券交易委员会要求安然公司自动报告某些交易的细节内容，并最终于10月31日开始对安然及其合伙公司进行正式调查。

2. 调查结果

2000年，全球能源危机致使安然公司利润大幅下降，偏离了预期业绩。于是，安然公司通过空挂应收票据、高估资产和股东权益等手段操纵利润。

为安然公司提供审计服务的是当时全球五大会计师事务所之一的安达信会计公司。经查，安达信会计公司在审计中存在如下问题：

（1）安达信会计公司不仅为安然公司提供审计服务，还为安然公司提供价格昂贵的咨询服务（5 200万美元/年），甚至帮助安然公司代理记账。

（2）安然公司许多高级管理人员都是安达信会计公司的前雇员，他们之间关系密切。（安然公司一半的董事与安达信会计公司有着直接或间接的联系，甚至首席会计师和财务总监都来自安达信会计公司）

（3）安达信会计公司在此前的3年中，没有发现安然公司虚增盈利5亿多美元，少列债务6亿多美元，虚增股东权益达数10亿美元的严重操纵利润的问题，连续几年出具了严重失实的审计报告。

（4）安达信会计公司的主审计师大卫·邓肯销毁了数以千计的关于安然公司的审计资料，直到11月8日收到美国证交委的传票后才停止销毁文件。

【问题思考】假定该事件发生在我国，安达信会计公司和安然公司都是我国的公司，依照我国审计职业道德规范和相关审计准则的规定，安达信会计公司违反了什么审计职业道德或审计执业准则？安达信会计公司和安达信的审计师应承担什么责任？

任务 3　了解注册会计师的法律责任

一、注册会计师法律责任的含义及成因

（一）含义

注册会计师法律责任是指注册会计师在执业过程中因违约、过失或欺诈行为对审计信息使用人或其他利益关系人造成损失，依照法律法规应承担的法律责任。

（二）成因

注册会计师法律责任产生的原因主要有违约、过失和欺诈。

1. 违约

违约是指注册会计师违反了与委托人的某项约定，如违反保密约定，没有按照约定提交审计报告，没有按照约定完成代理纳税申报等。如果注册会计师存在违约行为，给委托人造成损失，就有可能被委托人起诉，追究注册会计师的法律责任。

2. 过失

过失是指注册会计师没有保持应有的职业谨慎或没有遵循专业标准，导致审计信息使用人或其他利益关系人遭受损失。根据造成损失的严重程度，可将过失分为普通过失和重大过失。

普通过失是指注册会计师没有完全遵循专业标准，或没有保持较高程度的职业谨慎执行审计，如某注册会计师对于一些特定被审计项目，为提高工作效率，减少了一些应有的审计程序，最终在没有收集足够审计证据的情况下就出具了审计报告，导致审计报告的意见没有完全公允地反映被审计单位财务状况和经营成果。

重大过失是指注册会计师连最起码的职业谨慎都没有保持，或完全没有遵守专业标准进行审计。如某注册会计师对于重要被审计项目，完全没有实施相应的审计程序，在没有收集关键审计证据的情况下就出具了审计报告，导致审计报告的意见完全没有真实公允地反映被审计单位财务状况、经营成果和现金流量。

在实践工作中，无论是普通过失还是重大过失，都可能导致审计报告的意见与被审计事项的实际情况不相符合，从而对审计信息使用人或其他利益关系人的经济决策产生误导。一旦审计信息使用人或其他利益关系人有证据认为注册会计师的审计意见或相关服务的专业意见与他们决策失误遭受的损失之间存在因果关系，他们就有可能起诉会计师事务所和注册会计师，要求司法机关追究会计师事务所和注册会计师的法律责任。

在实践工作中，是否存在过失的认定是以其他注册会计师在相同条件下能够做到的职业谨慎为参照标准进行判断的。

3. 欺诈

欺诈是指蓄意欺骗或坑害他人的行为。在注册会计师职业实践中，特指注册会计师明知委托人的财务报表有重大错弊却加以虚伪的陈述，出具不当的审计报告。判断注册会计师是否存在欺诈的关键是看注册会计师是否具有不良的动机（如与被审计单位合谋掩饰虚假财务信息，或合谋编造虚假财务信息为自己获取不正当利益），或是否存在极端异常过失行为且没有合理的、令人信服的理由予以解释。

二、注册会计师法律责任的种类

按照我国现行法律法规，注册会计师承担法律责任的种类有民事责任、行政责任和刑事责任。

（一）民事责任

民事责任是指违法行为人违反合同或实施了民事侵权行为引起法律后果依法承担的法律责任。民事责任由法院判决，主要形式是对受害人赔偿损失，它是注册会计师法律诉讼案件中最为常见的一种责任形式。我国现行法律法规中，涉及注册会计师的民事责任的条文如下：

1.《中华人民共和国民法通则》（以下简称《民法通则》）的有关规定

《民法通则》第一百一十一条规定："当事人一方不履行合同义务或履行合同义务不符合约定条件的，另一方有权要求其履行或采取补救措施，并有权要求承担赔偿损失。"

2.《注册会计师法》的有关规定

《注册会计师法》第四十二条规定"会计师事务所违反本法规定，给委托人、其他利害关系人造成损失的，应当依法承担赔偿责任。"

3.《证券法》的有关规定

《证券法》第一百七十三条规定："证券服务机构为证券的发行、上市、交易等证券业务活动制作、出具审计报告、资产评估报告、财务顾问报告、资信评级报告或者法律意见书等文件，应当勤勉尽责，对所依据的文件资料内容的真实性、准确性、完整性进行核查和验证。其制作、出具的文件有虚假记载、误导性陈述或者重大遗漏，给他人造成损失的，应当与发行人、上市公司承担连带赔偿责任，但是能够证明自己没有过错的除外。"

4.《中华人民共和国公司法》（以下简称《公司法》）的有关规定

《公司法》第二百零八条第三款规定："承担资产评估、验资或者验证的机构因其出具的评估结果、验资或者验证证明不实，给公司债权人造成损失的，除能够证明自己没有过错的外，在其评估或者证明不实的金额范围内承担赔偿责任。"

（二）行政责任和刑事责任

行政责任是指注册会计师存在违约、过失或欺诈行为，违反了法律法规或执业标准，由相关行政管理机关或注册会计师的行业自律组织追究的具有行政监管性质的责任。对于注册会计师来说，行政责任主要有警告、暂停执业、吊销注册会计师证书；对于会计师事务所来说，行政责任主要有警告、没收违法所得、罚款、暂停执业、撤销等。

刑事责任是指注册会计师由于存在重大过失和欺诈行为，按照《中华人民共和国刑法》（以下简称《刑法》）的有关规定构成犯罪的，应当承担的法律责任。这是审计责任中最严厉的一种，要由人民法院作出判决，主要有管制、拘役，有期徒刑、剥夺政治权利。

在我国现行法律中，涉及注册会计师的行政责任和刑事责任的条文如下：

1.《注册会计师法》的有关规定

《注册会计师法》第三十九条规定：会计师事务所违反本法第二十条、第二十一条规定的，由省级以上人民政府财政部门给予警告，没收违法所得，可以并处违法所得一倍以上五倍以下的罚款；情节严重的，并可以由省级以上人民政府财政部门暂停其经营业务或者予以撤销。

注册会计师违反本法第二十条、第二十一条规定的，由省级以上人民政府财政部门给予警告；情节严重的，可以由省级以上人民政府财政部门暂停其执行业务或者吊销注册会计师证书。会计师事务所、注册会计师违反本法第二十条、第二十一条的规定，故意出具虚假的审计报告、验资报告，构成犯罪的，依法追究刑事责任。

2.《公司法》的有关规定

《公司法》第二百零八条第一款、第二款规定：承担资产评估、验资或者验证的机构提供虚假材料的，由公司登记机关没收违法所得，处以违法所得一倍以上五倍以下的罚款，并可以由有关主管部门依法责令该机构停业、吊销直接责任人员的资格证书，吊销营业执照。

承担资产评估、验资或者验证的机构因过失提供有重大遗漏的报告的，由公司登记机关责令改正，情节较重的，处以所得收入一倍以上五倍以下的罚款，并可以由有关主管部门依法责令该机构停业，吊销直接责任人员的资格证书，吊销营业执照。

《公司法》第二百一十六条规定："违反本法规定，构成犯罪的，依法追究刑事责任。"

3.《刑法》第二百一十六条的有关规定

《刑法》第二百二十九条规定：有"提供虚假证明文件罪"罪名，即承担资产评估、验资、验证、会计、审计、法律服务等职责的中介组织的人员故意提供虚假证明文件，情节严重的，处五年以下有期徒刑或者拘役，并处罚金。

提供虚假证明文件罪前款规定的人员，索取他人财物或者非法收受他人财物，犯前款罪的，处五年以上十年以下有期徒刑，并处罚金。出具证明文件重大失实罪第一款规定的人员，严重不负责任，出具的证明文件有重大失实，造成严重后果的，处三年以下有期徒刑或者拘役，并处或者单处罚金。

一般说来，因违约和普通过失，注册会计师可能承担民事责任和行政责任；因重大过失和欺诈，注册会计师可能承担刑事责任，同时附带承担民事责任。

【审计案例 1-3-2 分析】

本案例中安达信会计公司既承担安然公司财务报表审计业务，又承担了该公司的咨询服务。

假如按照我国审计准则要求，安达信会计公司违反了《中国注册会计师鉴证业务基本准则》中“承接与鉴证业务不相容工作”的有关规定，为安然提供财务报告审计业务的同时又为安然提供咨询服务，使得审计的独立性受到威胁。安达信会计公司没有采取任何措施以消除自我评价威胁，给投资人、债权人及相关利益关系人造成重大损失。安达信会计公司的行为违反了诚信、独立、客观、公正的审计基本原则和相应审计准则的规定。

假如该安达信会计公司是我国的注册会计师审计组织，它首先应承担民事责任，赔偿利益关系人在此事件中遭受的损失，同时应依据违法情节轻重追究会计公司的行政责任，如警告、没收违法所得、罚款、暂停执业、撤销等。对签发审计报告的注册会计师应追究民事责任，赔偿利益关系人的损失，同时追究其行政责任，如警告、暂停执业、吊销注册会计师证书等。

对于主审的注册会计师大卫·邓肯，由于他没有遵守诚信、独立、客观、保密等审计职业道德，恶意销毁重要审计资料，严重妨碍司法调查，应承担相应的刑事责任。在我国，此种情况可能会被处以五年以下有期徒刑或拘役。

【审计案例 1-3-3】

北京市长城机电公司是所谓的民营高科技企业，以“签订技术开发合同”形式进行非法集资 10 多亿元人民币。1993 年，广大投资者对公司的集资行为表示怀疑，要求长城公司退回投资款。于是，长城机电公司聘请北京中诚会计师事务所为其出具虚假验资报告，中诚会计师事务所欣然应允。这份验资报告对长城公司索要集资款的投资者起了搪塞、欺骗作用，造成了投资人损失严重的后果。

经查，1993 年，北京中诚会计师事务所二分所为了 10 万元的审计费，出具虚假验资报告致使 10 多万群众受骗上当。从某种意义上说会计师事务所成了长城公司非法集资的帮凶。该事件震动了行业内外，社会各界普遍开始关注注册会计师职业道德问题。

本案的处理结果是：审计署、财政部、证监会对中诚会计师事务所作出了暂停执业并整顿，撤销中诚会计师事务所二分所的行政处罚；承办长城公司审计业务的两名注册会计师因欺诈被移交司法机关追究刑事责任，最终被判处有期徒刑。

【问题思考】中诚会计师事务所及注册会计师违反审计职业道德的问题是什么？

【审计案例 1-3-3 分析】

北京中诚会计师事务所在与长城机电公司签订审计业务约定书前，没有深入了解委托人的基本情况以及委托审计业务的目的和动机，对该项业务可能产生的审计风险没有保持职业谨慎态度，也没有采取控制或降低审计风险的任何措施。

经财政部、证监会等监管机构审查，中诚会计师事务所的注册会计师对长城公司财务会计资料审计中，上午在酒店与机电公司领导商谈委托业务，下午就草草审查完财务报表及相关资料，在没有收集确凿验资证据的情况下就很快出具了一份验资报告。这说明会计师事务所违背了注册会计师职业道德，没有保持最起码的职业谨慎，完全没有遵循当时的审计专业标准，违反诚实守信的原则，出具的验资报告中对长城公司的资信情况作出了虚假陈述。这至少说明注册会计师在该次验资工作中存在重大过失，监管机构应当追究会计师事务所及签字注册会计师的行政责任。所以，长城会计师事务所被财政部责令暂停执业并整顿，承担长城公司审计的中诚会计师事务所二分所被撤销。

同时，由于存在重大过失，两名注册会计师出具的验资报告对长城公司索要集资款的投资者起了搪塞、欺骗作用，造成了投资人严重损失的后果，理应追究注册会计师的刑事责任。

项目四　审计的重要性和审计风险

学习目标

1. 了解审计的重要性含义；
2. 掌握审计重要性的运用；
3. 了解审计风险的含义、组成及相互关系。

能力目标

1. 能够在编制审计计划时正确评估重要性水平；
2. 能够在实际工作中分析审计风险并选择应对措施。

【审计案例 1-4-1】

2009 年 4 月 9 日，广东省高级人民法院对 2005 年暴露的广东科龙电器股份有限公司造假案作出终审判决：法院以虚报注册资本罪，违规披露、不披露重要信息罪，挪用资金罪三宗罪并罚，决定对科龙股份有限公司（以下简称“科龙”）原董事长顾维军判处有期徒刑10年，并处罚金人民币680万元。

案情主因：2005年5月科龙危机爆发。2005年8月，中国证监会对科龙5个月的调查后指出，科龙通过虚构销售收入，少提坏账准备金，少计诉讼赔偿金等手段，从2002年至2004年虚增利润数亿元。证券监管机构和审计业界普遍认为为科龙提供财务报表审计的德勤会计师事务所在审计工作中存在重大过失。主要依据是德勤会计师事务所在审计工作的各个阶段没有能够充分评估审计的重要性并控制审计风险，审计过程中执行审计程序很不充分，导致没有发现科龙财务报表存在的重大错报，存在重大过失。

【问题思考】

1. 试分析什么是审计的重要性，审计工作中为什么要确定重要性水平。

2. 试分析什么是审计风险，审计工作为什么特别有必要评估重大错报风险。

任务1　认识审计的重要性

一、审计的重要性及重要性水平的含义

（一）审计的重要性

关于审计的重要性的概念，国内外会计、审计组织经过长期研究，有诸多总结。美国财务会计准则委员会在《财务会计概念公告第2号》将重要性定义为：“一项会计信息的错报或漏报是重要的，是指在特定环境下一个理性的人依赖该信息作出的决策可能因为这一项错报或漏报得以修正。”

国际会计师联合会将重要性定义为：“如果错报或漏报可能影响到财务报表使用者的经济决策，那么信息就是重要的。”

中国注册会计师协会制定的《中国注册会计师审计准则第1221号——计划和执行审计工作时的重要性》中关于重要性的表述是：“重要性取决于具体环境下对错报金额和性质的判断。在财务报表审计中，如果一项错报单独或连同其他错报可能影响到财务报表使用者依据财务报表作出经济决策，则该项错报是重大的。”

以上三种关于审计重要性的表述有两个共同点：

（1）重要性是从财务报表信息使用者的视角看待的；

（2）它是注册会计师能够容忍的财务报表存在错报的最高限度，或者“不可容忍错报的起始点”。

单纯从理论角度说，在这个起始点及起始点以上的错报是重要的或重大的，在起始点之下的错报是不重要的或不重大的。

现代审计实务界普遍认为，被审计单位内部控制及注册会计师审计的固有局限

是客观存在的，即使注册会计师严格按照审计准则实施了审计，也不敢绝对保证发现了被审计单位财务报表中存在的全部错报。

鉴于财务报表中重大的错报的存在如果得不到纠正，就可能影响到财务报表信息使用人依据属于重大错报的财务信息做出的经济决策，最终给财务信息使用人造成损失，我国审计准则对注册会计师审计责任界定是：注册会计师有责任揭示财务报表中存在的重大错报或漏报，注册会计师的财务报表审计工作应当为财务报表不存在重大错报提供合理保证。

如甲公司股东们均认为，如果公司财务报表虚增资产数额达到 50 万元及以上，就足以使他们对该公司管理层的品行、信誉和持续掌控公司的能力表示担忧或疑虑，他们可能做出抛售手中的股票的决策。这对于审计该公司财务报表的注册会计师来说，他们就有责任设计有效审计程序，以便尽可能发现被审计财务报表整体中存在的高于 50 万元的错报。

（二）重要性水平

用金额数字表示的重要性即重要性水平。

由于注册会计师进行财务报表审计时，有责任努力揭示财务报表中存在的重大错报，所以，有必要将重要性进行量化，确定一个衡量重要性水平的数量标准。

在上例中，假定经过审慎评估，注册会计师站在会计信息使用人——股东的视角考虑，把本次财务报表审计的重要性水平确定为 50 万元。那么注册会计师的核心目标就是要设计合理恰当的审计程序，以努力检查出被审计财务报表整体中高于 50 万元以上的错报。如果审计结束后，注册会计师被发现没有查出财务报表中本来已经存在的 50 万元以上的错报，社会公众可能会认为注册会计师没有很好尽到审计责任。该例中 50 万元即本次财务报表审计的重要性水平。

二、重要性的运用

（一）运用重要性的一般要求

注册会计师运用重要性原则时，应当考虑如下因素：

1. 从财务报表使用者的角度考虑重要性

由于财务报表是为了满足使用者的信息需求而编制的，使用者需要利用财务报表提供的信息做出相应的经济决策。因此，判断一项业务是否重要，应根据其对财务报表的信息做出经济决策的影响程度而定。

从经济生活的具体实践看，如果财务报表的某项错报被使用人知晓，他就有可能改变原有的决策；反之，他就可能会维持原来的决策。这种情况就说明该项错报的信息对使用人的经济决策的影响是明显的、直接的，那么该项错报的信息就是重要的。

在财务报表审计中，注册会计师对重要性的判断是基于将财务报表的使用者看成具有一定的理解能力并能够依据财务报表信息理性地做出经济决策的一个整体来考虑的。正因为如此，一般情况下，注册会计师审计实务中，大都将投资者（包括现实的和潜在的）作为财务报表信息的集体需求者是合适的也是可行的。如果注册会计师要对特殊目的审计业务出具审计报告，在确定重要性时，还要考虑特定使用者对财务报表信息和审计报告信息的需求，以顺利实现特殊目的的审计目标。

2. 结合特定环境判断重要性

在不同的环境下，被审计单位的规模、性质、财务报表使用者对信息的需求都不尽相同。因此，注册会计师确定重要性水平的参考依据也可能不同。即使对于同一被审计单位，重要性水平的确定也可能因为时间的不同而发生变化。如某一金额的错报对于企业初创时期可能是重要的，在企业发展壮大或成熟时期可能是不重要的。对于不同的被审计单位，某一金额的错报对于规模较小的单位可能是重要的，对于规模较大或特大的单位而言，可能完全不重要，投资者根本不会在意，自然也就谈不上对其经济决策产生影响。

3. 根据错报的金额与性质判断重要性

（1）错报金额的大小

错报金额大小是判断重要性的一个主要因素。一般说来，同样类型的错报，金额大的比金额小的重要，但同时还要注意多项小金额的错报累计起来可能产生的影响。一项错报单独看不重要，但如果多次出现，这种一系列的小金额错报可能会变得重要。仅从数量角度考虑，重要性水平只是为注册会计师提供了一个可容忍错报的最高限或临界点，在这一临界点之上的错报是重要的，反之是不重要的。

（2）错报的性质

从性质上考虑重要性水平，明确重要性的数量标准即重要性水平后，便于注册会计师具体操作，但不可避免的问题是，对重要性的判断一旦沦为数量化的门槛，就容易被误用或滥用，成为被审计单位不正当会计处理并且推诿责任的护身符。

因此，注册会计师必须从性质上考虑重要性。在某些情况下，金额不重要的错报从性质上看有可能是重要的，如：错报对遵守法律法规要求、债务契约或其他合同要求的影响程度；错报掩盖收益或其他趋势变化的程度；错报对用于评价被审计单位财务状况、经营成果或现金流量的有关比率的影响程度；错报对增加管理层报酬的影响程度；错报是否与涉及特定方（如关联方）的项目相关；错报对与已审计财务报表一同披露的其他信息的影响程度，该影响程度能被合理预期将对财务报表使用者做出经济决策产生影响等。实务中注册会计师应根据实际情况予以判断。

如被审计单位一项金额不大的违法支付或者蓄意违反某项法律法规签订经济合同的行为，可能导致重大资产损失或者是重大或有负债，则审计人员可能认为上述错报是重要的。又如某公司产成品盘点短缺了100件，价值1万元。如果短缺是由于账簿记录错误或盘点差错引起的，则属于不重要的错报；如果短缺是由于仓库保管人员监守自盗引起的就属于重要错报。

在对我国上市公司的审计中，对错报的性质判断尤为重要，这就要求注册会计师更多地考虑上市公司管理层的意图，如果管理层出于盈余管理的动机，即使金额微不足道，也可能有必要作为重大错报对待。

【审计案例 1-4-2】

——EFG 公司是一家大型上市公司，注册资本为 10 亿元人民币，2011 年度利润表列报净利润 168.91 万元。经注册会计师审计发现，该公司通过伪造销售合同、虚开发票的手段虚增收入，进而影响利润 109.16 万元；利用随意变更存货计价方法少结转主营业务成本，进而影响利润 137.58 万元。

【问题思考】假如你是注册会计师，你认为 EFG 公司财务报表的错报是否重要?

【审计案例 1-4-2 分析】

假如我是为 EFG 公司进行 2011 年度财务报表审计的注册会计师，我认为该公司净利润的错报十分重要。主要理由：EFG 公司存在的虚增收入引起的错报和少转主营业务成本引起的错报金额对于一家注册资本为 10 亿元的上市公司来说并不是特别大，但错报的性质是严重的。一是由于两类错报歪曲了该公司经营成果的趋势。假定财务报表不存在两类错报共计虚增的利润 246.74 万元（扣除企业所得税因素，虚增净利润 185.06 万元），EFG 公司在 2011 年的年报一定是亏损的，而现在由于错报的存在，展示给财务报表信息使用人的经营成果却是盈利 168.91 万元。即错报导致财务成果被扭曲，性质严重。二是伪造销售合同、虚开发票是违反国家会计法律法规的行为，无正当理由改变存货计价方法，导致少转成本，虚增利润，这是违反会计准则的。

在我国国家审计工作中，审计人员分析判断重要性时，可以适当关注以下因素：是否属于涉嫌经济犯罪的问题；是否属于国家法律法规和经济政策所禁止的问题；是否属于被审计单位管理当局故意行为所产生的问题；涉及的宏观经济政策、管理体制或者机制是否存在严重缺陷；是否属于信息系统设计缺陷；是否属于政府行政首长和相关管理机关及社会公众高度关注等。如对财政收支、财务收支合法性和效益性的审计项目，一般不需要确定量化的重要性水平，可以只对重要性作出定性判断。

4. 根据错报对财务报表的影响范围判断重要性

在判断重要性时，既要考虑错报的绝对值和性质严重性程度，又要考虑错报对财务报表的影响范围。具体说来，一项错报对财务报表信息的影响范围越大，波及面越广，越重要；反之，越不重要。

总之，在审计实务中，注册会计师面对的被审计单位具体情况千差万别，不能机械套用某一因素、某一理论来确定重要性水平，而必须具体问题具体分析，合理运用职业判断评估重要性水平。

（二）两个层次重要性的考虑

注册会计师在审计过程中，必须从以下两个层次考虑重要性：

1. 财务报表层次

由于注册会计师的工作目标是通过执行审计，对财务报表的合法性和公允性发表意见，因此，必须考虑财务报表层次的重要性并确定该层次的重要性水平，实施恰当的审计程序，才能获取财务报表是否不存在重大错报的证据，以支撑对财务报表的合法性和公允性发表的审计意见。

2. 账户余额、交易和列报认定层次

依据会计准则，被审计单位财务报表上列报的财务信息归根结底是来源于会计核算单位各个会计账户余额或发生额、各类经济交易以及相关列报认定。注册会计师只有通过对这一层次信息的审计，才能得出被审计单位财务报表整体是否合法公允的结论，因此必须关注该层次的重要性并确定合理的重要性水平。

三、编制审计计划时对重要性的评估

（一）评估审计重要性应当考虑的因素

审计实践证明，审计的重要性水平与审计证据呈现反向变动关系。编制审计计划时评估的审计重要性水平高低关系到审计实施阶段收集审计证据的充分性问题。注册会计师在编制审计计划时，应当根据所确定的重要性水平合理确定所需的审计证据数量，并据此确定审计程序的性质、时间和范围。重要性水平越低，所需要的审计证据就越多；重要性水平越高，注册会计师可能会酌情缩减收集审计证据的数量。

注册会计师编制审计计划时，应考虑如下因素从而初步判断重要性：

1. 以往的审计经验

如果是对同一被审计单位再次审计，以前年度审计过程中所采用的重要性水平可作为本次审计判断重要性的依据，同时再考虑本年度被审计单位内外环境发的变化加以修正。如果由于内部和外部环境的变化，以前年度使用的重要性水平完全不适用本次审计，则需要重新确定重要性水平。

2. 被审计单位的规模和行业性质

不同规模和不同行业性质的被审计单位，面临的内部和外部环境不同，确定的重要性水平必然存在差异，这就要求注册会计师在确定重要性水平时，充分考虑被审计单位规模大小和行业及业务性质的特殊要求，以确定合理的重要性水平。

3. 内部控制与审计风险的评估结果

如果被审计单位内部控制较为健全，财务信息的可信赖程度较高，那么审计风险就会相对降低，注册会计师可以将重要性水平确定得较高一点，以降低审计成本。由于重要性与审计风险是反向变动关系，如果评估的审计风险较高，注册会计师应当把重要性水平确定得低一点，以收集更多审计证据，降低审计风险（关于审计风险的知识将在本项目任务 2 中专门介绍）。

4. 财务报表各项目的性质及相互关系

由于不同报表项目的重要性程度存在差别，财务报表使用者对某些报表项目比另一些报表项目更加关心，更加在意，所以注册会计师在确定重要性水平时，对于财务报表使用人重点关心的项目更应当慎重。一般来说，财务报表使用人对于资产负债表更加关注流动性较高的项目，注册会计师要对这些项目从严控制重要性水平。另外，财务报表各个项目是相互关联的，确定某一项目的重要性水平时也不能忽视对其他相关项目确定重要性水平的影响。

5. 财务报表各项目的金额及波动趋势和幅度

财务报表使用者在分析利用财务信息做出决策时，往往都比较关注财务报表项目金额及波动趋势和幅度。注册会计师在确定重要性水平时，要深入研究财务报表项目波动的趋势和幅度的异常之处，以合理确定重要性水平。

6. 相关法规对财务会计的特殊要求

相关法规对被审计单位的财务报表的编制可能有特别的要求，注册会计师在确定重要性水平时，要关注这些特别要求对被审计单位财务信息的可靠性可能产生的影响。若被审计单位存在可以由管理层自主决定处理的会计事项，注册会计师应当从严制定重要性水平。

（二）确定财务报表层次的重要性水平

1. 确定重要性水平的判断基础和方法

在审计实务界，究竟选择哪项指标作为确定重要性水平的基础并没有一个统一的标准或规定，也无法制定统一的标准或规定，这个问题只能由注册会计师的职业判断解决。在审计实务工作中，确定财务报表层次重要性水平可以参考的判断基础指标主要有资产总额、净资产额、营业收入总额、税前利润、税后净利润额等。

注册会计师应选用一个相对稳定、可以预测且能够综合反映被审计单位正常规模的指标作为基准。例如，以营利为目的的企业，来自经常性业务的税前利润或税后净利润就是较为适当的判断基础，但如果被审计单位净利润接近于零时，就不应当将净利润作为判断基础。被审计单位净利润波动较大时，则不应当以当年的净利润作为确定重要性水平的基础，而应当以平均净利润作为判断基础更合适。如果被审计单位是劳动密集型企业，不宜将资产总额或净资产额作为重要性水平的判断基础；如果是一个资产管理公司，以净资产作为重要性水平判断基础可能是比较合适的。

财务报表层次重要性水平确定的方法有固定比率法和变动比率法。

（1）固定比率法

固定比率法是指注册会计师在选定某一个判断基础后，乘以一个固定的百分比，计算出财务报表层次的重要性水平。但这个百分比是多少，世界各国的审计准则、会计准则以及准则指南都没有作出规定，也无法作出规定。以下是审计实务中用来计算重要性水平的参考百分比：

①对于营利性组织，来自经常性业务的税前利润或税后利润的5%或总收入的0.5%或者资产总额的0.5%~1%；

②对于非营利性组织，来自费用总额或总收入的0.5%；

③对于共同基金公司，来自净资产的0.5%。

（2）变动比率法

变动比率法的原理为：企业规模越大，可容忍错报或漏报的金额越小；一般根据资产总额或者营业收入两者较大的一项确定一个百分比。

2. 选取重要性水平

如果同一期间，确定的各张财务报表的重要性水平不同，注册会计师应当取最低者作为本次财务报表审计的重要性水平。注册会计师应先为每一张财务报表确定一个重要性水平，在编制审计计划时，应选用对于任何一张财务报表来说都是最小的错报金额作为本次财务报表审计的重要性水平，同时还应考虑错报的性质。

此外，在编制审计计划时，注册会计师通常需要在资产负债表日前对重要性水平作出初步判断，此时尚无法取得年末财务报表的资料数据。这就要求注册会计师依据期中财务报表推算年末财务报表相关数据，或根据被审计单位经营环境及经营状况的变动对上年度财务报表作出必要的修正，以确定本次财务报表层次的重要性水平。

（三）各类交易、账户余额、列报认定层次的重要性水平

各类交易、账户余额、列报认定层次的重要性水平即可容忍错报对审计证据的数量有直接的影响。

在审计实务中，各类交易、账户余额、列报认定层次的重要性水平以财务报表层次确定重要性水平为基础确定，对于交易、账户余额及列报认定层次的重要性水平，既可以采用分配的方法，也可以采用不分配的方法。

一般说来，在采用分配方法时，确定的各类交易或账户余额和列报的重要性水平之和应当等于财务报表层次的重要性水平。

分配方法的应用：

采用分配方法时，分配的对象一般是资产负债表账户，利润表账户通常不参加分配。理由有两个：一是所有利润表记录的业务几乎都能在资产负债表账户记录的业务中得到反映；二是利润表的账户一般都要详查。

分配的方法一般通过两步进行：一是根据确定的财务报表层次的重要性水平，按照同一比例在相关项目中进行分配；二是根据影响该层次重要性水平的因素对第一步分配的结果进行调整，最终确定各类交易、账户余额和列报的重要性水平。

需要注意的是，审计实务工作中，哪些账户容易发生错报往往很难准确预测，审计成本的大小也无法事先确定，所以重要性水平的确定是一个很难的专业判断过程。

【审计案例 1-4-3】

注册会计师 A 对甲公司 2013 年度财务报表进行审计。该公司资产总额为14 000 万元，税前利润为 8 000 万元。假定 A 注册会计师决定以资产总额的 1%确定资产负债表的重要性水平，以税前利润的 5%确定利润表的重要性水平。甲公司资产构成如表 1-4-1 所示。

表 1-4-1 甲公司资产结构表

账户	金额（万元）
库存现金	200
应收账款	2 000
存货	6 000
固定资产	5 000
无形资产	800
总计	14 000

【问题思考】

1. 请代 A 注册会计师确定财务报表层次重要性水平。

2. 请代 A 注册会计师用分配方法确定资产负债表涉及的各账户余额层次的重要性水平。

【审计案例 1-4-3 分析】

A 注册会计师应当先分别为资产负债表和利润表确定重要性水平。他选择的资产负债表重要性水平的基础是资产总额，甲公司资产总额为 14 000 万元，资产负债表的重要性水平 = 14 000×1% = 140（万元），利润表的重要性水平确定基础指标是税前利润，利润表的重要性水平 = 8 000×5% = 400（万元）。

由于两张财务报表的重要性水平不同，A 注册会计师应当选择最低者作为本次财务报表层次的重要性水平。故 A 注册会计师在编制审计计划时初步确定的财务报表层次的重要性水平为 140 万元。

A 注册会计师可以把财务报表层次的重要性水平 140 万元，用分配方法为各个资产负债表账户分配重要性水平。假定 A 注册会计师按照 1%的比例分配。各账户余额层次重要性水平分配情况如表 1-4-2 所示。

表 1-4-2 各资产账户余额层次重要性水平分配表

账户	金额（万元）	分配的重要性水平（万元）	修正后的重要性水平（万元）
库存现金	200	2	2

表1-4-2(续)

账户	金额（万元）	分配的重要性水平（万元）	修正后的重要性水平（万元）
应收账款	2 000	20	25
存货	6 000	60	70
固定资产	5 000	50	35
无形资产	800	8	8
总计	14 000	140	140

按照各项资产额的1%的比例分配，确定了各账户的重要性水平，但考虑到在会计实务中各账户容易出现错报或漏报的频率以及财务报表使用人关注财务信息的规律，A注册会计师在按照同一比例分配的重要性水平的基础上又进行了修正，适当调高了应收账款和存货项目的重要性水平，降低了固定资产账户的重要性水平，以便在降低审计成本的同时控制审计风险。

四、评价审计结果时对重要性的考虑

（一）评价审计结果时对重要性水平的考虑

因环境的变化或对被审计单位了解程度的增加，注册会计师评价审计结果时运用的重要性水平可能与编制审计计划时确定的重要性水平存在差异。例如注册会计师在会计结束前编制审计计划时，只能根据预测的财务状况和经营成果来确定重要性水平。如果审计期间发生重要的期后事项并对财务状况和经营成果产生重大影响，则编制审计计划时的财务状况和经营成果与实际情况大不相同，注册会计师应对评估的重要性水平进行适当修正。

如果注册会计师评价审计结果时运用的重要性水平大大低于编制审计计划时确定的重要性水平，注册会计师应当重新评估所执行的审计程序是否充分。

（二）评价错报的影响时对重要性水平的考虑

评价审计结果时，注册会计师应当汇总尚未调整的错报，以考虑其金额对财务报表使用者的经济决策是否会产生重大影响。汇总时，应当包括已经发现的错报和推断的错报。前者是指通过对账户或交易实施详细的实质性程序所确认的未调整错报，后者是指通过抽样或分析性复核程序所估计的未调整的错报。同时，还应当考虑前期尚未调整且导致本期财务报表严重失实的错报，以及期后事项和或有事项是否进行了适当的处理。

如果尚未调整错报的汇总数超过重要性水平，注册会计师应考虑扩大实质性测试的范围，以进一步确认汇总数是否重要，或者提请被审计单位调整财务报表，以使汇总数低于重要性水平。

如果尚未调整错报的汇总数接近重要性水平，加之可能存在的其他尚未发现的错报，最终可能导致总体的错报金额超过重要性水平，注册会计师应适当实施追加审计程序或提请被审计单位进一步调整已经发现的错报，以降低审计风险。

如果被审计单位拒绝调整财务报表或扩大实质性程序的范围后，尚未调整错报的汇总数仍然超过重要性水平，注册会计师应发表保留意见或否定意见。

任务 2　理解审计风险

一、审计风险的含义

我国审计准则对审计风险的定义为："审计风险是指财务报表存在重大错报而注册会计师发表不恰当审计意见的可能性。"

对历史财务信息的审计业务要求注册会计师对所审计的财务信息是否不存在重大错报提供合理保证，并以积极的方式提出审计结论。由于主客观方面的诸多原因，注册会计师审计只能提供合理保证而非绝对保证，审计风险始终是存在的。注册会计师必须通过计划和实施审计工作，获取充分适当的审计证据，将审计风险降低至可接受的水平。

可接受审计风险水平的确定，需要考虑会计师事务所对风险的态度，以及审计失败对会计师事务所造成损失的大小、会计师事务所可承受损失的大小等多种因素。

审计业务是一种保证程度较高的鉴证业务，会计师事务所和注册会计师可接受的审计风险应当足够低，才能使得注册会计师合理保证所审计的财务报表不存在重大错报。可见，合理保证与审计风险互补，如果用百分比表示，二者之和应为100%。财务信息使用者要求的合理保证程度越高，会计师事务所可接受的审计风险应当越低。

二、审计风险的组成要素及相互关系

现代审计风险研究认为，审计风险取决于重大错报风险和检查风险。注册会计师应当实施审计程序，评估重大错报风险，并根据评估结果设计和实施进一步审计程序，以控制检查风险。审计风险模型为：

审计风险=重大错报风险×检查风险

（一）重大错报风险

重大错报风险是指未经审计的财务报表在审计前存在重大错报的可能性。注册会计师应从财务报表层次、各类交易、账户余额和列报层次考虑重大错报风险。

重大错报风险由固有风险和控制风险组成。

1. 固有风险

固有风险是指假定被审计单位不存在相关内部控制时，某一交易或账户发生重大错报或漏报的可能性。在全部的交易、账户余额和列报认定中，相比较而言，某些交易、账户余额和列报认定，被审计单位具有一定的自主选择权，出现重大错报的可能性就较高。如涉及会计估计的财务信息列报，可能容易被品行不端正的管理层以及不遵守会计职业道德的财务人员操控，蓄意错报的可能性较高。如果这种错报存在而没有被注册会计师审计发现，固有风险就会演化为注册会计师的审计风险。

2. 控制风险

控制风险是指某些交易或账户发生错报未能被内部控制自动防范、发现或纠正的可能性。由于被审计单位内部控制的固有局限性，控制风险始终存在。

需要强调的是，被审计单位的固有风险与控制风险往往相互交织在一起，很难单独进行评估，故修订后的审计准则将固有风险和控制风险合并在一起称为“重大错报风险”。在审计实务中，注册会计师既可以单独评估固有风险和控制风险，也可以综合评估重大错报风险。

（二）检查风险

检查风险是指财务报表中的某些认定存在重大错报，但注册会计师实施了设计的审计程序进行检查，依然没有发现这种重大错报的可能性。

检查风险取决于审计程序设计的合理性和执行的有效性。由于注册会计师通常不会对被审计单位的全部的交易、账户余额和列报认定进行检查，所以检查风险就不可能为零。但注册会计师应当在编制审计具体计划时，依据对重大错报风险的初步评估结果，合理调配审计资源，设计恰当的审计程序，在实施审计程序中，加强对助理人员工作的督导和复核，以便能够发现财务报表中存在的重大错报，自然就降低了检查风险。

（三）重大错报风险与检查风险的关系

由于重大错报风险主要取决于被审计单位内部控制的控制强弱和执行效果，注册会计师不能够控制重大错报风险，但可以通过研究被审计单位内部控制情况后对被审计单位的重大错报风险作出评估，进而确定实质性程序的性质、时间和范围，减低检查风险水平，最终使得总体审计风险控制在可接受水平。

重大错报风险与检查风险呈反向变动关系。注册会计师对重大错报风险水平评估越高，可接受的检查风险就越低，就必须扩大审计程序的范围，尽力降低检查风险，最终使得总体审计风险降至可接受水平；注册会计师对重大错报风险水平评估越低，可接受的检查风险水平可能提高，可适当缩减审计程序的范围，也可能将总体审计风险控制在可接受水平之内。

三、审计重要性和审计风险的关系

审计实践证明，重要性水平与审计风险之间存在着反向关系，即重要性水平越高，审计风险越低；重要性水平越低，审计风险就越高。

如重要性水平为10 000元的审计风险，要比重要性水平为4 000元的审计风险低。这是因为，如果确定重要性水平为10 000元，则意味着低于10 000元的错报不会影响到财务报表使用者的决策与判断，审计人员通过执行有关审计程序发现高于10 000元的错报即可。

如果重要性水平确定为4 000元，那么高于4 000元以上的错报即会影响到财务报表使用者的决策，审计人员需要设计并执行审计程序，合理保证发现金额在4 000元以上的错报。重要性水平确定为4 000元时，审计人员不但要发现10 000元以上的重大错报，还要发现4 000~10 000元的重大错报。很显然，重要性水平为4 000元的审计风险要比重要性水平为10 000元的审计风险高。

重要性水平越低，审计风险越高，也就要求审计人员收集更充分、更适当的审计证据，从而将审计风险降至可接受的低水平。因此，重要性水平与审计证据之间也是反向变动关系。

需要强调的是，重要性水平是审计人员依据一定的判断基础和方法合理确定的，注册会计师不能人为提高重要性水平来降低审计风险，也不能毫无依据地提高重要性水平，以达到缩减必要的审计程序，降低审计成本的目的。这是与注册会计师职业道德和审计准则要求相背离的行为，必须坚决杜绝。

【审计案例1-4-1分析】

本案例中，中国证监会2005年8月查明科龙通过虚构销售收入、少提坏账准备金、少计诉讼赔偿金等手段虚增利润数亿元，科龙的投资人认为这种错报影响了他们的经济决策，使他们遭受了重大损失。这说明德勤会计师事务所的注册会计师经过审计没有发现科龙财务报表存在的重大错报的事实是存在的。

在审计理论界都认同一个观点，即如果错报可能影响到财务报表使用者的经济决策，那么该项错报财务信息就是重要的。注册会计师有责任发现足以影响财务报表使用者经济决策的重大错报。

因此，在计划审计工作时，要评估审计的重要性，并确定本次审计可以容忍的重大错报多少，即确定重要性水平，以此设计并实施恰当有效的审计程序，获取足以支撑审计结论的审计证据，使审计风险控制在注册会计师可接受的水平。这就是审计工作中分析重要性并确定重要性水平的意义所在。

审计风险是指财务报表存在重大错报而注册会计师发表不恰当审计意见的“可能性”。它由重大错报风险和检查风险组成。

由于被审计单位和注册会计师双方都有诸多主客观原因，注册会计师审计财务报表只能提供合理保证而非绝对保证，审计风险始终是存在的。

注册会计师只有在计划审计工作时认真评估重大错报风险，在实施阶段运用合理的审计程序，获取充分适当的审计证据，尽量降低检查风险，才有可能将审计风险控制在可接受水平，为最终在审计报告中发表恰当审计意见打下坚实的基础。避免了“审计失败”，才能实现“审计成功”。

本例中，德勤会计师事务所接受委托对科龙的财务报表进行审计后，注册会计师对科龙财务报表审计的重要性水平评估和审计风险分析工作没有引起足够的重视，导致审计程序设计不当，实施审计程序中也没有保持应有的职业谨慎态度，最终没有发现该公司2002—2004年财务报表存在的重大错报，竟然为该公司财务报表发表了无保留意见，对科龙股东的经济决策产生误导。

证监会按照审计准则要求评判，德勤会计师事务所的注册会计师发表的审计意见与科龙财务信息的实际情况严重不符，认定注册会计师在审计中存在重大过失是恰当的。

四、审计风险的应对策略

注册会计师在审计计划工作中评估了审计风险后，研究如何应对审计风险是十分复杂而又重要的专业判断过程。现简要介绍内容后，通过注册会计师审计案例展示审计风险应对策略的运用过程。

（一）了解被审计单位及其环境

注册会计师必须通过了解被审计单位及其环境识别和评估财务报表的重大错报风险为设计和实施进一步升级程序作准备。

（1）了解行业状况、法律环境与监管环境以及其他外部因素；

（2）了解被审计单位的性质；

（3）了解被审计单位对会计政策的选择和运用；

（4）了解被审计单位的目标、战略以及相关经营风险；

（5）了解被审计单位财务业绩的衡量和评价；

（6）了解被审计单位的内部控制。

（二）风险评估程序

这是注册会计师为了解被审计单位及其环境，评估重大错报风险领域而实施的重要审计程序。主要包括：

1. 询问被审计单位管理层及其他人员

该程序的目的是发现可能存在重大错报风险的信息或迹象。

2. 分析程序

该程序的目的是寻找异常、可疑在何处。

3. 观察检查

该程序主要是了解被审计单位内部控制和业务流程的薄弱环节，有利于分析评估重大错报风险。

（三）评估重大错报风险

注册会计师在实施上述风险评估程序，深入全面了解被审计单位及其环境的基础上，要进行重大错报风险评估，得出重大错报风险评估结论，写入总体审计策略，为制订具体审计计划作好准备。评估重大错报风险的程序如下：

（1）识别可能的风险；

（2）将识别的风险与认定层次可能的错报领域相联系；

（3）考虑识别的风险是否重大；

（4）评估识别的风险导致重大错报的可能性。

（四）针对评估的重大错报风险实施的进一步审计程序

这要求注册会计师针对上一环节评估的重大错报风险领域，设计合理的进一步审计程序，以降低检查风险；同时，将进一步审计程序编入具体审计计划，告知所有项目组成员以便实施。重点是确定实施进一步审计程序的性质、时间和范围。

1. 进一步审计程序的性质

进一步审计程序的性质是指这些进一步审计程序的目的和类型。通过实施控制测试确定内部控制的有效性；通过检查、观察、询问、函证、验算、分析程序等发现认定层次的重大错报。

2. 进一步审计程序的时间

进一步审计程序的时间是要确定何时实施已经确定的进一步审计程序，如注册会计师打算对主要存货监盘，究竟是在期末监盘还是期中监盘的问题要明确。

3. 进一步审计程序的范围

进一步审计程序的范围是要确定实施的进一步审计程序的数量范围，如抽样量、观察次数、抽查某凭证的份数、抽查某明细账的月份数等。

【审计案例 1-4-4】

刘玲是诚信会计师事务所的一名注册会计师，被安排负责对华夏服装股份有限责任公司（以下简称“华夏公司”）（主营 20 多个款式的青年女装生产销售）2013 年财务报表进行审计。刘玲与项目组成员评估重大错报风险以及应对审计风险的过程如下：

1. 了解被审计单位及其环境，初步识别重大错报风险

刘玲及项目组成员通过与公司经理、财务部长、销售科长、采购科长及其他业务部门相关人员访谈后，知晓该公司 2 年前董事长、总经理易人，福利待遇开始下降，3 名较为知名的服装设计师离开公司另起炉灶，公司的女装设计不能跟上市场潮流的迹象开始显现，许多款式女装产品开始滞销，原来加盟的经销商纷纷退出，库存积压严重。同时本地另外 4 家同类服装企业发展蒸蒸日上，导致华夏公司服装产品的市场占有率大大下降。经查阅并分析华夏公司近两年财务报表相关数据得知，2012 年利润总额为 1 555.78 万元，比 2011 年下降 48%；2013 年利润总额为 2 555.78万元，比 2012 年上升 64.28%，利润数据变化异常。所以，刘玲初步识别风险有两项：

(1) 在主要服装品牌的销售收入核算方面；

(2) 存货跌价准备计提方面（可能计提不充分）。

2. 将识别的风险与财务报表认定层次可能发生的错报项目相联系

刘玲及其项目组认为服装销售收入核算的错报风险关系到利润表中“主营收入”项目“发生”的认定是否正确，存货跌价准备计提核算的错报风险关系到资产负债表“存货”资产的“存在性”认定以及“权利义务”认定是否正确，同时也关系到利润表“资产减值损失”的“发生”的认定以及“利润”的认定。

3. 评估识别的风险是否重大

刘玲及其项目组认为服装销售是华夏公司主营业务，服装销售收入核算方面的错报风险是重大的。存货跌价准备的计提关系到资产“存在性”认定，更关系到利润表的利润总额“发生”认定，波及面很广。所以，存货跌价准备计提方面存在的风险也是重大的。如果以上两方面发生重大错报，将可能影响到财务信息使用人的决策。

4. 评估识别的风险导致华夏公司财务报表发生重大错报的可能性

由于华夏公司正在筹备 2015 年股票上市交易事宜，管理层由于利益和政绩驱动，粉饰财务报表的可能性较大，重大错报风险较高。

所以，刘玲及项目组成员对华夏公司财务报表审计的重大错报风险评估结论是：“华夏公司服装销售收入核算方面、存货跌价准备计提方面发生重大错报的风险较高。”

5. 针对华夏公司重大错报风险确定的进一步审计程序

刘玲及项目组根据华夏公司可能存在的服装销售收入核算方面和存货跌价准备计提方面发生重大错报的风险，商讨确定了如下进一步审计程序：

服装销售收入核算方面的进一步审计程序：

(1) 对服装销售业务的内部控制进行测试；

(2) 检查公司 2013 年度主营业务收入总账、明细账；

(3) 详查服装销售活动中大额销货发票存根；

(4) 实施 2013 年年末销售截止测试；

(5) 函证账龄长、金额大的应收账款。

……

存货跌价准备计提方面的进一步审计程序：

(1) 查阅公司期末存货盘点表；

(2) 核对资产减值损失变动明细表；

(3) 审阅核对“存货跌价准备”明细账；

(4) 收集库存积压严重的服装商品目前的市场售价资料；

(5) 重新测算库存积压严重的若干种服装的可变现净值；

(6) 验算计提存货跌价准备的公允性；

(7) 确定资产负债表“存货”列报是否正确。

通过实施以上具体审计程序，刘玲及项目组成员希望能够收集到服装销售收入确认和存货跌价准备计提方面的重大错报的证据，并建议华夏公司调整发现的重大错报，使得注册会计师可以合理保证华夏公司2013年度财务报表不存在重大错报。

模块二 审计实施阶段

项目一 内部控制评审

学习目标

通过本项目的教学使学生了解内部控制的含义、作用及其与审计的关系；掌握内部控制的要素、内部控制评审的内容、步骤及方法；了解管理建议书的概念、结构和内容。

能力目标

1. 能够理解内部控制的含义，掌握内部控制的要素；
2. 能够掌握内部控制评审基本思路，并能进行内部控制测试；
3. 能够掌握管理建议书的基本结构，并能编制管理建议书。

任务1 内部控制概述

【审计案例 2-1-1】

中航油，即“中国航空油料集团公司”的简称。它曾经被誉为中国国有企业走向世界的明星企业，中航油（新加坡）于2004年12月1日向新加坡高等法院申请破产保护。

中航油核心业务包括：负责全国100多个机场的供油设施的建设和加油设备的购置；为中、外100多家航空公司的飞机提供加油服务，堪称国内航空界的航油巨无霸。

1997年，在亚洲金融危机之际，陈某被派接手管理中航油（新加坡），中航油（新加坡）在中国进口航油市场上的占有率急剧飙升：1997年不足3%，1999年为83%，2000年达到92%。2001年中航油（新加坡）在新加坡交易所挂牌上市。

最初，中航油（新加坡）经中航油集团公司授权，开始进行油品的套期保值业务。2002年3月，中航油（新加坡）时任总裁陈某擅自扩大业务范围，从事石油衍生品期权交易。对期权交易毫无经验的中航油（新加坡）只扮演代理商的角色为买家、卖家服务，从中赚取佣金，没有太大风险。自2003年始，中航油（新加坡）开始进行风险更大的投机性的期权交易，而此业务仅限于由公司的两位外籍交易员进行。由于在2003年第三季度前，中航油（新加坡）对国际石油市场价格判断与实际走势一致，从中尝到了甜头，便开始了更大的冒险。2003年第四季度，中航油（新加坡）预估油价有所下降，于是公司调整了期权交易策略，卖出了买权并买入了卖权。中航油（新加坡）对未来油价走势的这一判断为整个巨亏事件埋下了导火索。

第四季度，油价并未向中航油（新加坡）预计的走势发展，而呈现持续攀升的局面。结果导致中航油（新加坡）期权交易在2003年第四季度出现120万美元的账面亏损（以市值计价）。2004年第一季度，期权盘位到期，公司开始面临实质性的损失。中航油（新加坡）最终在没经过任何商业评估的情况下于2004年1月进行了第一次挪盘，即买回期权以关闭原先盘位，同时出售期限更长、交易量更大的新期权。

随着油价持续升高，2004年二季度，公司的账面亏损额增加到3 000万美元左右。公司因而决定进行第二次挪盘，新期权期限延后到2005年和2006年才交割，交易量再次增加。

2004年10月，油价再创新高，公司此时的交易盘口达5 200万桶石油，账面亏损再度大增。10月10日，面对严重资金周转问题的中航油（新加坡），首次向母公司呈报交易和账面亏损。为了补加交易商追加的保证金，公司已耗尽近2 600万美元的营运资本、1.2亿美元银团贷款和6 800万美元应收账款资金，账面亏损高达1.8亿美元，另外已支付8 000万美元的额外保证金。

10月20日，母公司提前配售15%的股票，将所得的1.08亿美元资金贷款给中航油（新加坡）。公司因无法补加一些合同的保证金而遭逼仓，截止到10月25日公司的实际亏损达3.81亿美元。

2004年12月1日，在亏损5.5亿美元后，中航油（新加坡）宣布向法庭申请破产保护令。

总裁陈某因隐瞒公司巨额亏损且涉入内线交易等罪被判刑四年零三个月。这个消息如同一个重磅炸弹，一时舆论哗然，将此事件称为“中国的巴林银行事件”。

【问题思考】

中航油破产的原因是什么？与内部控制有什么关系？为什么将此事件称为“中国的巴林银行事件”？

一、内部控制的含义

内部控制是指被审计单位为保证财务报表的可靠性、经营活动的效率性和效果性以及为遵守法律法规，由管理层设计和执行的具有控制功能的政策和程序的总称。

如：某有限责任公司规定10万元以上的商品采购项目，先由采购部提出计划方案，报经总经理办公会审议通过后，报公司董事长签字审批后方可组织采购事宜。这项规定就是该公司关于商品采购的内部控制制度。其中，采购部提出方案、总经理办公会审议、董事长审批签字等，都是执行采购商品前的控制政策和程序。

二、内部控制的作用

根据财政部发布的财会〔2008〕7号《企业内部控制基本规范》，组织建立内部控制的目标是：合理保证企业经营管理合法合规、资产安全性、财务报告及相关信息真实完整性，提高经营效率和效果，促进企业实现发展战略。建立健全内部控制的主要作用如下：

1. 有利于提高财务报告信息的可靠性、真实性和完整性

企业决策层要想在瞬息万变的市场竞争中有效地管理经营企业，就必须及时掌握各种信息，以确保决策的正确性，并可以通过控制手段尽量提高所获信息的准确性和真实性。因此，建立内部控制制度可以提高财务信息的可靠性、真实性和完整性。

2. 有利于提高经营活动的效率和效果，促进组织实现发展战略

内部控制系统通过确定职责分工，严格各种手续、制度、工艺流程、审批程序、检查监督手段等，可以有效地控制本单位生产和经营活动顺利进行，防止出现偏差，纠正失误和弊端，促进组织发展战略的实施和经营目标的实现。

3. 有利于保证组织的经济活动遵守国家法律法规

组织的管理者建立和健全内部控制，有利于组织内部的各部门、各个职员在办理经营活动的过程中按照既定的政策程序办事，防范部门和员工越权处理经济业务或突破法律法规的限制处理经济业务，减少该组织违法犯罪行为发生的风险，确保组织稳健运行。

三、内部控制的要素

一个组织建立健全有效的内部控制，应当包括下列要素：

（一）控制环境

控制环境是指组织的管理层和治理层对于建立健全内部控制的态度、认识、观念。它主要包括：管理层的道德观念和价值观念；对员工胜任能力的重视程度；治理层的参与程度；管理层的经营理念与经营风格；部门和岗位的权责分配；人力资源政策的导向等。良好的控制环境是实施有效内部控制的基础。

（二）风险评估过程

风险评估过程是指组织应当及时识别与财务报告的可靠性和组织目标的实现相关的各类风险，并合理确定应对这些风险的策略。它主要包括：监管及经营环境的变化、新员工的加入；新的信息系统的使用或升级；新技术的应用；新产品、新业务的推广；海外经营；企业重组等。

（三）控制活动

控制活动是企业根据风险评估结果，制定恰当的控制措施，将风险控制在可承受水平之内。它主要包括：合理授权；业绩评价；信息处理；实物控制；职责分离等。

（四）信息与沟通

信息与沟通是组织应当及时、准确地收集、反馈相关的信息，确保企业内部各部门之间或企业与外部之间进行有效沟通，以便及时发现偏离组织目标实现的问题并作出恰当处理。

（五）内部监督

内部监督是企业对内部控制的运行情况进行监督检查，以评价内部控制的有效性，及时发现内部控制缺陷，促进内部控制的进一步完善。

四、建立内部控制的措施

内部控制的一般方法通常包括职责分工控制、授权控制、审核批准控制、预算控制、财产保护控制、会计系统控制、内部报告控制、经济活动分析控制、绩效考评控制、信息技术控制等。

（一）职责分工控制

该项控制强调组织应当根据其目标和职能，按照科学、精简、高效的原则，合理设置职能部门和工作岗位，使得各个职能部门和岗位形成协调运行又相互制约的工作机制。特别是应当考虑不相容职务分离的基本要求。

不相容职务是指在一个组织内部各项经营业务活动的授权、执行、记录、保管、清查等控制程序完全交由一个人或一个部门实施时，发生错误和舞弊的概率就可能增大的两项或两项以上的职务。不相容职务通常包括：

（1）授权批准与执行；

（2）执行与记录；

（3）执行与审查；

（4）记录与财产保管；

（5）财产保管与财产清查；

（6）总账记录与明细账记录。

（二）授权控制

该项控制强调组织必须通过一定的程序和方式明确各部门、各岗位办理经济业务与事项的权限范围、审批程序和相应责任等内容。组织内部各级管理人员和业务经办人员都必须在授权范围内行使职权和承担责任。

（三）审核批准控制

该项控制强调组织内部各部门、各岗位按照既定的授权，对相关经济业务和事项进行审查，以签署意见并签字或者盖章等方式，作出批准或不予批准的决定。

（四）预算控制

该项控制强调组织应当加强预算编制、执行、分析、考核等各环节的管理，明确预算项目，建立预算标准，规范预算的编制、审定、下达和执行程序，及时分析和控制预算差异，采取改进措施，确保预算的执行。

（五）财产保护控制

该项控制强调组织应当限制未经授权的人员对财产的直接接触和处置，定期进行实物盘点和账实核对，依法正确处理差异，以确保财产的安全完整。

（六）会计系统控制

该项控制强调组织应当根据《会计法》《财务会计报告条例》《企业会计准则》和国家统一的会计制度，制定适合本企业的会计制度，明确会计凭证、会计账簿和财务会计报告以及相关信息披露的处理程序，规范会计政策的选用标准和审批程序，建立、完善会计档案保管和会计工作交接办法，实行会计人员岗位责任制，充分发挥会计的监督职能，确保企业财务会计报告真实、准确、完整。

（七）内部报告控制

该项控制强调组织应当建立和完善内部报告制度，明确相关信息的收集、分析、报告和处理程序。内部报告方式通常包括例行报告、实时报告、专题报告、综合报告等。

（八）经济活动分析控制

该项控制强调组织应当综合运用生产、购销、投资、财务等方面的信息，利用各种分析方法，定期对企业经营管理活动进行分析，发现存在的问题，查找原因，并提出改进意见和应对措施。

（九）绩效考评控制

该项控制强调组织应当建立科学的业绩考核指标体系，对各部门和员工当期业绩进行考核和评价，兑现奖惩，强化对各部门和员工的激励与约束。

（十）信息技术控制

该项控制强调组织应当建立与本企业经营管理业务相适应的信息化控制流程，以提高业务处理效率；同时，还应当加强对计算机信息系统开发与维护、访问与变更、数据输入与输出、文件储存与保管、网络安全等方面的控制，降低信息失控的风险，保证信息系统安全、有效运行。

（十一）与财务报告相关的内部控制

该项控制强调组织应当建立健全有利于确保财务报告可靠性、完整性、真实性的控制政策和程序，如对于会计政策的选择、重大会计估计变更、重大资产处置决定等问题建立一套评估、审查核准程序，以防范不法行为给组织造成重大损失。

【审计案例 2-1-1 分析】

中航油（新加坡）之所以从辉煌走向破产，从内部控制角度看，主要原因如下：

1. 控制环境失效

企业内部控制环境决定其他控制要素能否发挥作用，是内部控制其他因素作用的基础，直接影响企业内控的贯彻执行，是企业内控的核心。中航油事件正是由于内部治理结构存在严重缺陷，外部治理对公司干涉极弱导致的。“事实先于规则”成为中航油（新加坡）在期货交易上的客观写照。中国证监会的监管人士向媒体透露了这样一个经过：中航油（新加坡）在 2001 年上市后并没有向证监会申请海外期货交易执照，后来证监会看到其招股书有期货交易一项，才主动为其补报材料。中航油（新加坡）倚仗节节上升的市场业绩换取控股方航油集团的沉默，从而进入期货和期权业务；而监管方对此不仅没有追究到底，还放任其“先斩后奏”的行为，直至投机和亏损的真实发生。而中航油的董事会更是形同虚设，普华永道对公司董事会成员、管理层、经手交易员进行详细问询，出具了详细的调查报告。透过当事人之口，中航油（新加坡）这家一度被认为是“样板”的海外国企，内控混乱不堪，主要负责人不堪其任，公司治理结构如纸上谈兵。

2. 风险意识薄弱，风险评估程序缺失

中航油内部的《风险管理手册》设计完善，规定了相应的审批程序和各级管理人员的权限，通过联签的方式降低资金使用风险；采用世界上最先进的风险管理软件系统将现货、纸货和期货三者融合在一起，全盘监控。但是自 2003 年开始，中航油的澳大利亚籍贸易员 Gerard Rigby（杰拉德·里格比）开始进行投机性的期权交易；陈某声称，自己并不知情。而在 3 月 28 日获悉 580 万美元的亏损后，陈某本人同意了风险管理委员会主任 Cindy Chong（辛迪庄）和交易员 Gerard Rigby 提出的展期方案。这样，陈某亲自否定了由他本人所提议拟定的“当任何一笔交易的亏损额达到50万美元，立即平仓止损”的风险管理条例，也无异于对手下“先斩后奏”的做法给予了事实上的认可。

3. 会计信息系统失控，导致会计信息失真

中航油（新加坡）通过做假账欺骗上级。在中航油（新加坡）上报的2004年6月份的财务统计报表上，公司当月的总资产为42.6亿元人民币，净资产为11亿元人民币，资产负债率为73%，长期应收账款为11.7亿元人民币，长期应付款也是这么多。从账面上看，不但没有问题，而且经营状况很好。但实际上，2004年6月，中航油（新加坡）就已经在石油期货交易上面临3 580万美元的潜在亏损，但在财务账面上没有任何显示。由于陈某在场外进行交易，集团通过正常的财务报表没有发现陈某的秘密。新加坡当地的监督机构也没有发现，中航油（新加坡）还被评为2004年新加坡最具透明度的上市公司。这么大的一个漏洞就被陈某以做假账的方式瞒天过海般地掩盖了这么久，以至于事情的发生毫无征兆。

4. 管理失控，内部监督形同虚设

中航油（新加坡）董事兼中航油集团资产与财务管理部负责人李某，没有审阅过公司年报。其次，即使李某想审阅年报，也有困难。虽然他身为海外上市公司董事，但他英语不好，所以不能从财务报表中发现公司已经开始从事期权交易。蔡某兼任中航油（新加坡）董事长及中航油集团总裁。他强调，由于中航油集团并没有其他子公司在中国以外上市，所以董事的职责对他而言是不熟悉的。他指出，直到2004年11月30日，董事会一直都没有对陈某有“真正的”管辖权。与李某一样，蔡某声称，语言障碍使得他对中航油（新加坡）缺乏了解和监管，而且，尽管身为中航油（新加坡）董事长，他的财务信息却来自位于北京的中航油集团财务部。同时，由于监事会成员绝大多数缺乏法律、财务、技术等方面的知识和素养，监事会的监督功能只能是一句空话。而内部审计平时形同虚设，这种监管等于没有。在经营过程中内部控制失效、董事会和监事会监督功能虚化、缺乏必要的内部审计，中航油（新加坡）的悲剧就这样产生了。

【审计案例2-1-2】

2007年10月1日，某国际酒店不仅拥有装潢豪华、设施一流的套房和标准客房，下设的老宁波餐厅更是经营传统特色宁波菜和海派家常菜肴，为中外客商提供各式专业和体贴的服务。

最让国际酒店感到骄傲和荣耀的是酒店大堂里天花板上如天宇星际一般的灯光装饰和一个圆圆的、逼真的月亮水晶灯，使得整个酒店绚丽夺目，熠熠生辉。当天酒店经理向来宾介绍，这些天花板上装饰所用的材料以及星球灯饰均是由水晶材料雕琢而成，是公司王副总经理亲自组织货源，最终从瑞士某珠宝公司高价购买的，货款总价高达150万美元。这样的超级豪华水晶灯饰不仅是在全国罕见，即使是国外，也只有在少数几家五星级酒店里能见到。开业当天，来往宾客无不对这豪华的

水晶天花板灯饰赞不绝口。国际酒店一举成名，当天客房入住率就达到了80%。

然而，两个月后，这些高规格、高价值的水晶灯饰就出了状况。首先是失去了原来的光泽，变得灰蒙蒙的，即使用清洁布使劲擦拭都不复往日光彩。其次，部分连接的金属灯杆出现了锈斑，还有一些灯珠破裂甚至脱落。人们看到这破了相的水晶灯，议论纷纷。这就是破费百万美元买来的高档水晶灯吗？鉴于情况严重，公司领导责令王副总经理限期内对此事作出合理解释，并停止了他的一切职务。事件真相很快就水落石出，其中，原来这盏价值百万元人民币的水晶灯根本不是从瑞士某珠宝公司购得的，而是通过南方某地的奥尔公司代理购入的赝品水晶灯。王副总经理在交易过程中贪污受贿，中饱私囊。国际酒店不仅因此遭受了数千万元的巨额损失，同时酒店的名誉也蒙受重创。

【问题思考】利用内部控制理论分析国际酒店发生采购舞弊案的原因，并说明该酒店应如何改进管理。

【审计案例2-1-2分析】

在本案例中，国际酒店在未经过公开招标的情况下，即与南方奥尔公司签订了价值为150万美元的代购合同。依照合同规定，南方奥尔公司必须提供瑞士某著名珠宝公司出产的水晶灯，并由奥尔公司向国际酒店出具该公司的验证证明书，其中200万元人民币为支付给奥尔公司的代理费。然而，交易发生后，奥尔公司并未向国际酒店出具有关水晶灯的任何品质鉴定资料，国际酒店也始终没有同奥尔公司办理必要的查验手续。

经查实，这笔交易都是由王副总经理一人操纵的，从签订合同到验收入库再到支付货款都是由他一个人说了算，而他之所以会这样做，正是因为收受了奥尔公司的巨额好处费。这样简单的过程和手法，却真实地发生了，甚至可以说这样一笔交易，毁了整个企业，教训是深刻和发人深省的。一笔采购业务，特别是金额较大的业务通常涉及采购计划的编制、物资的请购、订货或采购、验收入库、货款结算等。因此，应当针对各个具体环节的活动，建立完整的采购程序、方法和规范，并严格依照执行。只有这样，才能防止错弊，保证企业经营活动的正常进行。

如果要防范采购失控导致的悲剧重演，该酒店应当建立健全如下内部控制：

首先，要做到职务分离，采取集体措施。诸如采购申请必须由生产、销售部门提出，具体采购业务由采购部门完成，而货物的验收又应该由其他部门进行。在本案例中，采购大权由王副总经理一人独揽，反映出该公司控制环节中权责不明；货物的采购人不能同时担任货物的验收工作，以防止采购人员收受客户贿赂，进而防止购买伪劣材料影响企业生产乃至整体利益；付款审批人和付款执行人不能同时办理寻求代理商和索价业务。付款的审批通常经过验货或验单后执行（预付款除外），以保证货物的价格、质量、规格等符合标准。

其次，要做好入库验收控制。应根据购货单及合同规定的质量、规格、数量以及有关质量鉴定书等技术资料核查收到的货物，只有两者相符时才予以接受；对于所有已收到的货物，应定期完整填写收货报告，将货物编号并登记明细账簿，对验收中所出现的问题要及时向有关部门反映；货物入库和移交时，经办人之间应有明确的职责分工，要对所有可能接触货物的途径加以控制，以防调换、损坏和失窃。本案例中王副总经理同时主管验货，那么验货查假自然只是走走过场了。

最后，还必须做好货款支付控制。发票价格、运费、税费等必须与合同符合无误，凭证齐全后才可办理结算，支付货款，如有部分退货，则注意要从原发票中扣除后再办理结算；除了向不能转账支付和不足转账金额的单位、个人支付现金外，货款一般应办理转账。货款支付前应由企业授权人签字，支票签章时应仔细审核有关票据；在购货发票以外增加的费用如装卸、搬运以及在途损耗等，支付前必须经会计部门进行审核，有关部门进行耗损原因分析，以确定其合法性和合理性；付款凭证要连续编号，付款业务及时准确记录；与供货商定期联系，了解未付款情况，追查耽误原因。

本案例中，价格高昂的赝品水晶灯能堂而皇之地挂在豪华的酒店大厅中，没有技术证明资料，没有必要的查验手续，这是无意的疏忽还是当事人有意的回避和遮掩？不管实情如何，都反映了该公司整个材料采购内部控制存在着巨大漏洞，以至于让不法分子有利可图，有机可乘。

【审计案例 2-1-3】

某单位货币资金业务内部控制规定如下：

(1) 单位财务处处长负责支票的签署，外出时其职责由副处长代为履行；副处长负责银行预留印鉴卡的保管和财务专用章的管理，外出时其职责由财务处处长代为履行；财务人员乙负责空白支票的管理，仅在出差期间交由财务处处长管理；负责签署支票的财务处处长的个人名章由其本人亲自掌管，仅在出差期间交由副处长代管。

(2) 关于货币资金支付的规定：部门或个人用款时，应提前向审批人提交申请，注明款项的用途、金额、支付方式或相关证明；对于金额在 10 000 元以下的用款申请，必须经过财务处副处长的审批，金额在 10 000 元以上的用款申请，应经过财务处处长的审批；出纳人员根据已经批准的支付申请，按规定办理货币资金支付手续，及时登记现金和银行存款日记账；货币资金支付后，应由专职的复核人员进行复核，复核货币资金的批准范围、权限、程序、手续、金额、支付方式、时间等，发现问题后及时纠正。

(3) 公司领导规定当出纳会计因事不在班时，为了不影响工作，出纳业务由主管会计代理。

(4) 公司财务处主管会计李某与出纳会计秦某，两人经过两年交往于目前结婚。在结婚典礼上经理举杯祝贺说：“祝你们夫妻在今后的会计和出纳工作中配合得更好，为公司财务工作做出更大的贡献。”

（5）采购员张某以现金 860 元购买办公用品返回后，凭发票直接到财会部门作了报销。

（6）公司商品仓库有 4 名保管员，4 个人经常轮班休息。为了商品出入库方便，领导决定配四套钥匙，每人一套。

（7）公司经理经常外出联系业务，回来后填制“差旅费报销单”，在“领导批示”栏经理直接签署同意，即予报销。

（8）为了保证库存现金账面余额与实际库存相符，每月末定期进行现金盘点，发现不符，及时查明原因，作出处理。

（9）对于银行预留印鉴的管理：财务专用章由财务处处长保管，个人名章应由法定代表人管理，法定代表人不在期间，由财务处处长代为保管。

【问题思考】该公司货币资金内部控制有什么缺陷？应如何完善？

【审计案例 2-1-3 分析】

（1）存在内部控制缺陷：如果财务处处长与财务人员乙同时出差，则空白支票、签署支票的个人名章、财务专用章、银行预留印鉴卡将全部落入副处长之手。同样的，如果副处长与财务人员乙同时出差，空白支票、签署支票的个人名章、财务专用章、银行预留印鉴卡将全部落入财务处处长之手。这就违反了签发支票的全部印鉴不能由一人掌管的规定，难以防止银行存款被贪污的情况。

建议：财务处处长、副处长外出期间，分别指定与货币资金支付无关的专门人员掌管印鉴。

（2）存在内部控制缺陷：一是未对财务处处长的审批权限规定任何限制，违反了“对重要货币资金支付业务，应当实行集体决策”的规定，无法防范贪污、侵占、挪用货币资金的行为；二是货币资金支付在前，复核在后，最多能及时发现问题，而无法防止问题的发生。

建议：限定财务处处长的审批权限，对超过权限的货币资金支付业务，实行集体决策；支付货币资金之前，应由专职的复核人员进行复核，复核货币资金的批准范围、权限、程序、手续、金额、支付方式、支付单位等是否妥当。复核无误后交由出纳人员办理支付业务。

（3）存在内部控制缺陷：出纳业务由主管会计代理，属于不相容职责。

（4）存在内部控制缺陷：财务处主管会计与出纳结婚，他们的职务属于不相容职责。

（5）存在内部控制缺陷：采购员凭发票直接到财会部门作报销，没有经过审批。

（6）存在内部控制缺陷：仓库 4 名保管员配四套钥匙，缺乏相互牵制。

（7）存在内部控制缺陷：经理在“差旅费报销单”的“领导批示”栏经理直接签署同意，执行与审核不相容。

（8）存在内部控制缺陷：“为了保证库存现金账面余额与实际库存相符，每月末定期进行现金盘点。”不恰当。库存现金除出纳自己做到日清月结外，单位还应当定期和不定期组织现金盘点，确保现金账面余额与实际库存相符；发现不符，及时查明原因，作出处理。

（9）存在内部控制缺陷：“法定代表人不在期间，由财务主管代为保管。”不恰当。严禁一人保管支付款项所需的全部印章。

任务2　内部控制评审的基本思路

【审计案例2-1-4】

王军和李阳是大学同学，毕业后两人分别在不同的会计师事务所工作。有一次两人在饭后闲聊中，王军告诉李阳，他在对被审计单位进行审计时从来不了解他们的内部控制，也不评估控制风险。他认为评估控制风险只能增加工作量，有那些时间还不如通过直接进入审查具体会计账册环节，以核实财务报表项目金额。而李阳却不同意王军的看法，也与王军的做法不同，他告诉王军，在审计工作中，他都要事先了解被审计单位的内部控制，而后评估控制风险，在此基础上再进行财务报表项目涉及的账户余额审计。李阳认为，这样做既可以减少审计工作量，提高审计效率，还可以有效控制审计风险，有针对性地开展审计工作。

【问题思考】谁的做法更符合现代审计的要求？内部控制评审的步骤是什么？

一、内部控制评审的意义

注册会计师进行财务报表审计的责任是设计并实施恰当的审计程序，以便尽可能发现财务报表中存在的重大错报，并建议被审计单位将重大错报予以调整，最终使得注册会计师审计工作可以合理保证经过审计的财务报表不存在重大错报，有助于会计信息使用人或利益关系人做出正确决策，真正体现出注册会计师审计职业的社会服务价值。

但审计人员对于被审计单位财务报表在何处可能存在重大错报，往往难以准确判断。现代审计理论认为，被审计单位的会计信息都是在各种内部控制政策的指导和约束下生成的，一个被审计单位内部控制设计较为合理、健全且执行有效，就能够大大提高该单位财务会计信息的可靠性、真实性和完整性；反之，该被审计单位的财务会计信息存在重大错报的风险可能性增大。因此，审计人员在对被审计单位的会计资料及相关资料实施实质性程序之前，应当先评价被审计单位内部控制的合理性、健全性和有效性，找出内部控制的缺陷和薄弱环节，并将存在控制缺陷和薄弱环节下生成的会计资料及相关资料作为审计的重点。这样做有利于审计人员合理控制审计成本，提高审计工作效率和效果。

二、了解和描述内部控制

（一）了解内部控制的主要程序

（1）询问被审计单位的有关人员，并检查相关内部控制文件；

（2）检查内部控制生成的凭证和记录；

（3）观察被审计单位的业务活动和内部控制的运行状况；

（4）选择若干具有代表性的交易和事项进行穿行测试。

（二）记录和描述内部控制

常用的内部控制的记录和描述方法有以下几种：

1. 文字叙述法

文字叙述法是指审计人员将被审计单位内部控制的实际情况以书面形式记录下来的方法。

优点：可以对调查对象作出比较深入和具体的描述，内容比较灵活，对任何单位、任何业务都可以使用。

缺点：文字叙述较为冗长，不够直观。

适用范围：适用于内部控制程序比较简单、比较容易描述的中小型企业。

【审计案例 2-1-5】

A 公司收入现金，先由出纳审核有关凭证，并填写收款收据，收妥现金后，编制记账凭证，并登记现金日记账，而后将此凭证交给会计用以登记相关的账目。每日收到的现金于第二天由出纳送存银行。

支出现金，先由出纳审核支出款项的原始凭证（一般为发票），然后填制付款记账凭证，并于款项付出后在原始凭证上加盖“付讫”的戳记。出纳根据付款记账凭证登记现金日记账，而后将记账凭证交会计登记相关的账目。

2. 调查问卷法

调查问卷法也称调查表法，是指审计人员通过预先设计好的标准化格式的调查表向被审计单位的管理人员或当事人调查了解其内部控制设置情况并加以记录的方法。

优点：调查的问题明确，重点突出，简便易行，省时省力。

缺点：对被审计单位的内部控制只能按所提问题分别考察，无法反映内部控制实际情况和存在问题的轻重；对于不同行业的企业或是小企业，标准问题的调查表常常显得不太适用。

【审计案例 2-1-6】

具体如表 2-1-1 所示。

表 2-1-1　　某公司现金内部控制制度调查表

被审计单位		编制人		日期		页次	
会计期间		复核人		日期		索引号	
问题						问答	简要说明
						是　否	
1. 现金管理制度是否建立？ 2. 现金日记账与库存现金是否每天核对？ 3. 现金库存是否符合限额标准，超过数是否及时存入银行？ 4. 现金支出时取得的收据、发票格式等是否符合国家规定？ 5. 收入现金时，是否都开收据？ 6. 领用现金、报销费用是否由分管领导批准？ 7. 现金日记账和现金总账是否由不同人负责？ 8. 现金日记账和总账是否每月末核对？ 9. 是否定期编制银行存款余额调节表？ 10. 编制银行存款余额调节表人是否与出纳员保持职责分离？ 11. 银行支票和印鉴是否分由二人保管？ 12. 作废支票是否保留在支票簿内？ 13. 外币存款账户折合人民币采用的汇率是否符合制度规定？ 14. 出纳人员是否兼管稽核、会计档案保管或收入、费用、债权、债务账目登记工作？							
评价结论：							

3. 流程图法

流程图法是指用特定的符号和图形，将被审计单位内部控制中各种业务处理手续以及各种文件或凭证的传递流程，用图解的方式直观地表现出来的一种方法。

优点：流程图形象直观，可以使审计人员全面了解内部控制的运行状况，有助于快速分析内部控制的缺陷。

缺点：编制流程图需要一定的技术和花费较多的时间，而且内部控制某些弱点有时很难在流程图中明确地表达出来。

绘制流程图应注意以下几点：

（1）在绘制流程图前，审计人员必须全面、详细地调查了解主要经营业务各环节的相互关系、凭证传递程序、各环节和各程序应负的责任等。

（2）必须事先确定图形符号，设计好图例说明，在目前尚无统一规定专用符号的情况下，可选用一般通用的符号（如图 2-1-1 某公司材料收发业务的流程图所示）。

三、内部控制的初步评价

注册会计师在完成对被审计单位内部控制的调查了解后，应当对内部控制设计的健全性作初步评价，据以作出被审计单位内部控制是否能信赖的初步判断，从而决定是否要进行控制测试。

需要强调的是，内部控制健全性的评价，主要是指内部控制设计是否科学合理，而不是对内部控制制度实际执行效果的评价。

一般情况下，内部控制设计健全性的评价包括两个阶段：

首先是对各交易循环的内部控制设计的健全性进行评价，然后在此基础上才能对被审计企业内部控制的整体作出全面综合的评价。

初步评价主要是评价控制风险的高低，一般可以用内部控制的原理来进行评价，也可以以内部控制设计比较完善的同类企业的内部控制制度作为标准，来判断被审计单位控制风险的高低。通常在出现下列任意一种情况时，审计人员就可以将被审计企业内部控制的控制风险部分或全部评估为高水平：

（1）企业内部控制基本上不存在；

（2）内部控制设计极不合理，基本上不能发挥控制功能；

（3）难以对内部控制的有效性作出评价。

除上述情况外，则可以将控制风险评估为较低水平。

对控制风险为低水平的内部控制应按计划进入下一个评审程序，即控制测试。对控制风险为高水平的内部控制，审计人员无须再进行控制测试，而应该采取特别的审计程序即对相关的交易和账簿余额进行实质性测试。

【审计案例 2-1-7】

具体如图 2-1-1 所示。

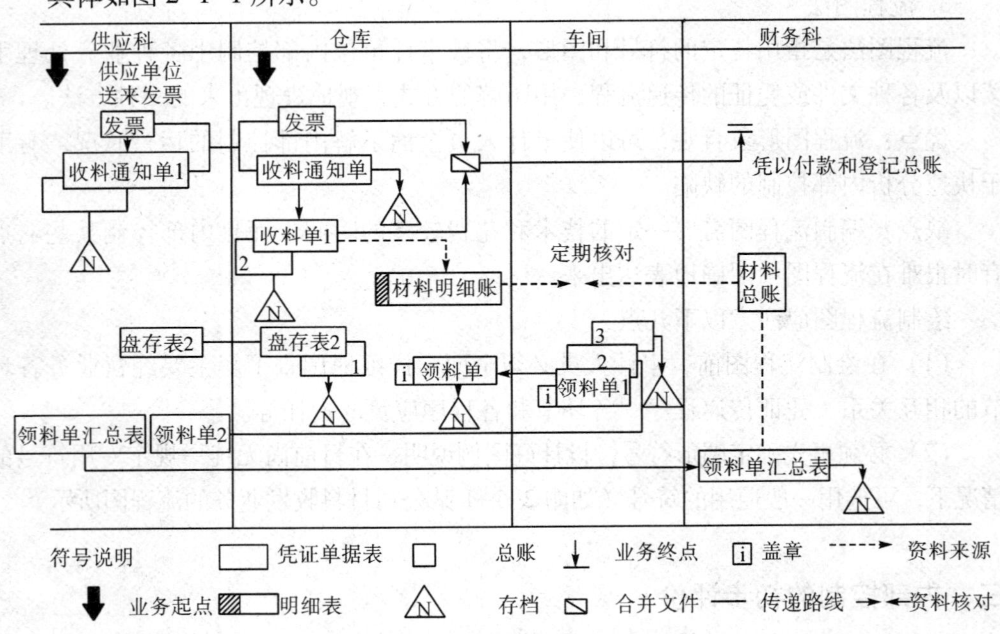

图 2-1-1　某公司材料收发业务的流程图

四、对内部控制的测试

（一）控制测试的含义

控制测试是指测试验证内部控制运行的有效性。该项工作强调的是内部控制的政策和程序是否按照既定目标执行，并真正起到控制作用。

在测试运行的有效性时，审计人员应当从以下方面获取关于控制是否有效运行的审计证据。

（1）控制在所审计期间的不同时点是如何运行的；

（2）控制是否得到一贯执行；

（3）控制由谁执行；

（4）控制以何种方式运行。

（二）控制测试的要求

控制测试并非在任何情况下都需要实施。当存在下列情况之一时，审计人员应当实施控制测试：

（1）在评估认定层次重大错报风险时，预期控制的运行是有效的；

（2）仅实施实质性程序不足以提供认定层次充分、适当的审计证据。

（三）控制测试的范围

审计人员在确定某项控制测试的范围时通常考虑以下因素：

（1）在整个拟信赖的期间，被审计单位执行控制测试的频率。

（2）在所审计期间，审计人员拟信赖控制运行有效性的时间长度。

（3）为证实控制能够防止或发现并纠正认定层次重大错报，所需获取审计证据的相关性和可靠性。

（4）通过测试与认定相关的其他控制获取的审计证据的范围。

（5）在风险评估时拟信赖控制运行有效性的程度。

（6）控制的预期偏差。

（四）控制测试的性质及时间

（1）控制测试的性质，是指控制测试所使用的审计程序的类型及其组合。一般而言，控制测试所使用的审计程序包括询问、观察、检查、重新执行和穿行测试。

（2）控制测试的时间包含两层含义：

①何时实施控制测试；

②测试所针对的控制适用的时点或期间。

如果测试的是特定时点的控制，注册会计师仅得到该时点控制运行有效性的审计证据；如果测试的是某一期间的控制，注册会计师可以获取控制在该期间有效运行的审计证据。

五、对内部控制的综合评价

经过对内部控制的初步评价和控制测试以后，注册会计师要对内部控制进行综合评价。综合评价结果可分为以下三个类型：

（1）高信赖程度。被审计单位具有健全、合理的内部控制并且能够有效发挥作用，会计信息差错可能性较小，注册会计师可以更多地信赖内部控制，从而相应减少实质性程序的数量并缩小范围。

（2）中信赖程度。被审计单位的内部控制总体较好，但存在一定的缺陷或薄弱环节，在一定程度上可能影响到会计信息的正确性和可靠性。注册会计师可扩大内部控制测试范围后再评价或者增加财务报表相关项目的实质性程序。

（3）低信赖程度。被审计单位的内部控制明显存在重大缺陷或薄弱环节，内部控制运作失效，主要的会计记录和相关数据经常出现差错，难以信赖利用内部控制。注册会计师应当扩大对财务报表项目实施实质性程序的数量和范围，以获取足够的可以支撑审计意见的审计证据，在此基础上出具审计报告。必要时，可考虑取消审计业务约定。

【审计案例 2-1-4 分析】

在此案例中，很显然李阳的做法更符合现代审计的要求。在现代审计中，对内控的评审需要经历以下四步：首先要了解和描述被审计单位的内部控制制度；其次进行初步的内部控制风险评估；再次对内部控制制度进行再评估；最后如果有必要还要扩大或缩小范围进行实质性程序。需要强调的是，评估控制风险已经为现代审计工作的一项重要内容。

【审计案例 2-1-8】

某公司出纳员张丽从公司收发室截取了客户给公司的分期付款的 12 000 元支票，存入了由她负责的公司零用金银行存款户。然后，她在该存款户中以支付劳务款为由开了一张以自己为收款人的 12 000 元的支票，签名后从银行兑取了现金。在与客户对账时，她将“应收账款——李伟”账户余额扣减 12 000 元后作为对账金额发给李伟对账单，表示 12 000 元已经收到。10 天后，她编制了一笔会计分录，借：银行存款12 000，贷：应收账款——李伟 12 000，将“应收账款——李伟”账户调整到正确余额，但银行存款账面余额却比银行对账单高列 12 000 元。月底，在编制银行存款余额调节表时，她在调节表上虚列了未达账项，将银行存款余额调节表调平。

【问题思考】试分析该公司内部会计控制制度中存在哪些重要的缺陷。

【审计案例 2-1-8 分析】

（1）付款审核和支票签发没有分离；

（2）应收账款对账程序不应由出纳员执行，应由会计员执行；

（3）出纳员不应拥有编制记账凭证的权利，这项工作应由会计员完成；

（4）登记现金、银行存款日记账的出纳员不应负责银行存款余额调节表的编制。

任务3　学会撰写管理建议书

一、管理建议书的含义及作用

所谓管理建议书，是指注册会计师在完成审计工作后，针对审计过程中已注意到的，可能导致被审计单位财务报表产生重大错报的内部控制重大缺陷提出书面建议。现行审计准则要求，注册会计师对审计过程中注意到的内部控制重大缺陷，应当告知被审计单位管理当局，必要时，可出具管理建议书。

管理建议书的作用表现在两个方面：

一方面，由于注册会计师的职业特点，在审计过程中按规定需要检查被审计单位的内部控制系统，能够了解被审计单位经营管理中的关键所在。提交管理建议书，可以为被审计单位提供完善内部控制、改进会计工作、提高经营管理水平的参考意见。这种意见最及时、有效，能促使被审计单位注意加强控制，改善工作，以防止重大错误和舞弊的发生。

另一方面，注册会计师借助管理建议书，事先提出了改进建议，可以把注册会计师的法律责任降到最低限度。

二、管理建议书的基本内容

管理建议书一般应当包括下列基本内容：

（1）标题。管理建议书的标题应当统一规范为“管理建议书”。

（2）收件人。管理建议书的收件人应为被审计单位管理当局。

（3）财务报表审计目的及管理建议书的性质。管理建议书应当指明审计目的是对财务报表发表审计意见。管理建议书仅指出了注册会计师在审计过程中注意到的内部控制重大缺陷，不应被视为对内部控制发表的鉴证意见。管理建议书中所提建议不具有强制性和公正性。

（4）内部控制重大缺陷及其影响和改进建议。管理建议书应当指明注册会计师在审计过程中注意到的内部控制设计及运行方面的重大缺陷，包括前期建议改进但本期仍然存在的重大缺陷。

（5）使用范围及使用责任。管理建议书应当指明其仅供被审计单位管理当局内部参考，因使用不当造成的后果，与注册会计师及其所在会计师事务所无关。

(6) 签章。管理建议书应当由注册会计师签章，并加盖会计师事务所公章。

(7) 签发日期。签发日期一般指审计人员外勤工作结束日。

三、管理建议书的参考格式

管理建议书

×××有限责任公司管理层：

我们接受委托对贵公司20××年的年度财务报表进行审计，我们的责任是根据我们的审计，对财务报表发表审计意见。我们提供的这份管理建议书，不在审计业务约定书约定项目之内，而是我们基于为贵公司服务的目的，根据审计过程中发现的内部控制问题而提出的。因为我们主要从事的是贵公司20××年的年度财务报表审计，所实施的审计范围是有限的，不可能全面了解贵公司所有的内部控制，所以，管理建议书中包括的内部控制重大缺陷仅是我们注意到的，不应被视为对内部控制发表的鉴证意见，所提建议不具有强制性和公正性。

在审计过程中，我们了解了贵公司内部控制中有关会计制度、会计工作机构和人员职责、财产管理制度、内部审计制度等有关方面的情况，并作了分析研究。我们认为，贵公司现有的内部控制总体上还是较薄弱的，有的方面还存在着较严重的问题。但为了适应贵公司进一步扩大经营和提高管理水平的需要，使内部控制更加完善，现将我们发现的内部控制方面的某些问题及改进建议提供给你们，希望引起你们的注意，以便完善内部控制。

(一) 关于会计制度方面问题的评价及建议

贵公司的会计核算基本上能够反映经济业务，基本上遵守了国家有关会计制度的规定，会计凭证及账务处理等方面基本符合有关要求。但在审计中，我们也发现了下列问题：

1. 会计凭证不全

贵公司在发生销售退回时，只是填制退货发票，退款时没有取得对方的收款收据，会计人员根据退货发票进行了相应的会计处理。对这一做法的不当性，我们已向有关人员提出，他们愿意考虑我们的意见。

2. 银行存款清查不及时

贵公司的银行存款日记账与银行对账单不按月核对并编制银行存款余额调节表。经查询，由于没有按月编制余额调节表，公司财务部不能及时了解未达账项，在一定程度上影响了财务分析工作。

(二) 会计工作机构、人员职责及内部稽核制度

贵公司会计机构设置不够健全，会计人员职责规定也不够明确。会计人员数量较少，每个人要承担多种责任，对于凭证的复核工作做得不够仔细。在审计过程中，

我们发现多笔凭证无复核人的签章。我们认为，凭证是记录企业生产经营业务的基本资料，凭证的审核工作是进行会计核算的基本内容，建议你们予以重视。

（三）财产管理制度

1. 存货管理薄弱

贵公司存货占用的流动资产额度过大。公司流动资产共400万元，其中存货约占80%，应当成为资产管理的重点。

我们建议贵公司应注意以下几方面的工作：

（1）认真做好存货的定期盘点工作。贵公司自上一会计年度终了对存货进行清查，至今再未进行过盘点。公司的存货账与我们审计过程中的抽查结果出现较大差异。我们认为，只有及时获得存货的实际情况，才能够加强对存货的管理，并及时处理有关问题。

（2）积极处理积压产品。贵公司目前产成品占用达160万元，占全部存货的50%，为了加强流动资产的周转，减少仓储成本和利息支出，建议公司加强市场预测，及时进行产品的推销和处理。

建议贵公司建立一个专门的市场预测部门，通过对近期、长期市场情况进行分析预测，控制公司的生产及销售，以求得对存货成本的控制。

2. 固定资产管理混乱

（1）固定资产管理制度不健全。贵公司固定资产一般是根据实际需要购建的，对在用及未用固定资产的管理也没有明确的制度规定。我们认为，贵公司固定资产种类较多，价值较大，固定资产管理制度不健全，对固定资产的管理和使用均有不良影响。建议贵公司尽快建立固定资产购建预算制度、固定资产实物管理制度等。

（2）固定资产价值确定不及时。贵公司自开始投入固定资产，直至进入生产期后，固定资产一直按估价入账。我们认为，贵公司的固定资产应按原价入账。因此，贵公司对于已明确单价的固定资产，应及时进行账面调整。

（3）固定资产计提折旧的起始时间有误。贵公司从开始投入固定资产至今，一直按投入当月计提固定资产折旧。按规定，固定资产投入当月应不计提折旧，报废月照提折旧。建议贵公司对固定资产折旧账进行调整。

（四）内部审计名存实亡

贵公司已经建立了内部审计机构和制度，但在成立后，内部审计机构没有真正开展工作。我们认为，贵公司内部审计机构存在的主要问题是：人员配备比较薄弱，审计工作的组织不合理，一些管理部门的配合存在问题等。

我们建议贵公司做好以下几方面的工作：

（1）明确内部审计部门的职责范围，明确各部门的相互关系，明确内部审计的性质，使各部门对内部审计部门的工作予以支持。

（2）目前内部审计处只有一个人，难以开展工作。贵公司应为审计处增加几名从事过审计工作的人员，并进行必要的培训。

对于上述内部控制的问题及建议，我们已经同有关管理部门或人员交换过意见，他们已确认上述问题的真实性。

本管理建议书只提供给贵公司，不作为审计报告的一部分。另外，我们是接受贵公司董事会的委托进行审计工作，根据他们的要求，请将管理建议书内容转达给他们。因使用管理建议书不当造成的后果，与注册会计师及其所在会计师事务所无关。

中国注册会计师：　××（签章）

××会计师事务所（印章）　20××年×月×日

项目二　审计证据与审计工作底稿

学习目标

学生通过对本项目的学习，了解什么是审计证据，其特点及其分类；了解审计工作底稿的含义、种类及其填制和复核；掌握审计证据的收集、鉴定、综合及审计证据的应用；掌握审计工作底稿的结构和内容。

能力目标

1. 能够掌握收集审计证据的方法和整理审计证据的步骤；
2. 学会如何正确地编制审计工作底稿。

【审计案例 2-2-1】

"琼民源"公司于 1988 年 7 月在海口注册成立。1992 年 9 月，在全国证券交易自动报价（STAQ）系统中募集法人股 3 000 万股，实收股本 3 000 万元。1993 年 4 月 30 日，公司以琼民源 A 股的名义在深圳上市，成为当时在深圳上市的 5 家异地企业之一。上市后的第二年，"琼民源"公司便开始走下坡路，经营业绩不佳，其股票无人问津，在 1995 年公布的年报中，"琼民源"公司每股收益不足 1 厘，年报公布日（1996 年 4 月 30 日）其股价仅为 3.65 元。从 1996 年 7 月 1 日起，"琼民源"公司的股价以 4.45 元起步，在短短几个月内股价已蹿升至 20 元，翻了数倍。在被某些无形之手悉心把玩之后，"琼民源"公司成了创造 1996 年中国股市神话中的一匹"大黑马"。

经过一番精心包装之后，1997 年 1 月 22 日，"琼民源"公司率先公布 1996 年年报。年报赫然显示："琼民源"公司1996年每股收益为0.867元，净利润比1995年同比增长1 290.68倍，分配方案为每10股转送9.8股。年报一公布，"琼民源"公司股价便赫然飙升至26.18元。股市掀起了一阵不小的波动。然而，经过1997年2月28日罕见的、巨大的成交量之后，证交所突然宣布："琼民源"公司于3月1日起停牌。时至今日，"琼民源"公司仍未复牌，成为至今为止中国股市停牌时间最长者之一。被"琼民源"公司股票牢牢套住的众多中小投资者经过一年多的等待，终于在1998年4月29日等来了中国证监会对"琼民源"公司一案的处理决定。中国证监会对"琼民源"公司、会计师事务所以及相关机构作出了行政处罚。

对"琼民源"公司在短短一年的时间内有如此惊人的业绩，略有会计常识的人都会质疑。

首先，巨额利润令人疑惑。"琼民源"公司报表显示，公司1996年利润总额和净利润分别较1995年增长848倍和1 290倍。

其次，巨额资本公积金令人疑惑。公司新增加的6.57亿的资本公积是从何而来的呢？年报在资本公积这一栏是这样写的："资本公积金增加的原因可参阅对本期数与上期数比较超过30%的解释。"然而在第11项"对本期数与上期数比较变化"的解释中，却只字不提资本公积金。

尽管"琼民源"公司的有关人员在这一案件中难逃其责任，而作为对"琼民源"公司年报进行审计的海南中华会计师事务所和出具资产评估报告的海南大正会计师事务所同样负有不可推卸的责任。因为，面对"琼民源"公司1996年年报中利润和资本公积如此大幅度的增加，具有审计专业知识的注册会计师自然应该引起足够的注意，保持应有的职业谨慎。但事实是，注册会计师不但没有这样做，相反，在众多投资者对资本公积、盈余公积、未分配利润等项目提出疑问的情况下，海南中华会计师事务所还站出来为"琼民源"公司辩护，声称"报表的真实性不容置疑"。可见，"琼民源"公司一案会造成如此严重后果，很大程度上与注册会计师的失职及某种意义上的推波助澜有关。

【问题思考】

1. 注册会计师获得的审计证据有哪些类型？

2. 如何理解被审计单位内部控制较好时所形成的内部证据比内部控制较差时形成的内部证据要可靠？

任务1　认识审计证据

一、审计证据的含义和作用

（一）审计证据的含义

审计证据是指注册会计师为了得出审计结论，形成审计意见而使用的所有信息，包括编制财务报表依据的会计信息和其他信息。

1. 会计信息

它主要包括原始凭证、记账凭证、总分类账和明细分类账、未在几张凭证中反映的对财务报表的调整，以及支持成本分配、计算、调节和披露的手工计算表和电子数据表。这些会计记录通常是电子数据，因此要求注册会计师对内部控制予以充分关注，以保证这些记录的真实性、准确性和完整性。将会计记录作为审计证据时，其来源和被审计单位内部控制的相关度都会影响注册会计师对这些证据的信赖程度。

2. 其他信息

会计记录中含有的信息本身并不足以提供充分的审计证据作为对财务报表发表审计意见的基础，注册会计师还应获取用作审计证据的其他信息。其他信息主要包括：

（1）注册会计师从被审计单位内部或外部获取的会计记录以外的信息，如被审计单位会议记录、内部控制手册、询证函的回函、分析师的报告、与竞争者的比较数据等。

（2）通过询问、观察和检查等审计程序获取的信息，如通过检查存货获取存货存在性的证据等。

（3）自身编制或获取的可以通过合理推断得出结论的信息，如注册会计师编制的各种计算表、分析表等。

（二）审计证据的作用

审计人员在实施审计的过程中之所以要收集审计证据，主要是因为它发挥以下几方面的作用：

（1）审计证据是审计意见的支柱；

（2）审计证据是审计人员形成审计结论的基础；

（3）审计证据是解除或追究被审计人经济责任的依据；

（4）审计证据是控制审计工作质量的关键。

二、审计证据的特征

国际审计准则认为审计证据的特性包括充分性和适当性（Sufficiency & Appropriateness），其中适当性又包括相关性和可靠性（Relevance & Reliability）两个方面。

美国审计准则提出审计证据特性包括充分性和胜任性（Sufficiency & Competence），其中胜任性可以从可靠性（Validity/Reliability）和相关性（Relevance）两个方面进行解释。

《中国注册会计师审计准则第 1301 号——审计证据》中指出：“审计人员执行审计业务，应当在取得充分、适当的审计证据后，形成审计意见，出具审计报告。

审计人员应当运用专业判断，确定审计证据是否充分、适当。”这里提到的充分性和适当性正是审计证据的两大特征。

（一）充分性

充分性是指审计证据的数量足以使得注册会计师形成审计意见，即收集的审计证据数量是否足够。根据定义可知：审计意见的形成是建立在有足够数量审计证据基础之上。那么，是否审计证据越多越好？答案是否定的。因为审计证据的取得是要耗费成本的，过多的审计证据必然要耗费过多的审计成本，进而会影响审计效益和效率。根据审计证据准则，评价和判断审计证据是否充分，应当考虑以下因素：

1. 审计风险

通常，人们在考虑审计证据的充分性的时候，一般不考虑检查风险而考虑重大错报风险对其的影响。这是因为，检查风险的大小是由重大错报风险水平确定之后计算分析而得的，是重大错报风险水平变化后的结果。众所周知：当固有风险水平较高时，注册会计师对实质性测试的范围应扩大，即所收集的审计证据数量应越多，反之亦然；当控制风险水平较高时，注册会计师同样需要收集数量较多的审计证据。因此可以看出：固有风险和控制风险水平与所需审计证据的数量是同向变动关系，而这两个风险因素又受到以下因素的影响：

（1）审计项目的性质。对于那些重要的审计项目，一旦发表错误意见，注册会计师就要承担很大的风险和责任。因此为谨慎起见，注册会计师必须通过多渠道广泛地收集审计证据，以尽可能降低审计风险，确保审计质量。同样，对于那些具有冒险性质的被审计项目和初次接受委托的审计项目，均要求注册会计师认真做好调查工作，增加收集审计证据的数量。

（2）内部控制性质和强弱。内部控制的健全性和有效性是注册会计师评估控制风险的主要依据。如果注册会计师经调查评价认为被审计单位内部控制设计完善且执行有效，则可将控制风险水平评估得低些，此时针对内部控制的符合性测试则应扩大取证范围和增加取证数量，而针对交易记录和金额的实质性测试范围可缩小并相应减少取证数量。反之亦然。

（3）业务经营性质。被审计单位业务经营活动越复杂，注册会计师可能承担的风险就越高。即使有的时候注册会计师能搜集到很多的高质量审计证据也难以证实经济业务的性质，那么注册会计师就需要冒很大的审计风险。因此，注册会计师考虑接受委托时，应对此表示充分的关注，给予充分的估计，做到防患于未然，并且在审计过程中针对这种情况应断然采取措施，进行相应的处理。

（4）管理当局的可信赖程度。管理当局是否诚实、正直和可靠，关系到是否可能存在重大错误和舞弊现象。对于这种情况，注册会计师应高度警惕并提出相应的审计处理措施。

（5）财务状况。无论出于何种目的，管理当局试图掩盖事实，粉饰财务状况，以期“锦上添花”的做法并不鲜见。尤其是当财务状况不佳，经营者通过延期摊销费用、延期注销损失或故意漏列负债来编制财务报表，注册会计师更应清楚地认识并防止由于经营风险转嫁成为审计风险的可能性，增加审计证据的数量，以支持审计意见。

2. 具体被审计项目的重要程度

若被审计项目很重要，注册会计师对它的判断发生失误时往往引发对财务报表整体判断失误，因而要求对那些重要的项目扩大取证范围，增加取证数量，以减少审计失误，降低审计风险。相反，对那些个别判断失误且不至于引发整体判断失误的不重要项目，可以减少审计证据的数量，以节约审计成本。

3. 注册会计师的审计经验

相对而言，经验丰富的注册会计师及其助理人员擅于捕捉蛛丝马迹，然后顺藤摸瓜，查清问题的真相；也擅于以比较少的审计证据较为准确地判断出被审计事项的真实状况。然而，也不乏存在一些不思总结和专业判断能力较差的注册会计师，对于他们而言，增加必要的审计证据数量是保持谨慎的最根本途径。

4. 审计过程中是否发现错误和舞弊

无论是初次审计还是历次审计，一旦发现了存在错误和舞弊的现象，注册会计师应考虑它对整体财务报表会带来增加存在问题的可能性及影响，因此，在审计过程中应考虑增加审计证据的数量，以形成恰当的审计意见。

5. 审计证据的类型与获取途径

采用不同途径可以获得不同类型的审计证据，不同类型的审计证据其证明力也不尽相同。对于那些由注册会计师亲自计算加工而得的亲历证据和从独立的第三者那里获得的外部证据，其质量是较为可靠的，因而取证数量可以相对减少。而对那些容易被伪造的内都证据，在取证数量上应增加。

(二) 适当性

适当性是指审计证据的相关性和可靠性，即审计证据应当与审计目标相关联，并能如实反映客观事实。

1. 审计证据的相关性

审计证据的相关性是指取得的审计证据必须与审计目的相关联。例如：为了实现证实实物资产的所有权目标，注册会计师应取得相关的书面证据和口头证据，而不应去收集那些与所有权目标无关的实物证据或环境证据。审计测试最为基本的环节包括符合性测试和实质性测试。在符合性测试获取审计证据时，注册会计师应围绕内部控制测试目的考虑获取审计证据是否与下列事项相关：

相关内部控制制度是否存在；相关内部控制制度是否有效；相关内部控制制度在所审计期间是否一贯得到遵循。

在实质性测试中，注册会计师应围绕各项目交易和金额记录来考虑获取的审计证据是否与下列事项相关：资产、负债在某一特定日是否存在；资产、负债在某一特定日是否归属被审计单位；经济业务的发生是否与被审计单位有关；是否有未入账的资产、负债或其他的交易事项；资产、负债计价是否恰当；收入与费用是否归属当期，并相互配比；会计记录是否正确；财务报表项目的分类反映是否适当，是否前后一致。

2. 审计证据的可靠性

审计证据的可靠性是指审计证据能够反映和证实客观经济活动特征的程度。审计证据的可靠性受到审计证据的类型、取证的渠道和方式等因素的影响。判断审计证据的可靠程度可以把握以下几点：

（1）书面证据比口头证据可靠。

（2）外部证据比内部证据可靠。

（3）注册会计师自行获得的证据比由被审计单位提供的证据可靠。

（4）内部控制较好时的内部证据比内部控制较差时的内部证据可靠。对于这一点我们可设想有以下两种被审计单位：

A 公司管理制度健全严密，会计岗位职责明确，科学分工，合理牵制；

B 公司由于人手紧张，会计岗位由两人包办，即一个出纳和一个记账。

显然由于缺乏必要的牵制，且不说 B 公司记账员是否存在有舞弊的意图，就是正常的核算处理都难免存在错误和遗漏。因而，A 公司提供的各种资料要比 B 公司值得信赖得多。

（5）不同来源或不同性质的审计证据能相互印证时，审计证据更为可靠。当然，对于那些不能相互印证的审计证据，注册会计师是无法发表审计意见的，因此，应该增加审计程序，从事进一步的取证工作。

审计证据的适当性实质上是指审计证据的质量因素，它和审计证据的充分性互为补充，共同体现其证明力的作用。这表现在：从支持审计意见的归宿点来看，如果审计证据的质量（适当性）高，所需审计证据的数量（充分性）就可以减少；如果审计证据的质量（适当性）低，所需审计证据的数量（充分性）就应增加。

三、审计证据的分类

审计证据种类繁多，按不同的划分依据，可分为下面几类：

（一）按审计证据的外形特征分类

1. 实物证据

实物证据是指注册会计师通过实地观察和参加清查盘点所获得的，用以证明有关实物资产是否存在的证据。

实物证据对某项实物资产是否存在的证明力最强，效果最为显著。它可以对该实物的状态、数量、特征给予有力的证明。因此，在对库存现金、存货、固定资产等项目进行审计时，注册会计师首先考虑通过清查、监督或参与盘点来取得实物证据以证明它们是否存在。

但是实物证据并不能完全证明该项实物资产的价值及其所有权的归属。就实物资产价值的确定而言，它主要取决于实物资产的质量，而实物资产的质量不能完全依据它的外形和状态来确认，因为我们不难发现一些看似污秽不堪、质量奇差的实物（如设备）才刚刚投入使用很短的时间，但对它的设计使用寿命而言才算开了一个头。与此相反，某些外观崭新的设备可能已接近它设计使用寿命的终点。所以说，确定实物资产的价值应以取得时有关资料或中介部门评估确认资料为主要依据，切不可以“貌”取值。

就实物资产的所有权而言，也许审计人员看到纳入盘存清点的实物中包括外单位寄存的实物、被审计单位经营性租入的设备、已售出待发运的商品。毋庸置疑，这些实物的所有权与被审计单位毫不相干。

因此，实物证据不能证实资产价值和所有权的认定，可以说是它的一种局限性，这种局限性需要通过另行审计并取得其他形式的审计证据方可得以完善补充。

2. 书面证据

书面证据是注册会计师通过实施测试程序和运用不同的方法所获取的以书面资料为存在形式的审计证据，诸如有关的原始凭证、记账凭证、会计账簿、各种明细项目表、各种合同、会议记录和文件、函件、通知书、报告书、声明书、程序手册等。书面证据是注册会计师收集的数量最多、范围最广的一种证据。注册会计师发表审计意见基本上都以书面证据为基础。

书面证据具有如下特点：第一是数量多；第二是覆盖范围广；第三是来源渠道多样化；第四是容易被篡改。根据这些特点，注册会计师在大量收集有关的书面证据时，还要注意对书面证据进行认真细致的鉴定和分析，运用专业判断，辨别真伪，充分正确地利用书面证据。

3. 口头证据

口头证据是经注册会计师询问而由被审计单位有关人员或其他人员进行口头答复所形成的审计证据。在审计过程中，注册会计师往往要就以下事项向有关人员进行询问：①被审计事项发生时的实况；②对特别事项的处理过程；③采用特别会计政策和方法的理由；④对舞弊事实的追溯调查；⑤可能事项的意见或态度等。

通常，口头证据本身不能完全证明事实的真相，因为被调查或询问人可能有意隐瞒实情或由于对过去事情记忆上的模糊或遗漏而导致口头证据不准确、不完整。因此，获取口头证据的同时，还应实施其他审计程序以获取其他形式的审计证据。

注册会计师获取口头证据对各种重要的口头答复要做好笔录，注明被询问人姓名、时间、地点和背景，必要时应要求被询问人确认并签名。

虽然口头证据可靠性较低，需要其他证据的支持和佐证，但如果不同的被询问人员对同一问题在同一时间所作的口头陈述一致时，其可靠性则显得较强，可以作为审计结论的依据。

4. 环境证据

环境证据是指对被审计单位产生影响的各种环境事实。环境证据包括反映内部控制状况的环境证据、反映管理素质的环境证据、反映管理水平和管理条件的环境证据。

环境证据最突出的特点是它能帮助注册会计师正确评价有关资料所反映信息在总体或大体上的可靠程度，亦即它对证实总体合理性这一审计目标有着积极的意义。

通常，运用调查、询问和观察等手段是注册会计师获取环境证据的有效途径。注册会计师可以通过设计调查表、记录询问观察事项等方式来形成审计工作底稿，作为发表审计意见依据的环境证据。

（二）按审计证据的来源分类

1. 外部证据

外部证据指由被审计单位以外的、与被审计事项有一定联系的第三者提供的相关证据。外部证据除有关单位提供的函证证据和书面证明以外，还包括有不在书面证据范围内的有关实物证据和外部人员的陈述等。具体地讲，外部书面证据形式有两类：

第一类外部书面证据包括应收账款的回函、被审计单位的律师或其他独立专家关于被审计单位资产所有权或负债的证明函件、保险公司的证明函件、寄售企业或代售企业的证明函件、证券经纪人的证明书等。这些外部书面证据一般由被审计单位以外的第三者直接提供给注册会计师，而没有经过被审计单位职员之手，不存在被涂改和被伪造的可能性。因此，它是证明力较强的一种审计证据。

第二类外部书面证据包括诸如银行对账单、购货发票、应收票据、顾客订货单、有关的合同和契约等。这些证据都是由被审计单位以外的单位所出具，但是由被审计单位有关业务人员进行保存和处理，难免存在被涂改甚至伪造的可能性。因此，注册会计师评价其可靠性必须考虑这一因素，把这类证据确定为其证明力略低于第一类外部书面证据，并对这类证据中有被涂改或伪造的痕迹予以高度的关注和警觉。

2. 内部证据

内部证据是指由被审计单位内部机构或职员编制并提供的有关证据。内部证据的可靠性一般不如外部证据强，而且内部书面证据由于形式的不同其可靠性也不尽相同。

内部证据从其反映的内容来看包括：反映会计核算处理情况的会计记录；反映被审计单位管理当局责任、态度和意图的管理当局声明书以及其他的书面文件。其中会计记录包括各种原始凭证、记账凭证、账簿记录、试算平衡表、科目汇总表、项目明细表等。它是注册会计师取自被审计单位内部的一种数量最多且最为重要的审计证据，其可靠性关键取决于被审计单位内部控制的完善程度。

对于被审计单位管理当局声明书，由于它涉及被审计单位在财务报表审计过程中所作的重要陈述或保证，是一种态度或意图的反映，主观色彩十分浓厚，因而其可靠性较低。这便要求注册会计师不能一味地信赖这份声明书，而应该通过实施其他必要的审计程序来判断财务报表的合法性、公允性和会计处理的一贯性程度如何。

3. 亲历证据

亲历证据是指由注册会计师（包括助理人员、外聘专家）通过运用专业判断和相应的程序与方法，对被审计事项的有关资料进行计算和分析而得到的证据，包括注册会计师动手编制的各种计算表、分析表等。对于书面证据而言，亲历证据强调的是注册会计师对有关基础资料（证据）必须进行重新加工，按照既定的目标所确定的程序进行计算和分析，因此，它具有较其他来源形式的证据更为可靠的证明力。

（三）按审计证据支持审计结论的程度分类

1. 直接证据

直接证据是指与被证实项目及具体审计项目直接有关的证据。这种证据是从经济活动本身的现象乃至事实中取得的。审计人员有了直接证据，就无须再收集其他证据，就能根据直接证据得出审计事项的结论。

2. 间接证据

间接证据是指与被证实项目及具体审计目标无直接关系的数据。这种证据需要与其他证据结合起来，经过分析、判断、核实才能证明审计事项。口头证据和环境证据都属于间接证据，一般情况下，间接证据的证明力要比直接证据弱。

在实际的审计工作中，单凭直接证据就能直接影响审计人员的意见和结论的情况并不多见，一般情况下，在直接证据以外，往往需要一系列的间接证据才能对审计事项作出完整的结论。

四、获取审计证据的方法

审计人员应当依照法定权限和程序获取审计证据。一般情况下，可以通过检查（审阅、核对）、监盘、观察、查询及函证、计算（验算）、分析性复核等方法获取审计证据。（具体见模块一 项目一 任务 3 中的“审计方法”）

【审计案例 2-2-1 分析】

按照注册会计师审计准则的规定，注册会计师对财务报表进行审计时，除了采用一般的检查、盘点、函证等取证方法外，还应遵循最常用的分析性复核程序。所谓分析性复核，是指通过对被审计单位财务报表重要项目的各种数据比较分析，来检查报表项目中有否反常现象。如果一旦发现异常变动情况，注册会计师就必须追踪审核，并掌握异常变动的根本原因及其证据。这是年报审计工作的基本常识。如果“琼民源”案中的注册会计师能够按照注册会计师审计准则的要求，对有异常变动的“资本公积”“未分配利润”等项目进行实质性测试，并取得能够说明异常变动原因的可靠证据，或者说认真检查资本公积增加的相关会计记录和原始凭证，审核对资产评估是否经有关部门批准，估价方法是否合规，然后再发表有关声明，就不会出现上述情况。

或许注册会计师会为自己辩解，由于成本效益原则，他们不可能对每一个项目都进行实质性测试。注册会计师获取证据时，可以考虑成本效益原则，但对于重要审计项目，不应将审计成本的高低或获取审计证据的难易程度作为减少必要审计程序的理由。因此，我们认为在“琼民源”一案中，注册会计师负有不可推卸的责任。证监会和中注协对相关的注册会计师事务所和个人均作出了严厉的处罚决定，证明了他们在工作中确实存在严重的过失。

五、审计证据的整理与评价

（一）审计证据整理与评价的原则

1. 整体性原则

注册会计师应从对财务报表整体发表意见的高度去整理和评价审计证据。把整体目标分解成单个目标，按照单个审计目标分类整理证据，逐级往上归类和评价审计证据的充分性和适当性，最后构成一个完整的对审计意见具有说服力的证据体系。

2. 关联性原则

整理、评价审计证据必须与审计目标相联系，也必须从证据与证据之间的内在联系出发，不要简单地堆砌罗列证据。这种证据之间的内在联系是由被审计事项内部的联系来决定的。

3. 客观性原则

在评价、整理审计证据中，注册会计师切忌主观臆断，不能用主观判断去取代证据，要做到以事实为依据，以证据为基础，从而形成审计意见。

（二）审计证据整理和评价的步骤

（1）分类整理：把分散的、零碎不全的审计证据按照不同的审计目标进行分类。

（2）核实评价：根据分类的结果，对有关审计证据进行复核，并就其证明力进行分析和评价，确定是否取舍或补充审计证据。

（3）补充取证：注册会计师对审计证据评价后可能形成以下几种结果：①审计证据充分适当；②形成新的有价值的证据；③发现新问题应补充取证。对于补充取证，要采用科学的审计程序结合审计目标进行。

（4）综合归纳：对于经评价认为审计证据充分适当，注册会计师应将全部证据进行归纳，形成局部审计意见，最后综合形成整体的审计意见。

（三）审计证据整理与评价须强调的事项

1. 注意把握审计证据取舍的标准

注册会计师形成最终审计意见，一般是以那些典型的、赋有代表性的审计证据为基础，而没有必要，也不可能在审计报告中体现全部审计证据所反映的事实。因而，在对审计证据整理与分析过程中应把握以下取舍标准：以被整理评价审计证据的重要程度为取舍标准。审计证据的重要程度由两方面因素决定：其一是金额大小，其二是问题的性质。那些金额较大、性质较为严重的审计证据显然颇具代表性，而那些金额虽然不大但性质较严重的审计证据仍然可以作为重要审计证据处理。

2. 注意分清事实的现象和本质

任何一个审计证据都是现象与本质的结合体。现象如果与本质相一致则称为真相；反之，现象与本质相背离时则称为假象。注册会计师应注意分清真相与假象，要做到透过现象看本质，不要被假象所迷惑。

3. 注意发掘伪证

被审计单位等审计证据提供者出于某种目的而提供经过伪造的证据，这种情形已屡见不鲜。为防止鱼目混珠，区分伪证和真实证据，注册会计师应认真研究评价，可以进行合理推理或怀疑，从提供证据者的目的、业务发生的可能性和合理性、业务发生过程的可控性和业务发生结果的效果性等诸方面评价审计证据的真伪程度，尤其要善于发掘那些经过精心炮制的伪证。

【审计案例 2-2-2】

注册会计师张杰在对恒基公司 2011 年度财务报表进行审计时，收集到以下六组证据：

（1）收料单与购货发票；

（2）销货发票副本与产品出库单；

（3）领料单与材料成本计算表；

（4）工资计算单与工资发放单；

（5）存货盘点表与存货监盘记录；

（6）银行询证函回函与银行对账单。

【问题思考】请分别说明每组证据中哪些审计证据较为可靠，并简要说明理由。

【审计案例 2-2-2 分析】

（1）购货发票比收料单可靠。这是因为购货发票来自公司以外的机构或人员，而收料单使公司自行编制的。

（2）销货发票副本比产品出库单可靠。这是因为销货发票是在外部流转的，并获得公司以外的机构或个人的承认，而产品出库单只是公司内部流转。

（3）领料单比材料成本计算表可靠。这是因为领料单预先被连续编号，并且经过公司不同部门人员的审核，而材料成本表只是在公司的会计部门内部流转。

（4）工资发放单比工资计算表可靠。这是因为工资发放单须经会计部门以外的工资领取人签字确认，而工资计算单只是会计部门内部流转。

（5）存货监盘记录比存货盘点表可靠。这是因为存货监盘记录是注册会计师自行编制的，而存货盘点表是公司提供的。

（6）银行询证函回函比银行对账单可靠。这是因为银行询证函回函是注册会计师直接获取的，未经公司有关职员之手，而银行对账单是经过公司有关职员之手，存在伪造、涂改的可能性。

任务2　掌握编写审计工作底稿的方法

【审计案例2-2-3】

按照浙江省“千万农民饮用水工程”实施规划，云和县“万名农民饮用水工程”于2003年启动。至2006年年底，该项目已实施近半，政府财政资金累计投入2 089万元。这个事关农民切身利益的项目到底实施得如何？效益怎样？这是县政府和公众十分关注的问题。

1. 层层筛选 确定重点

由于农村饮用水工程以村为单位实施，云和县四年来已完工项目数量达100多个，如何在这100多个村中确定抽查重点，成了摆在县审计局审计人员面前的一大难题。审计人员根据各乡镇普遍实行“村账乡管”的现状，结合以往各乡镇决算审计情况，在村级财务核算较为薄弱的乡镇中重点挑选出了17个村作为抽查重点，大大缩小了调查范围。并且在对17个村项目工程资料审查的基础上，根据项目组织实施方式不同（分承包给他人施工和由村委直接实施两种），又确定了其中4个村作为实地走访调查的重点，其中就包括了大源乡大源村。初步审核表明该村饮用水项目包括施工和材料采购都是由村委直接负责的，尤其是工程大宗材料自来水管材采购。从账面上看123 857.47元的材料价格，占了工程总支出166 462.47元的74.40%，比例不可谓不大，而且从材料采购发票上看是由该村原支书叶××一人经手采购，这不得不使审计人员产生怀疑。

2. 多方调查 初露端倪

确定抽查重点后，审计人员随即进行实地走访调查，在对大源村饮用水工程实地调查中，有部分村民反映对该村饮用水工程在水管材料质量和价格上存在问题。这与审计人员先前的怀疑不谋而合，但是这些村民虽然对材料价格存在质疑，却未能提供具体理由和证据。从销售发票和材料清单上看，该村饮用水工程采用的是浙江××管业有限公司生产的PE管材，由浙江××管业有限公司丽水分公司提供，开票人为“刘×”，经侧面了解此人乃浙江××管业有限公司丽水地区总代理。审计人员对销售发票上各种口径的管材价格与《浙江省安装工程预算定额》逐一核对，发现并未高于定额。难道材料采购上一点问题也没有吗？审计人员陷入了思索中。农村饮用水工程材料由业主自行采购，那么2005年云和县该材料的市场价究竟是多少呢？为什么不在本县而是在别处购买呢？审计人员决定先在本县范围对该品牌管材的市场价格进行调查。经过两天紧张细致的暗中询问，终于在县城郊一经营户那里了解到该品牌管材的市场价格。按照该价格初步测算，大源村的采购价格较之市场价格竟高出了3万余元！

3. 乔装业主 巧取证据

审计人员将这个重要情况向局领导作了汇报，经过分析大家一致认为该项目管材的采购上存在问题的可能性非常大，但是市场调查情况并不能直接作为证明大源村项目材料采购上存在违法违纪问题的审计证据。如何才能取得直接证据呢？因审计手段有它的局限性，按照以往审计情况，这个案子只能到此为止了。难道就这么算了吗？局领导班子经开会研究，决定另辟蹊径，由审计人员乔装为黄源乡某村干部，通过电话与浙江××管业有限公司丽水地区总代理刘×取得联系，表示想要购买该品牌PE管材，在取得对方信任后，要求其提供材料实际价格。但刘×在电话中表示材料实际价格属于公司机密，要求面谈并主动约定了面谈时间。在面谈中，审计人员有针对性地问及如何付款结账开票和该公司PE管材在我市销路等情况。刘×在毫无察觉的情况下，将包括大源村在内的如何付款、开票等具体经过一一和盘说出，同时还透露出了在××销售业务中行贿有关领导干部的细节。

4. 立案侦查 贪腐村干部落网

随后，审计人员马上准备材料，将此案火速移交给县纪检委。随即刘×被“请”进县纪检委进行谈话取证。县纪检委随后将案件移交给县检察院立案侦查。在事实和证据面前，大源村原书记叶××彻底交代了自己伙同原村主任王××通过虚开管材发票共同贪污3万余元的违法事实和其他违法行为。2007年10月，云和县人民法院以贪污罪且系共同犯罪判处叶××、王××有期徒刑两年，缓期两年，同时还为村集体挽回经济损失6万余元。此外，云和县检察院根据审计人员提供的刘×在“餐桌”上透露出的有关××市业务情况，还牵出了××市工业园区原副主任吕×、城建局原副局长郭××等人受贿的线索，此二人现已被××市检察院立案查处。

【问题思考】

1. 请你根据以上资料代审计人员编制一份通用格式的审计工作底稿。

2. 说明在该项审计工作中审计人员收集的审计证据种类。

一、审计工作底稿的含义

审计工作底稿是指注册会计师对制订的审计计划、实施的审计程序、获取的相关审计证据，以及得出的审计结论作出的记录。审计工作底稿是审计证据的载体，是注册会计师在审计过程中形成的审计工作记录和获取的资料。它形成于审计过程，也反映整个审计过程。

要理解这个含义，需要注意以下几个方面：

（一）审计工作底稿形成于审计工作全过程

审计人员从承接审计业务开始，历经计划阶段、实施阶段，到完成全部约定事项签发审计报告为止，任何一个过程中都会形成一系列的审计工作底稿。具体地讲，它包括：在审计计划阶段获得有关被审计单位基本状况的资料、营业执照、政府批文、合同章程和协议、董事会会议纪要等；由注册会计师自行获得编制的调查表、审计风险与重要性评价初步评估资料、审计计划、审计程序表、分析性测试表以及由双方共同签订的审计业务约定书等；在审计实施阶段针对内控制度进行符合性测试的程序和结果资料，针对交易和金额进行实质性测试的询证函、项目明细表、实物资产盘点表或调节表、分析性测试表、项目差异调整表、调整分录汇总表、试算平衡表、重分类分录汇总表、项目审定表等；在完成审计工作阶段形成或获取的期后事项审核表、管理当局声明书、律师声明书、审计报告、已审计财务报表等。

（二）审计工作底稿的形成渠道有两种

审计工作底稿可以由注册会计师根据有关资料进行计算、判断以后编制，也可以由被审计单位或其他第三者提供并经过注册会计师亲自审核后直接形成。

（三）审计工作底稿的记录内容应全面反映审计工作过程

这与上述第一个问题是相互映衬的。注册会计师应在不同审计阶段中形成审计工作底稿，那么这些底稿如果予以系列化，就应该能反映出审计思路和审计轨迹，使人们通过审计工作底稿能够看到：审计工作经历哪些环节；某个环节上注册会计师从哪些方面进行测试；被测试事项的实际面貌如何；注册会计师如何发表意见等。

二、编制审计工作底稿的作用

注册会计师在审计过程中之所以需要编制工作底稿是因为如下几方面原因：

（一）审计工作底稿是形成审计结论、发表审计意见的直接依据

众所周知，注册会计师的审计结论和审计意见是审计过程中一系列专业判断的结果，这些专业判断的客观依据是审计证据。注册会计师所搜集到的审计证据与形成的专业判断都完整记录在审计工作底稿中，因此，审计工作底稿是形成审计结论、发表审计意见的直接依据。

在实际工作中，有人认为审计证据是审计意见的客观依据，审计工作的全部内容仅仅就是搜集评价审计证据，有没有审计工作底稿并不重要。显然这种观点是不正确的。审计工作底稿是审计证据的载体，审计证据是审计工作底稿的主要内容，两者是形式与内容的关系。任何内容都离不开形式的表达。离开了审计工作底稿，审计证据就无法清晰地呈现在注册会计师面前，注册会计师就无法对审计证据进行分析评价，作出专业判断，从而无法形成正确的审计意见。

总之，正确的审计意见应当建立在充分适当的审计证据和准确的专业判断基础之上，而充分适当的审计证据和专业判断都应当完整地记录在审计工作底稿中。

（二）审计工作底稿是评价考核注册会计师专业能力和工作业绩，并明确其审计责任的主要依据

依据执业准则实施必要的审计程序，发表客观公正的审计意见是注册会计师的审计责任。注册会计师在审计过程中是否执行了执业准则，选择的审计是否恰当、

合理，所作出的专业判断是否准确等都直接反映在审计工作底稿中。因此，要考核一个注册会计师的工作能力，可以通过审阅其审计工作底稿来判断。一旦对某项审计项目有异议，可通过审核其审计工作底稿来明确注册会计师的责任。一般说来，只要在审计工作底稿上显示出注册会计师是按照执业准则，采用了合理的审计程序，搜集了充分、适当的审计证据，认真进行了专业判断，即使有差错也可以减轻注册会计师的责任。

在实际工作中，有的注册会计师虽然认真地实施了审计程序，但工作底稿上没有作相应的记录。当出现争议时，检查注册会计师有没有执行审计程序，执行到什么程度，就无法提交证据，由此注册会计师承担了全部审计责任。这是注册会计师应该引以为戒的。

（三）审计工作底稿是审计质量控制与监督的基础

审计质量是注册会计师审计工作质量和审计报告质量的总称，而审计报告质量又依赖于审计工作质量，因此严格控制审计工作质量是保证审计质量的关键。

审计工作质量很大程度上体现在审计工作底稿上。要控制审计工作质量，必须对审计工作底稿的编制和复核规定一整套严格的程序。审计工作底稿编制指南对审计工作底稿规定了基本内容的编制要求，每个注册会计师都应按规定执行。对于应该完成的审计程序，不能任意省略。审计结果，要有明确结论。实际工作中出现过这种情况：看起来厚厚一本工作底稿，注册会计师只填写了少数内容。这样的审计工作底稿是不合格的。为了防止出现这种情况，审计工作底稿要有严格的复核制度，不同层次，层层把关，发现有不符合要求的工作底稿，要退回去补做或重做，直到符合要求为止。只有这样，才能保证应该实施的审计程序没有遗漏，已实施的审计程序足够说明问题，所作的专业判断是合适的，才能使审计质量的控制和监督落到实处。

（四）审计工作底稿对未来审计业务具有参考备查作用

审计工作底稿对未来审计业务的参考作用，主要是对财务报表审计而言。由于对一个企业、单位的财务报表审计是每年连续进行的，一个年度的审计工作底稿可以作为下一年度审计的参考。一般说来，当年度财务报表审计开始时，首先要仔细阅读上一年度的审计工作底稿，了解该企业、单位内部控制的薄弱环节在哪里，要求企业调整的会计事项有哪些，重点审计的内容是什么，有哪些或有负债，审计报告是哪种类型等，作为本年度审计计划的参考。

由于审计工作底稿在审计工作中的重要作用，每一个注册会计师必须重视审计工作底稿的编制，认真填写审计工作底稿。

三、审计工作底稿的分类

审计工作底稿一般分为综合类工作底稿、业务类工作底稿和备查类工作底稿。

（一）综合类工作底稿

综合类工作底稿指注册会计师在审计计划阶段和审计报告阶段，为规划、控制和总结整个审计工作并发表审计意见所形成的审计工作底稿。它主要包括审计业务约定书、审计计划、审计总结、未审计财务报表、试算平衡表、审计差异调整汇总表、审计报告、管理建议书、被审计单位管理当局声明书以及注册会计师对整个审计工作进行组织管理的所有记录和资料。

（二）业务类工作底稿

业务类工作底稿指注册会计师在审计实施阶段为执行具体审计程序所形成的审计工作底稿。它包括符合性测试中形成的内部控制问题调查表和流程图、实质性测试中形成的项目明细表、资产盘点表或调节表、询证函、分析性测试表、计价测试记录、截止测试记录等。

（三）备查类工作底稿

备查类工作底稿指注册会计师在审计过程中形成的、对审计工作仅具有备查作用的审计工作底稿。它主要包括被审计单位的设立批准证书、营业执照、合营合同、协议、章程、组织机构及管理人员结构图、董事会会议纪要、重要经济合同、相关内部控制制度、验资报告的复印件或摘录。备查类审计工作底稿随被审计单位有关情况的变化而不断更新，应详细列明目录清单，并将更新的文件资料随时归档。注册会计师在将上述资料归为备查类工作底稿的同时，还应根据需要，将其中与具体审计项目有关的内容复印、摘录、综合后归入业务类审计工作底稿的具体审计项目之后。通常，备查类审计工作底稿是由被审计单位或第三者根据实际情况提供或代为编制，因此，注册会计师应认真审核，并对所取得的有关文件、资料标明其具体来源。

四、审计工作底稿的内容和要素

（一）审计工作底稿的内容

审计工作底稿通常包括总体审计策略、具体审计计划、分析表、问题备忘录、重大事项概要、询证函回函、管理层声明书、核对表、有关重大事项的往来信件（包括电子邮件），以及对被审计单位文件记录的摘要或复印件等。此外，审计工作底稿通常还包括业务约定书、管理建议书、项目组内部或项目组与被审计单位举行的会议记录、与其他人士（如其他注册会计师、律师、专家等）的沟通文件及错报汇总表等。

（二）审计工作底稿包含的要素

一般来说，每张工作底稿必须同时包括以下基本内容：

（1）被审计单位名称；

（2）审计项目名称；

（3）审计项目时间或期间；

（4）审计过程记录；

（5）审计结论；

（6）审计标识及其说明；

（7）索引号及页次；

（8）编制者姓名及编制日期；

（9）复核者姓名及复核日期；

（10）其他应说明事项。

其中，审计过程记录主要记录以下事项：

（1）记录特定项目或事项的识别特征；

（2）重大事项；

（3）记录针对重大事项如何处理矛盾或不一致的情况；

（4）其他准则中的相关记录要求。

（三）审计工作底稿的格式

各审计组织的审计工作底稿应有规范化的格式，但针对不同的审计项目和被审计事项的具体情况，工作底稿的格式可能又有所不同。因而，审计工作底稿的格式必须有一定的弹性。实务中应用的审计工作底稿格式主要有如下两类：

1. 通用审计工作底稿

通用审计工作底稿是能够满足审计工作的基本记录要求的工作底稿格式。表 2-2-1 就是通用审计工作底稿范例。

【审计案例 2-2-3 分析】——通用审计工作底稿（范例）

表 2-2-1　　审计工作底稿

索引号：01　金额单位：元　共 1 页 第 1　页

被审计单位名称	大源乡大源村
审计项目	大源村“万名农民饮用水工程”专项资金使用情况审计
审计期间 或者截止日期	1. 被审计资料的时间范围：大源村 2007 年 3 月~5 月饮用水工程建设的财务决算资料 2. 审计实施时间：2007 年 6 月 2 日~6 月 15 日

表2-2-1(续)

<table>
<tr><td>审计过程记录</td><td colspan="4">1. 审阅大源村“万名农民饮用水工程”项目专项资金开支的报表，工程总支出160 000元，其中材料管件支出130 000元，施工费××
2. 审阅材料管件采购支出明细账并抽查了采购发票
3. 调查走访云和县经营商户，了解主要材料管件的市场价格、发票价格及决算材料总价款高于本地供应商材料价格及总价款30 000元
4. 向工程材料管件的供应商浙江××公司刘经理调查知，与大源村村主任王××和村支书叶××合谋，以虚开发票的手法，虚列工程材料款30 000元
5. 调取浙江××公司销售给大源村材料管件发票存根，发现存根联与决算材料中的报账联数量、价格不一致，决算材料中的数量、价格高于存根联，虚列总价款30 000元
6. 向大源村村主任王××和村支书叶××调查，王××和叶××对与浙江××公司合谋虚开购货发票，虚列采购价款，套取“万名农民饮用水工程”专款30 000元的事实供认不讳
所附证据材料：工程决算报表；有关账册及原始凭证复印件；有关调查询问笔录；村主任、支书的说明材料等</td></tr>
<tr><td>审计结论</td><td colspan="4">经审计，云和县财政局、农业局拨付给大源乡大源村农民饮用水工程专项资金180 000元，实际支出160 000元，资金使用情况总体合法。但在对工程材料管件支出真实性审计中发现，该村村主任王××和村支书叶××与浙江××公司合谋虚开购货发票，虚列采购价款，套取“万名农民饮用水工程”专款30 000元</td></tr>
<tr><td colspan="2">审计人员</td><td>李明</td><td>编制日期</td><td>2007年6月13日</td></tr>
<tr><td colspan="2">复核意见</td><td colspan="3">查明的事实清楚，证据材料充分可靠，审计结论恰当</td></tr>
<tr><td colspan="2">复核人员</td><td>张三</td><td>复核日期</td><td>2007年6月15日</td></tr>
</table>

在本次审计工作中，云和县审计局的审计人员收集了充分的审计证据：从形态看有书面证据、口头证据；从来源看，有外部证据也有内部证据；从证据与被审计事项的关系看，有直接证据，也有间接证据。

2. 专用审计工作底稿

专用审计工作底稿是审计人员根据审计事项特点而专门设计的工作底稿，如某业务循环内部控制测试记录表、财产物资监盘表、现金监盘表、银行存款余额调节表、应收账款询证差异汇总表等。审计人员必须根据被审计项目的特殊记录要求专门设计工作底稿的格式。

审计人员编制审计工作底稿的目的是要把审计工作的重要环节取得的信息资料完整地记录下来。所以，只要能达到记录目的，哪种格式的底稿都可以使用。在实际工作中，审计人员可以根据具体情况灵活选择是采用专用格式还是通用格式。

五、审计工作底稿的编制

（一）编制要求

审计工作底稿作为注册会计师在整个审计过程中形成的审计工作记录资料，在编制上应满足以下两个方面的要求：其一，在内容上应做到资料翔实、重点突出、繁简得当、结论明确；其二，在形式上应做到要素齐全、格式规范、标识一致、记录清晰。具体地讲包括：

（1）资料翔实，即记录在审计工作底稿上的各类资料来源要真实可靠，内容完整。

（2）重点突出，即审计工作底稿应力求反映对审计结论有重大影响的内容。

（3）繁简得当，即审计工作底稿应当根据记录内容的不同，对重要内容详细记录，对一般内容简单记录。

（4）结论明确，即按审计程序对审计项目实施审计后，注册会计师应在审计工作底稿中对该审计项目明确表达其最终的专业判断意见。

（5）要素齐全，即构成审计工作底稿的基本内容应全部包括在内。

（6）格式规范，即审计工作底稿所采用的格式应规范、简洁。虽然审计准则未对审计工作底稿格式作出统一规范设计，但有关审计工作底稿的执业规范指南给出了参考格式。

（7）标识一致，即审计符号的含义应前后一致，并明确反映在审计工作底稿上。

（8）记录清晰，即审计工作底稿上记录的内容要连贯，文字要端正，计算要准确。

总之，注册会计师编制的审计工作底稿，应当使得未曾接触该项审计工作的有经验的专业人士清楚地了解：①按照审计准则的规定实施的审计程序的性质、时间和范围；②实施审计程序的结果和获取的审计证据；③就重大事项得出的结论。由于审计工作底稿不仅是形成审计结论的依据，而且是评价注册会计师业绩、控制和监督审计质量的基础，因此，对于审计工作底稿的编制不能认为只是工作底稿，就可以马马虎虎、草率从事，而必须认真对待。

（二）获取要求

大多数的备查类审计工作底稿都是由注册会计师向被审计单位或其他第三者直接索取的，或者由他们代为编制。对于这些工作底稿，注册会计师应做到以下要求：

（1）注明资料来源。

（2）实施必要的程序，对有关资料进行复核，以确认审计工作底稿与原资料的一致性。

（3）形成相应的审计记录。注册会计师在审阅核对以后，应形成相应的文字记录并签名，方能形成审计工作底稿。

（4）注明审计工作底稿之间的勾稽关系。审计工作底稿之间的勾稽关系通过交叉索引及备注说明来加以反映。

六、审计工作底稿的复核

由于一张单独的审计工作底稿往往由一名注册会计师编制完成，难免造成在资料引用、专业判断和计算分类方面的误差。因此，对已经编制完成的审计工作底稿，必须安排有关专业人员进行复核，以保证审计意见的正确性和审计工作底稿的规范性。

1. 审计工作底稿的三级复核制度

根据审计准则的要求，会计师事务所应该对审计工作底稿进行复核的人员级别、复核程序与要点、复核人职责作出明文规定，形成一项制度。通常，根据中国会计师事务所的组织规模和业务范围，可以实行对审计工作底稿的三级复核制度。审计工作底稿三级复核制度是指以主任会计师、部门经理（或签字注册会计师）和项目负责人（或项目经理）为复核人，依照规定的程序和要点对审计工作底稿进行逐级复核的制度。三级复核制度目前已成为较为普遍采用的形式，对于提高审计工作质量、加强质量控制起了重要的作用。

第一级复核为详细复核，指由项目经理（或项目负责人）负责的，对下属各类注册会计师编制或取得的审计工作底稿逐张进行复核。其目的在于按照准则的规范要求，发现并指出问题，及时加以修正完善。

第二级复核为一般复核，指由部门经理（或签字注册会计师）负责的，在详细复核的基础上，对审计工作底稿中重要会计账项的审计程序实施情况、审计调整事项和审计结论进行复核。一般复核实质上是对项目经理负责的详细复核的再监督。其目的在于按照有关准则的要求对重要审计事项进行把关、监督。

第三级复核也称重点复核，是由主任会计师或指定代理人负责的，在一般复核的基础上对审计过程中的重大会计问题、重大审计调整事项和重要的审计工作底稿进行复核。重点复核是对详细复核结果的二次监督，同时也是对一般复核的再监督。重点复核的目的在于使整个审计工作的计划、进度、实施、结论和质量全面达到审计准则的要求。通过重点复核后的审计工作底稿方可作为发表审计意见的基础，然后归类管理。

2. 审计工作底稿复核的内容

注册会计师及相关负责人对审计工作底稿进行复核的内容包括：

（1）审计工作底稿从形式上包括的要素是否齐全，是否规范。

（2）审计工作底稿记录的事项所引用的资料是否翔实可靠。

（3）各种审计程序是否按计划实施并取得相应的证据。

（4）各种审计证据是否充分适当。

（5）审计判断是否有理有据。

（6）审计结论是否恰当。

3. 审计工作底稿复核的一般要求

对审计工作底稿的复核不仅关系到审计效率与效果，而且也关系到审计质量及质量控制，是实施质量控制、降低审计风险的重要程序。因此，必须认真从事复核工作，制定明确的复核规则和要求。通常，复核时应注意以下要求：

（1）记录存在问题的答复与处理。如果复核中发现有不正确或不完善的问题，复核人应指示有关人员（主要是工作底稿的编制人）予以答复和处理，并作出相应的文字记录。

（2）签署姓名和日期。每一级的复核人员完成复核工作后，应在审计工作底稿中规定的位置签署姓名和复核日期，以示分清复核责任，也便于上级复核人对下级复核人的监督。

（3）签署复核意见。各级复核人员完成复核工作后应明确地表示复核意见，并签署在审计工作底稿上。

（4）督促编制人员及时修正存在的问题，补充完善有关资料。

七、审计工作底稿的归档和保管

对每项具体审计业务，审计人员应当将审计工作底稿归整为审计档案。

在审计报告日后将审计工作底稿归整为最终审计档案是一项事务性的工作，不涉及实施新的审计程序或得出新的结论。

审计工作底稿的归档期限为审计报告日后60天内，如果审计人员未能完成审计业务，审计工作底稿的归档期限为审计业务终止后的60天内。

审计工作底稿是审计人员完成的，但其所有权属于承接该项业务的会计师事务所。审计工作底稿按照一定的标准归入审计档案后，应交由会计师事务所档案管理部门进行管理。会计师事务所应建立审计档案保管制度，以确保审计档案的安全、完整。永久性和当期审计档案的保管年限分别如下：

（1）永久性审计档案应长期保管。

（2）当期审计档案自审计报告签发之日起至少保存10年。

（3）不再继续审计的被审计单位，其永久性审计档案的保管年限与最近一年当期档案的保管年限相同。对于保管期限届满的审计档案，会计师事务所可以决定将其销毁。销毁时，应根据有关档案管理规定履行必要的手续。

除下列情况外，会计师事务所不得对外泄露审计档案中涉及的商业机密及有关内容：

（1）法院、检察院及其他部门因工作需要，在按规定办理了手续后，可依法查阅审计档案中的有关审计工作底稿。

（2）注册会计师对其执业情况进行检查时，可查阅审计档案。

（3）不同会计师事务所的注册会计师因审计工作需要，并经委托人同意，在下列情况下办理了有关手续后，可以要求查阅审计档案：一是被审计单位更换了会计师事务所，后任审计人员可以调阅前任注册会计师的档案；二是基于合并财务报表审计业务的需要，母公司所聘的注册会计师可以调阅子公司所聘注册会计师的档案；三是联合审计；四是会计师事务所认为合理的其他情况。

【审计案例 2-2-4】

2011 年 2 月 28 日，助理人员小张经注册会计师王玲的安排，前去广生公司验证存货的账面余额。在盘点前，小张在过道上听几个工人议论，得知存货中可能存在不少无法出售的变质产品。对此，小张对存货进行实地抽点，并比较库存量与最近销量。抽点结果表明，存货数量合理，收发亦较为有序。由于该产品技术含量较高，小张无法鉴别出存货中是否有变质产品，于是，他不得不询问该公司的存货部高级主管。高级主管的答复是，该产品无质量问题。

小张在盘点工作结束后，开始编制工作底稿。在备注中，小张将听说有变质产品的事填入其中，并建议在下阶段的存货审计程序中，应特别注意是否存在变质产品。王玲在复核工作底稿时，再一次向小张详细了解了存货盘点情况，特别是有关变质产品的情况。为此，还特别向当时议论此事的工人进行询问。但这些工人矢口否认了此事。于是。王玲与存货部高级主管商讨后，得出结论，认为“存货价值公允且均可出售”。底稿复核后，王玲在“备注册”栏后填写了“变质产品问题经核尚无证据，但下次审计时应加以考虑”。广生公司总经理抱怨由于王玲前几次出具了有保留意见的审计报告，使得他们贷款遇到了不少麻烦。审计结束后，注册会计师王玲对该年的财务报表出具了无保留意见的审计报告。

两个月后，广生公司资金周转不灵，主要是存货中存在大量的变质产品无法出售，致使到期的银行贷款无法偿还。银行拟向会计师事务所索赔，认为注册会计师在审核存货时，具有重大过失。债权人在法庭上出示了王玲的工作底稿，认为注册会计师明知存货高估，但迫于总经理的压力，没有揭示财务报表中存在问题，因此应该承担银行的贷款损失。

【问题思考】

1. 引述工人在过道上关于变质产品的议论是否应列入工作底稿？

2. 注册会计师王玲是否已尽到了责任？

3. 对于银行的指控，这些工作底稿能否支持或不利于注册会计师的抗辩立场？

【审计案例 2-2-4 分析】

（1）工人议论并非是有效证据，但提供了审计线索与范围。注册会计师没有扩大审计程序而只是简单地询问公司主管，属于工作草率。如果注册会计师认为存货在报表上的披露允当，就不应再将上述不负责任的议论留在工作底稿之中，更不应该将“下次审计时应加以考虑”的字眼留在工作底稿之中。

（2）不称职。王玲没有利用专门的审计程序去追查审核存货中有否变质问题，也没有在工作底稿上删去那些不负责任的字眼，导致审计工作底稿中审计结论十分不明确。

（3）有损注册会计师的抗辩立场。从工作底稿看，说明注册会计师缺乏信心，且对证据的判断有误，已有的审计证据无法支持审计结论。

虽然王玲等注册会计师的审计程序基本合理，但他们并没有严格遵守审计准则，特别是在获取证据方面，作出的专业判断欠妥当，存在一般过失。

项目三　销售与收款循环审计

学习目标

通过本项目学习，熟悉销售与收款循环涉及的主要会计记录和主要业务活动；了解销售与收款循环内部控制的内容，掌握对其进行控制测试所采用的程序和方法；能够确定主营业务收入、其他业务收入、应收账款和坏账准备等报表项目的审计目标，掌握对其实施的实质性程序。

能力目标

1. 能够结合实际评价销售与收款循环内部控制；
2. 能够针对关键内部控制进行控制测试；
3. 能够掌握主营业务收入、应收账款的实质性程序等。

【审计案例 2-3-1】

2014 年 2 月 5 日，审计人员刘茹等一行四人到 ABC 公司进行审计。根据了解的情况，ABC 公司是一家生产销售化妆品的有限责任公司，属于增值税一般纳税人。审计人员来到被审计单位后，要求公司财务部门提供 2013 年度的财务报表及相关的账簿、凭证等会计资料。他们发现该公司在节假日经常举办促销业务，并给员工发放自制的化妆品作为福利。审计人员以此为突破口进行实质性测试，发现 2013 年 2 月 10 日“库存商品”明细账户发出栏有一笔数量较大的领用记录，经核对只有出库单而无销售发票等附件。单据注明：领用部门“工会”、数量 200 盒、用途“发放福利”，经手人是于××（工会领导）。经查，ABC 公司职工总数为 50 人，其中生产人员 35 人、行政管理人员 10 人、销售人员 5 人，工会发放清单显示每人发 4 盒自制化妆品；同类化妆品的出厂价是每盒 150 元（不含税），会计部门当时并未作相应的会计处理，月末结转成本时也未发现“应付职工薪酬——非货币性福利”的借、贷方记录。

审计人员进一步复核了公司 2 月份销售成本数据，发现公司 2 月份实际销售该型号化妆品 1 680 盒（有销货发票凭证），加权平均单位成本（生产成本）为每盒

65 元，公司结转的主营业务成本为 122 200 元。正确的销售成本应为 109 200 元，多转的销售成本 13 000 元正好是工会领用发放福利的 200 盒化妆品成本。

在审查公司 10 月份的销售记录时，审计人员发现 10 月 1~7 日国庆节期间通过打折促销共销售日霜 384 盒、晚霜 273 盒、粉底 657 盒。公司促销方案规定：买一盒日霜或晚霜送一盒粉底，买日霜、晚霜各一盒送粉底两盒。日霜标价为每盒 128.70 元，晚霜标价为每盒 117 元，粉底标价为每盒 17.55 元（上述商品单价均为含税价）。三种商品成本分别为日霜 69 元、晚霜 56 元、粉底 8 元。公司会计部门对国庆期间的促销活动所作的会计处理为：

借：银行存款　81 361.80
　贷：主营业务收入——日霜　42 240
　　　　　　　　　——晚霜　27 300
　　应交税费——应交增值税（销项税额）　11 821.80
借：主营业务成本　41 784
　贷：库存商品　41 784

同时，对附送给顾客的粉底所作的会计处理为：

借：销售费用　5 256
　贷：库存商品　5 256

在审查公司往来账款时发现，“应付账款——美嘉公司”明细账于 2013 年 12 月 15 日收存银行的美嘉公司往来款 292 500 元。经抽查进账单、销售发票、出库单等原始凭证证实，该笔往来款是 ABC 公司销售给美嘉公司的 50 件化妆品货款（已发货），不含税单价为 5 000 元。ABC 公司的会计处理为：

借：银行存款　292 500
　贷：应付账款——美嘉公司　292 500

根据上述线索，审计人员对 ABC 公司“预收账款”“应付账款”“其他应收款”等往来账户中隐瞒的销售收入共计 760 500 元记录在审计工作底稿中，已结转的销售成本经复核正确无误，要求 ABC 公司会计负责人在签证单上进行了签章确认。

【问题思考】

1. ABC 公司将自制化妆品发给职工作为福利，在会计上应如何正确处理？公司的做法违反了哪些税收法规？引起的后果是什么？偷漏了什么税？金额是多少？

2. ABC 公司国庆节期间促销活动的会计处理错在哪里？这样做的后果是什么？

3. ABC 公司将已经实现的营业收入挂在往来账户的目的是什么？后果是什么？

任务 1　销售与收款循环的控制测试

站在审计的视角，通常把企业的业务活动划分为五个业务循环：销售与收款、购货与付款、生产与存货、筹资与投资和货币资金业务。货币资金虽与前四个循环联系密切，但因其具有不同于其他业务循环的明显特征，故将其单独作为一部分介绍。

销售与收款循环是企业向顾客销售商品或提供劳务，并收回款项的过程。它是企业日常发生的重要经济业务，它既影响资产负债表项目，又影响利润表项目，因此，它是财务报表审计中十分重要的内容。

销售与收款循环涉及的资产负债表项目包括应收账款、应收票据、预收账款、应交税费、发出商品等，所涉及的利润表项目包括主营业务收入、其他业务收入、营业税金及附加、销售费用等。

一、销售与收款循环的主要业务活动

（一）接受顾客订单（订货）

顾客提出订货要求是整个销售与收款循环的起点。订单管理部门应区分现购和赊购，赊购订单只有在符合企业管理层授权标准的情况下，才能接受。企业管理层一般都列出了准予赊销的客户名单。订单管理部门职员应对客户订单的各项内容进行审核，确定是否能接受订货，只有经过核准的订单，才能作为销售的依据，并以订单中的各项条件为依据，编制一式多联的销售单，作为信用审批、仓库、运输、财务等部门履行职责的依据。销售单是证明销售交易发生的有效凭据，是销售活动的起点。

（二）批准赊销信用

如果是赊销业务，在发出商品之前，必须经过信用管理部门批准。信用管理部门应审查顾客的资信状况，根据管理当局的赊销政策和授权决定是否批准赊销。无论赊销是否批准，都要求信用部门工作人员在销售单上签署意见，然后将签署意见的销售单送回销售部门。设置信用批准控制的目的是降低坏账风险。

（三）按销售单供货

仓储部门根据收到的已批准的销售单发货，并编制一式多联的发货凭证，如提货单、发货单、出库单等，作为装运部门、财务部门等履行职责的依据。设立这项控制程序的目的是防止仓库在未经授权的情况下擅自发货。

（四）按销售单装运货物

运输部门根据批准的销售单装运货物，并填制一式多联的装运凭证。在装运之前，装运人员必须进行独立验证，检查从仓库提取的货物是否都有经过批准的销售单，所提货物与销售单是否一致。将按已批准的销售单发货与按销售单装运货物的职责相分离，有助于避免装运人员在未经授权的情况下装运产品。

（五）向顾客开具账单

开具账单包括编制账单和向顾客寄送事先连续编号的销售发票。开具销售发票之前，应在将顾客订单、销售单、出库单、装运单等凭证核对相符无误的基础上，向客户开出事先经过连续编号的销售发票。这项功能所针对的主要问题是：①是否对所有装运的货物都开具了账单（即“完整性”认定问题）；②是否只对实际装运的货物才开具账单，有无重复开具账单或虚构交易（即“发生”认定问题）；③是否按已授权批准的商品价目表所列价格计价开具账单（即“准确性”认定问题）。

为了降低开具账单过程中出现遗漏、重复、错误计价或其他差错的风险，应设立以下的控制程序：

（1）开具账单部门职员在编制每张销售发票之前，独立检查是否存在装运凭证和相应的经批准的销售单；

（2）依据已授权批准的商品价目表编制销售发票；

（3）独立检查销售发票计价和计算的正确性；

（4）将装运凭证上的商品总数与相对应的销售发票上的商品总数进行比较。

上述的控制程序有助于确保用于记录销售交易的销售发票的正确性。因此，这些控制与销售交易的“发生”“完整性”以及“准确性”认定有关。销售发票副联通常由开具账单部门保管。

（六）记录销售

开具销售发票之后，会计人员应区分现销和赊销编制相应的收款凭证或转账凭证，并据以登记相应的主营业务收入、应收账款、库存商品等明细账和总账，并定期与客户核对账目。记录销售的控制程序包括以下内容：

（1）只依据附有有效装运凭证和销售单的销售发票记录销售。这些装运凭证和销售单应能证明销售交易的发生及其发生的日期。

（2）控制所有事先连续编号的销售发票。

（3）独立检查已处理销售发票上的销售金额同会计记录金额的一致性。

（4）记录销售的职责应与处理销售交易的其他功能相分离。

（5）对记录过程中所涉及的有关记录的接触予以限制，以减少未经授权批准的记录发生。

（6）定期独立检查应收账款的明细账与总账的一致性。

（7）定期向顾客寄送对账单，并要求顾客将任何例外情况直接向指定的未执行或记录销售交易的会计主管报告。

以上这些控制与“发生”“完整性”“准确性”以及“计价和分摊”认定有关。

对这项职能，注册会计师主要关心的问题是销售发票是否记录正确，并归属适当的会计期间。

（七）办理和记录现金、银行存款收入

在收取货款时，必须保证全部货币资金如数、及时地存入银行，并及时根据收款凭证记录库存现金、银行存款日记账。在这方面，汇款通知单起着很重要的作用。

（八）办理和记录销货退回、销售折扣与折让

在办理和记录销货退回、销售折扣与折让业务时，必须经过授权批准，并应确

保与办理此事的有关部门和人员各司其职，分别控制实物流程和会计处理。

（九）注销坏账

对企业发生的坏账，正确的处理方法是获取无法收回货款的确凿证据，经审批后及时注销坏账。

（十）提取坏账准备

年末，企业应根据应收账款的余额、账龄、损失率或计提比率分析确定本期应计提的坏账准备的数额，注意保持计提方法在前后会计期间的一致性。

二、销售与收款循环所涉及的主要凭证和会计记录

在内部控制比较健全的企业，处理销售与收款业务通常需要使用很多凭证和会计记录。典型的销售与收款循环所涉及的主要凭证和会计记录有以下几种：

（一）顾客订货单

顾客订货单即顾客提出的书面购货要求。企业可以通过销售人员或其他途径，如采用电信函和向现有的及潜在的顾客发送订货单等方式接受订货，取得顾客订货单。

（二）销售单

销售单是列示顾客所订商品的名称、规格、数量以及其他与顾客订货单有关信息的凭证，作为销售方内部处理顾客订货单的依据。

（三）发运凭证

发运凭证即在发运货物时编制的，用以反映发出商品的规格、数量和其他有关内容的凭据。发运凭证的一联寄送给顾客，其余联（一联或数联）由企业保留。这种凭证可用作向顾客开具账单的依据。

（四）销售发票

销售发票是一种用来表明已销售商品的规格、数量、价格、销售金额、运费和保险费、开票日期、付款条件等内容的凭证。销售发票的一联寄送给顾客，其余联由企业保留。销售发票也是在会计账簿中登记销售交易的基本凭证。

（五）商品价目表

商品价目表是列示已经授权批准的、可供销售的各种商品的价格清单。

（六）应收账款明细账

应收账款明细账是用来记录每个顾客各项赊销、还款、销售退回及折让的明细账。各应收账款明细账的余额合计数应与应收账款总账的余额相等。

（七）主营业务收入明细账

主营业务收入明细账是一种用来记录销售交易的明细账。它通常记载和反映不同类别产品或劳务的销售总额。

（八）折扣与折让明细账

折扣与折让明细账是一种用来核算企业销售商品时，按销售合同规定为了及早

收回货款而给予顾客的现金折扣和因商品品种、质量等原因而给予顾客的销售折让情况的明细账。企业也可以将发生的销售折让记录于主营业务收入明细账的借方，将发生的现金折扣计入当期财务费用。

（九）汇款通知书

汇款通知书是一种与销售发票一起寄给顾客，由顾客在付款时再寄回销售单位的凭证。这种凭证注明顾客的姓名、销售发票号码、销售单位开户银行账号以及金额等内容。如果顾客没有将汇款通知书随同货款一并寄回，一般应由收受邮件的人员在开拆邮件时再代编一份汇款通知书。采用汇款通知书能使现金立即存入银行，可以改善资产保管的控制。

（十）库存现金日记账和银行存款日记账

库存现金日记账和银行存款日记账是用来记录应收账款的收回或现销收入以及其他各种现金、银行存款收入和支出的日记账。

（十一）坏账审批表

坏账审批表是一种用来批准将某些应收款项注销为坏账的，仅在企业内部使用的凭证。

（十二）顾客月末对账单

顾客月末对账单是定期寄送给顾客的用于购销双方核对账目的凭证。顾客月末对账单上应注明应收账款的月初余额、本月销售交易金额、本月已收到的货款及期末余额等内容。

（十三）转账凭证

转账凭证是指记录转账业务的记账凭证，它是根据有关转账业务的原始凭证编制的。

（十四）收款凭证

收款凭证是指用来记录现金和银行存款收入业务的记账凭证，它是根据有关收款业务的原始凭证编制的。

三、销售交易的内部控制

与销售交易的控制目标相对应的关键控制、控制测试以及实质性程序如表 2-3-1 所示。

表 2-3-1 销售交易的控制目标、关键内部控制、控制测试及实质性程序一览表

内部控制目标	关键内部控制	常用的控制测试	常用的实质性程序
入账的销售交易确系已经发货给真实的顾客（发生）	销售交易是以经过审核的发运凭证及经过批准的顾客订货单为依据登记入账的 在发货前，顾客的赊购已经被授权批准 销售发票均经事先编号并已恰当地登记入账 每月向顾客寄送对账单，对顾客提出的意见作专门追查	检查销售发票副联是否附有发运凭证（或提货单）及顾客订货单 检查顾客的赊购是否经授权批准 检查销售发票连续编号的完整性 观察是否寄发对账单并检查顾客回函档案	复核主营业务收入总账、明细账以及应收账款明细账中的大额或异常项目 复核主营业务收入总账、明细账以及应收账款明细账中的大额或异常项目 将发运凭证与存货永续记录中的发运分录进行核对 将主营业务收入明细账中的分录与销售单中的赊销审批和发运审批进行核对
销售交易均已登记入账（完整性）	发运凭证（或提货单）均经事先编号并已经登记入账 销售发票均经事先编号并已登记入账	检查发运凭证连续编号的完整性 检查销售发票连续编号的完整性	将发运凭证与相关的销售发票和主营业务收入明细账及应收账款明细账中的分录进行核对
入账的销售数量确系已发货的数量，已正确开具账单并登记入账（计价和分摊）	销售价格、付款条件、运费和销售折扣的确定已经适当的授权批准 由独立人员对销售发票的编制作内部核查	检查销售发票是否经适当的授权批准 检查有关凭证上的内部核查标记	复算销售发票上的数据 追查主营业务收入明细账中的分录至销售发票 追查销售发票上的详细信息至发运凭证、经批准的商品价目表和顾客订货单
交易的分类恰当	采用适当的会计科目表 内部复核和核查	检查会计科目表是否适当 检查有关凭证上内部复核和核查的标记	检查证明销售交易分类正确的原始证据
交易的记录及时	采用尽可能在销售发生时开具收款账单和登记入账的控制方法 内部核查	检查尚未开具收款账单的发货和尚未登记入账的销售交易 检查有关凭证上内部核查的标记	将销售交易登记入账的日期与发运凭证的日期比较核对
交易已经正确地记入明细账并经正确汇总（准确性、计价和分摊）	每月定期给顾客寄送对账单 由独立人员对应收账款明细账作内部核查 将应收账款明细账余额合计数与其总账余额进行比较	观察对账单是否已经寄出 检查内部核查标记 检查将应收账款明细账余额合计数与其总账余额进行比较的标记	将主营业务收入明细账加总，追查其至总账的过账

（一）适当的职责分离

适当的职责分离有助于防止各种有意或无意的错误。例如，主营业务收入明细账如果是由记录应收账款明细账之外的职员独立登记，并由另一位不负责账簿记录的职员定期调节总账和明细账，就构成了一项自动交互牵制；规定负责主营业务收入和应收账款记账的职员不得经手货币资金，也是防止舞弊的一项重要控制。另外，

销售人员通常有一种乐观地对待销售数量的自然倾向，而不问它是否可能以巨额坏账损失为代价，赊销的审批则在一定程度上可以抑制这种倾向。因此，赊销批准职能与销售职能的分离，也是一种理想的控制。

财政部于 2002 年 12 月 23 日发布的《内部会计控制规范——销售与收款（试行）》中规定，单位应当将办理销售、发货、收款三项业务的部门（或岗位）分别设立；单位在销售合同订立前，应当指定专门人员就销售价格、信用政策、发货及收款方式等具体事项与客户进行谈判，谈判人员至少应有两人以上，并与订立合同的人员相分离；编制销售发票通知单的人员与开具销售发票的人员应相互分离；销售人员应当避免接触销货现款；单位应收票据的取得和贴现必须经由保管票据以外的主管人员的书面批准。这些都是销售与收款业务职责适当分离的基本要求，以确保办理销售与收款业务的不相容岗位相互分离、制约和监督。

注册会计师通常通过观察有关人员的活动，以及与这些人员进行讨论，来实施职责分离的控制测试。

（二）正确的授权审批

对于授权审批问题，注册会计师应当关注以下四个关键点上的审批程序：其一，在销售发生之前，赊销已经正确审批；其二，非经正当审批，不得发出货物；其三，销售价格、销售条件、运费、折扣等必须经过审批；其四，审批人应当根据销售与收款授权批准制度的规定，在授权范围内进行审批，不得超越审批权限。对于超过单位既定销售政策和信用政策规定范围的特殊销售交易，单位应当进行集体决策。前两项控制的目的在于防止企业因向虚构的或者无力支付货款的顾客发货而蒙受损失；价格审批控制的目的在于保证销售交易按照企业定价政策规定的价格开票收款；对授权审批范围设定权限的目的则在于防止因审批人决策失误而造成严重损失。

通过检查凭证在上述四个关键点上是否经过审批，可以很容易地测试出授权审批方面的内部控制的效果。

（三）充分的凭证和记录

每个企业交易的产生、处理和记录等制度都有其特点，很难评价各项控制是否足以发挥最大的作用。但一般说来，只有具备充分的记录手续，才有可能实现其他各项控制目标。例如，有的企业在收到顾客订货单后，就立即编制一份预先编号的一式多联的销售单，分别用于批准赊销、审批发货、记录发货数量以及向顾客开具账单等。在这种制度下，只要定期清点销售发票，漏开账单的情形几乎就不太会发生。相反的情况是，有的企业只在发货以后才开具账单，如果没有其他控制措施，这种制度下漏开账单的情况就很可能会发生。

（四）凭证的预先编号

对凭证预先进行编号，旨在防止销售以后忘记向顾客开具账单或登记入账，也可防止重复开具账单或重复记账。当然，如果对凭证的编号不作清点，预先编号就会失去其控制意义。由收款员对每笔销售开具账单后，将发运凭证按顺序归档，而由另一位职员定期检查全部凭证的编号，并调查凭证缺号的原因，就是实施这项控制的一种方法。

对这种控制常用的一种控制测试程序是清点各种凭证。比如从主营业务收入明细账中选取样本，追查至相应的销售发票存根，进而检查其编号是否连续，有无不正常的缺号发票和重号发票。这种测试程序可同时提供有关真实性和完整性目标的证据。

（五）按月寄出对账单

由不负责现金出纳和销售及应收账款记账的人员按月向顾客寄发对账单，能促使顾客在发现应付账款余额不正确后及时反馈有关信息，因而这是一项有用的控制。为了使这项控制更加有效，最好将账户余额中出现的所有核对不符的账项，指定一位不掌管货币资金也不记载主营业务收入和应收账款账目的主管人员处理。

注册会计师观察指定人员寄送对账单和检查顾客复函档案，对于测试被审计单位是否按月向顾客寄出对账单，是十分有效的控制测试。

（六）内部核查程序

由内部审计人员或其他独立人员核查销售交易的处理和记录，是实现内部控制目标所不可缺少的一项控制措施，具体如表 2-3-2 所示。

表 2-3-2　　内部核查程序控制

内部控制目标	内部核查程序控制举例
登记入账的销货业务是真实的	检查销售发票的连续性和所附的佐证凭证
销售业务均经适当审批	了解顾客的信用情况，确定是否符合企业的赊销政策
所有销货业务均已登记入账	检查发运凭证的连续性，并将其与主营业务收入明细账核对
登记入账的销货业务均经正确估价	将销售发票上的数量与发运凭证上的记录进行比较核对
登记入账的销货业务的分类恰当	将登记入账的销货业务的原始凭证与会计科目表比较核对
销货业务的记录及时	检查开票员所保管的未开票发运凭证，确定是否包括所有应开票的发运凭证在内
销货业务已正确地记入明细账并经准确汇总	从发运凭证追查至主营业务收入明细账和总账

表 2-3-2 所列程序是针对相应控制目标的典型的内部核查程序。注册会计师可以通过检查内部审计人员的报告，或其他独立人员在核查凭证时的签字等方法实施控制测试。

财政部发布的《内部会计控制规范——销售与收款（试行）》中，不仅明确了单位应当建立对销售与收款内部控制的监督检查制度，单位监督检查机构或人员应通过实施控制测试和实质性程序检查销售与收款业务内部控制制度是否健全，各项规定是否得到有效执行，而且明确了销售与收款内部控制监督检查的主要内容。它包括：

（1）销售与收款业务相关岗位及人员的设置情况。重点检查是否存在销售与收款业务不相容职务混岗的现象。

（2）销售与收款业务授权批准制度的执行情况。重点检查授权批准手续是否健全，是否存在越权审批行为。

（3）销售的管理情况。重点检查信用政策、销售政策的执行是否符合规定。

（4）收款的管理情况。重点检查单位销售收入是否及时入账，应收账款的催收是否有效，坏账核销和应收票据的管理是否符合规定。

（5）销售退回的管理情况。重点检查销售退回手续是否齐全，退回货物是否及时入库。

在确定了被审计单位的内部控制中可能存在的薄弱环节，并且对其控制风险作出评价后，注册会计师应当判断继续实施控制测试的成本是否会低于因此而减少对交易、账户余额的实质性程序所需要的成本。如果被审计单位的相关内部控制不存在，或被审计单位的相关内部控制未得到有效执行，则注册会计师不应再继续实施控制测试，而应直接实施实质性程序。

这说明，控制测试并非在任何情况下都需要实施。但当存在下列情形之一时，注册会计师应当实施控制测试：①在评估认定层次重大错报风险时，预期控制的运行是有效的；②仅实施实质性程序不足以提供认定层次充分、适当的审计证据。

四、销售与收款循环的控制测试

第一，抽取一定数量的销售发票，作如下检查：

（1）检查销售发票是否连续编号，作废销售发票的处理是否正确；

（2）核对销售发票与销售订单、销售单、提货单所载明的品名、规格、数量、价格是否一致；

（3）检查销售单上是否有信用部门的有关人员核准赊销的签字；

（4）销售发票中所列数量、单价和金额是否正确，包括将销售发票中所列商品的单价与商品价目表的价格进行核对，验算发票金额的正确性；

（5）从销售发票追查至有关的记账凭证、应收账款明细账及主营业务收入明细账，确定被审计单位是否正确、及时地登记有关的凭证、账簿。

第二，抽取一定数量的出库单或提货单，并与相关的销售发票相核对，检查已发出的商品是否均已向顾客开出发票。

第三，从主营业务收入明细账中抽取一定的会计记录，并与有关的记账凭证、销售发票进行核对，以确定是否存在收入高估或低估的问题。

第四，抽取一定数量的销售调整业务的会计凭证，检查销货退回、折让、折扣的核准与会计核算。

它主要包括以下几点：

（1）确定销货退回与折让的批准与贷项通知单的签发职责是否分离；

（2）确定现金折扣是否经过适当授权，授权人与收款人的职责是否分离；

（3）检查销货退回与折让是否附有按顺序编号并经主管人员核准的贷项通知单；

（4）检查退回的商品是否有仓库签发的退货验收报告（或入库单），并将验收报告的数量、金额与贷项通知单等进行核对；

（5）确定销货退回、折扣与折让的会计记录是否正确。

第五，抽取一定数量的记账凭证、应收账款明细账，作如下检查：

（1）从应收账款明细账中抽取一定的记录并与相应的记账凭证进行核对，比较两者登记的时间、金额是否一致；

（2）从应收账款明细账中抽查一定数量的坏账核销业务，并与相应的记账凭证、原始凭证进行核对，确定坏账的注销是否符合有关法规的规定，是否经过企业主管人员的核准；

（3）确定被审计单位是否定期与顾客对账，在可能的情况下，将被审计单位一定期间的对账单与相应的应收账款明细账的余额进行核对，如有差异，则应进行追查。

第六，观察经办人员获得或接触资产、凭证和会计记录（包括存货、销售单、销售发票、凭证与账簿、现金及支票）的途径，并观察经办人员在执行授权、发货、开票等职责时的表现，确定被审计单位是否存在必要的职责分离以及在内部控制的执行过程中是否存在弊端。

在对被审计单位的内部控制进行了必要的了解和测试之后，注册会计师应当对其重大错报风险作出评估，并对实质性程序的内容作出相应的调整。同时，对测试过程中发现的问题应当在工作底稿中作出记录，并以适当的形式告知被审计单位的管理层。

【审计案例 2-3-2】

注册会计师于 2014 年 2 月 5 日至 10 日对 ABC 公司销售与收款循环的内部控制进行了解和测试，并在相关的审计工作底稿中作了记录。现摘录如下：

（1）ABC 公司发出产成品时，由销售部填制一式四联的出库单。仓库发出产成品后，将第一联出库单留存登记产成品卡片，第二联交销售部留存，第三、四联交会计部门人员登记库存商品总账和明细账。

（2）会计人员负责开具销售发票。在开具发票之前，先取得仓库的发货记录和销售商品价目表，然后填写发票的数量、单价和金额。

【问题思考】请代注册会计师指出ABC公司在销售与收款循环内部控制方面的缺陷，并提出改进建议。

【审计案例2-3-2分析】

（1）会计人员同时登记库存商品总账和明细账，不相容职务未进行分离。应建议ABC公司由不同的会计人员登记库存商品总账和明细账。

（2）会计人员开具销售发票不能只依据发货单和价目表，因为实际销售的数量和结算价格可能会与发货单数量和价目表上的价格不一致。应建议ABC公司会计人员先核对装运凭证和相应的经批准的销售单，并根据已授权批准的商品价格填写销售发票的价格，根据装运凭证上的数量填写销售发票的数量，再根据数量和价格计算出金额。

五、针对销售交易的实质性程序

有些交易实质性程序与环境条件关系不大，适用于各种审计项目，有些则不然，要取决于被审计单位内部控制的健全程度和注册会计师实施控制测试的结果。这些实质性程序在审计中常常被疏忽，而事实上它们恰恰需要注册会计师给予重视并根据它们做出审计决策。事先需要指出两点：一是这些实质性程序并未包含销售交易全部的实质性程序；二是其中有些实质性程序可以实现多项控制目标，而非仅能实现一项控制目标。

（一）登记入账的销售交易是真实的

注册会计师一般关心三类错误的可能性：一是未曾发货却已将销售交易登记入账；二是销售交易重复入账；三是向虚构的顾客发货，并作为销售交易登记入账。前两类错误可能是有意的，也可能是无意的，而第三类错误肯定是有意的。将不真实的销售登记入账的情况，会导致高估资产和收入。

鉴别高估销售究竟是有意还是无意的，这一点非常关键。尽管无意的高估也会导致应收账款的明显增多，但注册会计师通常可以通过函证轻易发觉。对于有意的高估就不同了，由于作假者试图加以隐瞒，注册会计师较难发现。在这种情况下，注册会计师就有必要制定并实施适当的实质性程序以发现这种有意的高估。

如何以恰当的实质性程序来发现不真实的销售，取决于注册会计师认为可能在何处发生错误。对“发生”这一目标而言，注册会计师通常只在认为内部控制有弱点时，才实施实质性程序。因此，测试的性质取决于潜在的控制弱点的性质。

（1）针对未曾发货却已将销售交易登记入账这类错误的可能性，注册会计师可以从主营业务收入明细账中抽取若干笔分录，追查有无发运凭证及其他佐证，借以查明有无事实上没有发货却已登记入账的销售交易。如果注册会计师对发运凭证的真实性也有所怀疑，就有必要再进一步追查存货的永续盘存记录，测试存货余额有无减少。

(2) 针对销售交易重复入账这类错误的可能性，注册会计师可以通过检查企业的销售交易记录清单以确定是否存在重号、缺号。

(3) 针对向虚构的顾客发货并作为销售交易登记入账这类错误发生的可能性，注册会计师应当检查主营业务收入明细账中与销售分录相应的销货单，以确定销售是否履行赊销批准手续和发货审批手续。

检查上述三类高估销售错误的可能性的另一有效的办法，是追查应收账款明细账中贷方发生额的记录。如果应收账款最终得以收回货款或者由于合理的原因收到退货，则记录入账的销售交易一开始通常是真实的；如果贷方发生额是注销坏账，或者直到审计时所欠货款仍未收回，就必须详细追查相应的发运凭证和顾客订货单等，因为这些迹象都说明可能存在虚构的销售交易。

(二) 已发生的销售交易均已登记入账

销售交易的审计一般偏重于检查高估资产与收入的问题，因此，通常无须对完整性目标实施交易实质性程序。但是，如果内部控制不健全，比如被审计单位没有由发运凭证追查至主营业务收入明细账这一独立内部核查程序，就有必要实施交易实质性程序。

从发货部门的档案中选取部分发运凭证，并追查至有关的销售发票副本和主营业务收入明细账是测试未开票的发货的一种有效程序。为使这一程序成为一项有意义的测试，注册会计师必须能够确信全部发运凭证均已归档，这一点可以通过检查凭证的编号顺序来查明。

由原始凭证追查至明细账与从明细账追查至原始凭证是有区别的：前者用来测试遗漏的交易（“完整性”目标），后者用来测试不真实的交易（“发生”目标）。

测试发生目标时，起点是明细账，即从主营业务收入明细账中抽取一个发票号码样本，追查至销售发票存根、发运凭证以及顾客订货单；测试完整性目标时，起点应是发货凭证，即从发运凭证中选取样本，追查至销售发票存根和主营业务收入明细账，以测试是否存在遗漏事项。

涉及发生目标和完整性目标的审计程序时，确定追查凭证的起点即测试的方向很重要。例如，注册会计师如果关心的是发生目标，但弄错了追查的方向（即由发运凭证追查至明细账），就属于严重的审计缺陷。在测试其他目标时，方向一般无关紧要。例如，测试交易业务计价的准确性时，可以由销售发票追查发运凭证，也可以反向追查。

(三) 登记入账的销售交易均经正确计价

销售交易计价的准确性包括按订货数量发货、按发货数量准确地开具账单以及将账单上的数额准确地记入会计账簿。对这三个方面，每次审计中一般都要实施实质性程序，以确保其准确无误。

典型的实质性程序包括复算会计记录中的数据。通常的做法是：以主营业务收入明细账中的会计分录为起点，将所选择的交易业务的合计数与应收账款明细账和销售发票存根进行比较核对。销售发票存根上所列的单价，通常还要与经过批准的商品价目表进行比较核对，其金额小计和合计数也要进行复算。发票中列出的商品的规格、数量和顾客代号等，则应与发运凭证进行比较核对。另外，往往还要审核顾客订货单和销售单中的同类数据。

销售交易的内部控制如果有效，实质性程序的样本量便可以减少，审计成本也因控制测试的成本较低而将大为降低。

（四）登记入账的销售交易分类恰当

如果销售分为现销和赊销两种，应注意不要在现销时借记应收账款，也不要在收回应收账款时贷记主营业务收入，同样不要将营业资产的销售（例如固定资产销售）混作正常销售。对那些采用不止一种销售分类的企业，例如对于需要编制分部报表的企业来说，正确的分类极其重要。

销售分类恰当的测试一般可与计价准确性测试一并进行。注册会计师可以通过审核原始凭证确定具体交易业务的类别是否恰当，并以此与账簿的实际记录作比较。

（五）销售交易的记录及时

发货后应尽快开具账单并登记入账，以防止无意漏记销货业务，确保它们记入正确的会计期间。在执行计价准确性、实质性测试程序的同时，一般要将所选取的提货单或其他发运凭证的日期与相应的销售发票存根、主营业务收入明细账和应收账款明细账上的日期作比较。如有重大差异，被审计单位就可能存在销售截止期限上的错误。

（六）销售交易已经正确地记入明细账并经正确汇总

应收账款明细账的记录若不正确，将影响被审计单位收回应收账款的能力，因此，将全部赊销业务正确地记入应收账款明细账极为重要。为保证财务报表的准确性，主营业务收入明细账必须正确地加总并过入总账。在多数审计中，通常要加总主营业务收入明细账数额，并将加总数和一些具体内容分别追查至主营业务收入总账和应收账款明细账或现金、银行存款日记账等，以检查在销货过程中是否存在有意或无意的错报问题。从主营业务收入明细账追查至应收账款明细账，一般与为其他审计目标所作的测试一并进行；而将主营业务收入明细账加总，并追查、核对加总数至其总账，则应作为单独的一项测试程序来执行。

任务2　主营业务收入审计

营业收入项目核算企业在销售商品、提供劳务等主营业务活动中所产生的收入，以及企业确认的除主营业务活动以外的其他经营活动实现的收入，包括出租固定资产、出租无形资产、出租包装物和商品、销售材料等实现的收入。其审计目标一般包括：确定利润表中记录的营业收入是否已发生，且与被审计单位有关；确定所有应当记录的营业收入均已记录；确定与营业收入有关的金额及其他数据是否已恰当记录，包括对销售退回、销售折扣与折让的处理是否适当；确定营业收入是否已记录于正确的会计期间；确定营业收入已按照企业会计准则的规定在财务报表中作出恰当的列报。

由于主营业务收入是营业收入中最重要的构成部分，它的大小不仅决定了企业营业利润和利润目标的实现，也直接关系到企业应交税费义务的履行和纳税的正确性，因此，其地位决定了主营业务收入审计的重要性。

一、主营业务收入审计目标

（1）确定主营业务收入的内容、数额是否合理、正确、完整；

（2）确定对销货退回、销售折扣与折让的处理是否适当；

（3）确定主营业务收入的会计处理是否正确；

（4）确定主营业务收入的披露是否恰当。

二、主营业务收入实质性程序

（1）取得或编制主营业务收入明细表。

①复核加计是否正确，并与总账数和明细账合计数核对是否相符；结合其他业务收入科目与报表数核对是否相符。

②检查以非记账本位币结算的主营业务收入的折算汇率及折算是否正确。

（2）查明主营业务收入的确认是否符合企业会计准则规定。

查明主营业务收入的确认条件、方法，注意是否符合企业会计准则，前后期是否一致；关注周期性、偶然性的收入是否符合既定的收入确认原则、方法。按照《企业会计准则第 14 号——收入》的要求，企业销售商品收入，应在下列条件均满足时予以确认：①企业已将商品所有权上的主要风险和报酬转移给购货方；②企业既没有保留通常与所有权相联系的继续管理权，也没有对已售出的商品实施有效控制；③收入的金额能够可靠地计量；④相关的经济利益很可能流入企业；⑤相关的已发生或将发生的成本能够可靠地计量。因此对主营业务收入的实质性程序，主要测试企业是否依据上述五个条件确认商品销售收入。具体说来，被审计单位采取的有关销售方式不同，确认销售的时点也是不同的。

①采用交款提货销售方式，应于货款已收到或取得收取货款的权利，同时已将发票账单和提货单交给购货单位时确认收入的实现。对此，注册会计师应重点检查被审计单位是否收到货款，或取得收取货款的权利，发票账单和提货单是否已交付购货单位。应注意有无扣压结算凭证，将当期收入转入下期入账，或者虚记收入，开假发票，虚列购货单位，将当期未实现的收入虚转为收入记账，在下期予以冲销的现象。

②采用预收货款销售方式，应于商品发出时确认收入的实现。对此，注册会计

师应重点检查被审计单位是否收到了货款，商品是否已经发出。应注意是否存在对已收货款并已将商品发出的交易不入账而转为下期收入，或开具虚假出库凭证以虚增收入等现象。

③采用托收承付结算方式，应于商品已经发出或劳务已经提供，并将发票账单提交银行、办妥收款手续时确认收入的实现。对此，注册会计师应重点检查被审计单位是否发货，托收手续是否办妥，货物发运凭证是否真实，托收承付结算回单是否正确。

④委托其他单位代销商品的，如果代销单位采用视同买断方式，应于代销商品已经销售并收到代销单位代销清单时，按企业与代销单位确定的协议价确认收入的实现。对此，应注意查明有无商品未销售而编制虚假代销清单，以虚增本期收入的现象；如果代销单位采用收取手续费方式，应在代销单位将商品销售、企业已收到代销单位代销清单时确认收入的实现。

⑤销售合同或协议明确销售价款的收取采用递延方式，实质上具有融资性质的，应当按照应收的合同或协议价款的公允价值确定销售商品收入金额。应收的合同或协议价款与其公允价值之间的差额，应当在合同或协议期间内采用实际利率法进行摊销，计入当期损益。

⑥长期工程合同收入，如果合同的结果能够可靠估计，应当根据完工百分比法确认合同收入。注册会计师应重点检查收入的计算和确认方法是否合乎规定，并核对应计收入与实际收入是否一致，注意查明有无随意确认收入、虚增或虚减本期收入的情况。

⑦委托外贸企业代理出口、实行代理制方式的，应在收到外贸企业代办的发运凭证和银行交款凭证时确认收入。对此，注册会计师应重点检查代办发运凭证和银行交款单是否真实，注意有无内外勾结，出具虚假发运凭证或虚假银行交款凭证的情况。

⑧对外转让土地使用权和销售商品房的，通常应在土地使用权和商品房已经移交并将发票结算账单提交对方时确认收入。对此，注册会计师应重点检查已办理的移交手续是否符合规定要求，发票账单是否已交对方。注意查明被审计单位有无编造虚假移交手续，采用“分层套写”、开具虚假发票的行为，防止其高价出售、低价入账，从中贪污货款。如果企业事先与买方签订了不可撤销合同，按合同要求开发房地产，则应按建造合同的处理原则处理。

（3）必要时，实施以下分析性程序：

①建立有关数据的期望值。

针对已识别需要运用分析程序的有关项目，并基于对被审计单位及其环境的了解，通过进行以下比较，同时考虑有关数据间关系的影响，以建立有关数据的期望值：

a. 将本期的主营业务收入与上期的主营业务收入进行比较，分析产品销售的结构和价格变动是否异常，并分析异常变动的原因；

b. 计算本期重要产品的毛利率，与上期比较，检查是否存在异常，各期之间是否存在重大波动，查明原因；

c. 比较本期各月各类主营业务收入的波动情况，分析其变动趋势是否正常，是否符合被审计单位季节性、周期性的经营规律，查明异常现象和重大波动的原因；

d. 将本期重要产品的毛利率与同行业企业进行对比分析，检查是否存在异常；

e. 根据增值税发票申报表或普通发票估算全年收入，与实际收入金额比较。

②确定可接受的差异额。

③将实际的情况与期望值相比较，识别需要进一步调查的差异。

④如果其差额超过可接受的差异额，调查并获取充分的解释和恰当的佐证作为审计证据（如通过检查相关的凭证等）。

⑤评估分析程序的测试结果。

（4）获取产品价格目录，抽查售价是否符合定价政策，并注意销售给关联方或关系密切的重要客户的产品价格是否合理，有无低价或高价结算以转移收入和利润的现象。

（5）抽取本期一定数量的销售发票，检查开票、记账、发货日期是否相符，品名、数量、单价、金额等是否与发运凭证、销售合同或协议、记账凭证等一致。

（6）抽取本期一定数量的记账凭证，检查入账日期、品名、数量、单价、金额等是否与销售发票、发运凭证、销售合同或协议等一致。

（7）结合对应收账款的审计，选择主要客户函证本期销售额。

（8）对于出口销售，应当将销售记录与出口报关单、货运提单、销售发票等出口销售单据进行核对，必要时向海关函证。

（9）销售的截止测试：

①通过测试资产负债表日前后若干天且大于一定金额的发货单据，将应收账款和收入明细账进行核对；同时，从应收账款和主营业务收入明细账选取在资产负债表日前后若干天且大于一定金额的凭证，与发货单据核对，以确定销售是否存在跨期现象。

②复核资产负债表日前后销售和发货水平，确定业务活动水平是否异常（如与正常水平相比），并考虑是否有必要追加截止程序。

③取得资产负债表日后所有的销售退回记录，检查是否存在提前确认收入的情况。

④结合对资产负债表日应收账款的函证程序，检查有无未取得对方认可的大额销售。

⑤调整重大跨期销售。

对销售实施截止测试，其目的主要在于确定被审计单位主营业务收入的会计记录归属期是否正确：应记入本期或下期的主营业务收入有无被推延至下期或提前至本期。

我国《企业会计准则——基本准则》规定，“企业对于已经发生的交易或者事项，应当及时进行会计确认、计量和报告，不得提前或者延后”，并规定“收入只有在经济利益很可能流入从而导致企业资产增加或者负债减少，且经济利益的流入能够可靠计量时才能予以确认”。据此，注册会计师在审计中应该注意把握三个与主营业务收入确认有着密切关系的日期：一是发票开具日期或者收款日期；二是记账日期；三是发货日期（服务业则是提供劳务的日期）。检查三者是否归属于同一适当的会计期间，是主营业务收入截止测试的关键所在。

围绕上述三个重要日期，在审计实务中，注册会计师可以考虑选择三条审计路线实施主营业务收入的截止测试。

一是以账簿记录为起点。从资产负债表日前后若干天的账簿记录查至记账凭证，检查发票存根与发运凭证，目的是证实已入账收入是否在同一期间已开具发票并发货，有无多计收入。这种方法主要是为了防止多计收入。

二是以销售发票为起点。从资产负债表日前后若干天的发票存根查至发运凭证与账簿记录，确定已开具发票的货物是否已发货并于同一会计期间确认收入。具体做法是：抽取若干张在资产负债表日前后开具的销售发票存根，追查至发运凭证和账簿记录，查明有无漏记收入现象。这种方法主要是为了防止少计收入。

三是以发运凭证为起点。从资产负债表日前后若干天的发运凭证查至发票开具情况与账簿记录，确定主营业务收入是否已记入恰当的会计期间。使用这种方法也是为了防止少计收入。

由于被审计单位的具体情况各异，管理层意图各不相同，有的为了想办法完成利润目标、承包指标享受奖励或税收优惠，有的可能为获准发行股票债券，以筹集资金等目的，可能会多计收入；有的则为了以丰补歉、留有余地、推迟缴税时间等目的而少计收入。因此，为提高审计效率，注册会计师应当凭借专业经验和所掌握的信息、资料作出正确判断，选择其中的一条或两条审计路线实施更有效的收入截止测试。

（10）存在销货退回的，检查手续是否符合规定，结合原始销售凭证检查其会计处理是否正确，结合存货项目审计关注其真实性。

（11）检查销售折扣与折让。尽管引起销售折扣、退回与折让的原因不尽相同，其表现形式也不尽一致，但都是对收入的抵减，直接影响收入的确认和计量。因此，注册会计师应重视折扣与折让的审计。

销售折扣与折让的实质性程序主要包括：

①获取或编制折扣与折让明细表，复核加计正确，并与明细账合计数核对相符。

②取得被审计单位有关折扣与折让的具体规定和其他文件资料，并抽查较大的折扣与折让发生额的授权批准情况，与实际执行情况进行核对，检查其是否经授权批准，是否合法、真实。

③销售折让与折扣是否及时足额提交对方，有无虚设中介、转移收入、私设账外“小金库”等情况。

④检查折扣与折让的会计处理是否正确。

（12）检查有无特殊的销售行为，如附有销售退回条件的商品销售、委托代销、售后回购、以旧换新、商品需要安装和检验的销售、分期收款销售、出口销售、售后租回等，确定恰当的审计程序进行审核：

①附有销售退回条件的商品销售，如果对退货部分能作合理估计的，确定其是否按估计不会退货部分确认收入；如果对退货部分不能作合理估计的，确定其是否在退货期满时确认收入。

②售后回购，分析特定销售回购的实质，判断其是属于真正的销售交易，还是属于融资行为。

③以旧换新销售，确定销售的商品是否按照商品销售的规定确认收入，回收的商品是否作为购进商品处理。

（13）检查有无视同销售行为

根据增值税暂行条例及实施细则规定，企业发生以下行为：委托代销，受托代销，将自制、委托加工的货物用于非应税项目、集体福利及个人消费，将自制、委托加工或外购的货物对外投资、分配股利、无偿赠送他人等八种视同销售行为，应按规定计提销项税额，缴纳增值税。其中，对企业将自产或委托加工的货物用于对外投资、分配股利、抵债和个人消费等项目的，会计上应作销售处理，在按同类货物售价确认销售收入和销项税额的同时结转销售成本；除上述四类以外的视同销售行为，会计上不作销售处理，只需按不含税售价计提应缴的各种税费，并结转货物的外购或加工成本。

根据消费税暂行条例及实施细则规定，企业自产自用应税消费品，用于连续生产应税消费品之外的其他方面的，包括用于生产非应税消费品、在建工程、管理部门、非生产机构、提供劳务，以及用于馈赠、赞助、集资、广告、职工福利、奖励等方面的，应视同销售计算缴纳消费税。

根据企业所得税法及实施条例规定，企业发生非货币性资产交换，以及将货物、财产、劳务用于偿债、捐赠、赞助、集资、广告、样品、职工福利或者利润分配等用途的，应当视同销售货物、转让财产或者提供劳务，应当计征企业所得税。

对于企业发生的视同销售行为，注册会计师应检查被审计单位库存商品明细账和委托加工物资明细账的发出记录，并逐一追查产品出库单、领料单，看其发出用途，是否被用于偿债、在建工程、工会或福利设施、对外投资、对外捐赠等方面。如发现有非销售领用记录，则追查其记账凭证和相关账户记录，看其是否按规定确认销售收入并计提相应的增值税和消费税，在进行年度所得税汇算申报时是否调增应纳税所得额并计算缴纳了所得税，有无故意漏记销售收入并少计流转税和所得税的情况。

14. 检查主营业务收入是否已在利润表上恰当披露。

【审计案例 2-3-1 分析】

ABC 公司存在以下问题：

1. ABC 公司 2013 年 2 月 10 日将发给职工的 150 盒自制化妆品成本计入了当月销售成本，未按视同销售（会计销售）确认销售收入并计提增值税销项税额和消费税；同时，未将其实物福利按售价和销项税额分配计入当期生产成本、管理费用和销售费用，未计入“应付职工薪酬”账户的贷方与借方。正确的会计处理如下：

（1）制订实物福利计划时：

借：生产成本　24 570
　　管理费用　7 020
　　销售费用　3 510
　贷：应付职工薪酬——非货币性福利　35 100

（2）发放化妆品时：

借：应付职工薪酬——非货币性福利　35 100
　贷：主营业务收入　30 000
　　　应交税费——应交增值税（销项税额）　5 100
借：主营业务成本　13 000
　贷：库存商品　13 000
借：营业税金及附加　9 000
　贷：应交税费——应交消费税　9 000

2. 2013 年 10 月 1~7 日国庆节期间公司促销活动赠送给顾客的 657 盒粉底，公司未按规定视同销售（应税销售）计提增值税销项税额和消费税。正确的会计处理如下：

借：营业外支出——捐赠支出　9 887. 85
　贷：库存商品　5 256
　　　应交税费——应交增值税（销项税额）　1 675. 35
　　　　　　　——应交消费税　2 956. 50

3. 从审查出的 2013 年 12 月 15 日收存银行的美嘉公司购货款（已发货）292 500元挂记往来账户，而引发的一系列通过往来账户隐瞒销售收入共计 760 500 元，因此导致漏计增值税销项税额、消费税和企业所得税。正确的会计处理如下：

借：银行存款　760 500
　贷：主营业务收入　650 000
　　　应交税费——应交增值税（销项税额）　110 500
借：营业税金及附加　195 000
　贷：应交税费——应交消费税　195 000

按照上述分析，注册会计师认为 ABC 公司错漏行为违反了增值税条例、消费税条例、企业所得税法以及《企业会计准则第 14 号——收入》的有关规定，共少计提增值税 117 275. 35 元、消费税 206 956. 50 元、城市维护建设税 22 696. 23 元［（117 275. 35 + 206 956. 50）× 7%］、教育费附加 9 726. 96 元［（117 275. 35 +

206 956.50）×3%］，对其上年利润的影响额为 405 520.31 元（650 000+30 000-35 100-206 956.50-22 696.23-9 726.96），因此少缴企业所得税 101 380.08 元（405 520.31×25%），少提法定盈余公积 30 414.02 元［（405 520.31-101 380.08）×10%］，提请公司调整有关账簿记录。调账会计分录如下：

（1）补记收入和应缴的增值税：

借：应付账款　760 500

　贷：以前年度损益调整　650 000

　　应交税费——增值税检查调整　110 500

（2）补提应补缴的增值税、消费税、城市维护建设税和教育费附加：

借：以前年度损益调整　246 155.04

　贷：应交税费——增值税检查调整　6 775.35

　　——应交消费税　206 956.50

　　——应交城市维护建设税　22 696.23

　　——应交教育费附加　9 726.96

（3）补提应缴的企业所得税：

借：以前年度损益调整　101 380.08

　贷：应交税费——应交企业所得税　101 380.08

（4）补提法定盈余公积：

借：以前年度损益调整　30 414.02

　贷：盈余公积——法定盈余公积　30 414.02

（5）结转未分配利润：

借：以前年度损益调整　272 050.86

　贷：利润分配——未分配利润　272 050.86

【审计案例 2-3-3】

注册会计师于 2014 年 2 月 8 日审查甲公司 2013 年度产品销售业务时发现，公司于 12 月 28 日售给外地某企业的 A 产品 1 000 件（有出库单、销售单、装运凭证、销售发票和库存商品明细账记录），每件售价 800 元，计 800 000 元，已向开户银行办妥托收手续（有银行托收回单），但公司主营业务收入明细账和应收账款明细账均无相关记录。该产品单位成本为 520 元，适用 17%的增值税税率。

注册会计师首先审查了销售合同、发货运单和银行托收凭证，证实公司已经全面履行了合同，并已向银行办妥了托收手续，符合《企业会计准则第 14 号——收入》所规定的销售收入确认条件，由此认定该公司的产品销售收入已经实现。然后，注册会计师审阅了该公司的主营业务收入明细账、应收账款明细账和应交增值税明细账，证实公司此项业务未作任何账务处理，经询问有关记账人员，系年终工作繁忙疏漏所致。

【问题思考】根据上述情况，你认为注册会计师应对该公司违反收入准则有关规定的会计处理问题如何调整？

【审计案例 2-3-3 分析】

调账分录如下：

（1）补记收入、应收账款和应缴的增值税：

借：应收账款　　936 000

　贷：以前年度损益调整　　800 000

　　　应交税费——增值税检查调整　　136 000

（2）补转已销产品的成本：

借：以前年度损益调整　　520 000

　贷：库存商品　　520 000

（3）补提应交的城市维护建设税：

应补交城市维护建设税＝136 000×7%＝9 520（元）。

（4）应补缴教育费附加：

应补缴教育费附加＝136 000×3%＝4 080（元）

借：以前年度损益调整　　13 600

　贷：应交税费——应交城市维护建设税　　9 520

　　　　　　　——应交教育费附加　　4 080

（5）补提应缴的企业所得税：

应补缴企业所得税＝（800 000−520 000−13 600 ）×25%＝66 600（元）。

借：以前年度损益调整　　66 600

　贷：应交税费——应交企业所得税　　66 600

（6）补提盈余公积：

借：以前年度损益调整　　19 980

　贷：盈余公积——法定盈余公积　　19 980

（7）结转未分配利润：

借：以前年度损益调整　　179 820

　贷：利润分配——未分配利润　　179 820

任务 3　应收账款与坏账准备审计

一、应收账款的审计

（一）应收账款的审计目标

（1）确定应收账款是否存在；

（2）确定应收账款是否归被审计单位所有；

（3）确定应收账款增减变动的记录是否完整；

（4）确定应收账款是否可收回，坏账准备的计提是否恰当；

（5）确定应收账款期末余额是否正确；

（6）确定应收账款在财务报表上的披露是否恰当。

（二）应收账款的实质性程序

1. 取得或编制应收账款明细表

注册会计师应首先取得或编制应收账款明细表，复核加计正确，并与总账数和明细账合计数核对相符，结合坏账准备科目与报表数核对相符。应当注意：应收账款报表数反映企业因销售商品、提供劳务等应向购买单位收取的各种款项，减去已计提的坏账准备后的净额，因此，其报表数应同应收账款总账数和明细账合计数分别减去应收账款相应的坏账准备期末余额后的余额核对相符。

2. 对应收账款实施分析性复核

（1）复核应收账款借方累计发生额与主营业务收入是否匹配，并将当期应收账款借方发生额占销售收入净额的百分比与管理层考核指标比较，如存在差异应查明原因。

（2）计算应收账款周转率、应收账款周转天数等指标，并与被审计单位上年指标、同行业同期相关指标对比分析，检查是否存在重大异常。

3. 分析应收账款账龄

应收账款的账龄是指资产负债表中的应收账款从销售实现、产生应收账款之日起，至资产负债表日止所经历的时间。注册会计师可以通过编制或索取应收账款账龄分析表来分析应收账款的账龄，以便了解应收账款的可收回性。编制时，可以选择重要的顾客及其余额列示，不重要的或余额较小的，可以汇总列示。其格式如表2-3-3所示。

表 2-3-3　　应收账款账龄分析表

年　月　日　　货币单位：

顾客名称	期末余额	账龄			
		1 年以内	1~2 年	2~3 年	3 年以上

4. 向债务人函证应收账款

函证是指注册会计师为了获取影响财务报表或相关披露认定的项目的信息，通过直接来自第三方对有关信息和现存状况的声明，获取和评价审计证据的过程。函证应收账款的目的在于证实应收账款账户余额的真实性、正确性，防止发生被审计单位及有关人员在销售交易中的错误与舞弊行为。注册会计师应当考虑被审计单位的经营环境、内部控制的有效性、应收账款账户的性质、被询问者处理询证函的习惯做法及回函的可能性等，以确定应收账款函证的范围、对象、方式和时间。除非有充分证据表明应收账款对被审计单位财务报表而言是不重要的，或者函证很可能是无效的；否则，应当对应收账款进行函证。

（1）函证的范围和对象

函证数量的多少、范围是由诸多因素决定的。它主要包括以下方面：

①应收账款在全部资产中的重要性。若占的比重较大，则函证的范围相应大一些。②被审计单位内部控制的强弱。若内部控制较为健全，则可以相应减少函证数量；反之，则应相应扩大函证范围。

③以前期间的函证结果。若以前期间函证中发现过重大差异，或欠款纠纷较多，则函证范围应相应扩大一些。

④函证方式的选择。若采用积极的函证方式，则可以相应减少函证量；若采用消极的函证方式，则要相应增加函证量。

如果采用审计抽样的方式确定应收账款函证程序的范围，无论采用统计抽样方法还是非统计抽样方法，选取的样本应当足以代表总体。根据对被审计单位的了解、评估的重大错报风险以及所测试的总体特征等，注册会计师可以确定从应收账款总体中选取特定项目进行测试。选取的特定项目可能包括：①大额或账龄较长的项目；②与债务人发生纠纷的项目；③关联方项目；④主要客户和关系密切客户项目；⑤交易频繁但期末余额较小甚至为零的项目；⑥可能存在争议以及产生重大舞弊或错报的非正常交易项目。

（2）函证的时间

注册会计师通常在资产负债表日后某一天函证资产负债表日的应收账款余额。如果在资产负债表日前对应收账款余额实施了函证程序，注册会计师应当针对函证函件指明的截止日期与资产负债表日期间实施进一步的实质性程序，或将实质性程序和控制测试结合使用，以将期中测试得出的结论延伸至期末。实质性程序包括测试该期间发生的影响应收账款余额的交易或实施分析程序等。控制测试包括测试销售交易、收款交易及与应收账款冲销有关的内部控制的有效性等。

（3）管理层不要求实施函证时的处理

当被审计单位管理层要求对拟函证的某些账户余额或其他信息不实施函证时，注册会计师应当考虑该项要求是否合理。如果认为管理层的要求合理，注册会计师应当实施替代审计程序，以获取与这些账户余额或其他信息相关的充分、适当的审计证据。如果认为管理层的要求不合理，且被其阻挠而无法实施函证，注册会计师应当视为审计范围受到限制，并考虑对审计报告可能产生的影响。

在分析管理层要求不实施函证的原因时，注册会计师应当保持职业怀疑态度，并考虑以下几点：①管理层是否诚信；②是否可能存在重大的舞弊或错误；③替代审计程序能否提供与这些账户余额或其他信息相关的充分、适当的审计证据。

（4）询证函的设计

注册会计师应当根据特定的审计目标设计询证函。在设计询证函时，应当考虑所审计的认定以及可能影响函证可靠性的因素。可能影响函证可靠性的因素主要包括以下几个方面：

①函证的方式。函证的方式有两种，积极式函证和消极式函证。不同的函证方式，其提供的审计证据的可靠性不同。

②以往审计或类似业务的经验。在判断实施函证程序的可靠性时，注册会计师通常会考虑来自以前年度审计或类似审计业务的经验，包括回函率、以前年度审计中发现的错报以及回函所提供信息的准确程度等。

③拟函证信息的性质。信息的性质是指信息的内容和特点。注册会计师应当了解被审计单位与第三方之间交易的实质，以确定哪些信息需要进行函证。

④选择被函证者的适当性。注册会计师应当对所询证信息知情的第三方发送询证函。

⑤被询证者易于回函的信息类型。询证函所函证信息是否便于被询证者回答，影响到回函率和所获取审计证据的性质。

（5）函证方式的选择

注册会计师可采用积极或消极的函证方式实施函证，也可将两种方式结合使用。

①积极的函证方式

如果采用积极的函证方式，注册会计师应当要求被询证者在所有情况下必须回函，确认询证函所列示信息是否正确，或填列询证函要求的信息。

积极的函证方式又分为两种：一种是在询证函中列明拟函证的账户余额或其他信息，要求被询证者确认所函证的款项是否正确。通常认为，对这种询证函的回复能够提供可靠的审计证据，缺点是被询证者可能对所列示信息根本不加以验证就予以回函确认。为了避免这种风险，注册会计师可以采用另外一种询证函，即在询证函中不列明账户余额或其他信息，而要求被询证者填写有关信息或提供进一步信息。由于这种询证函要求被询证者做出更多的努力，可能会导致回函率降低，进而导致注册会计师执行更多的替代程序。

在采用积极的函证方式时，只有注册会计师收到回函，才能为财务报表认定提供审计证据。注册会计师没有收到回函，可能是由于被询证者根本不存在，或是由于被询证者没有收到询证函，也可能是由于询证者没有理会询证函，因此，无法证明所函证信息是否正确。在这种情况下，注册会计师应当考虑与被询证者联系，要求对方作出回应或再次寄发询证函。

如果未能得到被询证者的回应，应当实施替代审计程序。

积极式询证函的参考格式如表 2-3-4 和表 2-3-5 所示。

表 2-3-4　　　　企业询证函（参考格式一）

编号：

××（公司）：

本公司聘请的××会计师事务所正在对本公司××年度财务报表进行审计，按照中国注册会计师审计准则的要求，应当询证本公司与贵公司的往来账项等事项。下列数据出自本公司账簿记录，如与贵公司记录相符，请在本函下端"信息证明无误"处签章证明；如有不符，请在"信息不符"处列明不符金额。回函请直接寄至××会计师事务所。

回函地址：　　　　邮编：

电话：　　　　传真：　　　　联系人：

1. 本公司与贵公司的往来账项列示如下：

截止日期	贵公司欠	欠贵公司	备注

2. 其他事项：

本函仅为复核账目之用，并非催款结算。若款项在上述日期之后已经付清，仍请及时复函为盼。

（公司盖章）
年　月　日

信息证明无误	信息不符，请列名不符项目及具体内容
（公司盖章） 年　月　日 经办人：	（公司盖章） 年　月　日 经办人：

表 2-3-5　　　　应收账款询证函（参考格式二）

编号：

××（公司）：

本公司聘请的××会计师事务所正在对本公司××年度财务报表进行审计，按照中国注册会计师审计准则的要求，应当询证本公司与贵公司的往来账项等事项。请列示截止到××年×月×日贵公司与本公司往来款项余额。回函请直接寄至××会计师事务所。

回函地址：　　　　邮编：

电话：　　　　　　　　　　传真：　　　　　　　　　　联系人：

本函仅为复核账目之用，并非催款结算。若款项在上述日期之后已经付清，仍请及时复函为盼。

（公司盖章）

年　月　日

1. 贵公司与本公司的往来账项列示如下：

截止日期	贵公司欠	欠贵公司	备注

2. 其他事项：

（公司盖章）

年　月　日

经办人：

②消极的函证方式

如果采用消极的函证方式，注册会计师仅要求被询证者如果认为询证函列示的信息有不符的情况下才予以回函。

在采用消极的函证方式时，如果收到回函，能够为财务报表认定提供说服力强的审计证据。未收到回函可能是因为被询证者已收到询证函且核对无误，也可能是因为被询证者根本就没有收到询证函。因此，积极的函证方式通常比消极的函证方式提供的审计证据可靠。因而在采用消极的方式函证时，注册会计师通常还需辅之以其他审计程序。

当同时存在下列情况时，注册会计师可考虑采用消极的函证方式：①重大错报风险评估为低水平；②涉及大量余额较小的账户；③预期不存在大量的错误；④没有理由相信被询证者不认真对待函证。消极式询证函的参考格式如表 2-3-6 所示。

表 2-3-6　　　　　　　　　　**应收账款询证函**

编号：

××（公司）：

本公司聘请的××会计师事务所正在对本公司××年度财务报表进行审计，按照中国注册会计师审计准则的要求，应当询证本公司与贵公司的往来账项等事项。下列数据出自本公司账簿记录，如与贵公司记录相符，则无须回复；如有不符，请直接回函寄至××会计师事务所，并在空白处列明贵公司认为正确的信息。

回函地址：　　　　　　　　　　　　　　　　　　邮编：

电话：　　　　　　　　　　传真：　　　　　　　联系人：

1. 本公司与贵公司的往来账项列示如下：

截止日期	贵公司欠	欠贵公司	备注

2. 其他事项：

本函仅为复核账目之用，并非催款结算。若款项在上述日期之后已经付清，仍请及时复函为盼。

（公司盖章）

年　月　日

××会计师事务所：

上面列示的信息不正确，差异如下：

（公司盖章）

经办人：

年　月　日

③两种方式结合使用

在审计实务中，注册会计师也可将这两种方式结合使用。当应收账款的余额是由少量的大额应收账款和大量的小额应收账款构成时，注册会计师可以对所有的或抽取的大额应收账款样本采用积极的函证方式，而对抽取的小额应收账款样本采用消极的函证方式。

（6）函证实施过程的控制

当实施函证时，注册会计师应当对选择被询证者、设计询证函以及发出和收回询证函保持控制。出于掩盖舞弊的目的，被审计单位可能想方设法拦截或更改询证函及回函的内容。如果注册会计师对函证程序控制不严密，就可能给被审计单位可乘之机，导致函证结果发生偏差和函证程序失效。

注册会计师应当采取下列措施对函证实施过程进行控制：①将被询证者的名称、地址与被审计单位有关记录核对；②将询证函中列示的账户余额或其他信息与被审计单位有关资料核对；③在询证函中指明直接向接受审计业务委托的会计师事务所回函；④询证函经被审计单位盖章后，由注册会计师直接发出；⑤将发出询证函的情况形成审计工作记录；⑥将收到的回函形成审计工作记录，并编制应收账款函证结果汇总表。应收账款函证结果汇总表的格式如表 2-3-7 所示。

表 2-3-7　　应收账款函证结果汇总表

被审计单位名称：　　制表：　　日期：

询证函编号	债务人名称	债务人地址及联系方式	账面金额	函证方式	函证日期		回函日期	替代程序	确认余额	差异金额及说明	备注
					第一次	第二次					

结账日：　年　月　日　　复核：　　日期：

需要注意的是，如果被询证者以传真、电子邮件等方式回函，注册会计师应当直接接收，并要求被询证者寄回询证函原件。

（7）对函证的评价

在评价实施函证和替代审计程序获取的审计证据是否充分、适当时，注册会计师应当考虑：①函证和替代审计程序的可靠性；②不符事项的原因、频率、性质和金额；③实施其他审计程序获取的审计证据。

在评价函证的可靠性时，注册会计师应当考虑：①对询证函的设计、发出及收回的控制情况；②被询证者的胜任能力、独立性、授权回函情况、对询证项目的了解及其客观性；③被审计单位施加的限制或回函中的限制。如果有迹象表明收回的询证函不可靠，注册会计师应当实施适当的审计程序予以证实或消除疑虑。

（8）对不符事项的处理

如果函证发现了不符事项，注册会计师首先提请被审计单位查明原因，并作进一步分析和核实。不符事项的原因可能有以下几个方面：

①双方登记入账的时间不同。它主要表现为：一是询证函发出时，债务人已付款，而被审计单位尚未收到货款；二是询证函发出时，被审计单位的货物已经发出并已作销售记录，但货物仍在途中，债务人尚未收到货物；三是债务人由于某种客观原因将货物退回，而被审计单位尚未收到；四是债务人对收到的货物数量、质量及价格等方面有异议而全部或部分拒付货款等。

②一方或双方记账错误。

③被审计单位的舞弊行为。

注册会计师应当考虑不符事项是否构成错报及其对财务报表可能产生的影响，并将结果形成审计工作记录。如果不符事项构成错报，注册会计师应当考虑所实施审计程序的性质、时间和范围。

（9）对函证结果的总结和评价

注册会计师应将函证的过程和情况记录在审计工作底稿中，并据以评价函证的可靠性。注册会计师对函证结果可进行如下评价：①如果函证结果表明没有审计差异，且函证样本的设计和对样本的审计是适当的，则注册会计师可以合理地推论：全部应收账款总体是正确的。②如果函证结果表明存在审计差异，则注册会计师应当估算应收账款总额中可能出现的累计差错是多少，估算未被选中进行函证的应收账款的累计差错是多少。为取得对应收账款累计差错更加准确的估计，也可以进一步扩大函证范围。需要指出的是，即便应收账款得到了债务人的确认，也并不意味着债务人一定会付款；另外，函证也不可能发现应收账款中存在的所有问题。尽管如此，应收账款的函证仍不失为一种必要的、有效的审计方法。

5. 检查至审计日已收回的应收账款

注册会计师应请被审计单位协助，在应收账款明细账上标出至审计时已收回的应收账款金额。对已收回金额较大的款项进行常规检查，如核对收款凭证、银行对账单、销售发票等，并注意凭证发生日期的合理性。

6. 检查未函证应收账款

对未函证的应收账款，注册会计师应执行下列替代审计程序：

（1）检查期后收款记录。注册会计师通过检查被审计单位资产负债表日后收到有关款项的记录和凭证，包括银行对账单、汇款证明、银行存款日记账等，能为应收账款的存在性提供部分审计证据。值得注意的是，注册会计师还需要收集审计证据，验证期后收款确实源于资产负债表日已存在的应收账款，而不是源于期后新发生的交易。

（2）检查销售合同、销售发票和发货记录等证明交易确实已发生的证据。应收账款余额是由销售交易产生的，检查销售合同、销售发票和装运单据等也能为应收账款的存在性提供部分审计证据。但是，注册会计师要特别注意被审计单位内部产生的凭证的可靠性。

（3）检查被审计单位与客户之间的函电记录。检查被审计单位与客户之间的函电记录有助于发现被审计单位与客户之间交易是否真实发生，是否对应收账款余额存在争议。

7. 检查坏账的确认和处理

在检查坏账的确认时，注册会计师应检查有无债务人破产或者死亡的，以及破产或遗产清偿后仍无法收回的，或者债务人长期未履行清偿义务的应收账款。在检查坏账的处理时，注册会计师应检查被审计单位坏账的处理是否经过授权批准，有关的会计处理是否正确。

8. 分析应收账款明细账余额

应收账款明细账的余额一般在借方。在分析应收账款明细账余额时，注册会计师如果发现应收账款明细账出现贷方余额的情形，就应查明原因，必要时建议作重分类调整。

9. 确定应收账款的列报是否恰当

应收账款中常见的舞弊形式：

（1）应收销货款长期挂账，购销双方彼此渔利。例如，销售人员与财会人员共谋，向购货单位索取所欠应收账款使用费而延长收款，造成应收账款长期挂账，而使用费落入私人腰包。

（2）坏账损失不作处理，有意制造潜亏。如企业有一笔长达 3 年之久的应收账款，债务人已进入破产清算程序，而破产债权已无法得以实现。企业本应将此笔根本收不回来的应收账款予以核销，但考虑到会影响年底的利润，决定暂不转销而继续挂账，结果造成人为调节资产和利润的后果。

（3）利用坏账损失转移资金，挤列费用。如企业收到某债务人归还以前年度的欠款，不立即入账却直接开出一张相同的现金支票，提出现金后转入企业“小金库”，用于业务招待及购买福利用品，之后再将此笔应收账款作坏账处理，直接转销计入资产减值损失，并保持账面平衡关系。

（4）利用应收账款放贷，利息转入“小金库”。当企业收到债务人归还欠款时，不记银行存款日记账，而是签发相同金额的转账支票，有偿转借给其他单位，对付出银行存款也不记银行存款日记账，收取利息后不记收入，转入“小金库”。

（5）虚列应收账款，虚增销售收入。企业为了粉饰经营业绩，人为地虚列销售收入挂往来账，以虚增利润；待下年年初，再用红字将此笔虚列的往来账予以冲销。

【审计案例 2-3-4】

注册会计师在对华瑞公司 2013 年度的应收账款进行审计时，实施了发函询证的程序。大部分顾客已回函表示认可结账日的欠款或没有复函提出质疑，只有 7 家公司在回函中分别反映以下信息：

（1）A 顾客表示：余额 9 360 元欠款已于 2013 年 12 月 28 日付清；

（2）B 顾客表示：尾款 3 000 元欠款已于 2014 年 1 月 2 日付清；

（3）C 顾客表示：该公司曾于 2013 年 11 月中旬预付货款 50 000 元，足以抵付询证函上所列示的两张发票的欠结款 46 800 元；

（4）D 顾客表示：询证函上所列示的货物从未收到；

（5）E 顾客表示：2013 年 11 月 26 日开具的红字退货发票金额 7 020 元已注销了询证函上所列示的欠款；

（6）F顾客表示：本公司会计信息处理系统无法复核贵公司的对账单；

（7）G公司表示：大体一致。

【问题思考】注册会计师应如何对上述应收账款实施替代审计程序？

【审计案例2-3-4分析】

（1）注册会计师可查阅A顾客的应收账款明细账，看询证函中所列示的9 360元款项是否因双方记账时间差所致，已于下年年初收款入账；或根据银行存款日记账的收款记录追查至应收账款明细账，查明结账日前收到货款时是否存在过账错误，误将其他顾客的欠款注销；或到银行查询有无款已到还未通知公司的情形。

（2）查阅B顾客的应收账款明细账，查明询证函中所列示的3 000元欠款是否确实于次年年初收回。

（3）查明C顾客预收账款明细账上是否有50 000元的预收款记录。如查明确实有可抵付的货款，应对应收账款作调整记录。

（4）审核发运凭证以及运输公司的运输发票，以查明D顾客订购的货物是否确已运出。如确已运出，应将有关凭证影印件送交D顾客，要求其查证；如确未运出，应调整原会计分录和记录，并进一步调查了解，查明原因。

（5）查核2013年11月26日开具的红字销售发票，是否确实已注销了E顾客7 020元欠款，以及有无过账错误的情况发生。

（6）此种情况下应采取替代审计程序，主要审查顾客订货单、销售合同、销售发票副本、货运文件等资料，验证构成应收账款的销货交易是否确实发生。

（7）G顾客回答很含糊，注册会计师应重新函证，请G顾客具体准确答复。

二、坏账准备审计

（一）坏账准备审计目标

（1）确定坏账准备的计提方法和比例是否恰当，计提是否充分；

（2）确定坏账准备增减变动的记录是否完整；

（3）确定坏账准备期末余额是否正确；

（4）确定坏账准备的披露是否恰当。

（二）坏账准备的实质性程序

1. 获取或编制坏账准备明细表

注册会计师应获取或编制坏账准备明细表，复核加计正确，与坏账准备总账数、明细账合计数核对相符；将坏账准备本期计提数与资产减值损失相应明细科目的发生额核对相符。

2. 审查坏账准备的计提

注册会计师主要应查明坏账准备的计提方法和比例是否符合会计制度的规定，计提的数额是否恰当，会计处理是否正确，前后期是否一致。

按照企业会计准则规定，企业只能采用备抵法核算坏账损失，计提坏账准备的方法由企业自行确定。企业应当列出目录，具体注明计提坏账准备的范围、提取方法、账龄的划分和提取比例，按照管理权限，经股东大会或董事会，或经理（厂长）会议或类似机构批准，并且按照法律、行政法规的规定报有关各方备案，并备置于公司所在地，以供投资者查阅。坏账准备提取方法一经确定，不得随意变更。如需变更，仍然应按上述程序经批准后报经有关各方备案，并在财务报表附注中说明变更的内容和理由、变更的影响数等。

在确定坏账准备的计提比例时，企业应当根据以往的经验、债务单位的实际财务状况和现金流量的情况，以及其他相关信息合理地估计。

注册会计师在审核坏账准备计提范围时，应重点关注两点：

（1）可以全额计提坏账准备的情况：有确凿证据表明该项应收账款不能收回，或收回的可能性不大时，如债务单位撤销、破产、资不抵债、现金流量严重不足、发生严重的自然灾害等导致停产而在短时间内无法偿付债务等，以及应收款项逾期5年以上，可以全额计提坏账准备。

（2）不能全额计提坏账准备的情况：①当年发生的应收账款，以及未到期的应收账款；②计划对应收款项进行债务重组，或以其他方式进行重组的；③与关联方发生的应收款项，特别是母子公司交易或事项产生的应收款项；④其他已逾期，但无确凿证据证明不能收回的应收账款。

3. 审查坏账损失

对于被审计期间内发生的坏账损失，注册会计师应检查其原因是否清楚，是否符合有关规定，有无授权批准，有无已作坏账损失处理又重新收回的应收账款，相应的会计处理是否正确。

4. 审查长期挂账应收账款

注册会计师应审查应收账款明细账及相关原始凭证，查找有无资产负债表日后仍未收回的长期挂账应收账款；如有，应提请被审计单位作适当的处理。

5. 审查函证结果

对债务人回函中反映的例外事项及存在争议的余额，注册会计师应查明原因并作记录。必要时，应建议被审计单位作相应的调整。

6. 执行分析性复核程序

通过计算坏账准备余额占应收账款余额的比例，并与以前期间的相关比例核对，检查分析其重大差异，以发现有重要问题的审计领域。

7. 确定坏账准备是否已在资产负债表上恰当披露

企业应当在财务报表附注中披露坏账的确认标准、坏账准备的计提方法和计提比例等资料。对于上市公司应披露的坏账准备事项如下：

（1）坏账准备的计提方法；

（2）本期全额计提坏账准备，或计提坏账准备的比例较大的（计提比例超过

40%及以上的，下同），应说明计提的比例以及理由；

（3）以前期间已全额计提坏账准备，或计提坏账准备的比例较大的，但在本期又全额或部分收回的，或通过重组等其他方式收回的，应说明原来估计计提比例的理由及其合理性；

（4）对某些金额较大的应收款项不计提或计提坏账比例较低（一般为5%或低于5%）的理由。

【审计案例2-3-5】

注册会计师对ABC公司2013年度坏账准备计提情况进行审计时发现：

（1）W公司2009年12月8日因购货欠款200万元，后因W公司财务状况欠佳多年不能偿还，2012年年末ABC公司董事会已经决定作坏账处理，并报经有关部门审核批准。2013年度W公司经营状况好转后，于2013年10月偿还原欠款中的180万元，ABC公司收到欠款时，会计处理为：借记“银行存款”科目，贷记“坏账准备”科目。

（2）ABC公司采用账龄分析法计提坏账准备，当年全额提取坏账准备的账户有8笔，共计3 500万元。其中：未到期的应收账款2笔，计1 000万元；计划进行债务重组的应收账款1笔，计1 200万元；与母公司发生的交易2笔，计800万元；其他虽已逾期但无充分证据证明不能收回的3笔，计500万元。

（3）已逾期6年，对方无偿债行为，且近期无法改善财务状况，或对方单位已停产，近期无法偿还所欠债务600万元，ABC公司仅按30%计提坏账准备。

【问题思考】请分析ABC公司应收账款和坏账准备计提的正确性并提出审计意见。

【审计案例2-3-5分析】

（1）已作为坏账处理的欠款，应在收到还款时借记“银行存款”科目，贷记“应收账款”科目，同时借记“应收账款”科目，贷记“坏账准备”科目。ABC公司的会计处理虽对财务报表的数额未产生影响，但不属于规范的会计行为。因此，提请被审计单位有关会计人员按照会计准则规定调整原有会计分录，补记相关会计记录。

（2）财政部财会字〔1999〕35号文件的规定：“下列各种情况不能全额计提坏账准备：①当年发生的应收账款，以及未到期的应收账款；②计划对应收款项进行债务重组，或以其他方式进行重组的；③与关联方发生的应收款项，特别是母子公司交易或事项产生的应收款项；④其他已逾期，但无确凿证据证明不能收回的应收款项。”

因此，ABC公司对上述8笔应收款项按全额计提坏账准备的做法不符合会计制度规定，应予以纠正。审计人员应提请被审计单位重新计算调整有关项目数额，并将审计结果和被审计单位调整情况在工作底稿中详细记录反映。如果被审计单位拒绝调整，应根据其数额大小及对财务报表的影响程度决定所表示的审计意见，并适当地予以披露。

(3)“除有确凿证据表明该项应收款项不能收回，或收回的可能性不大外（如债务单位破产、资不抵债、现金流量严重不足、发生严重的自然灾害等导致停产而在短时间内无法偿还债务的，以及其他足以证明应收款项可能发生损失的证据和应收款项逾期5年以上），下列各种情况不能提取坏账准备……”根据上述规定，注册会计师认为，ABC公司对上述应收款项所采取的计提比例应考虑调整提高。因此，注册会计师要求被审计单位提高计提坏账准备的比例，并对有关项目数额进行相应调整。如果被审计单位拒绝调整，审计人员应考虑出具保留意见的审计报告。

任务4　其他相关账户审计

一、应收票据审计

（一）应收票据的审计目标

（1）确定应收票据是否存在；

（2）确定应收票据是否归被审计单位所有；

（3）确定应收票据增减变动的记录是否完整；

（4）确定应收票据是否有效，可否收回；

（5）确定应收票据年未余额是否正确；

（6）确定应收票据在财务报表上的披露是否恰当。

（二）应收票据的实质性程序

（1）获取或编制应收票据明细表，复核加计正确，并核对其期末余额合计数与报表数、总账数和明细账合计数是否相符。

（2）监盘库存票据。应注意商业汇票的种类、号数、签收的日期、到期日、票面金额、合同交易号、付款人、承兑人、背书人姓名或单位名称、利率、贴现率、收款日期、收回金额等是否与应收票据登记簿的记录相符，是否存在已作质押的票据和银行退回的票据。

（3）函证应收票据。注册会计师认为必要时，可抽取部分票据向出票人函证，证实其存在性和可收回性，并编制函证结果汇总表。

（4）复核带息票据的利息收入是否均已正确入账。如果注册会计师计算的票据应计利息金额与账面所列金额不符，则应加以分析。特别要对“财务费用——利息收入”明细账中那些与应收票据账户中所列任何票据均不相关的贷方金额加以注意，因为这些贷项可能代表据以收取利息的票据未曾入账。

（5）审查已贴现的应收票据，复核其贴现额与贴现息的计算是否正确，会计处理是否适当。

（6）请被审计单位协助，在应收票据明细表上标出至外勤审计时已兑现或已贴现的应收票据，核对收款凭证等资料，并与对应的银行存款日记账记录对照检查，以确认其资产负债表日的真实性。

（7）对以非记账本位币结算的应收票据，应检查其所采用的折算汇率和汇兑损益处理的正确性。

（8）检查应收票据在财务报表上的披露是否恰当。如果被审计单位是一般企业，其已贴现的商业承兑汇票应在财务报表下端补充资料内的“已贴现的商业承兑汇票”项目中加以反映；如果被审计单位是上市公司，其财务报表附注通常应披露贴现或用于抵押的应收票据的情况和原因说明，以及持有5%以上（含5%）股份的股东单位欠款情况。

二、预收款项审计

预收款项是在销售交易成立以前预先向客户收取的部分货款。由于预收款项是随着企业销售交易的发生而形成的，注册会计师应结合企业销售交易对预收款项进行审计。

（一）预收款项审计目标

（1）确定资产负债表中记录的预收账款是否存在；

（2）确定所有应当记录的预收账款是否均已记录，确定记录的预收账款是否是被审计单位应当履行的现时义务；

（3）确定预收账款是否以恰当的金额包括在财务报表中，与之相关的计价调整是否已恰当记录；

（4）确定预收账款是否已按照企业会计准则的规定在财务报表中作出恰当列报。

（二）预收款项的实质性程序

（1）获取或编制预收款项明细表，并进行以下检查：

①复核加计是否正确，并与报表数、总账数和明细账合计数核对是否相符；

②以非记账本位币结算的预收账款，检查其采用的折算汇率及折算是否正确；

③检查是否存在借方余额，必要时进行重分类调整；

④结合应收账款等往来款项的明细余额，检查是否存在应收、预收两方挂账的项目，必要时作出调整；

⑤标识重要客户。

（2）请被审计单位协助，在预收款项明细表上标出截至审计日已转销的预收款项，对已转销金额较大的预收款项进行检查，核对记账凭证、仓库发货单、货运单据、销售发票等，并注意这些凭证日期的合理性。

（3）抽查与预收账款有关的销货合同、仓库发货记录、货运单据和收款凭证，检查已实现销售的商品是否及时转销预收账款，确定预收账款期末余额的正确性和合理性。

（4）选择预收款项的若干重大项目函证，根据回函情况编制函证结果汇总表。函证测试样本通常应考虑选择大额或账龄较长的项目、关联方项目以及主要客户项目。对于回函金额不符的，应查明原因并作出记录或建议作适当调整；对于未回函的，应再次函证或通过检查资产负债表日后已转销的预收款项是否与仓库发运凭证、销售发票相一致等替代程序，确定其是否真实、正确。

（5）检查预收账款长期挂账的原因，并作出记录，必要时提请被审计单位予以调整。检查账龄超过一年的预收款项未结转的原因并作出记录。

（6）对预收款项中按税法规定应预缴税款的预收销售款，结合应交税费项目检查是否及时、足额缴纳有关税费。

（7）通过货币资金的期后测试，以确定预收账款是否已记入恰当期间。

三、应交税费审计

企业在一定时期内取得的营业收入和实现的利润，要按规定向国家交纳相应的税费。应交税费是企业根据有关规定，按照一定的计税依据和适用的税率计算并缴纳给有关部门的税金及附加费，包括应缴纳的增值税、消费税、营业税、关税、企业所得税、个人所得税、资源税、土地增值税、城镇土地使用税、耕地占用税、房产税、车船税、契税、印花税、车辆购置税、城市维护建设税和教育费附加等。由于应交税费项目与国家的税法及税务机关的征管工作紧密相连，政策性、法律性较强。因此，审计人员对于应交税费项目的审计更要慎重。

（一）应交税费的审计目标

（1）确定资产负债表中记录的期末应交税费是否存在；

（2）确定记录的应交税费是否为被审计单位应当履行的偿还义务；

（3）确定应计和已交税费的记录是否完整；

（4）确定应交税费的期末余额是否正确；

（5）确定应交税费是否已按照企业会计准则的规定在财务报表中作出恰当披露。

（二）应交税费的实质性程序

（1）取得或编制应交税费明细表，并进行以下检查：

①复核加计是否正确，并与报表数、总账数和明细账合计数核对是否相符；

②注意印花税、耕地占用税以及其他不需要预计应缴数的税金有无误记入应交税费项目；

③分析存在借方余额的项目，查明原因，判断是否由被审计单位预缴税款引起。

(2) 首次接受委托时，取得被审计单位的纳税鉴定、纳税通知、减免税批准文件等，了解被审计单位适用的税种、附加税费、计税（费）基础、税（费）率，以及征、免、减税（费）的范围与期限。如果被审计单位适用特定的税基式优惠或税额式优惠，或降低适用税率的，且该项税收优惠需办理规定的审批或备案手续的，应检查相关的手续是否完整、有效。连续接受委托时，关注其变化情况。

(3) 核对期初未交税金与税务机关受理的纳税申报资料是否一致，检查延期纳税事项是否经过有关税务机关批准。

(4) 取得税务部门汇算清缴或其他确认文件、有关政府部门的专项检查报告、税务代理机构专业报告、被审计单位纳税申报资料等，分析其有效性，并与上述明细表及账面数据进行核对。对于超过法定缴纳期限的税费，应取得主管税务机关的批准文件。

(5) 检查企业所得税。

①获取或编制应交所得税汇算申报表，结合所得税项目，确定应纳税所得额及企业所得税税率，复核应交企业所得税的计算是否正确，是否按规定进行了会计处理。

②抽查本期已交所得税资料，确定已交数的正确性。

③检查汇总纳税企业所得税汇算清缴，并按税法规定追加相应的程序。

(6) 检查增值税。

①获取或编制应交增值税明细表，加计复核其正确性，并与明细账核对相符。

②将应交增值税明细表与被审计单位增值税纳税申报表进行核对，比较两者是否总体相符，并分析其差额的原因。

③进项税的检查。一是通过“原材料”等相关科目匡算进项税是否合理。二是抽查一定期间的进项税抵扣汇总表，与应交增值税明细表相关数额合计数核对，如有差异，查明原因并作适当处理。三是抽查重要进项税发票、海关完税凭证、收购凭证或运费发票，并与网上申报系统进行核对，并注意进口货物、购进的免税农产品、支付运费、接受投资或捐赠、接受应税劳务等应计的进项税额是否按规定进行了会计处理；因外购存货改变用途或发生非常损失应计的进项税额转出数的计算是否正确，是否按规定进行了会计处理。

④销项税的检查。一是检查适用税率是否符合税法规定。二是根据已审定的主营业务收入、其他业务收入及税法规定视同销售行为的有关记录，复核销项税额，并注意视同销售行为计税依据的确定是否正确：将自产、委托加工的货物用于非应税项目、集体福利、个人消费、对外投资、捐赠、分配给股东或投资者等视同销售情况下，是否按同类货物不含税售价为依据计算；没有同类货物售价的，是否按组成计税价格计税；将外购的货物用于投资、抵债、分配股利及捐赠的，是否按其同类不含税市价作为计税依据。

⑤对经主管税务机关批准实行核定征收率征收增值税的被审计单位，应检查其是否按照有关规定正确执行。如果申报增值税金额小于核定征收率计算的增值税金额，应注意超过申报额部分的会计处理是否正确。

⑥抽查本期已交增值税资料，确定已交税额的正确性。

（7）检查应交营业税。

①结合营业税金及附加等项目的审计，根据审定的当期营业额，检查营业税的计税依据是否正确，适用税率是否符合税法规定，是否按规定进行了会计处理，并分项复核本期应交数。

②抽查本期已交营业税资料，确定已交数的正确性。

（8）检查应交消费税。

①结合营业税金及附加等项目，根据审定的应税消费品销售额（或数量），检查消费税的计税依据是否正确；适用税率（或单位税额）是否符合税法规定，是否按规定进行了会计处理，并分项复核本期应交消费税税额。

②抽查本期已交消费税资料，确定已交数的正确性。

（9）检查应交土地增值税的计算是否正确，是否按规定进行了会计处理。

①根据审定的预售房地产的预收账款，复核预交税款是否准确。

②对符合项目清算条件的房地产开发项目，检查被审计单位是否按规定进行土地增值税清算；如果被审计单位已聘请中介机构办理土地增值税清算鉴证的，应检查、核对相关鉴证报告。

③如果被审计单位被主管税务机关核定征收土地增值税的，应检查、核对相关的手续。

（10）检查应交城市维护建设税。

①结合营业税金及附加等项目的审计，根据审定的计税基数（企业当期实际缴纳的增值税税额、消费税税额和营业税税额合计）及规定的适用税率，复核被审计单位本期应交城市维护建设税的计算是否正确，是否按规定进行了会计处理。

②抽查本期已交城市维护建设税资料，确定已交数的正确性。

（11）检查应交车船税和房产税的计算是否正确。

①获取被审计单位自有车船数量、吨位（或座位）及自有房屋建筑面积、用途、造价（购入原价）、购建年月等资料，并与固定资产（含融资租入固定资产）明细账复核一致。

②了解其房屋建筑物的使用、出租、报废时间及其原因等情况。

③通过审核本期完税单，检查其是否如实申报和按期缴纳，是否按规定进行了会计处理。

（12）检查应交资源税的计算是否正确，是否按规定进行了会计处理。

（13）检查应交土地使用税的计算是否正确，是否按规定进行了会计处理。

（14）检查教育费附加、矿产资源补偿费等的计算是否正确，是否按规定进行了会计处理。

（15）检查除上述税费外的其他税项及代扣税项的计算是否正确，是否按规定进行了会计处理。

①了解被审计单位按国家或当地政府的税制规定应缴纳的其他税（费）项，并采用适当的程序作相应检查。

②了解并获取被审计单位已发生的代扣税（费）项，如代扣国外企业所得税（支付给在我国境内未设置机构的国外企业的工程费、管理服务费、手续费、佣金等），代扣个人所得税（分配股利，支付给国外企业来国内工作的专家、管理人员、技工的薪金、津贴、奖金、劳务费、佣金等）。

③根据各项应纳税收入（所得）额，计算应纳税费，并与明细账核对。

④审核支付凭证是否具有当地税务机关的统一发票（或缴款书），是否已自行申报缴纳。

⑤获取有关的合同、协议，根据涉及上列税（费）项的条款，确定（或与税务机关联系）是否应由客户代扣；如客户属于扣缴义务人时，则应复核本年度的应交税费，核对或调整其相关的债权、债务。

（16）检查被审计单位获得税费减免或返还时的依据是否充分、合法和有效，会计处理是否正确。

（17）抽查与每笔应交税费相关的凭证，检查是否有合法依据，会计处理是否正确。

（18）检查应交税费的列报是否恰当。如果被审计单位是上市公司，在其财务报表附注中应按税费种类分项列示应交税费金额，并说明本期执行的法定税（费）率；对于超过法定缴纳期限的应列示主管税务部门的批准文件。

应交税费审计可参考【审计案例 2-3-1 分析】。

四、营业税金及附加审计

营业税金及附加反映企业经营业务应负担的营业税、消费税、城市维护建设税、资源税、土地增值税和教育费附加等。

（一）营业税金及附加的审计目标

（1）确定利润表中列示的营业税金及附加已发生，且与被审计单位有关；

（2）确定所有应当记录的营业税金及附加均已记录；

（3）确定与营业税金及附加有关的金额及其他数据已恰当记录；

（4）确定营业税金及附加是否已记录于正确的会计期间；

（5）确定营业税金及附加中的交易和事项已记录于恰当的账户；

（6）营业税金及附加已按照企业会计准则的规定在财务报表中作出恰当列报。

（二）营业税金及附加的实质性程序

（1）获取或编制营业税金及附加明细表，复核加计是否正确，并与报表数、总账数和明细账合计数核对是否相符。

（2）确定被审计单位的纳税（费）范围与税（费）种是否符合国家规定。

（3）根据审定的本期应纳营业税的营业收入和其他纳税事项，按规定的税率，分项计算、复核本期应纳营业税税额，检查会计处理是否正确。

（4）根据审定的本期应税消费品销售额（或数量），按规定的适用税率，分项计算、复核本期应纳消费税税额，检查会计处理是否正确。

（5）根据审定的本期应纳资源税产品的销售额或课税数量，按规定适用的税率和单位税额，计算、复核本期应纳资源税税额，检查会计处理是否正确。

（6）检查城市维护建设税、教育费附加等项目的计算依据是否和本期实际缴纳的增值税、营业税、消费税合计数一致，并按规定的适用税率或费率，分别计算、复核本期应纳城市维护建设税和应交教育费附加，检查会计处理是否正确。

（7）结合应交税费科目的审计，复核其勾稽关系。

（8）根据评估的舞弊风险等因素增加相应的审计程序。

（9）检查营业税金及附加是否已按照企业会计准则的规定在财务报表中作出恰当列报。

五、销售费用审计

销售费用是指企业在销售商品和材料、提供劳务的过程中发生的各项费用。

（一）销售费用审计目标

（1）确定利润表中记录的销售费用是否已发生，且与被审计单位有关；

（2）确定所有应当记录的销售费用是否均已记录；

（3）确定与销售费用有关的金额及其他数据是否已恰当记录；

（4）确定销售费用是否已记录于正确的会计期间；

（5）确定销售费用是否已记录于恰当的账户；

（6）确定销售费用是否已按照企业会计准则的规定在财务报表中作出恰当的列报。

（二）销售费用的实质性程序

（1）获取或编制销售费用明细表。

①复核其加计数是否正确，并与报表数、总账数和明细账合计数核对是否相符；

②将销售费用中的工资、折旧等与相关的资产、负债科目核对，检查其勾稽关系的合理性。

（2）对销售费用进行分析。

①计算分析各个月份销售费用总额及主要项目金额占主营业务收入的比率，并与上一年度进行比较，判断变动的合理性；

②计算分析各个月份销售费用中主要项目发生额及占销售费用总额的比率，并

与上一年度进行比较，判断其变动的合理性。

（3）检查各明细项目是否与被审计单位销售商品和材料、提供劳务以及专设的销售机构发生的各种费用有关，是否合规、合理，计算是否正确。

（4）检查销售佣金支出是否符合规定，审批手续是否健全，是否取得有效的原始凭证；如超过规定，是否按规定进行了纳税调整。

（5）检查广告费、宣传费、业务招待费的支出是否合理，审批手续是否健全，是否取得有效的原始凭证；如超过规定限额，应在计算应纳税所得额时调整。

（6）检查由产品质量保证产生的预计负债，是否按确定的金额进行会计处理。

（7）选择重要或异常的销售费用，检查销售费用各项目开支标准是否符合有关规定，开支内容是否与被审计单位的产品销售或专设销售机构的经费有关，计算是否正确，原始凭证是否合法，会计处理是否正确。

（8）抽取资产负债表日前后一定数量的凭证，实施截止测试，若存在异常迹象，应考虑是否有必要追加审计程序，对于重大跨期项目的应作必要调整。

（9）如果被审计单位系商品流通企业且已将管理费用科目的核算内容并入本科目核算，应同时实施管理费用审计程序。

（10）检查销售费用是否已按照企业会计准则在财务报表中作出恰当的列报。

六、其他业务收入审计

主要的实质性程序如下：

（1）获取或编制其他业务收入明细表，复核加计是否正确，并与总账数和明细账合计数核对是否相符，结合主营业务收入科目与营业收入报表数核对是否相符。

（2）计算本期其他业务收入与其他业务成本的比率，并与上期该比率比较，检查是否有重大波动，如有，应查明原因。

（3）检查其他业务收入内容是否真实、合法，收入确认原则及会计处理是否符合规定，择要抽查原始凭证予以核实。

（4）对异常项目，应追查入账依据及有关法律文件是否充分。对用材料进行非货币性资产交换的，应确定其是否具有商业实质且公允价值是否能够可靠计量。

（5）抽查资产负债表日前后一定数量的记账凭证，实施截止测试，追踪到发票、收据等，确定入账时间是否正确，对于重大跨期事项作必要的调整建议。

（6）检查其他业务收入的列报是否恰当。

项目四　采购与付款循环审计

学习目标

通过本目标学习，熟悉采购与付款循环涉及的主要凭证、会计记录和主要业务活动；了解采购与付款循环内部控制的内容，掌握对其进行控制测试所采用的程序和方法；能够确定应付账款、固定资产、无形资产、应付票据、管理费用等项目的审计目标，掌握对其实施的实质性程序。

能力目标

1. 能结合实际分析采购与付款循环内部控制的内容和作用；

2. 能结合具体案例分析如何针对关键内部控制进行控制测试；

3. 了解应付账款、固定资产的具体审计程序，熟悉应付票据、无形资产和管理费用等项目的审计过程。

【审计案例 2-4-1】

2005 年 3 月 25 日，"ST 达尔曼" 成为中国第一个因无法披露定期报告而遭退市的上市公司。从上市到退市，在长达八年的时间里，达尔曼通过一系列精心策划的舞弊手段，从股市和银行骗取资金高达 30 多亿元，给投资者和债权人造成了严重损失。

西安达尔曼实业股份有限公司（以下简称"达尔曼"）于 1993 年以定向募集方式设立，主要从事珠宝、玉器的加工和销售。1996 年 12 月公司在上海证券交易所（以下简称"上交所"）挂牌上市，并于 1998 年、2001 年两次配股，在股市募集资金共计 7.17 亿元。西安翠宝首饰集团公司一直是达尔曼第一大股东，翠宝首饰集团公司名为集体企业，实际上完全由许某一手控制。

从公司报表数据看：1997—2003 年，达尔曼销售收入合计 18 亿元，净利润合计 4.12 亿元，资产总额比上市时增长 5 倍，达到 22 亿元，净资产增长 4 倍，达到 12 亿元。在 2003 年之前，公司各项财务数据呈现均衡增长。然而，2003 年公司首次出现净利润亏损，主营业务收入由 2002 年的 3.16 亿元下降到 2.14 亿元，亏损达 1.4 亿元，每股收益为-0.49 元；同时，公司的重大违规担保事项浮出水面，涉及人民币 3.45 亿元、美元 133.5 万元，还有重大质押事项，涉及人民币 5.18 亿元。

2004年5月10日，达尔曼被上交所实行特别处理，变更为“ST达尔曼”，同时证监会对公司涉嫌虚假陈述行为立案调查。2004年9月，公司公告显示，截至2004年6月30日，公司总资产锐减为13亿元，净资产为-3.46亿元，仅半年时间亏损高达14亿元，不仅抵消了上市以来大部分业绩，而且濒临退市破产。此后，达尔曼股价一路狂跌，2004年12月30日跌破一元面值。2005年3月25日，达尔曼被终止上市。

2005年5月17日，证监会公布了对达尔曼及相关人员的行政处罚决定书（证监罚字〔2005〕10号），指控达尔曼虚构销售收入，虚增利润，通过虚签建设施工合同和设备采购合同，虚假付款，虚增工程设备价款等方式虚增在建工程，重大信息（主要涉及公司对外担保、重大资产的抵押和质押、重大诉讼等事项）未披露或未及时披露。

同时，证监会还处罚了担任达尔曼审计工作的三名注册会计师，理由是注册会计师在对货币资金、存货项目的审计过程中，未能充分勤勉尽责，未能揭示4.27亿元大额定期存单质押情况和未能识别1.06亿元虚假钻石毛坯。

调查表明，达尔曼造假圈钱骗局的“导演”就是公司原董事长许某。经查明，1996—2004年，许某等人以支付货款、虚构工程项目和对外投资等多种手段，将十几亿元的上市公司资金腾挪转移，其中有将近6亿元的资金被转移至国外隐匿。监守自盗了大量公司资产后，许某携妻儿等移民加拿大。2004年12月1日，西安市人民检察院认定，许某涉嫌职务侵占罪和挪用资金罪，应依法逮捕。2005年2月，证监会对许某开出“罚单”：给予警告和罚款30万元，并对其实施永久性市场禁入的处罚。

【问题思考】登录审计方面的相关网站查阅资料，分析达尔曼财务造假的手法有哪些？

【审计案例2-4-1分析】

达尔曼虚假陈述、欺诈发行、银行骗贷、转移资金等行为是一系列有计划、有组织的系统性财务舞弊和证券违法行为。在上市的八年时间里，达尔曼不断变换造假手法，持续地编造公司经营业绩和生产记录。

1. 虚增销售收入，虚构公司经营业绩和生产记录

达尔曼所有的采购、生产、销售基本上都是在一种虚拟的状态下进行的，是不折不扣的“皇帝的新装”。每年，公司都会制订一些所谓的经营计划，然后组织有关部门和一些核心人员根据“指标”，按照生产、销售的各个环节，制作虚假的原料入库单、生产进度报表和销售合同等，为了做得天衣无缝，对相关销售发票、增值税发票的税款也照章缴纳，还因此被评为当地的先进纳税户。

公司在不同年度虚构销售和业绩的具体手法也不断变化：1997—2000年主要通过与大股东翠宝集团及下属子公司之间的关联交易虚构业绩，2000年仅向翠宝集团的关联销售就占到了当年销售总额的42.4%。2001年，由于关联交易受阻，公司开

始向其他公司借用账户，通过自有资金的转入转出，假作租金或其他收入及相关费用，虚构经营业绩。2002—2003 年，公司开始利用自行设立的大批“壳公司”进行“自我交易”，达到虚增业绩的目的。年报显示，这两年公司前五名销售商大多是来自深圳的新增交易客户，而且基本都采用赊销挂账的方式，使得达尔曼的赊销比例由 2000 年的 24%上升到 2003 年的 55%。经查明，这些公司均是许某设立的“壳公司”，通过这种手法两年共虚构销售收入 4. 06 亿元，占这两年全部收入的 70%以上，虚增利润 1. 52 亿元。

2. 虚假采购、虚增存货

虚假采购，一方面是为了配合公司虚构业绩需要；另一方面是为达到转移资金的目的。达尔曼虚假采购主要是通过关联公司和形式上无关联的“壳公司”来实现的。从年报可以看出，公司对大股东翠宝集团的原材料采购在 1997—2001 年呈现递增趋势，至 2001 年占到了全年购货额的 26%。2002 年年报显示，公司当年期末存货增加了 8 641 万元，增幅达 86. 15%，系年末从西安达福工贸有限公司购进估价 1. 06 亿元的钻石毛坯所致，该笔采购数额巨大且未取得购货发票。后经查明，该批存货实际上是从“壳公司”购入的非常低廉的锆石。注册会计师也因未能识别该批虚假存货而受处罚。从 2001 年公司开始披露的应付账款前五名的供货商名单可以看出，公司的采购过于集中，而且呈加剧状态。到 2003 年，前五位供货商的应付账款占到全部应付账款的 91%。

3. 虚构往来，虚增在建工程、固定资产和对外投资

为了伪造公司盈利假象，公司销售收入大大高于销售成本与费用，对这部分差额，除了虚构业务往来外，公司大量采用虚增在建工程和固定资产、伪造对外投资等手法来转出资金，使公司造假现金得以循环使用。此外，还通过这种手段掩盖公司资金真实流向，将上市公司资金转匿到个人账户，据为己有。据统计，从上市以来达尔曼共有大约 15 个主要投资项目，支出总金额约 10. 6 亿元。然而无论是 1997 年的“扩建珠宝首饰加工生产线”项目，还是 2003 年的“珠宝一条街”项目，大多都被许某用来作为转移资金的手段。2002 年年报中的“在建工程附表”显示，公司有很多已开工两年以上的项目，以进口设备未到或未安装为借口挂账；而 2003 年年报的审计意见中更是点明“珠宝一条街”“都江堰钻石加工中心”“蓝田林木种苗”等许多项目在投入巨额资金后未见到实物形态，而公司也无法给出合理的解释。证监会的处罚决定指控达尔曼 2003 年年报虚增在建工程约 2. 16 亿元。

4. 伪造与公司业绩相关的资金流，并大量融资

为了使公司虚构业绩看起来更真实，达尔曼配合虚构业务，伪造相应的资金流，从形式上看，公司的购销业务都有资金流转轨迹和银行单据。为此，达尔曼设立大量“壳公司”，并通过大量融资来支持造假所需资金。在虚假业绩支撑下，达尔曼得以在 1998 年、2001 年两次配股融资。同时达尔曼利用上市公司信用，为“壳公司”贷款提供担保，通过“壳公司”从银行大量融资作为收入注入上市公司，再通

过支出成本的方式将部分转出，伪造与业绩相关的资金收付款痕迹。

任务 1　采购与付款循环的控制测试

一、采购与付款循环涉及的主要凭证和会计记录

采购与付款交易通常要经过请购→订货→验收→付款这样的程序，与销售与收款交易一样，在内部控制比较健全的企业，处理采购与付款业务通常需要使用很多凭证和会计记录。典型的采购与付款循环所涉及的主要凭证和会计记录有以下几种：

（一）请购单

请购单是由产品制造、资产使用等部门的有关人员填写，送交采购部门，申请购买商品、劳务或其他资产的书面凭证。

（二）订购单

订购单是由采购部门填写，向另一企业购买订购单上所指定商品、劳务或其他资产的书面凭证。

（三）验收单

验收单是收到商品、资产时所编制的凭证，列示从供应商处收到的商品、资产的种类和数量等内容。

（四）卖方发票

卖方发票是供应商开具的，交给买方以载明发运的货物或提供的劳务、应付款金额和付款条件等事项的凭证。

（五）付款凭单

付款凭单是由采购方企业的应付凭单部门编制的，载明已收到商品、资产或接受劳务的厂商、应付款金额和付款日期的凭证。付款凭单是采购方企业内部记录和支付负债的授权证明文件。

（六）转账凭证

转账凭证是记录转账交易的记账凭证，是根据有关转账业务（即不涉及库存现金和银行存款收付的各项业务）的原始凭证编制的。

（七）付款凭证

付款凭证包括现金付款凭证和银行存款付款凭证，是用来记录库存现金和银行存款支出业务的记账凭证。

（八）应付账款明细账

应付账款明细账是根据供应单位分户开设的，用来记录企业因采购材料、商品或接受劳务供应而发生的应付而未付账款（是买卖双方在购销活动中由于取得物资

与支付货款在时间上不一致而产生的负债）增减变动及结余的明细账户。

（九）库存现金日记账和银行存款日记账

库存现金和银行存款日记账是由出纳人员根据审核无误的收、付款凭证逐日逐笔顺序登记的特种日记账，用来序时反映库存现金和银行存款等货币资金的增减变动情况及结果。

（十）卖方对账单

卖方对账单是由供货方按月编制的，标明期初余额、本期购买、本期支付给卖方的款项和期末余额的凭证。卖方对账单是供货方对有关交易的陈述，如果不考虑买卖双方在收发货物上可能存在的时间差等因素，其期末余额通常应与采购方相应的应付账款期末余额一致。

二、采购与付款循环的主要业务活动及内部控制

在一个企业，如可能的话，应将各项职能活动指派给不同的部门或职员来完成。这样，每个部门或职员都可以独立检查其他部门和职员工作的正确性。下面以采购商品为例，分别阐述采购与付款循环所涉及的主要业务活动及其适当的控制程序和相关的认定。

（一）请购商品和劳务

企业购买商品或劳务，应由仓库部门负责对需要购买的已列入存货清单的项目填写请购单，其他资产使用部门也可以对所需要购买的未列入清单的项目编制请购单。但对资本支出和租赁合同，企业政策则通常要求作特别授权，只允许指定人员提出请购。请购单可由手工或计算机编制。由于企业内不少部门都可以填列请购单，不便事先编号，为加强控制，每张请购单必须经过对这类支出预算负责的主管人员签字批准。

请购单是证明有关采购交易的“发生”认定的凭据之一，也是采购交易轨迹的起点。

（二）编制订购单

采购部门在收到请购单后，只能对经过批准的请购单发出订购单。对每张订购单，采购部门应确定最佳的供应来源。对一些大额、重要的采购项目，应采取竞价方式来确定供应商，以保证供货的质量、及时性和成本的低廉。

订购单应正确填写所需要的商品品名、数量、价格、厂商名称和地址等，预先予以编号并经过被授权的采购人员签名。其正联应送交供应商，副联则送至企业内部的验收部门、应付凭单部门和编制请购单的部门。随后，应独立检查订购单的处理，以确定是否确实收到商品并正确入账。这项检查与采购交易的“完整性”认定有关。

（三）验收商品

有效的订购单代表企业已授权验收部门接受供应商发运来的商品。验收部门首

先应比较所收商品与订购单上的要求是否相符，如商品的品名、规格、数量、到货时间等，然后再盘点商品并检查商品有无损坏。

验收后，验收部门应对已收货的每张订购单编制一式多联、预先编号的验收单，作为验收和检验商品的依据。验收人员将商品送交仓库或其他请购部门时，应取得经过签字的收据，或要求其在验收单的副联上签收，以确立其对所采购的资产应负的保管责任。验收人员还应将其中的一联验收单送交应付凭单部门。

验收单是支持资产或费用以及与采购有关的负债的“存在或发生”认定的重要凭证。定期独立检查验收单的顺序以确定每笔采购交易都已编制凭单，则与采购交易的“完整性”认定有关。

（四）储存已验收的商品存货

将已验收商品的保管与采购的其他职责相分离，可减少未经授权的采购和盗用商品的风险。存放商品的仓储区应相对独立，并限制保管员以外的无关人员接近。这些控制与商品的“存在”认定有关。

（五）编制付款凭单

记录采购交易之前，应付凭单部门应编制付款凭单。这项功能的控制包括：

（1）确定供应商发票的内容与相关的验收单、订购单的一致性。

（2）确定供应商发票计算的正确性。

（3）编制有预先编号的付款凭单，并附上支持性凭证（如订购单、验收单和供应商发票等）。这些支持性凭证的种类，因交易对象的不同而不同。

（4）独立检查付款凭单计算的正确性。

（5）在付款凭单上填入应借记的资产或费用账户名称。

（6）由被授权人员在凭单上签字，以示批准照此凭单要求付款。所有未付凭单的副联应保存在未付凭单档案中，以待日后付款。经适当批准和有预先编号的凭单为记录采购交易提供了依据，因此，这些控制与“存在”“发生”“完整性”“权利和义务”以及“计价和分摊”等认定有关。

（六）确认与记录负债

在手工系统下，应将已批准的未付款凭单送达会计部门。会计部门应将应付凭单同供应商发票、订货单、验收单等凭证记载的品名、规格、数量、价格等资料进行核对，然后据以编制有关记账凭证和登记有关账簿。会计主管应监督为采购交易而编制的记账凭证中账户分类的适当性，通过定期核对编制记账凭证的日期与凭单副联的日期，监督入账的及时性。独立检查会计人员（稽核人员）则应核对所记录的凭单总数与应付凭单部门送来的每日凭单汇总表是否一致，并定期独立检查应付账款总账余额与应付凭单部门未付款凭单档案中的总金额是否一致。

（七）付款

通常是由应付凭单部门负责确定未付凭单在到期日付款。企业有多种款项结算方式，以支票结算方式为例，编制和签署支票的有关控制包括以下几方面：

（1）独立检查已签发支票的总额与所处理的付款凭单的总额的一致性。

（2）应由被授权的财务部门的人员负责签署支票。

（3）被授权签署支票的人员应确定每张支票都附有一张已经适当批准的未付款凭单，并确定支票受款人姓名和金额与凭单内容的一致性。

（4）支票一经签署就应在其凭单和支持性凭证上用加盖印戳或打洞等方式将其注销，以免重复付款。

（5）支票签署人不应签发无记名甚至空白的支票。

（6）支票应预先连续编号，保证签发支票存根的完整性和作废支票处理的恰当性。

（7）应确保只有被授权的人员才能接近未经使用的空白支票。

（八）记录现金、银行存款支出

仍以支票结算方式为例，在手工系统下，会计部门应根据已签发的支票编制付款记账凭证，并据以登记银行存款日记账及其他相关账簿。以记录银行存款支出为例，有关控制包括：

（1）会计主管应独立检查记入银行存款日记账和应付账款明细账的金额的一致性，以及与支票汇总记录的一致性。

（2）通过定期比较银行存款日记账记录的日期与支票副本的日期，独立检查入账的及时性。

（3）独立编制银行存款余额调节表。

三、采购交易的内部控制、控制测试和交易的实质性程序

与采购交易控制目标相对应的关键内部控制、控制测试以及实质性程序如表2-4-1所示。

表 2-4-1　采购交易的控制目标、内部控制、控制测试和实质性程序一览表

内部控制目标	关键的内部控制	常用内部控制测试	常用交易实质性测试
所记录的采购都已收到物品或已接受劳务，并符合购货方的最大利益（存在）	请购单、订货单、验收单和卖方发票一应俱全，并附在付款凭单后 购货按正确的授权批准 注销凭证，以防止重复使用 对卖方发票、验收单、订货单和请购单作内部核查	查验付款凭单后是否附有单据 检查核准购货标志 检查注销凭证的标志 检查内部核查的标志	复核采购明细账、总账及应付账款明细账，注意是否有大额或不正常的金额 检查卖方发票、验收单、订货单和请购单的合理性和真实性 追查存货的采购至存货永续盘存记录 检查取得的货物、固定资产

表2-4-1（续）

内部控制目标	关键的内部控制	常用内部控制测试	常用交易实质性测试
已发生的采购业务均已记录（完整性）	订货单均经事先编号并已登记入账 验收单均经事先编号并已登记入账 卖方发票均经事先编号并已登记入账（不一定）	检查订货单连续编号的完整性 检查验收单连续编号的完整性 卖方发票连续编号的完整性	从验收单追查至采购明细账 从卖方发票追查至采购明细账
所记录的采购业务估价正确（准确性、计价和分摊）	计算和金额的内部查核 控制采购价格和折扣的批准	检查内部核查的标志；审核批准采购价格和折扣的标志	将采购明细账中记录的业务同卖方发票、验收单和其他证明文件比较 复算包括折扣和运费在内的卖方发票填写的准确性
采购业务的分类正确（分类）	采用适当的会计科目表 分类的内部核查	审查工作手册和会计科目表 检查有关凭证上内部核查的标记	参照卖方发票，比较会计科目表上的分类
采购业务按正确的日期记录（截止日）	要求一收到商品或接受劳务就记录购货业务；内部核查	检查工作手册并观察有无未记录的卖方发票存在 检查内部核查标志	将验收单和卖方发票上的日期与采购明细账中的日期进行比较
采购业务被正确记入应付账款和存货等明细账中，并被准确汇总（准确性、计价和分摊）	应付账款明细账内容的内部查核	检查内部查核的标志	通过加计采购明细账，追查过入采购总账和应付账款、存货期细账的数额是否准确，来测试过账和汇总的准确性

以下仅就采购交易内部控制的特殊之处进行说明。

（一）适当的职责分离

适当的职责分离有助于防止各种有意或无意的错误。与销售与收款交易一样，采购与付款交易也需要适当的职责分离。财政部于 2002 年 12 月 23 日发布的财会〔2002〕21 号《内部会计控制规范——采购与付款（试行）》中规定，单位应当建立采购与付款业务的岗位责任制，明确相关部门和岗位的职责、权限，确保办理采购与付款业务的不相容岗位相互分离、制约和监督。采购与付款业务不相容岗位至少包括：请购与审批，询价与确定供应商，采购合同的订立与审批，采购与验收，采购、验收与相关会计记录，付款审批与付款执行。

（二）内部核查程序

财政部发布的《内部会计控制规范——采购与付款（试行）》中，不仅明确了单位应当建立对采购与付款内部控制的监督检查制度，单位监督检查机构或人员应通过实施内控测试和实质性程序，检查采购与付款业务内部控制制度是否健全，各项规定是否得到有效执行，而且明确了采购与付款内部控制监督检查的主要内容。它包括：

（1）采购与付款业务相关岗位及人员的设置情况。重点检查是否存在采购与付款业务不相容职务混岗的现象。

（2）采购与付款业务授权批准制度的执行情况。重点检查大宗采购与付款业务的授权批准手续是否健全，是否存在越权审批的行为。

（3）应付账款和预付账款的管理。重点审查应付账款和预付账款支付的正确性、时效性和合法性。

（4）有关单据、凭证和文件的使用和保管情况。重点检查凭证的登记、领用、传递、保管、注销手续是否健全，使用和保管制度是否存在漏洞。

（三）对表2-4-1有关内容的说明

1. 所记录的采购都确已收到商品或接受劳务

如果注册会计师对被审计单位在这个目标上的控制感到满意，为查找不正确的、没有真实发生的交易而执行的测试程序就可大为减少。恰当的控制可以防止那些主要使企业管理层和职员们而非企业本身受益的交易，作为企业的费用支出或资产入账。在有些情况下，不正确的交易是显而易见的。例如，职员未经批准就购置个人用品，或通过在付款凭单登记簿上虚记一笔采购而侵吞公款。但在另外一些情况下，交易的正确与否却很难评判，如支付企业管理人员在俱乐部的个人会费、支付管理人员及其家属的度假费用等。如果发觉企业对这些不正当的、不合理的交易的控制不充分，注册会计师在审计中就需对与这些交易有关的单据进行广泛检查。

2. 已发生的采购交易都已记录

应付账款是因在正常的商业过程中接受商品和劳务而产生的尚未付款的负债。已经验收的商品和接受的劳务若未予以入账，将直接影响应付账款余额，从而少计企业的负债。如果注册会计师确信被审计单位所有的采购交易均已准确、及时地登记入账，就可以从了解和测试其内部控制入手进行审计，从而大大减少对固定资产和应付账款等财务报表项目实施实质性程序的工作量，大大降低审计成本。

3. 所记录的采购交易估价正确

由于许多资产、负债和费用项目的估价有赖于相关采购交易在采购明细账上的正确记录，因此，对这些报表项目实施实质性程序的范围，在很大程度上取决于注册会计师对被审计单位采购交易内部控制执行效果的评价。如果注册会计师认为其采购交易内部控制执行良好，则注册会计师对这些报表项目计价准确性实施的实质性程序的数量，显然要比采购交易内部控制不健全或形同虚设的企业少得多。

当被审计单位对存货采用永续盘存制核算时，如果注册会计师确信其永续盘存记录是准确、及时的，存货项目的实质性程序就可予以简化。被审计单位对永续盘存手续中的采购环节的内部控制，一般应作为审计中对采购交易进行控制测试的对象之一，在审计中起着关键作用。如果这些控制能有效地运行，并且永续盘存记录中又能反映出存货的数量和单位成本，则还可以因此减少存货监盘和存货单位成本测试的工作量。

四、付款交易的内部控制、控制测试和实质性程序

采购与付款循环包括采购和付款两个方面。在内部控制健全的企业，与采购相关的付款交易同样有其内部控制目标和关键的内部控制，注册会计师应针对每个具体的内部控制目标确定关键的内部控制，并对此实施相应的控制测试和交易的实质性程序。付款交易中的控制测试的性质取决于内部控制的性质。而付款交易的实质性程序的实施范围，在一定程度上取决于关键控制是否存在以及控制测试的结果。由于采购和付款交易同属一个交易循环，联系紧密，因此，对付款交易的部分测试可与采购交易测试一并实施。当然，另一些付款交易测试仍需单独实施。

需要指出的是，对于每个企业而言，由于性质、所处行业、规模以及内部控制健全程度等不同，其与付款交易相关的内部控制内容可能有所不同，但财政部发布的《内部会计控制规范——采购与付款（试行）》中规定的下列与付款交易相关的内部控制内容是应当共同遵循的：

（1）单位应当按照《现金管理暂行条例》《支付结算办法》和《内部会计控制规范——货币资金（试行）》等规定办理采购付款业务。

（2）单位财会部门在办理付款业务时，应当对采购发票、结算凭证、验收证明等相关凭证的真实性、完整性、合法性及合规性进行严格审核。

（3）单位应当建立预付账款和定金的授权批准制度，加强预付账款和定金的管理。

（4）单位应当加强应付账款和应付票据的管理，由专人按照约定的付款日期、折扣条件等管理应付款项，已到期的应付款项需经有关授权人员审批后方可办理结算与支付。

（5）单位应当建立退货管理制度，对退货条件、退货手续、货物出库、退货货款回收等作出明确规定，及时收回退货款。

（6）单位应当定期与供应商核对应付账款、应付票据、预付款项等往来款项，如有不符，应查明原因，及时处理。

五、固定资产的控制测试

商品存货与固定资产同属一个交易循环，在内部控制和控制测试问题上固然有许多共性，但固定资产还存在不少特殊性，有必要对其单独加以说明。

就许多从事制造业的被审计单位而言，固定资产在其资产总额中占有很大的比重，固定资产的购建会影响其现金流量，而固定资产的折旧、维修等费用则是影响其收益的重要因素。固定资产管理一旦失控，所造成的损失将远远超过一般的商品

存货等流动资产，所以，为了确保固定资产的真实、完整、安全和有效利用，被审计单位应当建立和健全固定资产的内部控制。下面结合企业常用的固定资产内部控制，讨论注册会计师实施控制测试程序所应予以关注的地方。

（一）固定资产的预算制度

预算制度是固定资产内部控制中最重要的部分。通常，大中型企业应编制旨在预测与控制固定资产增减和合理运用资金的年度预算；小规模企业即使没有正规的预算，对固定资产的购建也要事先加以计划。注册会计师应注意检查固定资产的取得与处置是否依据预算，对实际支出与预算之间的差异以及未列入预算的特殊事项，检查其是否履行特别的审批手续。如果固定资产增减均能处于良好的经批准的预算控制之下，注册会计师即可减少针对固定资产增加、减少实施的实质性程序的样本量。

（二）授权批准制度

完善的授权批准制度包括：企业的资本性支出预算只有经过董事会等高层管理机构批准方可生效；所有固定资产的取得和处置均需经企业管理当局的书面认可。注册会计师不仅要检查授权批准制度本身是否完善，还要关注授权批准制度是否得到切实执行。

（三）账簿记录制度

除固定资产总账外，被审计单位还需设置固定资产明细分类账和固定资产登记卡，按固定资产类别、使用部门和每项固定资产进行明细分类核算。固定资产增减变化均有原始凭证，一套设置完善的固定资产明细分类账和登记卡，将为注册会计师分析固定资产的取得和处置、复核折旧费用和修理支出的列支带来帮助。

（四）职责分工制度

对固定资产的取得、记录、保管、使用、维修、处置等，均应明确划分责任，由专门部门和专人负责。明确的职责分工制度，有利于防止舞弊，降低注册会计师的审计风险。

（五）资本性支出和收益性支出的区分制度

企业应制定区分资本性支出和收益性支出的书面标准。通常需明确资本性支出的范围和最低金额，凡不属于资本性支出的范围、金额低于下限的任何支出，均应列作费用并抵减当期收益。

（六）固定资产的处置制度

固定资产的处置包括投资转出、报废、出售等，均要有一定的申请报批程序。

（七）固定资产的定期盘点制度

对固定资产的定期盘点，是验证账面各项固定资产是否真实存在、了解固定资产放置地点和使用状况以及发现是否存在未入账固定资产的必要手段。注册会计师应了解和评价企业固定资产盘点制度，并应注意查询盘盈、盘亏固定资产的处理情况。

（八）固定资产的维护保养制度

固定资产应有严密的维护保养制度，以防止其因各种自然和人为的因素而遭受损失，并应建立日常维护和定期检修制度，以延长其使用寿命。

严格地讲，固定资产的保险不属于企业固定资产的内部控制范围，但它对企业非常重要。因此，注册会计师在检查、评价企业的内部控制时，应当了解企业对固定资产的保险情况。

作为与固定资产密切相关的一个组成项目，在建工程项目有其特殊性。根据财政部于2003年10月发布的《内部会计控制规范——工程项目（试行）》，在建工程的内部控制包括以下内容：

（1）岗位分工与授权批准。

①单位应当建立工程项目业务的岗位责任制，明确相关部门和岗位的职责、权限，确保办理工程项目业务的不相容岗位相互分离、制约和监督。工程项目业务不相容岗位一般包括：项目建议、可行性研究与项目决策；概预算编制与审核；项目实施与价款支付；竣工决算与竣工审计。

②单位应当对工程项目相关业务建立严格的授权批准制度，明确审批人的授权批准方式、权限、程序、责任及相关控制措施，规定经办人的职责范围和工作要求。审批人应当根据工程项目相关业务授权批准制度的规定，在授权范围内进行审批，不得超越审批权限。经办人应当在职责范围内，按照审批人的批准意见办理工程项目业务。对于审批人超越授权范围审批的工程项目业务，经办人有权拒绝办理，并及时向审批人的上级授权部门报告。

③单位应当制定工程项目业务流程，明确项目决策、概预算编制、价款支付、竣工决算等环节的控制要求，并设计相应的记录或凭证，如实记载各环节业务的开展情况，确保工程项目全过程得到有效控制。

（2）项目决策控制。单位应当建立工程项目决策环节的控制制度，对项目建议书和可行性研究报告的编制、项目决策程序等作出明确规定，确保项目决策科学、合理。

（3）概预算控制。单位应当建立工程项目概预算环节的控制制度，对概预算的编制、审核等作出明确规定，确保概预算编制科学、合理。

（4）价款支付控制。单位应当建立工程进度价款支付环节的控制制度，对价款支付的条件、方式以及会计核算程序作出明确规定，确保价款支付及时、正确。

（5）竣工决算控制。单位应当建立竣工决算环节的控制制度，对竣工清理、竣工决算、竣工审计、竣工验收等作出明确规定，确保竣工决算真实、完整、及时。

任务2 应付账款审计

一、应付账款常见舞弊

（1）应付账款长期挂账。它主要表现在企业若干“应付账款”明细账户长期未付而挂账，有的属于合同纠纷或无力偿还，有的属于销货单位消亡而无从支付的情况，这样易导致虚列债务。

（2）虚列应付账款，调节成本费用。有些企业为了调控利润的实现数额，就采用虚列应付账款的方式，虚增制造费用、管理费用等成本费用，相应减少利润数额。

（3）利用应付账款，隐匿收入。有些企业为了隐藏一些非法收入或不正常收入，以达到偷逃税款的目的，就会在收到现金或银行存款时，同时挂“应付账款”账户。

（4）用商品抵顶应付账款，隐瞒收入。企业用商品抵顶债务，不通过商品销售核算，隐瞒商品销售收入，偷漏增值税。

二、应付账款审计目标

（1）确定资产负债表中记录的应付账款是否存在；

（2）确定所有应当记录的应付账款是否均已记录；

（3）确定资产负债表中记录的应付账款是被审计单位应当履行的现实义务；

（4）确定应付账款期末余额是否正确，应付账款是否以恰当的金额包括在财务报表中，与之相关的计价调整已恰当记录；

（5）确定应付账款已按照企业会计准则的规定在财务报表中作出恰当的列报。

三、应付账款审计的实质性程序

（1）获取或编制应付账款明细表。

①复核加计正确，并与报表数、总账数和明细账合计数核对是否相符；

②检查非记账本位币应付账款的折算汇率及折算是否正确；

③分析出现借方余额的项目，查明原因，必要时作重分类调整；

④结合预付账款等往来项目的明细余额，检查应付账款和预付账款有无同挂的项目、异常余额或与购货无关的其他款项（如关联方账户或雇员账户），如有，应作出记录，必要时作调整。

（2）根据被审计单位实际情况，选择以下方法对应付账款执行实质性分析程序：

①将期末应付账款余额与期初余额进行比较，分析波动原因。

②分析长期挂账的应付账款，要求被审计单位作出解释，判断被审计单位是否缺乏偿债能力或利用应付账款隐瞒收入、利润；并注意其是否可能无须支付，对确实无须支付的应付账款的会计处理是否正确，依据是否充分；关注账龄超过 3 年的大额应付账款在资产负债表日后是否偿还，检查偿还记录、单据及披露情况。

③计算应付账款与存货的比率，应付账款与流动负债的比率，并与以前年度相关比率对比分析，评价应付账款整体的合理性。

④分析存货和营业成本等项目的增减变动，判断应付账款增减变动的合理性。

(3) 函证应付账款。

一般情况下，注册会计师并不一定必须函证应付账款，这是因为函证不能保证查出未记录的应付账款，况且注册会计师能够取得采购发票等外部凭证来证实应付账款的余额。但如果控制风险较高，某应付账款明细账户金额较大或被审计单位处于财务困难阶段，则应进行应付账款的函证。

在进行函证时，注册会计师应选择较大金额的债权人，以及那些在资产负债表日金额不大，甚至为零，但为企业重要供货人的债权人，作为函证对象。函证最好采用积极函证方式，并具体说明应付金额。同应收账款的函证一样，注册会计师必须对函证的过程进行控制，要求债权人直接回函，并根据回函情况编制与分析函证结果汇总表，对未回函的，应考虑是否再次函证。

如果存在未回函的重大项目，注册会计师应采用替代审计程序。比如，可以检查决算日后应付账款明细账及库存现金和银行存款日记账，核实其是否已支付，同时检查该笔债务的相关凭证资料，如合同、发票、验收单，核实应付账款的真实性。

【审计案例 2-4-2】

注册会计师对华航公司 2013 年应付账款项目进行审计，根据需要，该注册会计师决定对华航公司下列四个明细账户中的两个进行函证。具体如表 2-4-2 所示。

表 2-4-2　　华航公司应付账款余额明细表（部分）　　单位：元

供货商	应付账款年末余额	本年度进货总额
A 公司	23 400	46 800
B 公司	—	213 408
C 公司	58 500	74 763
D 公司	213 525	2 639 520

【问题思考】

1. 说明该注册会计师应否对应付账款使用函证？如应函证，列举使用函证的各种情况。

2. 该注册会计师应该选择哪两个供货商进行函证？为什么？

3. 假定上述四家公司均为华航公司的购货方，表2-4-2中后两栏分别是应收账款年末余额和本年销货总额，该注册会计师应该选择哪两家公司进行函证？为什么？

【审计案例2-4-2分析】

函证应付账款的目的在于揭示未入账的负债，在主要的供货商并未提供月结单或定期对账单，或虽有这类账单但是委托人员未曾用于调节应付账款账户时，或在应付账款内部控制不甚健全时，注册会计师应使用函证程序。函证具有巨额结欠数字的账户不一定能达到上述目标。注册会计师应邮寄询证函给与委托人有实际交往或往来频繁的债权人（不论决算日有无余额）。此外，寄给关联方（内部供货商）及具有非常交易的供货商——或许都是未曾入账应付账款的可能来源。

该注册会计师应选择B公司和D公司进行应付账款余额的函证。在函证供货商的应付账款时，应选择那些可能存在较大余额而并非在会计决算日有较大余额的债权人；函证的目的在于查实有无未入账的负债，而不在于验证具有较大年末余额的债务。本年度华航公司从B、D两家公司采购了大量货物，存在漏记负债业务的可能性更大。

如果上述四家公司均为华航公司的购货客户，该注册会计师应选择C、D两家公司进行函证。因为函证应收账款的目的在于验证各账户期末余额的准确性，防止被审计单位多计应收账款，夸大资产。C、D两家公司在会计决算日欠华航公司的货款最多，多记的风险因而更大。

（4）检查应付账款是否计入正确的会计期间，是否存在未入账的应付账款。

①检查债务形成的相关原始凭证，如供应商发票、验收报告或入库单等，查找有无未及时入账的应付账款，确定应付账款期末余额的完整性。

②检查资产负债表日后应付账款明细账贷方发生额的相应凭证，关注其购货发票的日期，确认其入账时间是否合理。

③获取被审计单位与其供应商之间的对账单（应从非财务部门，如采购部门获取），并将对账单和被审计单位账面记录之间的差异进行调节（如在途款项、在途货物、付款折扣、未记录的负债等），查找有无未入账的应付账款，确定应付账款金额的准确性。

④针对资产负债表日后付款项目，检查银行对账单及有关付款凭证（如银行划款通知、供应商收据等），询问被审计单位内部或外部的知情人员，查找有无未及时入账的应付账款。

⑤结合存货监盘程序，检查被审计单位在资产负债日前后的存货入库资料（验收报告或入库单），检查是否有大额料到单未到的情况，确认相关负债是否记入了正确的会计期间。

如果注册会计师通过这些程序发现某些未入账的应付账款，应将有关情况详细记入工作底稿，然后根据其重要性确定是否需建议被审计单位进行相应的调整。

（5）针对已偿付的应付账款，追查至银行对账单、银行付款单据和其他原始凭证，检查其是否在资产负债表日前真实偿付。

（6）检查带有现金折扣的应付账款是否按发票上记载的全部应付金额入账，在实际获得现金折扣时再冲减财务费用。

（7）检查应付账款是否已按照企业会计准则的规定在财务报表中作出恰当列报。一般来说，“应付账款”项目应根据“应付账款”和“预付账款”科目所属明细科目的期末贷方余额的合计数填列。在实质性程序中，如果发现被审计单位因重复付款、付款后退货、预付货款等导致某些明细账户借方出现较大余额，注册会计师应在审计工作底稿中编制建议调整的重分类分录，以便将这些借方余额在资产负债表中列为资产。

【审计案例 2-4-3】

注册会计师在审查 ABC 公司 2013 年度“应付账款”记账凭证时，发现所附原始凭证为银行进账单回单和发货票，而公司会计分录为“借：银行存款，贷：应付账款”。注册会计师怀疑该公司可能利用应付账款账户隐瞒收入，故决定作进一步审查。

经进一步审查应付账款明细账和原始凭证，注册会计师发现原始凭证为银行进账单回单和向甲公司开出的增值税专用发票，但没有购货发票和验收单据。销售发票上注明销售货款为 157 600 元、增值税税款为 26 792 元，价税合计 184 392 元，ABC 公司隐瞒收入属实。假定该公司除利用应付账款账户隐瞒销售收入外，还通过其他手段少计利润，共查出隐瞒利润 80 000 元，公司适用的企业所得税税率为 25%。

【问题思考】请根据上述资料代注册会计师提出调整意见。

【审计案例 2-4-3 分析】

ABC 公司存在的问题是利用应付账款账户隐瞒主营业务收入，不仅偷漏了增值税，也人为压低了利润，导致少缴企业所得税。注册会计师建议该公司尽快按规定补缴增值税和企业所得税，并调整有关账簿记录。调整分录如下：

借：应付账款——甲公司　　184 392
　贷：以前年度损益调整　　157 600
　　应交税费——增值税检查调整　　26 792

借：以前年度损益调整　　2 679. 20
　贷：应交税费——应交城市维护建设税　　1 875. 44（26 792×7%）
　　　　——应交教育费附加　　803. 76（26 792×3%）

借：以前年度损益调整　　20 000
　贷：应交税费——应交企业所得税　　20 000（80 000×25%）

任务 3　固定资产和累计折旧审计

一、固定资产审计

（一）固定资产审计目标

（1）确定资产负债表中记录的固定资产是否存在；

（2）确定所有应记录的固定资产是否均已记录；

（3）确定记录的固定资产是否由被审计单位所有或控制；

（4）确定固定资产的计价方法是否恰当；

（5）确定固定资产的折旧政策是否恰当；

（6）确定折旧费用的分摊是否合理，是否具有一贯性；

（7）确定固定资产减值准备的计提是否充分、完整，方法是否恰当；

（8）确定固定资产、累计折旧和固定资产减值准备的期末余额是否正确；

（9）确定固定资产、累计折旧和固定资产减值准备是否已按照企业会计准则的规定在财务报表中作出恰当列报。

（二）固定资产的实质性程序

（1）获取或编制固定资产和累计折旧分类汇总表，检查固定资产的分类是否正确并与总账数和明细账合计数核对是否相符，结合累计折旧、减值准备科目与报表数核对是否相符。

固定资产和累计折旧分类汇总表又称一览表或综合分析表，是审计固定资产和累计折旧的重要工作底稿。其参考格式如表 2-4-3 所示。

表 2-4-3　　固定资产和累计折旧分类汇总表

年　月　日——　年　月　日

被审计单位：　　　编制人：　　　复核人：　　　日期：

固定资产类别	固定资产				累计折旧					
	期初余额	本期增加	本期减少	期末余额	折旧方法	折旧率（%）	期初余额	本期增加	本期减少	期末余额
合计										

汇总表包括固定资产与累计折旧两部分，应按照固定资产类别分别填列。需要解释的是期初余额栏，注册会计师对其审计应分三种情况：一是在连续审计情况下，应注意与上期审计工作底稿中的固定资产和累计折旧的期末余额审定数核对相符；

二是在变更会计师事务所时，后任注册会计师应查阅前任注册会计师有关工作底稿；三是如果被审计单位以往未经注册会计师审计，即在首次接受审计情况下，注册会计师应对期初余额进行较全面的审计。尤其是当被审计单位的固定资产数量多、价值大、占资产总额比重高时，最理想的方法是全面审计被审计单位设立以来“固定资产”和“累计折旧”账户中的所有重要的借贷记录。这样，既可核实期初余额的真实性，又可从中加深对被审计单位固定资产管理和会计核算工作的了解。

（2）对固定资产实施实质性分析程序：

①基于对被审计单位及其环境的了解，通过进行以下比较，并考虑有关数据间关系的影响，建立有关数据的期望值：

a. 分类计算本期计提折旧额与固定资产原值的比率，并与上期比较；

b. 计算固定资产修理及维护费用占固定资产原值的比例，并进行本年度各月份、本期与以前各期的比较。

②确定可接受的差异额。

③将实际情况与期望值相比较，识别需要进一步调查的差异。

④如果其差额超过可接受的差异额，调查并获取充分的解释和恰当的佐证审计证据（例如通过检查相关的凭证）。

⑤评估分析程序的测试结果。

（3）实地检查重要固定资产，确定其是否存在，关注是否存在已报废但仍未核销的固定资产。

实施实地检查审计程序时，注册会计师可以固定资产明细分类账为起点，进行实地追查，以证明会计记录中所列固定资产确实存在，并了解其目前的使用状况；也可以实物为起点，追查至固定资产明细分类账，以获取实际存在的固定资产均已入账的证据。

当然，注册会计师实地检查的重点是本期新增加的重要固定资产，有时观察范围也会扩展到以前期间增加的重要固定资产。观察范围的确定需要依据被审计单位内部控制的强弱、固定资产的重要性和注册会计师的经验来判断。如为首次接受审计，则应适当扩大检查范围。

（4）检查固定资产的所有权或控制权。对各类固定资产，注册会计师应获取、收集不同的证据以确定其是否归被审计单位所有：对外购的机器设备等固定资产，通常经审核采购发票、采购合同等予以确定；对于房地产类固定资产，尚需查阅有关的合同、产权证明、财产税单、抵押借款的还款凭据、保险单等书面文件；对融资租入的固定资产，应验证有关融资租赁合同，证实其并非经营租赁；对汽车等运输设备，应验证有关运营证件等；对受留置权限制的固定资产，通常还应审核被审计单位的有关负债项目等予以证实。

（5）检查本期固定资产的增加。被审计单位如果不正确核算固定资产的增加，将对资产负债表和利润表产生长期的影响。因此，审计固定资产的增加，是固定资产实质性程序中的重要内容。固定资产的增加有多种途径，审计中应注意：

①询问管理层当年固定资产的增加情况，并与获取或编制的固定资产明细表进行核对。

②检查本年度增加固定资产的计价是否正确，手续是否齐备，会计处理是否正确。

a. 对于外购固定资产，通过核对采购合同、发票、保险单、发运凭证等资料，抽查测试其入账价值是否正确，授权批准手续是否齐备，会计处理是否正确；如果购买的是房屋建筑物，还应检查契税的会计处理是否正确；检查分期付款购买固定资产入账价值及会计处理是否正确。

b. 对于在建工程转入的固定资产，应检查固定资产确认时点是否符合会计准则的规定，入账价值与在建工程的相关记录是否核对相符，是否与竣工决算、验收和移交报告等一致；对已经达到预定可使用状态，但尚未办理竣工决算手续的固定资产，检查其是否已按估计价值入账，并按规定计提折旧。

c. 对于投资者投入的固定资产，检查投资者投入的固定资产是否按投资各方确认的价值入账，并检查确认价值是否公允，交接手续是否齐全；涉及国有资产的，是否有评估报告并经国有资产管理部门评审备案或核准确认。

d. 对于更新改造增加的固定资产，检查增加的原值是否符合资本化条件，是否真实，会计处理是否正确；重新确定的剩余折旧年限是否恰当。

e. 对于通过其他途径增加的固定资产，应检查增加固定资产的原始凭证，核对其计价及会计处理是否正确，法律手续是否齐全。

（6）检查本期固定资产的减少。固定资产的减少主要包括出售、向其他单位投资转出、向债权人抵债转出、报废、毁损、盘亏等。其审计要点如下：

①结合固定资产清理科目，抽查固定资产账面转销额是否正确。

②检查出售、盘亏、转让、报废或毁损的固定资产是否经授权批准，会计处理是否正确。

③检查因修理、更新改造而停止使用的固定资产的会计处理是否正确。

④检查投资转出固定资产的会计处理是否正确。

⑤检查债务重组或非货币性资产交换转出固定资产的会计处理是否正确。

【审计案例 2-4-4】

注册会计师对A公司2013年财务决算进行审计，在审查固定资产增减业务时，发现下列问题：

（1）2013年9月A公司购入专用设备一台，取得专用发票注明买价300 000元、增值税51 000元，共支付运杂费2 000元和设备安装费2 500元，设备入账价值为300 000元。公司将后两笔费用直接计入了当期管理费用。该项专用设备于当年9月份投入使用（公司采用直线法折旧，折旧率为10%）。

（2）发现上年度经批准出售机床一台，原价 57 200 元，已累计提取折旧 12 840 元，净值 44 360 元，出售所得价款 35 560 元。该厂的会计处理如下：

借：银行存款　　35 560
　贷：实收资本　　35 560
借：累计折旧　　12 840
　　营业外支出　　44 360
　贷：固定资产　　57 200

【问题思考】根据上述资料，分析 A 公司会计处理存在的问题，并根据审计结果，分别提出调账分录。

【审计案例 2-4-4 分析】

（1）第一笔业务属于固定资产计价错误。购入固定资产的原值包括买价（不含增值税）、运杂费和安装调试费。由于计价错误，进而影响折旧、本年度损益和资产负债表中资产项目。应补提折旧数 = 4 500×10% ÷12×3 = 112.5（元）。调整分录为：

借：固定资产　　4 500
　贷：累计折旧　　112.5
　　　以前年度损益调整　　4 387.5

相应调整应交企业所得税、盈余公积等项目，资产负债表中固定资产原值增加 4 500元，累计折旧增加 112.5 元。

（2）第二笔业务属于固定资产减少业务会计处理错误。固定资产减少业务，均应通过“固定资产清理”账户核算。正确的会计分录为：

借：固定资产清理　　44 360
　　累计折旧　　12 840
　贷：固定资产　　57 200
借：银行存款　　35 560
　贷：固定资产清理　　35 560
借：营业外支出　　8 800
　贷：固定资产清理　　8 800

A 公司的会计处理使实收资本和营业外支出同时虚增了 35 560 元，因此要调整。而营业外支出已转入本年利润，在 2013 会计年度已结账的情况下，应使用“以前年度损益调整”账户进行调整，转出多计的营业外支出，使 2013 年度利润增加 35 560元。调整分录为：

借：实收资本　　35 560
　贷：以前年度损益调整　　35 560

相应调整应交企业所得税、盈余公积等项目，在资产负债表中，实收资本减少 35 560元。

A公司上述错误共应调增2013年度利润39 947.5元，应补计企业所得税9 986.88（39 947.50×25%）元，补提盈余公积2 996.06［（39 947.50−9 986.88）×10%］元。其调整分录为：

借：以前年度损益调整　12 982.94
　贷：应交税费——应交企业所得税　9 986.88
　　盈余公积——法定盈余公积　2 996.06

借：以前年度损益调整　26 964.56
　贷：利润分配——未分配利润　26 964.56

（7）检查固定资产的后续支出。

确定与固定资产有关的后续支出是否满足资产确认条件：满足条件的，应计入固定资产成本，同时将被替换部分的账面价值扣除；如不满足，该支出是否在发生时计入当期损益。

在具体实务中，对于固定资产发生的下列各项后续支出，通常的处理方法为：

①固定资产修理费用，应当直接计入当期费用。

②固定资产改良支出，应当计入固定资产账面价值，其增计后的金额不应超过该固定资产的可收回金额。

③如果不能区分是固定资产修理还是固定资产改良，或固定资产修理和固定资产改良结合在一起，则企业应按上述原则进行判断，其发生的后续支出，分别计入固定资产价值或当期费用。

④固定资产装修费用，符合上述原则可予以资本化的，在两次装修期间与固定资产尚可使用年限两者中较短的期间内，采用合理的方法单独计提折旧。如果在下次装修时，该固定资产相关的装修项目仍有余额，应将该余额一次全部计入当期营业外支出。

（8）获取已提足折旧仍继续使用固定资产的相关证明文件，并作相应记录。

（9）检查固定资产保险情况，复核保险范围是否足够。

（10）对应计入固定资产的借款费用，应根据企业会计准则的规定，结合长短期借款、应付债券或长期应付款的审计，检查借款费用资本化的计算方法和资本化金额，以及会计处理是否正确。

（11）检查固定资产是否已按照企业会计准则的规定在财务报表中作出恰当列报。

二、累计折旧审计

固定资产可以长期参加生产经营而仍保持其原有实物形态，但其价值将随着固定资产的使用而逐渐转移到生产的产品成本中，或构成经营成本或费用。在固定资产使用寿命内，按照确定的方法对应计折旧额进行的系统分摊就是固定资产的折旧。

累计折旧的实质性程序通常包括：

（1）获取或编制累计折旧分类汇总表，复核加计是否正确，并与总账数和明细账合计数核对是否相符。

（2）检查被审计单位制定的折旧政策和方法是否符合相关会计准则的规定，确定其所采用的折旧方法能否在固定资产预计使用寿命内合理分摊其成本，前后期是否一致，预计使用寿命和预计净残值是否合理。

《企业会计准则第 4 号——固定资产》明确规定：企业应当根据与固定资产有关的经济利益的预期实现方式，合理选择固定资产折旧方法。可选用的折旧方法包括年限平均法、工作量法、双倍余额递减法和年数总和法等。除非由于与固定资产有关的经济利益的预期实现方式有重大改变，应当相应改变固定资产折旧方法，折旧方法一经选定，不得随意调整。企业至少应当于每年度终了对固定资产的使用寿命、预计净残值和折旧方法进行复核，如果固定资产使用寿命预计数和净残值预计数与原先估计数有差异，应当作相应调整。

（3）复核本期折旧费用的计提和分配。

①了解被审计单位的折旧政策是否符合规定，计提折旧范围是否正确，确定的使用寿命、预计净残值和折旧方法是否合理；如采用加速折旧法，是否取得批准文件。

②检查被审计单位折旧政策前后期是否一致。

③复核本期折旧费用的计提是否正确。

a. 已计提部分减值准备的固定资产，计提的折旧是否正确。按照《企业会计准则第 4 号——固定资产》的规定，已计提减值准备的固定资产的应计折旧额应当扣除已计提的固定资产减值准备累计金额，按照该固定资产的账面价值以及尚可使用寿命重新计算确定折旧率和折旧额。

b. 已全额计提减值准备的固定资产，是否已停止计提折旧。

c. 因更新改造而停止使用的固定资产是否已停止计提折旧，因大修理而停止使用的固定资产是否照提折旧。

d. 对按规定予以资本化的固定资产装修费用是否在两次装修期间与固定资产尚可使用年限两者中较短的期间内，采用合理的方法单独计提折旧。

e. 对融资租入固定资产发生的、按规定可予以资本化的固定资产装修费用，是否在两次装修期间、剩余租赁期与固定资产尚可使用年限三者中较短的期间内，采用合理的方法单独计提折旧。

f. 对采用经营租赁方式租入的固定资产发生的改良支出，是否在剩余租赁期与租赁资产尚可使用年限两者中较短的期间内，采用合理的方法单独计提折旧。

g. 未使用、不需用和闲置的固定资产是否按规定计提折旧。

【审计案例 2-4-5】

注册会计师审查B企业2013年12月基本生产车间设备计提折旧情况，在审阅固定资产明细账和制造费用明细账时，发现如下记录：

（1）11月末该车间设备计提折旧额为12 000元，年折旧率为6%；

（2）11月份购入设备一台，原值20 000元，已安装完工并交付使用；

（3）11月份融资租入一台设备投入车间使用，入账价值为10 000元；

（4）11月份交外单位大修设备一台，原值为50 000元；

（5）11月份进行技术改造设备一台，当月交付使用，该设备原值为200 000元，技改支出为50 000元，变价收入为20 000元；

（6）12月份该车间设备计提折旧21 000元。

【问题思考】假定企业11月末计提折旧数正确，验证该企业12月份计提折旧数是否正确。如不正确，请作审计调整分录（假定B企业当月发生的制造费用在期末在产品与产成品之间按1∶4分配）。

【审计案例 2-4-5 分析】

11月份购入设备一台，原值为20 000元，已安装完工并交付使用；11月份融资租入一台设备价值10 000元投入车间使用，两者12月开始均应计提折旧。

11月份交外单位大修设备（原值为50 000元）仍应计提折旧，12月不应停止计提折旧。

11月份进行技术改造设备一台，当月交付使用，该设备原值为200 000元，技改支出为50 000元，变价收入为20 000元，12月应按重新调整的账面价值计提折旧。

B企业2013年12月份应计提折旧额为：

12 000+［20 000+10 000+（200 000+50 000−20 000）］×6%÷12＝13 300（元）

多提折旧额＝21 000−13 300＝7 700（元）

期末在产品应冲减多分配的折旧费＝7 700÷5＝1 540（元）

完工产品应冲减多分配的折旧费＝7 700÷5×4＝6 160（元）

调账分录为：

借：累计折旧　　7 700
　贷：生产成本　　1 540
　　　库存商品　　6 160

④检查折旧费用的分配是否合理，是否与上期一致；分配计入各项目的金额占本期全部折旧计提额的比例与上期比较是否有重大差异。

⑤注意固定资产增减变动时，有关折旧的会计处理是否符合规定，查明通过更新改造、接受捐赠或融资租入而增加的固定资产折旧费用计算是否正确。

（4）将“累计折旧”账户贷方的本期计提折旧额与相应的成本费用明细账户借

方专栏折旧费用进行比较，检查本期所计提折旧金额是否已全部摊入本期产品成本和期间费用。若存在差异，应追查原因，并考虑是否应建议作适当调整。

（5）检查累计折旧的减少是否合理，会计处理是否正确。

（6）检查累计折旧的披露是否恰当。

【审计案例 2-4-6】

某会计师事务所对某公司的年度财务报表进行审计时，取得了与企业折旧提取与分配的相关数据，如表 2-4-4 所示。

表 2-4-4　　折旧费用计提分配表　　单位：元

月份	固定资产原价	计提折旧额	制造费用负担额	管理费用负担额	其他账户
1	23 359 700	2 102 370	1 461 929	626 541	13 900
2	23 359 700	2 102 370	1 471 659	630 711	
3	25 869 700	2 328 273	1 629 791	698 482	
4	25 869 700	2 328 273	1 629 791	698 482	
5	25 869 700	2 328 273	1 513 377	814 896	
6	34 321 100	3 775 321	2 453 959	1 321 362	
7	34 321 100	3 775 321	2 453 959	1 321 362	
8	29 986 400	2 840 708	1 846 460	994 248	
9	29 986 400	2 840 708	1 846 460	994 248	
10	32 638 400	3 100 668	2 015 434	1 085 234	
11	32 638 400	3 100 668	2 015 434	1 085 234	
12	32 638 400	3 100 668	2 015 434	1 085 234	

审计人员也取得了与以上数据相关的资料：

（1）3 月，固定资产原价增加 2 510 000 元，分类折旧率不变。

（2）6 月，固定资产原价增加 8 451 400 元，由于是电子设备，分类折旧率高。

（3）8 月，固定资产退废，原价减少 4 334 700 元。

（4）10 月，固定资产原价增加 2 652 000 元，分类折旧率不变。

（5）1 月份该公司有固定资产出租业务，自 2 月份起公司将该项固定资产收回，用于车间生产。

经与资产审计组核对，该公司固定资产的增减手续完备，核算内容真实，使用的固定资产折旧率均符合法规制度的规定要求，并经当地有关部门核准。

【问题思考】根据上述资料对该公司固定资产年折旧提取及分配情况进行分析，并提出需进一步审查内容的建议。

【审计案例 2-3-6 分析】

通过该分析表可以看出，该公司固定资产折旧提取与分配是存在问题的。

（1）折旧提取方面。从表 2-4-4 上的数据可以看出，3 月份增加了固定资产，但当月的折旧额也随之增加，如果原有固定资产的折旧率未变，很可能是将当月增加的固定资产在当月计提了折旧，相同的事项还表现在当年 6 月、10 月增加固定资产时。但是，在当年 8 月减少固定资产时，当月计提的折旧却减少了，因此又可考虑该公司是否在当月减少固定资产时未照提折旧。进行这样的对比可看出，如若上述事项确实如此，企业有可能在计算固定资产折旧额方面存有错误，应将这样的内容作为进一步审查的对象。

（2）折旧费用分配方面。从分配的折旧额数据的变化可知，当年 4 月该公司改变了折旧数额的分配比重（原比重为 2.333∶1，更改为 1.857∶1），制造费用分配的折旧额有所减少，而管理费用负担的折旧额有所增加。其原因何在，有待于进一步查明。

（3）出租固定资产收回后，其折旧费用应由制造费用负担，而该公司将其在制造费用与管理费用之间进行了分配。

【审计案例 2-4-7】

2014 年 2 月 7 日，注册会计师李文审计大华公司 2013 年度财务报表时，了解到该公司固定资产的期末有关资料及会计处理情况是：

（1）设备 A：账面原值为 40 万元，累计折旧为 4 万元，减值准备为零，该设备生产的产品有大量的不合格品。大华公司按设备资产净值补提减值准备 36 万元。

（2）设备 B：账面原值为 10 万元，累计折旧为零，减值准备为零，该设备因长期未使用，在可预见的未来不会再使用，经认定其转让价值为 1 万元。大华公司全额提取减值准备。

（3）设备 C：账面原值为 200 万元，累计折旧为 50 万元，已提取减值准备 150 万元。该设备上年度已遭毁损，不再具有使用价值和转让价值，在上年已全额提取减值准备，大华公司本年度又计提累计折旧 2 万元。

（4）设备 D：账面原值为 30 万元，累计折旧为 3 万元，已提取减值准备 2 万元，该设备未发现减值迹象。大华公司从谨慎原则出发，从本年度起每年计提减值准备 2 万元。

【问题思考】试分析大华公司固定资产减值准备计提会计处理的正确性并提出审计调整意见。

【审计案例 2-4-7 分析】

根据《企业会计准则第 4 号——固定资产》和《企业会计准则第 8 号——资产减值》的规定，注册会计师对大华公司上述固定资产会计事项提出以下审计意见：

（1）对于设备 A，当企业的固定资产由于使用而产生大量不合格品的，企业应当全额计提减值准备。该设备的固定资产原值为 40 万元，已提累计折旧 4 万元，净值为 36 万元，所以大华公司补提 36 万元的减值准备是正确的。

（2）对于设备 B，只有当企业的固定资产由于长期闲置不用，在可预见的未来不会再使用，且无转让价值的情况下，方可全额提取减值准备。而大华公司的该设备虽然由于闲置不用已无使用价值，但仍有转让价值 1 万元，因此不符合全额计提减值准备的条件。大华公司的全额计提减值准备的做法将会使企业的费用多计，利润少计，固定资产的价值虚减。应冲回所计提的减值准备，同时考虑该项调整对当期利润及所得税的影响。

（3）对于设备 C，企业的固定资产已遭受毁损，以至于不再具有使用价值和转让价值时，应在按规定程序核准报废处理前，全额计提减值准备。而且在对资产全额计提了减值准备后不再计提折旧，应及时对其进行处理。大华公司不仅未对此设备进行处理，反而计提了 2 万元的累计折旧。此做法将会使企业费用虚计，利润少计。注册会计师应建议首先将计提的累计折旧冲回，并按规定程序处理该设备，同时考虑该项调整对当期利润及所得税的影响。

（4）对于设备 D，如果企业的固定资产无任何减值的迹象，不能擅自计提减值准备。大华公司这种做法将会使企业的费用多计，利润少计，资产的价值虚减。所以，注册会计师应建议调整冲回，同时考虑该项调整对当期利润及所得税的影响。

提请大华公司应及时处理损毁的 C 设备，经公司领导批准后，相应的会计分录为：

借：固定资产减值准备　　1 500 000
　　累计折旧　　500 000
　贷：固定资产　　2 000 000

大华公司 2013 年度共违规计提固定资产减值准备 5 万元，应调增该年度利润额 5 万元，应纳税所得额 5 万元，应补缴所得税 1. 25 万元和补提盈余公积 3 750 元。调整分录如下：

借：固定资产减值准备　　50 000
　贷：以前年度损益调整　　50 000
借：以前年度损益调整　　16 250
　贷：应交税费——应交企业所得税　　12 500
　　　盈余公积——法定盈余公积　　3 750
借：以前年度损益调整　　33 750
　贷：利润分配——未分配利润　　33 750

任务4　其他相关账户审计

一、预付账款审计

预付款项是企业按采购合同的规定，预先支付给供货单位的货款，包括企业进行在建工程预付的工程价款。会计上通过“预付账款”或“应付账款”科目（借方）进行核算。预付账款是企业的一种流动资产，它是企业在采购环节中产生的一项债权。因此，预付账款的审计应结合采购与付款循环的审计进行。

（一）预付账款的审计目标

预付账款的审计目标一般包括：确定资产负债表中记录的预付账款是否存在；确定所有应当记录的预付账款是否均已记录；确定记录的预付账款是否由被审计单位拥有或控制；确定预付账款是否以恰当的金额包括在财务报表中，与之相关的计价调整是否已恰当记录；确定预付账款是否已按照企业会计准则的规定在财务报表中作出恰当列报。

（二）预付账款账面余额的实质性审计程序

（1）获取或编制预付账款明细表：

①复核加计是否正确，并与总账数和明细账合计数核对是否相符，结合坏账准备科目与报表数核对是否相符；

②结合应付账款明细账审计，查核有无重复付款或将同一笔已付清的账款在预付账款和应付账款两个科目中同时挂账的情况；

③分析出现贷方余额的项目，查明原因，必要时建议进行重新分类调整；

④对期末预付账款余额与上期期末余额进行比较，解释其波动原因。

（2）分析预付账款账龄及余额构成，主要从以下两点检查：

①该笔款项是否根据有关购货合同支付；

②检查一年以上预付账款未核销的原因及发生坏账的可能性，检查不符合预付账款性质的预付款项，或因供货单位破产、撤销等原因无法再收到所购货物的预付账款是否已转入其他应收款。

（3）检查大额预付工程款增加或者结转是否有相应的审批手续，与相关合同、工程进度是否一致。

（4）选择大额或异常的预付账款重要项目（包括零账户），函证其余额是否正确，并根据回函情况编制函证结果汇总表。回函金额不符的，应查明原因作出记录或建议作适当调整。未回函的，可再次函证，也可采用替代审计程序进行检查，如检查该笔债权的相关凭证资料，或抽查资产负债表日后预付账款明细账及存货、在建工程明细账，并根据替代检查结果判断其债权的真实性或出现坏账的可能性。

（5）检查资产负债表日后的预付账款、存货及在建工程明细账，并检查相关凭证，核实期后是否已收到实物并转销预付账款，分析资产负债表日预付账款的真实性和完整性。

（6）检查预付账款是否已按照企业会计准则的规定在财务报表中作出恰当列报。

二、应付票据审计

应付票据是指企业因购买材料、商品和接受劳务供应等开出、承兑的商业汇票，包括银行承兑汇票和商业承兑汇票。由于应付票据大多是指向供货单位购入材料、商品或劳务时所开出的商业承兑票据，因此，对应付票据的审计需结合采购与付款交易一起进行。

（一）应付票据的审计目标

应付票据的审计目标一般包括：确定资产负债表中记录的应付票据是否存在；所有应当记录的应付票据是否均已记录；确定记录的应付票据是否为被审计单位应当履行的现实义务；确定应付票据是否以恰当的金额包括在财务报表中，与之相关的计价调整是否已恰当记录；确定应付票据是否已按照企业会计准则的规定在财务报表中作出恰当的列报。

（二）应付票据的实质性程序

（1）获取或编制应付票据明细表：

①复核加计是否正确，并与报表数、总账数和明细账合计数核对是否相符；

②与应付票据备查簿的以下有关内容核对相符：商业汇票的种类、号数、出票日期、到期日、票面金额、交易合同号、收款人姓名或单位名称以及付款日期和金额等。

（2）检查应付票据备查簿：

①检查债务的合同、发票和收货单等资料，核实交易、事项交易的真实性，复核其应存入银行的承兑保证金，并与其他货币资金科目勾稽；

②抽查资产负债表日后已偿付的应付票据，检查有无未入账的应付票据，核实其是否已付款并转销；

③针对已注销的应付票据，确定是否已在资产负债表日前偿付；

④询问管理人员，审查有关文件并结合购货截止测试，检查应付票据的完整性；

⑤获取客户的贷款卡，打印贷款卡中全部信息，检查其中有关应付票据的信息与明细账合计数、总账数、报表数是否相符。

（3）选择应付票据的重要项目，函证其余额和交易条款，对未回函的再次发函或实施替代的检查程序。

（4）查明逾期未兑付票据的原因，检查逾期的银行承兑汇票是否转入短期借款，逾期的商业承兑汇票是否已经转入应付账款，带息票据是否已经停止计息，是否存在抵押票据的情形。

(5) 复核带息应付票据利息是否足额计提，其会计处理是否正确。

(6) 检查应付票据是否已按照企业会计准则的规定在财务报表中作出恰当列报。

三、在建工程审计

(一) 在建工程的审计目标

在建工程的审计目标一般包括：确定资产负债表中记录的在建工程是否存在；确定所有应记录的在建工程是否均已记录；确定记录的在建工程是否由被审计单位拥有或控制；确定在建工程是否以恰当的金额包括在资产负债表中，与之相关的计价调整已恰当记录；确定在建工程是否已按照企业会计准则的规定在财务报告中作出恰当列报。

(二) 在建工程账面余额的实质性程序

(1) 获取或编制在建工程明细表，复核加计是否正确，并与总账数和明细账合计数核对相符，结合减值准备科目与报表数核对是否相符。

应当注意，在建工程报表数反映企业期末各项未完工程的实际支出。其报表数应同在建工程总账数和明细账合计数分别减去相应的在建工程减值准备总账数和明细账合计数后的余额核对相符。

(2) 实施分析程序。基于对被审计单位及其环境的了解，通过进行以下比较，并考虑有关数据间关系的影响，建立有关数据的期望值：

①依据借款和工程建设情况计算借款费用资本化金额，并与被审计单位实际的借款费用资本化情况进行比较；

②确定可接受的差异额；

③将实际情况与期望值相比较，识别需要进一步调查的差异；

④如果其差额超过可接受的差异额，调查并获取充分的解释和恰当的佐证审计证据（如检查相关的凭证）。

(3) 检查本期在建工程的增加数：

①询问管理层当年在建工程的增加情况，并与获取或编制的在建工程的明细表进行核对。对于重大建设项目，取得有关工程项目的立项批文、预算总额和建设批准文件，以及施工承包合同、现场监理施工进度报告等业务资料。

②查阅公司资本支出预算、公司相关会议决议等，检查本年度增加的在建工程是否全部得到记录。

③对于支付的工程款，应抽查其是否按照合同、协议、工程进度或监理进度报告分期支付，付款授权批准手续是否齐备，会计处理是否正确；取得监理报告等资

料，检查估计的发包进度是否合理。

④对于领用的工程物资，抽查工程物资的领用是否有审批手续，会计处理是否正确。

⑤对于应负担的职工薪酬，结合应付职工薪酬的审计，检查应计入在建工程的职工薪酬范围、计量和会计处理是否正确。

⑥对于借款费用资本化，应结合长短期借款、应付债券或长期应付款的审计，检查借款费用资本化的起讫日的界定是否合规，计算方法是否正确，资本化金额是否合理，会计处理是否正确。

⑦检查工程管理费、征地费、可行性研究费、临时设施费、公证费、监理费及应负担的税费等资本化的金额是否合理、真实和完整，会计处理是否正确。

（4）检查本期在建工程的减少数：

①结合固定资产审计，了解在建工程结转固定资产的政策，检查在建工程结转是否正确，是否存在将已经达到预计可使用状态的固定资产挂列在建工程账户，少计折旧的情况。

②检查已完工工程项目的竣工决算报告、验收交接单等相关凭证以及其他转出数的原始凭证，检查其会计处理是否正确。

③取得因自然灾害等原因造成的单项工程或单位工程报废或毁损的相关资料，检查其会计处理是否正确。

四、固定资产清理审计

（一）固定资产清理的审计目标

固定资产清理的审计目标一般包括：确定资产负债表中记录的固定资产清理是否实际存在；确定被审计单位的所有应当记录的固定资产清理是否均已记录；确定资产负债表中记录的固定资产清理是否为被审计单位拥有或控制；确定固定资产清理是否以恰当的金额包括在财务报表中，与之相关的计价调整是否已恰当记录；确定固定资产清理是否已按照企业会计准则的规定在财务报表中作出恰当列报。

（二）固定资产清理的实质性程序

（1）获取或编制固定资产清理明细表，复核加计是否正确，并与报表数、总账数和明细账合计数核对是否相符。

（2）检查固定资产清理的发生是否有正当理由，是否经有关技术部门鉴定，固定资产清理的发生和转销是否经授权批准，相应的会计处理是否正确。

①结合固定资产等账项的审计，检查固定资产、累计折旧和固定资产减值准备等账面转入额是否正确；

②检查固定资产清理收入和清理费用的发生是否真实，清理净损益的计算是否正确，会计处理是否正确。

(3) 检查固定资产清理是否长期挂账，如有，应作出记录，必要时建议作适当调整。

(4) 检查固定资产清理是否已按照企业会计准则规定在财务报表中作出恰当列报。

五、无形资产审计

(一) 无形资产的审计目标

无形资产的审计目标一般包括：确定资产负债表中记录的无形资产是否存在；确定被审计单位所有应当记录的无形资产是否均已记录；确定资产负债表中记录的无形资产是否由被审计单位拥有或控制；确定无形资产是否以恰当的金额包括在财务报表中，与之相关的计价或分摊调整是否已恰当记录；确定无形资产是否已按照企业会计准则的规定在财务报表中作出恰当列报。

(二) 无形资产账面余额的实质性程序

(1) 获取或编制无形资产明细表，复核加计是否正确，并与总账数和明细账合计数核对是否相符，结合累计摊销、无形资产减值准备科目与报表数核对是否相符。

(2) 检查无形资产的权属证书原件、非专利技术的持有和保密状况等，并获取有关协议和董事会纪要等文件、资料，检查无形资产的性质、构成内容、计价依据、使用状况和受益期限，确定无形资产是否存在，并由被审计单位拥有或控制。

(3) 检查无形资产的增加：

①检查投资者投入的无形资产是否按投资各方确认的价值入账，并检查确认价值是否公允，交接手续是否齐全；涉及国有资产的，检查是否有评估报告并经国有资产管理部门评审备案或核准确认。

②对自行研发取得、购入或接受捐赠的无形资产，检查其原始凭证，确认计价是否正确，法律程序是否完备（如依法登记、注册及变更登记的批准文件和有效期），会计处理是否正确。

③对债务重组或非货币性资产交换取得的无形资产，检查有关协议等资料，确认其计价和会计处理是否正确。

④检查本期购入土地使用权相关税费计算清缴情况，与购入土地使用权相关的会计处理是否正确。

(4) 检查无形资产的减少：

①取得无形资产处置的相关合同、协议，检查其会计处理是否正确。

②检查房地产开发企业取得的土地用于建造对外出售的房屋建筑物，相关的土地使用权是否转入所建造房屋建筑物的成本；在土地上自行开发建造厂房等建筑物的，土地使用权和地上建筑物是否分别进行摊销和计提折旧。

③当土地使用权用于出租或增值目的时，检查其是否转为投资性房地产核算，

会计处理是否正确。

（5）检查被审计单位确定无形资产使用寿命的依据，分析其合理性。

（6）检查无形资产的后续支出是否合理，会计处理是否正确。

（7）检查无形资产预计是否能为被审计单位带来经济利益，若否，检查是否将其报废并将账面价值予以转销，计入当期营业外支出。

（8）结合长、短期借款等项目的审计，了解是否存在用于债务担保的无形资产；如有，应取证并记录，并提请被审计单位作恰当披露。

（9）检查无形资产是否已按照企业会计准则的规定在财务报表中作出恰当列报。

按照企业会计准则的规定，被审计单位在财务报表附注中应当披露：

①无形资产的期初和期末账面余额、累计摊销额及减值准备累计金额；

②对于使用寿命有限的无形资产，其使用寿命的估计情况；对于使用寿命不确定的无形资产，其使用寿命不确定的判断依据；

③无形资产的摊销方法；

④用于担保的无形资产账面价值、当期摊销额等情况；

⑤计入当期损益和确认为无形资产的研究开发支出金额。

（三）无形资产累计摊销的实质性程序

（1）获取或编制无形资产累计摊销明细表，复核加计是否正确，并与总账数和明细账合计数核对是否相符。

（2）检查无形资产各项目的摊销政策是否符合有关规定，是否与上期一致，若改变摊销政策，检查其依据是否充分。注意：使用期限不确定的无形资产不应摊销，但应当在每个会计期间对其使用寿命进行复核。

（3）检查被审计单位是否在年末对使用寿命有限的无形资产的使用寿命和摊销方法进行复核，其复核结果是否合理。

（4）检查无形资产的应摊销金额是否为其成本扣除预计残值和减值准备后的余额，检查其预计残值的确定是否合理。

（5）复核本期摊销是否正确，与相关科目（成本费用）核对是否相符。

（6）确定累计摊销的披露是否恰当。

（四）无形资产减值准备的实质性程序

（1）获取或编制无形资产减值准备明细表，复核加计是否正确，并与总账数和明细账合计数核对是否相符。

（2）检查无形资产减值准备计提和转销的批准程序，取得书面报告等证明文件。

（3）检查被审计单位计提无形资产减值准备的依据是否充分，计算和会计处理是否正确。

（4）检查无形资产转让时，相应的减值准备是否一并结转，会计处理是否正确。

(5) 通过检查期后事项，以及比较前期无形资产减值准备数与实际发生数，评价无形资产减值准备的合理性。

(6) 确定无形资产减值准备的披露是否恰当。

六、研发支出审计

(一) 研发支出的审计目标

研发支出的审计目标一般包括：确定资产负债表中记录的研发支出是否存在；确定所有应当记录的研发支出是否均已记录；确定资产负债表中记录的研发支出是否由被审计单位拥有或控制；确定研发支出是否以恰当的金额包括在财务报表中，与之相关的计价调整是否已恰当记录；确定研发支出是否已按照企业会计准则的规定在财务报表中作出恰当列报。

(二) 研发支出的实质性程序

(1) 获取或编制研发支出明细表，复核加计是否正确，并与研发支出总账数和明细账合计数核对是否相符，并将所属的“资本化支出”明细账期末余额与报表数核对是否相符。

(2) 检查研发支出的增加。

①获取有关协议和董事会纪要等文件、资料，检查研发支出的性质、构成内容、计价依据，检查其是否归被审计单位拥有或控制。

②索取相关会议纪要、无形资产研究开发的可行性研究报告等相关资料，确定研究开发项目处于研究阶段还是开发阶段；不同阶段的资本化和费用化处理是否正确，会计处理是否正确。

③检查研发费用明细表，抽查若干月份支出中的职工薪酬、折旧等费用，并与相关科目核对是否相符。

(3) 检查研发支出的减少。

①检查研发费用明细表，结合管理费用科目的审计，检查费用化支出的结转处理是否正确；

②审查已经在用或已经达到预定用途的研究开发项目是否已结转至相关资产项目。

(4) 对研发支出实施截止测试，检查资产负债表日前后若干天内开发支出明细账和凭证，确定有无跨期现象。

(5) 检查开发支出是否已按照企业会计准则的规定在财务报表中作出恰当列报。

七、长期待摊费用审计

（一）长期待摊费用的审计目标

长期待摊费用的审计目标一般包括：确定资产负债表中记录的长期待摊费用是否存在；确定所有应当记录的长期待摊费用是否均已记录；确定记录的长期待摊费用是否由被审计单位拥有或控制；确定资产负债表中的长期待摊费用是否以恰当的金额包括在财务报表中，与之相关的计价或分摊调整是否已恰当记录；确定长期待摊费用是否已按照企业会计准则的规定在财务报表中作出恰当列报。

（二）长期待摊费用的实质性程序

（1）获取或编制长期待摊费用明细表，复核加计是否正确，并与总账数和明细账合计数核对是否相符，减去将于一年内（含一年）摊销的数额后与报表数核对是否相符。

（2）抽查长期待摊费用的原始凭证，查阅有关合同、协议等资料，确定是否真实，检查会计处理是否正确。

（3）检查摊销政策是否符合会计制度的规定，复核计算摊销额及相关的会计处理是否正确，前后期是否保持一致，是否存在随意调节利润的情况。

（4）检查被审计单位筹建期间发生的开办费是否在发生时直接计入管理费用。

（5）对于经营租赁方式租入的固定资产发生的改良支出，检查相关的原始资料（如承租合同、装修合同和决算书等），确定改良支出金额是否正确，摊销期限是否合理，摊销额的计算及会计处理是否正确。

（6）检查被审计单位是否将预期不能为其带来经济利益的长期待摊费用项目的摊余价值予以转销。

（7）检查长期待摊费用是否已按照企业会计准则的规定在财务报表中作出恰当列报，应注意剩余摊销期在一年以内的长期待摊费用，是否在资产负债表中的“一年内到期的非流动资产”项目中反映。

八、管理费用审计

（一）管理费用的审计目标

管理费用的审计目标一般包括：确定利润表中记录的管理费用是否已发生，且与被审计单位有关；确定所有应当记录的管理费用是否均已记录；确定与管理费用有关的金额及其他数据是否已恰当记录；确定管理费用是否已记录于正确的会计期间；确定管理费用是否已记录于恰当的账户；确定管理费用是否已按照企业会计准则的规定在财务报表中作出恰当的列报。

（二）管理费用的实质性程序

（1）取得或编制管理费用明细表，复核加计是否正确，与报表数、总账数及明细账合计数核对是否相符。

(2) 检查管理费用的明细项目的设置是否符合规定的核算内容与范围，结合成本费用的审计，检查是否存在费用分类错误，若有，应提请被审计单位调整。

(3) 对管理费用进行分析性复核：

①计算分析管理费用中各项目发生额及占费用总额的比率，将本期、上期管理费用各主要明细项目作比较分析，判断其变动的合理性；

②将管理费用实际发生额与预算金额进行比较；

③比较本期各月份管理费用，对有重大波动和异常情况的项目应查明原因，检查费用的开支是否符合有关规定，计算是否正确，原始凭证是否合法，会计处理是否正确，必要时作适当处理。

(4) 将管理费用中的职工薪酬、无形资产摊销、长期待摊费用摊销额等项目与各有关账户进行核对，分析其勾稽关系的合理性，并作出相应记录。

(5) 选择管理费用中的重要明细项目作重点检查：

①公司经费（包括行政管理部门职工薪酬、物料消耗、低值易耗品摊销、办公费和差旅费）是否系经营管理中发生或应由公司统一负担，检查相关费用报销的内部管理办法，相关报销手续是否有合法原始凭证支持；

②董事会费（包括董事会成员津贴、会议费和差旅费等），检查相关董事会及股东会决议，是否在规定范围内开支费用；

③业务招待费的支出是否合理，如超过规定限额，是否在计算应纳税所得额时予以调整；

④差旅费支出是否符合企业开支标准及报销手续；

⑤对中介机构费、咨询费（含顾问费），检查是否按合同规定支付费用，有无涉及诉讼及赔偿款项支出，并关注是否存在或有损失；

⑥结合或有事项审计，检查诉讼费用涉及的相关重大诉讼事项是否已在附注中进行披露，并进一步关注诉讼状态，判断有无或有负债，或是否存在已发生损失而未入账的事项。

⑦无形资产的摊销额和筹建期间内发生的开办费核算是否符合规定，筹建期间发生的开办费（包括人员工资、办公费、培训费、差旅费、印刷费、注册登记费以及不计入固定资产成本的借款费用等）是否直接计入管理费用；

⑧支付外资机构的特许权使用费支出是否超过规定限额，必要时应建议作纳税调整；

⑨上交母公司或其他关联方的管理费用是否有合法的单据及证明文件；

⑩对因被审计单位行政管理部门等发生的大额固定资产修理费，关注其原因；

⑪检查库存现金、存货等流动资产盘盈盘亏处理是否符合规定；

⑫复核本期发生的房产税、车船税、土地使用税、印花税等税费是否正确；

⑬检查大额支出、不均匀支出和有疑问支出的内容和审批手续、权限是否符合

有关规定；

⑭关注管理费用中的支出内容，有无不正常开支。

（6）抽取资产负债表日前后若干天的一定数量的凭证，实施截止性测试，对于重大跨期项目，应作必要调整。

（7）检查管理费用是否已按照企业会计准则的规定在财务报表中作出恰当的列报。

项目五　生产与存货循环审计

学习目标

通过本项目学习，熟悉生产与存货循环涉及的主要凭证、会计记录和主要业务活动，了解生产与存货循环内部控制的内容，掌握对其进行控制测试所采用的程序和方法；掌握生产与存货循环涉计的存货、应付职工薪酬、生产成本等报表项目的审计目标和实施的实质性程序。

能力目标

1. 能结合实际分析生产与存货循环内部控制的内容和作用；
2. 能结合具体案例分析如何针对关键内部控制进行控制测试；
3. 了解存货、应付职工薪酬、生产成本的具体审计程序，熟悉企业存货盘点工作过程。

【审计案例 2-5-1】

法尔莫公司高估存货和虚假利润舞弊行为最终导致了董事长莫纳斯及其公司的破产；同时也使为其提供审计服务的“五大”会计师事务所损失了数百万美元。

莫纳斯一直梦想着把他的小店发展成一个庞大的药品帝国。其所实施的策略就是他所谓的“强力购买”，即通过提供大比例折扣来销售商品。莫纳斯首先把实际上并不盈利且未经审计的药店报表拿来，用自己的笔为其加上并不存在的存货和利润。然后凭着自己空谈的天分及一套夸大了的报表，在一年之内骗得了足够的投资，用以收购了 8 家药店，奠定了他的小型药品帝国的基础。这个帝国后来发展到了拥有 300 家连锁店的规模，一时间，莫纳斯成为金融领域的风云人物。

在这个精心设计、至少引起 5 亿美元损失的财务舞弊事件浮出水面之时，莫纳斯和他的公司炮制虚假利润已达十年之久。当时，法尔莫公司的财务总监认为因公司以低于成本出售商品而招致了严重的损失，但是莫纳斯认为通过“强力购买”，公司完全可以发展得足够大，以使得它能顺利地坚持它的销售方式。最终在莫纳斯的强大压力下，这位财务总监卷入了这起舞弊案件。在随后的数年之中，他和他的几位下属设置了两套账簿，一套用以应付注册会计师的审计，一套反映公司真实财务情况。

他们先将所有的损失归入一个所谓的“水桶账户”，然后再将该账户的金额通过虚增存货的方式，重新分配到公司的数百家成员药店中。他们仿造购货发票，制造增加存货并减少销售成本的虚假记账凭证，确认购货却不同时确认负债，多计或加倍计算存货的数量。财务部门之所以可以隐瞒存货短缺，是因为注册会计师只对300家药店中的4家进行存货监盘，而且他们会提前数月通知法尔莫公司，他们将检查哪些药店。管理人员随之将那4家药店堆满实物存货，而把那些虚增的部分分配到其余的296家药店。如果不考虑其会计造假，法尔莫公司实际已濒临破产。在最近一次审计中，其现金已紧缺到供应商因其未能及时支付购货款而威胁取消对其供货的地步。

注册会计师们一直未能发现这起舞弊事件，他们为此付出了昂贵的代价。这项审计失败使会计师事务所在民事诉讼中损失了3亿美元。那位财务总监被判33个月的监禁，莫纳斯本人则被判入狱5年。

【问题思考】注册会计师应当如何正确认识存货项目审计的风险？

【审计案例2-5-1分析】

为法尔莫公司提供审计服务的注册会计师一直未能发现法尔莫公司舞弊的迹象，这充分说明如果被审计单位在会计信息生成过程中蓄意实施舞弊行为往往掩藏得很深。一般说来，存货类别多、业务发生频繁、管理难度大、会计核算较为复杂，因此存货项目的重大错报风险往往较高，存货资产存在性和计价与分摊的认定在财务报表审计中非常重要。但存货舞弊并非仅凭简单的监盘就可查出。这就意味着注册会计师必须在审计计划阶段审慎评估存货项目的重大错报风险，审慎确定重要性水平，设计并实施恰当的审计程序，以降低存货审计的检查风险，从而使审计的总风险控制在注册会计师可以接受的水平。

任务1　生产与存货循环的控制测试

一、生产与存货循环涉及的主要凭证与会计记录

以制造业为例，生产与存货循环由将原材料转化为产成品的有关活动组成。该循环包括制订生产计划，控制、保持存货水平以及与制造过程有关的交易和事项，涉及领料、生产加工、销售产成品等主要环节。生产与存货循环所涉及的凭证和记录主要包括：

（一）生产指令

生产指令又称“生产任务通知单”，是企业下达制造产品等生产任务的书面文件，用以通知供应部门组织材料发放，生产车间组织产品制造，会计部门组织成本计算。广义的生产指令也包括用于指导产品加工的工艺规程，如机械加工企业的“路线图”等。

（二）领发料凭证

领发料凭证是企业为控制材料发出所采用的各种凭证，如材料发出汇总表、领料单、限额领料单、领料登记簿、退料单等。

（三）产量和工时记录

产量和工时记录是登记工人或生产班组出勤内完成产品数量、质量和生产这些产品所耗费工时数量的原始记录。产量和工时记录的内容与格式是多种多样的，在不同的生产企业中，甚至在同一企业的不同生产车间中，因生产类型不同而采用不同格式的产量和工时记录。常见的产量和工时记录主要有工作通知单、工序进程单、工作班产量报告、产量通知单、产量明细表、废品通知单等。

（四）工薪汇总表及工薪费用分配表

工薪汇总表是为了反映企业全部职工薪酬的结算情况，并据以进行工薪结算总分类核算和汇总整个企业工薪费用而编制的，它是企业进行工资费用分配的依据。工薪费用分配表反映了各生产车间、各产品应负担的生产工人职工薪酬（直接人工费用）。

（五）材料费用分配表

材料费用分配表是用来汇总反映各生产车间各产品所耗费的材料费用的原始记录。

（六）制造费用分配汇总表

制造费用分配汇总表是用来汇总反映各生产车间各产品所应负担的制造费用的原始记录。

（七）成本计算单

成本计算单是用来归集某一成本计算对象所应承担的生产费用，以计算该成本计算对象的总成本和单位成本的记录。

（八）存货明细账

存货明细账是用来反映各种存货增减变动情况和期末库存数量及相关成本信息的会计记录。

二、生产与存货循环涉及的主要业务活动

同样以制造业为例，生产与存货循环所涉及的主要业务活动包括计划和安排生产、发出原材料、生产产品、核算产品成本、储存产成品和发出产成品等。

（一）计划和安排生产

生产计划部门的职责是根据顾客订单或者对销售预测和产品需求的分析来决定

生产授权，签发预先编号的生产通知单。该部门通常应将发出的所有生产通知单编号，并加以记录控制。此外，还需要编制一份材料需求报告，列示所需要的材料和零件及其库存。

（二）发出原材料

仓库部门的责任是根据从生产部门收到的领料单发出原材料。领料单上必须列示所需的材料数量和种类，以及领料部门的名称。领料单可以一料一单，也可以多料一单，通常需一式三联。仓库发料后，将其中一联连同材料交给领料部门，其余两联经仓库登记材料明细账后，送会计部门进行材料收发核算和成本核算。

（三）生产产品

生产部门在收到生产通知单及领取原材料后，便将生产任务分解到每一个生产工人，并将所领取的原材料交给生产工人，据以执行生产任务。工人在完成生产任务后，将完工的产品交生产部门查点，然后转交检验员验收并办理入库手续，或是将所完成的产品移交下一个部门，作进一步加工。

（四）核算产品成本

为了正确核算并有效控制产品成本，必须建立健全成本会计制度，将生产控制和成本核算有机结合在一起。一方面，生产过程中的各种记录、生产通知单、领料单、计工单、入库单等文件资料都要汇集到会计部门，由会计部门对其进行检查和核对，了解和控制生产过程中存货的实物流转；另一方面，会计部门要设置相应的会计账户，会同有关部门对生产过程中的成本进行核算和控制。成本会计制度可以非常简单，只是在期末记录存货余额；也可以是完善的标准成本制度，持续地记录所有材料处理、在产品和产成品，并形成对成本差异的分析报告。完善的成本会计制度应该提供原材料转为在产品，在产品转为产成品，以及按成本中心、分批生产任务通知单或生产周期所消耗的材料、人工和间接费用的分配与归集的详细资料。

（五）储存产成品

产成品入库，须由仓库部门先行点验和检查，然后签收。签收后，将实际入库数量通知会计部门。据此，仓库部门确立了本身应承担的责任，并对验收部门的工作进行验证。除此之外，仓库部门还应根据产成品的品质特征分类存放，并填制标签。

（六）发出产成品

产成品的发出须由独立的发运部门进行。装运产成品时必须持有经有关部门核准的发运通知单，并据此编制出库单。出库单至少一式四联：一联交仓库部门，一联发运部门留存，一联送交顾客，一联作为给顾客开发票的依据。

三、生产与存货循环的控制测试

总体上看，生产与存货循环的内部控制主要包括存货的内部控制、成本会计核算的内部控制及工薪的内部控制三项内容。

由于生产与存货循环与其他业务循环具有内在联系，生产与存货循环中某些审计测试，特别是对存货的审计测试，与其他相关业务循环的审计测试同时进行将更为有效。例如，原材料的取得和记录是作为采购与付款循环的一部分进行测试的，而装运产成品和记录营业收入与营业成本则是作为销售与收款循环审计的一部分进行测试的。涉及存货内部控制测试的内容已经在前面的学习中作了介绍，现不再赘述。此处仅介绍成本会计内部控制测试和职工薪酬内部控制测试两项。具体如表 2-5-1、表 2-5-2 所示。

表 2-5-1　**成本会计的控制目标、关键内部控制、控制测试和实质性程序测试一览表**

内部控制目标	关键的内部控制	常用的控制测试	常用的实质性程序
生产业务是根据管理层一般或特定的授权进行的（发生）	对以下三个关键点应履行恰当手续，经过特别审批或一般审批：①生产指令的授权批准；②领料单的授权批准；③工薪的授权批准	检查在凭证中是否包括这三个关键点恰当审批	检查生产指令、领料单、工薪等是否经过授权
记录的成本为实际发生的而非虚构的（发生）	成本的校算是以经过审核的生产通知单、领发料凭证、产量和工时记录、工薪费用分配表、材料费用分配表、制造费用分配表为依据的	检查有关成本的记账凭证是否附有生产通知单、领发料凭证、产量和工时记录、工薪费用分配表、材料费用分配表、制造费用分配表等原始凭证，凭证的顺序编号是否完整	对成本实施分析程序；将成本明细账与生产通知单、领发料凭证、产量和工时记录、工薪费用分配表、材料费用分配表、制造费用分配表相核对
所有耗费和物化劳动均已反映在成本中（完整性）	生产通知单、领发料凭证、产量和工时记录、工薪费用分配表、材料费用分配表、制造费用分配表均事先编号并已经登记入账	检查生产通知单、领发料凭证、产量和工时记录、工薪费用分配表、材料费用分配表、制造费用分配表的顺序编号是否完整	对成本实施分析程序；将生产通知单、领发料凭证、产量和工时记录、工薪费用分配表、材料费用分配表、制造费用分配表与成本明细账相核对
成本以正确的金额，在恰当的会计期间及时记录于适当的账户（发生、完整性、准确性、计价和分摊）	采用适当的成本核算方法，并且前后各期一致；采用适当的费用分配方法并且前后各期一致；采用适当的成本核算流程和账务处理流程；内部检查	选取样本测试各种费用的归集和分配以及成本的计算；测试是否按照规定的成本核算流程和账务处理流程进行核算和账务处理	对成本实施分析程序；抽查成本计算单，检查各种费用的归集和分配以及成本的计算是否正确； 对重大在产品项目进行计价测试

表2-5-1(续)

内部控制目标	关键的内部控制	常用的控制测试	常用的实质性程序
对存货实施保护措施，保管人员与记录、批准人员相互独立（完整性）	存货保管人员与记录人员职务相分离	询问和观察存货保管与记录的接触以及相应的批准程序	
账面存货与实际存货定期校对相符（存在、完整性、计价和分摊）	定期进行存货盘点	询问和观察存货盘点程序	对存货实施监盘程序

表 2-5-2　工薪内部控制目标、关键控制、控制测试及实质性程序一览表

内部控制目标	关键控制程序	常用控制测试程序	常用的实质性测试程序
工薪账项均经正确批准（发生）	对以下五个关键点应履行恰当手续，经过特别审批或一般审批：批准上工；工作时间，特别是加班时间；工资、薪金或佣金；代扣款项；工薪结算表和工薪汇总表	审查人事档案；检查工时卡的有关核准说明；检查工薪记录中有关内部检查标记；检查人事档案中的授权；检查工薪记录中有关核准的标记	将工时卡同工时记录等进行比较
记录的工薪为真实而非虚构（发生）	工时卡经领班核准；用生产记录钟记录工时	检查工时卡的核准说明；检查工时卡；复核人事政策、组织结构图	对本期工薪费用的发生情况进行分析性复核；将有关费用明细账与工薪费用分配表、工薪汇总表、工薪结算表相核对
所有已发生的工薪支出已作记录（完整性）	工薪分配表、工薪汇总表完整反映已发生的工薪支出	审查工资分配表、工资汇总表、工资结算表，并核对员工工资手册、员工手册等	对本期工薪费用的发生情况进行分析性复核；将工薪费用分配表、工薪汇总表、工薪结算表与有关费用明细账相核对
工薪以正确的金额，在恰当的会计期间及时记录于适当的账户（发生、完整性、准确性、计价和分摊）	采用适当的工资费用分配方法，并且前后各期一致；采用适当的账务处理流程	选取样本测试工资费用的归集和分配；测试是否按照规定的账务处理流程进行账务处理	对本期工薪费用进行分析性复核；检查工薪的计提分配是否正确，分配方法是否与上期一致
人事、考勤、工薪发放、记录之间相互分离（准确性）	人事、考勤、工薪发放、记录等职务相互分离	询问和观察各项职责执行情况	

（一）成本会计制度的控制测试

成本会计制度的测试，包括直接材料成本测试、直接人工成本测试、制造费用测试和生产成本在当期完工产品与在产品之间分配的测试四项内容。

1. 直接材料成本测试

对采用定额单耗的企业，可选择并获取某一成本报告期若干种具有代表性的产品成本计算单，获取样本的生产指令或产量统计记录及其直接材料单位消耗定额，根据材料明细账或采购业务测试工作底稿中各该直接材料的单位实际成本，计算直接材料的总消耗量和总成本，与该样本成本计算单中的直接材料成本核对，并注意下列事项：生产指令是否经过授权批准，单位消耗定额和材料成本计价方法是否适当，在当年有何重大变更。

对非采用定额单耗的企业，可获取材料费用分配汇总表、材料发出汇总表（或领料单）、材料明细账（或采购业务测试工作底稿）中各该直接材料的单位成本，作如下检查：成本计算单中直接材料成本与材料费用分配汇总表中该产品负担的直接材料费用是否相符，分配标准是否合理；将抽取的材料发出汇总表或领料单中若干种直接材料的发出总量和各该种材料的实际单位成本之积，与材料费用分配汇总表中各该种材料费用进行比较，并注意领料单的签发是否经过授权批准，材料发出汇总表是否经过适当的人员复核，材料单位成本计价方法是否适当，在当年有何重大变更。

对采用标准成本法的企业，获取样本的生产指令或产量统计记录、直接材料单位标准用量、直接材料标准单价及发出材料汇总表或领料单，检查下列事项：根据生产量、直接材料单位标准用量和标准单价计算的标准成本与成本计算单中的直接材料成本核对是否相符；直接材料成本差异的计算与账务处理是否正确，并注意直接材料的标准成本在当年内有何重大变更。

2. 直接人工成本测试

对采用计时工资制的企业，获取样本的实际工时统计记录、职员分类表和职员工薪手册（工资率）及人工费用分配汇总表，作如下检查：成本计算单中直接人工成本与人工费用分配汇总表中该样本的直接人工费用核对是否相符；样本的实际工时统计记录与人工费用分配汇总表中该样本的实际工时核对是否相符；抽取生产部门若干天的工时台账与实际工时统计记录核对是否相符；当没有实际工时统计记录时，则可根据职员分类表及职员工薪手册中的工资率，计算复核人工费用分配汇总表中该样本的直接人工费用是否合理。

对采用计件工资制的企业，获取样本的产量统计报告、个人（小组）产量记录和经批准的单位工薪标准或计件工资制度，检查下列事项：根据样本的统计产量和单位工薪标准计算的人工费用与成本计算单中直接人工成本核对是否相符；抽取若干个直接人工（小组）的产量记录，检查是否被汇总记入产量统计报告。

对采用标准成本法的企业，获取样本的生产指令或产量统计报告、工时统计报告和经批准的单位标准工时、标准工时工资率、直接人工的工薪汇总等资料，检查下列事项：根据产量和单位标准工时计算的标准工时总量与标准工时工资率之积，同成本计算单中直接人工成本核对是否相符；直接人工成本差异的计算与账务处理是否正确，并注意直接人工的标准成本在当年内有何重大变更。

3. 制造费用测试

获取样本的制造费用分配汇总表、按项目分列的制造费用明细账、与制造费用分配标准有关的统计报告及其相关原始记录，作如下检查：制造费用分配汇总表中样本分担的制造费用与成本计算单中的制造费用核对是否相符；制造费用分配汇总表中的合计数与样本所属成本报告期的制造费用明细账总计数核对是否相符；制造费用分配汇总表选择的分配标准（机器工时数、直接人工工资、直接人工工时数、产量数）与相关的统计报告或原始记录核对是否相符，并对费用分配标准的合理性作出评估；如果企业采用预计费用分配率分配制造费用，则应检查针对制造费用分配过多或过少产生的差额，是否作了适当的账务处理；如果企业采用标准成本法，则应检查样本中标准制造费用的确定是否合理，记入成本计算单的数额是否正确，制造费用差异的计算与账务处理是否正确，并注意标准制造费用在当年内有何重大变更。

4. 生产成本在当期完工产品与在产品之间分配的测试

检查成本计算单中在产品数量与生产统计报告或在产品盘存表中的数量是否一致；检查在产品约当产量计算或其他分配标准是否合理；计算复核样本的总成本和单位成本，最终对当年采用的成本会计制度作出评价。

（二）职工薪酬的控制测试

在测试职工薪酬内部控制时，首先，应选择若干月份工薪汇总表，作如下检查：计算复核每一份工薪汇总表；检查每一份工薪汇总表是否已经授权批准；检查应付工薪总额与人工费用分配汇总表中的合计数是否相符；检查其代扣款项的账务处理是否正确；检查实发工薪总额与银行付款凭单及银行存款对账单是否相符，并正确过入相关账户。其次，从工资单中选取若干个样本（应包括各种不同类型人员），作如下检查：检查员工工薪卡或人事档案，确保工薪发放有依据；检查员工工资率及实发工薪额的计算；检查实际工时统计记录（或产量统计报告）与员工个人钟点卡（或产量记录）是否相符；检查员工加班加点记录与主管人员签证的月度加班加点汇总表是否相符；检查员工扣款依据是否正确；检查员工的工薪签收证明；实地抽查部分员工，证明其确在本公司工作，如已离开本公司，需获得管理层证实。

【审计案例 2-5-2】

审计人员李某和张某在审查A公司2013年12月份甲产品成本明细账时，发现下列问题：①12月份应记入在建工程成本却记入甲产品的原材料30 000元；②12月份应记入福利部门的工资却记入甲产品的工资5 000元；③12月份多摊销低值易耗品2 000元；④根据账面资料，12月份甲产品完工100件，月末在产品30件，在产品完工程度为40%，原材料是在生产开始时一次性投入。据此计算的产品成本计算单如表2-5-3所示。

表 2-5-3　　　　　　　　　　**产品成本计算单**

产品名称：甲产品　　　　　　　　2013 年 12 月份　　　　　　　　单位：元

成本项目	月初在产品成本	本月生产费用	生产费用合计	完工产品成本	月末在产品成本
直接材料	50 000	230 000	280 000	216 000	64 000
直接人工	12 000	128 000	140 000	125 000	15 000
制造费用	8 000	92 000	100 000	90 000	10 000
合计	70 000	450 000	520 000	431 000	89 000

经审查，12 月底在产品盘存数应为 60 件，加工程度应为 80%。

【问题思考】

1. 指出 A 公司成本计算存在的错误，并重新编制产品成本计算单；

2. 分析 A 公司上述做法的动机，并提出审计意见。

【审计案例 2-5-2 分析】

（1）案例中产品成本计算单有误，主要有：12 月份应记入在建工程却记入甲产品的原材料 30 000 元，少记在建工程成本，虚记甲产品的材料成本；将应记入福利部门的工资却记入甲产品的工资 5 000 元，导致少记应付职工薪酬负债而多记甲产品生产成本；多摊销低值易耗品价值 2 000 元，虚增制造费用，从而虚增甲产品成本。调整后的成本计算单如表 2-5-4 所示。

表 2-5-4　　　　　　　　　　**调整后的产品成本计算单**

产品名称：甲产品　　　　　　　　2013 年 12 月份　　　　　　　　单位：元

成本项目	月初在产品成本	本月生产费用	生产费用合计	完工产品成本	月末在产品成本
直接材料	50 000	200 000	250 000	156 250	93 750
直接人工	12 000	123 000	135 000	91 216. 22	43 783. 78
制造费用	8 000	90 000	98 000	66 216. 22	31 783. 78
合计	70 000	413 000	483 000	313 682. 44	169 317. 56

（2）A 公司扩大成本开支范围的做法，导致产品生产成本虚增 37 000 元。其中，完工产品虚增 117 317. 56 元（431 000－313 682. 44），月末在产品成本虚减 80 317. 56（169 317. 56－89 000）元；在建工程成本虚减 35 100［30 000×（1+17%）元，包含不应抵扣的在建工程耗用材料的进项税额］，低值易耗品价值虚减 2 000元，少计应付职工薪酬负债。这种做法，一方面会虚增产品成本而减少当期利润、虚扣进项税额，进而减少企业应缴的企业所得税和增值税；另一方面少计在建工程成本和低值易耗品价值，会影响到固定资产的正确计价，进而影响未来期间折旧费的计提，少计应付职工薪酬负债，最终会影响财务报表的真实性与准确性。

审计意见：应当将不应记入产品成本中的原材料 30 000 元、工资 5 000 元和多摊销的低值易耗品 2 000 元予以冲回，增加在建工程成本或固定资产价值、低值易耗品价值，冲减应付职工薪酬；同时应补缴企业因人为调节成本、利润而少缴的增值税、企业所得税，调整有关账户记录及财务报表数据，并追究当事人的责任。有关调账分录如下：

借：在建工程或固定资产　　35 100
　　周转材料——低值易耗品　　2 000
　　应付职工薪酬——职工福利　　5 000
　　生产成本——甲产品　　80 317.56
　贷：库存商品——甲产品　　117 317.56
　　　应交税费——增值税检查调整　　5 100

四、存货截止测试

所谓存货截止测试，就是检查截止到审计截止日，购入并已包括在审计截止日的存货盘点范围内的存货，是否含有截至该日尚未购入或已经售出的部分。存货正确截止的关键在于存货实物纳入盘点范围的时间与存货引起的借贷双方会计科目的入账时间都处于同一会计期间。

存货截止测试的三个要点：一是销售方发票开具的日期或收到销售方发票时的日期，这一日期相对不太重要；二是企业记账的日期，即企业确认购入存货并将该笔经济业务和相关负债记入单位账户的日期；三是货物验收入库的日期，即验收部门和仓储部门开具验收单、入库单，并将货物验收入库的日期。

存货截止审计的主要方法是：

（1）抽查存货盘点日期前后的购货发票与验收报告或入库单，如果企业拥有对该存货的所有权，则档案中的每张发票均应附有验收记录。12 月底入账的发票如果附有 12 月 31 日或之前的验收报告，则货物肯定已经入库，并包括在本年的实地盘点存货范围内；如果验收报告日期为 1 月份或之后的日期，则货物不会列入年底实地盘点存货范围内。反之，如果仅有验收报告而并无购货发票，则应认真审核每一验收报告单上面是否加盖暂估入库印章，并以暂估价记入当年存货账内，待次年年初以红字冲销。这种测试主要针对以下情况：有发票但无验收报告（货未到），属于在途物资，看在途物资是否纳入盘点范围。如果没有纳入盘点范围，则根据“期初结存+本期购入-期末结存=本期发出”公式计算，会导致本期发出存货成本虚增，利润虚减。

（2）审阅验收部门的业务记录，凡是接近年底（包括次年年初）购入的货物，必须查明其对应的购货发票是否在同期入账，对于未收到购货发票的入库存货，是否将入库单分开存放并暂估入账。这种测试主要针对以下情况：年底有验收，但无发票（属于货到单未到），应暂估入账，审计时应看是否暂估入账；如果没有暂估入账，则根据“期初结存+本期购入-期末结存=本期发出”公式计算，会导致本期发出存货成本会虚减，利润会虚增。例如，企业于2014年12月31日收到某供货单位运来的一批价值10 000元的货物，但购货发票在次年1月3日才收到，如果该批存货已列入被审计单位年末的实地盘点中，但却未将其计入12月份的存货和负债账户中，结果会导致高估2014年利润，低估同年负债10 000元。反之，如果购货发票于12月31日收到并入账，但货物在次年1月3日才运到，因货物未列入被审计单位年末实地盘点中，结果会导致低估当年利润和期末存货。

当然，审计人员对被审计单位资产负债表上的存货进行审计，应以结账日为界限。需要获取结账日前后一段时间内存货收发的凭证，检查库存记录与会计记录截止是否正确，是否存在跨期事项。审计人员应当关注企业最后一张入库单和出库单，同时查实该号码之前的所有出入库单均已入账，在结账日未开出的出库单和发票以及其后开出的出库单和发票，均不得作为结账日存货的减少。通过观察盘点现场，以确定所有应纳入盘点范围的存货是否均已盘点。必要时，应考虑实施替代审计程序，主要包括：检查进货交易凭证或生产记录以及其他相关资料；检查资产负债表日后发生的销货交易记录；向客户或供应商函证，对被审计单位委托其他单位保管的或已作质押的存货，审计人员应当向保管人或债权人函证。

另外，审计人员在确定审计样本时，一般以截止日为界限，分别向前倒推或向后顺推若干日，按顺序选取较大金额购货业务的发票或验收报告作为审计样本。截止审计测试完成后，对于发现的错误应提请被审计单位作必要的账务调整。

任务2　存货审计

一、存货审计概述

在通常情况下，存货对企业经营特点的反映能力强于其他资产项目，存货不仅对于生产制造业、批发业和零售行业十分重要，对于服务行业也具有重要性。通常，存货的重大错报对于流动资产、营运资本、总资产、销售成本、毛利以及净利润都会产生直接的影响。存货的重大错报对于其他某些项目，例如利润分配和所得税，也具有间接影响。审计中许多复杂和重大的问题都与存货有关。存货、产品生产和销售成本构成了会计、审计乃至企业管理中最为普遍、重要和复杂的问题。

存货审计，尤其是对年末存货余额的测试，通常是审计中最复杂也最费时的部分。对存货存在性和存货价值的评估常常十分困难。导致存货审计复杂的主要原因包括：

（1）存货通常是资产负债表中的一个主要项目，而且通常是构成营运资本的最大项目。

（2）存货存放于不同的地点，这使得对它的实物控制和盘点都很困难。

（3）存货项目的多样性也给审计带来了困难，例如化学制品、宝石、电子元件以及其他的高科技产品。

（4）存货本身的陈旧以及存货成本的分配也使得存货的估价出现困难。

（5）允许采用的存货计价方法的多样性。

正是由于存货对于企业的重要性、存货问题的复杂性以及存货与其他项目密切的关联度，要求注册会计师对存货项目的审计应当予以特别的关注。相应地，要求实施存货项目审计的注册会计师具备较高的专业素质和相关业务知识，分配较多的审计工时，运用多种有针对性的审计程序。

二、存货监盘

（一）存货监盘的定义

《中国注册会计师审计准则 1311 号——存货监盘》规定，存货监盘是指注册会计师现场观察被审计单位存货的盘点，并对已盘点的存货进行适当检查。可见，存货监盘有两层含义：一是注册会计师应亲临现场观察被审计单位存货的盘点；二是在此基础上，注册会计师应根据需要抽查已盘点的存货。

在 20 世纪 30 年代末以前，存货审计工作通常仅限于审查会计记录。当时的准则并不要求对存货进行观察和检查，注册会计师并不承担证实存货实际存在的责任，并声称他们并无资格对被审计单位如此庞杂的存货进行确认。直到美国出现了麦克森·罗宾斯公司调查案，这种情况才发生了改变。1939 年美国证券交易委员会（SEC）的听证会揭示，在纽约证券交易所上市的麦克森·罗宾斯公司已审计的财务报表虚增了1 900万美元的资产——约占资产总额的 25%，其中虚增存货约为1 000万美元。受该案件的影响，注册会计师职业界不得不考虑承担证实存货实际存在的责任，否则将被视为并未尽到保护财务报表使用者的职责。因此，审计职业界规定，除非出现无法实施存货监盘的特殊情况，注册会计师应当实施必要的替代程序，在绝大多数情况下都必须亲自观察存货盘点过程，实施存货监盘程序。

尽管实施存货监盘，获取有关期末存货数量和状况的充分、适当的审计证据是注册会计师的责任，但这并不能取代被审计单位管理层定期盘点存货、合理确定存货的数量和状况的责任。存货监盘针对的主要是存货的存在认定、完整性认定以及权利和义务的认定，注册会计师监盘存货的目的在于获取有关存货数量和状况的审计证据，以确证被审计单位记录的所有存货确实存在，已经反映了被审计单位拥有的全部存货，并属于被审计单位的合法财产。存货监盘作为存货审计的一项核心审计程序，通常可同时实现上述多项审计目标。

（二）存货监盘计划

1. 制订存货监盘计划的基本要求

注册会计师应当根据被审计单位存货的特点、盘存制度和存货内部控制的有效性等情况，在评价被审计单位存货盘点计划的基础上，编制存货监盘计划，对存货监盘作出合理安排。

存货存在与完整性的认定具有较高的重大错报风险，而且注册会计师通常只有一次机会通过存货的实地监盘对有关认定作出评价。根据计划过程所搜集到的信息，有助于注册会计师合理确定参与监盘的地点以及存货监盘的程序。

存货监盘程序主要包括控制测试与实质性程序两种方式。注册会计师需要确定存货监盘程序以控制测试为主还是实质性程序为主，哪种方式更加有效。如果只有少数项目构成了存货的主要部分，注册会计师以实质性程序为主的审计方式获取与存在认定相关的证据更为有效。在这种情况下，对于单位价值较高的存货项目，应实施100%的实质性程序。而对于其他存货则可视情况进行抽查。但在大多数审计业务中，注册会计师会发现以控制测试为主的审计方式更加有效。如果注册会计师采用以控制测试为主的审计方式，并准备信赖被审计单位存货盘点的控制措施与程序，那么，绝大部分的审计程序将限于询问、观察以及抽查。

2. 制订存货监盘计划应实施的工作

（1）了解存货的内容、性质、各存货项目的重要程度及存放场所

对存货项目的重要程度，注册会计师需要考虑：①存货与其他资产和净利润的相对比率及内在联系；②各类存货（原材料、在产品和产成品）占存货总数的比重；③各存放地存货占存货总数的比重。考虑并评价存货项目的重要程度，直接关系到注册会计师如何恰当地分配审计资源。

（2）了解与存货相关的内部控制

在制订存货监盘计划时，注册会计师应当了解被审计单位与存货相关的内部控制，并根据内部控制的完善程度确定进一步审计程序的性质、时间和范围。

与存货相关的内部控制涉及被审计单位供、产、销各个环节，包括采购、验收、仓储、领用、加工、装运出库等方面，还包括存货数量的盘存制度。需要说明的是，与存货内部控制相关的措施有很多，其有效程度也存在差异。

①采购。与采购相关的内部控制的总体目标是所有交易都已获得适当的授权与批准。使用购货订单是一项基本的内部控制措施。购货订单应当预先连续编号，事先确定采购价格并获得批准。此外，还应当定期清点购货订单。

②验收。与存货验收相关的内部控制的总体目标是所有收到的货物都已得到记录。使用验收报告单是一项基本的内部控制措施。被审计单位应当设置独立的部门负责验收货物，该部门具有验收存货实物、确定存货数量、编制验收报告、将验收报告传送至会计核算部门以及运送货物至仓库等一系列职能。

③仓储。与仓储相关的内部控制的总体目标是确保与存货实物的接触必须得到

管理层的指示和批准。被审计单位应当采取实物控制措施，使用适当的存储设施，以使存货免受意外损毁、盗窃或破坏。

④领用。与领用相关的内部控制的总体目标是所有存货的领用均应得到批准和记录。使用存货领用单是一项基本的内部控制措施。对存货领用单应当定期进行清点。

⑤加工（生产）。与加工（生产）相关的内部控制的总体目标是对所有的生产过程作出适当的记录。使用生产报告是一项基本的内部控制措施。在生产报告中，应当对产品质量缺陷和零部件使用及报废情况及时作出说明。

⑥装运出库。与装运出库相关的内部控制的总体目标是所有的装运都得到了记录。使用发运凭证是一项基本的内部控制措施。发运凭证应当预先编号，定期进行清点，并作为日后开具收款账单的依据。

⑦存货的盘存制度。存货数量的盘存制度一般分为实地盘存制和永续盘存制。存货盘存制度不同，对存货数量的控制程度的影响也不同。但即使采用永续盘存制，也并不意味着无须对存货实物进行盘点。为了核对存货账面记录，加强对存货的管理，被审计单位每年至少应对存货进行一次全面盘点。

被审计单位与存货实地盘点相关的充分内部控制通常包括：制订合理的存货盘点计划；确定合理的存货盘点程序；配备相应的监督人员；对存货进行独立的内部验证；将盘点结果与永续存货记录进行独立的调节；对盘点表和盘点标签进行充分控制。

（3）与存货相关的重大错报风险和重要性

①重大错报风险。通常被审计单位存货项目的重大错报风险较高。影响重大错报风险的因素包括存货的数量和种类、成本归集的难易程度、陈旧过时的速度或易损坏程度、遭受失窃的难易程度。由于制造过程和成本费用归集制度的差异，制造企业的存货与其他企业（如批发企业）的存货相比往往具有更高的重大错报风险，对于注册会计师的审计工作而言则更具复杂性。外部因素也会对重大错报风险产生影响，例如技术进步可能导致某些产品过时，从而导致存货价值更容易发生高估。以下类别的存货就可能增加审计的复杂性与风险：

a. 具有漫长制造过程的存货。制造过程漫长的企业（如飞机制造和酒类产品酿造企业）的审计重点包括递延成本、预期发生成本以及未来市场波动可能对当期损益的影响等事项。

具有固定价格合约的存货，预期发生成本的不确定性是其重大审计问题。

b. 商品存货。计价是一个重要的审计问题，因为商品极易受到市场波动影响。许多企业都试图针对未来的价格变动进行套头交易，以便降低有关风险。

c. 与时装相关的服装行业。由于服装产品的消费者对服装风格或颜色的偏好容易发生变化，因此，存货是否过时是重要的审计事项。

d. 鲜活、易腐商品存货。因为物质特性和保质期短暂，此类存货变质的风险很高。

e. 具有高科技含量的存货。由于技术进步较快，此类存货易于过时。

f. 单位价值高昂、容易被盗窃的存货。例如，珠宝存货的错报风险通常高于铁制纽扣之类存货的错报风险。

②重要性。根据对存货错报风险的评估结果，注册会计师应当合理确定存货项目审计的重要性水平。

（4）查阅以前年度的存货监盘工作底稿

注册会计师可以通过查阅以前年度的存货监盘工作底稿，了解被审计单位的存货情况、存货盘点程序以及其他在以前年度审计中遇到的重大问题。在查阅以前年度的存货监盘工作底稿时，注册会计师应充分关注存货盘点的时间安排、周转缓慢存货的识别、存货的截止确认、盘点小组人员的确定以及存货多处存放等内容。

（5）考虑实地察看存货的存放场所

注册会计师应当考虑实地察看被审计单位存货的存放场所，特别是金额较大或性质特殊的存货，这有助于注册会计师熟悉在库存货及其组织管理方式，也有助于注册会计师在盘点工作进行前发现潜在问题，如存在难以盘点的存货、周转缓慢的存货、过时存货、残次品以及代销存货。

注册会计师应关注所有的存货存放地点，以防止被审计单位或自己发生任何遗漏。对存放大额存货的每一个地点尤其应当予以关注。对多处存放存货的情况，注册会计师应当考虑被审计单位与存货相关内部控制措施和盘点惯例，评价审计风险以及除存货监盘外的其他替代程序的可行性，从而确定实施监盘的范围。例如，由于连锁商店的分店的数目可能很多，注册会计师通常不会对零售连锁商店每一家分店实施监盘，而是选择一定数目的分店进行监盘，并使用分析程序等替代程序，或者利用内部审计人员的工作，以便对其他分店存货余额的准确性作出评价。

（6）利用专家的工作或其他注册会计师的工作

①注册会计师可能不具备其他专业领域专长与技能。在确定资产数量或资产实物状况（如矿石堆），或在收集特殊类别存货（如艺术品、稀有玉石、房地产、电子器件、工程设计等）的审计证据时，注册会计师可以考虑利用专家的工作。

当在产品存货金额较大时，可能面临如何评估在产品完工程度的问题。注册会计师可了解被审计单位的盘点程序，如果有关在产品的完工程度未明确列出，注册会计师应当考虑采用其他有助于确定完工程度的措施，如获取零部件明细清单、标准成本表以及作业成本表，与工厂的有关人员进行讨论等，并运用职业判断。注册会计师也可以根据存货生产过程的复杂程度考虑利用专家的工作。

②在很多情况下，被审计单位组成部分的财务信息由其他注册会计师审计并出具审计报告，这当然也包括了由其他注册会计师负责对被审计单位该组成部分的存货实施监盘。如果注册会计师计划利用其他注册会计师的工作，则应遵循《中国注册会计师审计准则第 1401 号——利用其他注册会计师的工作》的相关要求。

(7) 复核或与管理层讨论其存货盘点计划

在复核或与管理层讨论其存货盘点计划时，注册会计师应当考虑下列主要因素，以评价其能否合理地确定存货的数量和状况：盘点的时间安排；存货盘点范围和场所的确定；盘点人员的分工及胜任能力；盘点前的会议及任务布置；存货的整理和排列；对毁损、陈旧、过时、残次及所有权不属于被审计单位的存货的区分；存货的计量工具和计量方法；在产品完工程度的确定方法；存放在外单位的存货的盘点安排；存货收发截止的控制；盘点期间存货移动的控制；盘点表单的设计、使用与控制；盘点结果的汇总以及盘盈或盘亏的分析、调查与处理。

如果认为被审计单位的存货盘点计划存在缺陷，注册会计师应当提请被审计单位调整。

3. 存货监盘计划的主要内容

(1) 存货监盘的目标、范围及时间安排。存货监盘的目标是获取被审计单位资产负债表日有关存货数量和状况的审计证据，检查存货的数量是否真实完整，是否归属被审计单位，存货有无毁损、陈旧、过时、残次和短缺等状况。

存货监盘范围的大小取决于存货的内容、性质以及与存货相关的内部控制的完善程度和重大错报风险的评估结果。对存放于外单位的存货，应当考虑实施适当的替代程序，以获取充分、适当的审计证据。

存货监盘的时间，包括实地察看盘点现场的时间、观察存货盘点的时间和对已盘点存货实施检查的时间等，应当与被审计单位实施存货盘点的时间相协调。

(2) 存货监盘的要点及关注事项。存货监盘的要点，主要包括注册会计师实施存货监盘程序的方法、步骤，各个环节应注意的问题以及所要解决的问题。注册会计师需要重点关注的事项，包括盘点期间的存货移动、存货的状况、存货的截止确认、存货的各个存放地点及金额等。

(3) 参加存货监盘人员的分工。注册会计师应当根据被审计单位参加存货盘点人员分工分组情况、存货监盘工作量的大小和人员素质情况，确定参加存货监盘的人员组成，各组成人员的职责和具体的分工情况，并加强督导。

(4) 检查存货的范围。注册会计师应当根据对被审计单位存货盘点和对被审计单位内部控制的评价结果确定检查存货的范围。注册会计师在实施观察程序后，如果认为被审计单位内部控制设计良好且得到有效实施，存货盘点组织良好，可以相应缩小实施检查程序的范围。

(三) 存货监盘程序

1. 观察程序

在被审计单位盘点存货前，注册会计师应当观察盘点现场，确定应纳入盘点范围的存货是否已经适当整理和排列，并附有盘点标识，防止遗漏或重复盘点。对应纳入而未纳入盘点范围的存货，注册会计师应当查明未纳入的原因。

对所有权不属于被审计单位的存货，注册会计师应当取得其规格、数量等有关资料，确定是否已分别存放并标明，且未被纳入盘点范围。注册会计师在实施存货监盘过程中，应当跟随被审计单位安排的存货盘点人员，注意观察被审计单位事先制订的存货盘点计划是否得到了贯彻执行，盘点人员是否准确无误地记录了被盘点存货的数量和状况。

2. 检查程序

注册会计师应当对已盘点的存货进行适当检查，将检查结果与被审计单位盘点记录相核对，并形成相应记录。检查的目的既可以是证实被审计单位的盘点计划得到适当的执行（控制测试），也可以是证实被审计单位的存货实物总额（实质性程序）。如果观察程序能够表明被审计单位的组织管理得当，盘点、监督以及复核程序充分有效，注册会计师可据此减少所需检查的存货项目。

检查的范围通常包括每个盘点小组盘点的存货以及难以盘点或隐蔽性较强的存货。需要说明的是，注册会计师应尽可能避免让被审计单位事先了解将抽取检查的存货项目。

在检查已盘点的存货时，注册会计师应当从存货盘点记录中选取项目追查至存货实物，以测试盘点记录的准确性；注册会计师还应当从存货实物中选取项目追查至存货盘点记录，以测试存货盘点记录的完整性。

注册会计师在实施检查程序时若发现差异，很可能表明被审计单位的存货盘点在准确性或完整性方面存在错误。由于检查的内容通常仅仅是已盘点存货中的一部分，所以在检查中发现的错误很可能意味着被审计单位的存货盘点还存在着其他错误。一方面，注册会计师应当查明原因，并及时提请被审计单位更正；另一方面，注册会计师应当考虑错误的潜在范围和重大程度，在可能的情况下扩大检查范围，以减少错误的发生。注册会计师还可要求被审计单位重新盘点，重新盘点的范围可限于某一特殊领域的存货或特定盘点小组。

3. 需要特别关注的情况

（1）存货移动情况。注册会计师应当特别关注存货的移动情况，防止遗漏或重复盘点。

盘点时最好能保持存货不发生移动，但在某些情况下存货的移动是难以避免的。如果在盘点过程中被审计单位的生产经营仍将持续进行，注册会计师应通过实施必要的检查程序，确定被审计单位是否已经对此设置了相应的控制程序，确保在适当的期间内对存货作出准确记录。

（2）存货的状况。注册会计师应当特别关注存货的状况，观察被审计单位是否已经恰当区分所有毁损、陈旧、过时及残次的存货。存货的状况是被审计单位管理层对存货计价认定的一部分，除了对存货的状况予以特别关注以外，注册会计师还应当把所有毁损、陈旧、过时及残次存货的详细情况记录下来。这既便于进一步追查这些存货的处置情况，也能为测试被审计单位存货跌价准备计提的准确性提供证据。

(3) 存货的截止。注册会计师应当获取盘点日前后存货收发及移动的凭证，检查库存记录与会计记录期末截止是否正确。在对期末存货进行截止测试时，注册会计师通常应当关注：

①所有在截止日以前入库的存货项目是否均已包括在盘点范围内，并已反映在截止日以前的会计记录中；任何在截止日期以后入库的存货项目是否均未包括在盘点范围内，也未反映在截止日以前的会计记录中。

②所有在截止日以前装运出库的存货项目是否均未包括在盘点范围内，且未包括在截止日的存货账面余额中；任何在截止日期以后装运出库的存货项目是否均已包括在盘点范围内，并已包括在截止日的存货账面余额中。

③所有已确认为销售但尚未装运出库的商品是否均未包括在盘点范围内，且未包括在截止日的存货账面余额中。

④所有已记录为购货但尚未入库的存货是否均已包括在盘点范围内，并已反映在会计记录中。

⑤在途存货和被审计单位直接向顾客发运的存货是否均已得到了适当的会计处理。

在存货监盘过程中，注册会计师应当获取存货验收入库、装运出库以及内部转移截止等信息，以便将来追查至被审计单位的会计记录。

注册会计师通常可观察存货的验收入库地点和装运出库地点，以执行截止测试。在存货入库和装运过程中采用连续编号的凭证时，注册会计师应当关注截止日期前的最后编号。如果被审计单位没有使用连续编号的凭证，注册会计师应当列出截止日期以前的最后几笔装运和入库记录。如果被审计单位使用运货车厢或拖车进行存储、运输或验收入库，注册会计师应当详细列出存货场地上满载和空载的车厢或拖车，并记录各自的存货状况。

4. 对特殊类型存货的监盘

对某些特殊类型的存货而言，被审计单位通常使用的盘点方法和控制程序并不完全适用。这些存货通常或者没有标签，或者其数量难以估计，或者其质量难以确定，或者盘点人员无法对其移动实施控制。在这些情况下，注册会计师需要运用职业判断，根据存货的实际情况，设计恰当的审计程序，对存货的数量和状况获取审计证据。表 2-5-5 列举了被审计单位特殊存货的类型、通常采用的盘点方法与存在的潜在问题，以及可供注册会计师实施的监盘程序。注册会计师在审计实务中，应当根据被审计单位所处行业的特点、存货的类别和特点以及内部控制等具体情况，并在通用的存货监盘程序基础上，设计关于特殊类型存货监盘的具体审计程序。

表 2-5-5 特殊类型存货的监盘程序

存货类型	盘点方法与潜在问题	可供实施的审计程序
木材、钢筋盘条、管子	通常无标签，但在盘点时会做上标记或用粉笔标识；难以确定存货的数量或等级	检查标记或标识；利用专家或被审计单位内部有经验人员的工作
堆积型存货（比如糖、煤、钢废料）	通常既无标签也不做标记；在估计存货数量时存在困难	运用工程估测、几何计算、高空勘测，并依赖详细的存货记录；如果堆场中的存货堆不高，可进行实地监盘，或通过旋转存货堆加以估计
使用磅秤测量的存货	在估计存货数量时存在困难	在监盘前和监盘过程中均应检验磅秤的精准度，并留意磅秤的位置移动与重新调校程序；将检查和重新称量程序相结合；检查称量尺度的换算问题
散装物品（如贮窖存货、使用桶、箱、罐、槽等容器储存的液、气体、谷类粮食、流体存货等）	在盘点时通常难以加以识别和确定；在估计存货数量时存在困难；在确定存货质量时存在困难	使用容器进行监盘或通过预先编号的清单列表加以确定；使用浸蘸、测量棒、工程报告以及依赖永续存货记录；选择样品进行化验与分析，或利用专家的工作
贵金属、石器、艺术品与收藏品	在存货辨认与质量确定方面存在困难	选择样品进行化验与分析，或利用专家的工作
生产纸浆用木材、牲畜	在存货辨认与数量确定方面存在困难；可能无法对此类存货的移动实施控制	通过高空摄影以确定其存在性，对不同时点的数量进行比较，并依赖永续存货记录

5. 存货监盘结束时的工作

在被审计单位存货盘点结束前，注册会计师应当实施下列审计程序：①再次观察盘点现场，以确定所有应纳入盘点范围的存货是否均已盘点；②取得并检查已填用、作废及未使用盘点表单的号码记录，确定其是否连续编号，查明已发放的表单是否均已收回，并与存货盘点的汇总记录进行核对。注册会计师应当根据自己在存货监盘过程中获取的信息对被审计单位最终的存货盘点结果汇总记录进行复核，并评估其是否正确地反映了实际盘点结果。

如果存货盘点日不是资产负债表日，注册会计师应当实施适当的审计程序，确定盘点日与资产负债表日之间存货的变动是否已作正确的记录。

在永续盘存制下，如果期末存货记录与存货盘点结果之间出现重大差异，注册会计师应当实施追加的审计程序，查明原因，并检查永续盘存记录是否已作出了适当调整。如果认为被审计单位的盘点方式及其结果无效，注册会计师应当提请被审计单位重新盘点。

(四) 特殊情况的处理

1. 由于存货的性质或位置而无法实施监盘程序

如果由于被审计单位存货的性质或位置等原因导致无法实施存货监盘，注册会计师应当考虑能否实施替代审计程序。获取有关期末存货数量和状况的充分、适当的审计证据。注册会计师实施的替代审计程序主要包括：①检查进货交易凭证或生产记录以及其他相关资料；②检查资产负债表日后发生的销货交易凭证；③向顾客或供应商函证。

(1) 存货的特殊性质。被审计单位存货的性质可能导致注册会计师无法实施存货监盘。这样的情况包括：①存货涉及保密问题，如产品在生产过程中需要利用特殊配方或制造工艺；②存货系危害性物质，如辐射性化学品或气体。

对具有特殊性质的存货实施审计，通常需要依赖内部控制。注册会计师应当复核采购、生产和销售记录，以获取充分、适当的审计证据，还可以向能够接触到相关存货项目的第三方人员询证。此外，注册会计师还可以实施其他替代审计程序。例如，对于危害性物质，如果被审计单位对其生产、使用和处置存有正式报告，注册会计师可通过追查至有关报告的方式确定此类危害性物质是否存在。

(2) 存货的特殊位置。被审计单位存货的位置也可能导致注册会计师无法实施存货监盘，如在途存货。如果此类项目仅占存货的一小部分，通常可以通过审查相关凭证加以查验。对于存放在公共仓库中的存货，可通过函证方式查验。

2. 因不可预见因素导致无法在预定日期实施存货监盘或接受委托时被审计单位的期末存货盘点已经完成

如果因不可预见的因素导致无法在预定日期实施存货监盘或接受委托时被审计单位的期末存货盘点已经完成，注册会计师应当评估与存货相关的内部控制的有效性，对存货进行适当检查或提请被审计单位另择日期重新盘点；同时测试在该期间发生的存货交易，以获取有关期末存货数量和状况的充分、适当的审计证据。

(1) 不可预见因素。由于不可预见因素而可能导致无法在预定日期实施存货监盘，两种比较典型的情况是：①注册会计师无法亲临现场，即由于不可抗力导致其无法到达存货存放地实施存货监盘；②气候因素，即由于恶劣的天气导致注册会计师无法实施存货监盘程序，或由于恶劣的天气无法观察存货，如木材被积雪覆盖。

对于上述情况，如果被审计单位存在良好的内部控制，注册会计师可以考虑改变存货监盘日期，并对预定盘点日与改变后的存货监盘日之间发生的交易进行测试。对于无法亲临现场的情况，注册会计师可考虑委托其他适当人员实施存货监盘。

(2) 接受委托时被审计单位的期末存货盘点已经完成。如果接受委托时被审计单位的期末存货盘点已经完成，注册会计师应当评估与存货相关的内部控制的有效性，并根据评估结果对存货进行适当检查或提请被审计单位另择日期重新盘点，同时测试检查日或重新盘点日与资产负债表日之间发生的存货交易。

3. 委托其他单位保管或已作质押的存货

对被审计单位委托其他单位保管的或已作质押的存货，注册会计师应当向保管人或债权人函证。如果此类存货的金额占流动资产或总资产的比例较大，注册会计师还应当考虑实施存货监盘或利用其他注册会计师的工作。

如果被审计单位将存货存放于其他单位，注册会计师通常需要向该单位获取委托代管存货的书面确认函。如果存货已被质押，注册会计师应当向债权人询证与被质押存货有关的内容。对于此类存货，通常还应当检查被审计单位的相关会计记录和可能设置的备查记录。如果此类存货比较重要，注册会计师应当考虑与被审计单位讨论其对委托代管存货或已作质押存货的控制程序，并考虑对此类存货实施监盘程序，或聘请其他注册会计师实施监盘程序。

4. 首次接受委托的情况

当首次接受委托而未能对上期期末存货实施监盘，且该存货对本期财务报表存在重大影响时，如果已获取有关本期期末存货余额的充分、适当的审计证据，注册会计师应当实施下列一项或多项审计程序，以获取有关本期期初存货余额的充分、适当的审计证据：①查阅前任注册会计师工作底稿；②复核上期存货盘点记录及文件；③检查上期存货交易记录；④运用毛利百分比法等进行分析。

三、存货计价测试

（一）存货计价测试的一般要求

监盘程序主要是对存货的结存数量予以确认。为验证财务报表上存货余额的真实性，还必须对存货的计价进行审计，即确定存货实物数量和永续盘存记录中的数量是否经过正确地计价和汇总。存货计价测试主要是针对被审计单位所使用的存货单位成本是否正确所作的测试。存货计价审计表如表 2-5-6 所示。

表 2-5-6　存货计价审计表

日期	品名及规格	收入			发出			结余		
		数量	单价	金额	数量	单价	金额	数量	单价	金额
1. 计价方法说明： 2. 情况说明及审计结论：										

1. 样本的选择

计价审计的样本，应从存货数量已经盘点、单价和总金额已经计入存货汇总表的结存存货中选择。选择样本时应着重选择结存余额较大且价格变化比较频繁的项目，同时考虑所选样本的代表性。抽样方法一般采用分层抽样法，抽样规模应足以推断总体的情况。

2. 计价方法的确认

存货的计价方法多种多样，被审计单位应结合企业会计准则的基本要求选择符合自身特点的方法。注册会计师除应了解掌握被审计单位的存货计价方法外，还应对这种计价方法的合理性与一贯性予以关注，没有足够理由，计价方法在同一会计年度内不得变动。

3. 计价测试

进行计价测试时，注册会计师首先应对存货价格的组成内容予以审核。然后按照所了解的计价方法对所选择的存货样本进行计价测试。测试时，应尽量排除被审计单位已有计算程序和结果的影响，进行独立测试。测试结果出来后，应与被审计单位账面记录对比，编制对比分析表，分析形成差异的原因。如果差异过大，应扩大测试范围，并根据审计结果考虑是否应提出审计调整建议。

在存货计价审计中，由于被审计单位期末存货采用成本与可变现净值孰低的方法计价，所以，注册会计师应充分关注其对存货可变现净值的确定及存货跌价准备的计提。

可变现净值是指在正常生产经营活动中，存货的估计售价减去至完工时估计将要发生的成本、估计的销售费用以及相关税费后的金额。企业确定存货的可变现净值，应当以取得的确凿证据为基础，并且考虑持有存货的目的、资产负债表日后事项的影响等因素。具体讲：

（1）为生产而持有的材料等，用其生产的产成品的可变现净值高于成本的，该材料仍然应当按成本计量；材料价格的下降表明产成品的可变现净值低于成本的，该材料应当按照可变现净值计量。

（2）为执行销售合同或者劳务合同而持有的存货，其可变现净值通常应当以合同价格为基础计算。

（3）企业持有存货的数量多于销售合同订购数量的，超出部分的存货可变现净值应当以一般销售价格为基础计算。

（4）企业持有存货的数量少于销售合同订购数量的，实际持有与该销售合同相关的存货应以合同价格作为可变现净值的计算基础；如果该合同为亏损合同，还应同时按照《企业会计准则第13号——或有事项》的规定处理。

（5）没有销售合同约定的存货（不包括用于出售的材料），其可变现净值应当以产成品或商品一般销售价格为基础计算。

（6）用于出售的材料等，其可变现净值应当以市场价格为基础计算。

企业通常应当按照单个存货项目计提存货跌价准备。对于数量繁多、单价较低的存货，可以按存货类别计提存货跌价准备；如果某些存货具有相同或类似最终用途或目的，并与在同一地区生产和销售的产品系列相关，且难以与其他项目分开计量，可以合并计提存货跌价准备。当存在下列情形之一时，通常表明存货的可变现净值低于成本，应当计提存货跌价准备：①市价持续下跌，并且在可预见的未来无回升的希望；②企业使用该项原材料生产的产品的成本大于产品的销售价格；③企业因产品更新换代，原有库存原材料已不适应新产品的需要，而该原材料的市场价格又低于其账面成本；④因企业所提供的商品或劳务过时或消费者偏好改变而使市场的需求发生变化，导致市场价格逐渐下跌；⑤其他足以证明该项存货实质上已经发生减值的情形。

存货存在下列情形之一的，通常表明存货的可变现净值为零，应当将存货账面余额全部转入当期损益：①已霉烂变质的存货；②已过期且无转让价值的存货；③生产中已不再需要，并且已无使用价值和转让价值的存货；④其他足以证明已无使用价值和转让价值的存货。

（二）存货成本的计价测试

存货成本审计主要包括直接材料成本的审计、直接人工成本的审计、制造费用的审计等内容。下面仅简单列示其主要审计程序，不作详细解释：

1. 直接材料成本的审计

直接材料成本的审计一般应从审阅材料和生产成本明细账入手，抽查有关的费用凭证，验证企业产品直接耗用材料的数量、计价和材料费用分配是否真实、合理。其主要审计程序通常包括：

（1）抽查产品成本计算单，检查直接材料成本的计算是否正确，材料费用的分配标准与计算方法是否合理和适当，是否与材料费用分配汇总表中该产品分摊的直接材料费用相符。

（2）检查直接材料耗用数量的真实性，有无将非生产用材料计入直接材料费用。

（3）分析比较同一产品前后各年度的直接材料成本，如有重大波动应查明原因。

（4）抽查材料发出及领用的原始凭证，检查领料单的签发是否经过授权，材料发出汇总表是否经过适当的人员复核，材料单位成本计价方法是否适当，是否正确、及时入账。

（5）对采用定额成本或标准成本的被审计单位，应检查直接材料成本差异的计算、分配与会计处理是否正确，并查明直接材料的定额成本、标准成本在本年度内有无重大变更。

【审计案例 2-5-3】

2014 年 3 月，注册会计师王丽与张翰、刘斌对 XYZ 公司 2013 年 10 月产品成本进行审计，发现当月产品成本计算单中直接材料费用共计 36 166 元，其中包含期初在产品直接材料成本 680 元。该公司“原材料”和“材料成本差异”账户资料如下：

“原材料”账户期初结存 200 千克，金额为 11 000 元，本期收入 750 千克，金额为 41 250 元，本期发出 630 千克，金额为 34 650 元；

“材料成本差异”账户期初借方余额为 162 元，本期借方发生额为 674 元。

【问题思考】

1. 计算验证 XYZ 公司产品材料费用的正确性；

2. 分析该公司材料核算可能存在的问题。

【审计案例 2-5-3 分析】

（1）计算产品生产成本中的材料费用：

①计入当月生产成本中的材料费用=36 166-680=35 486（元）

②材料成本差异率=（162+674）÷（11 000+41 250）×100%=1.6%

③发出材料应负担的成本差异额=34 650×1.6%=554.4（元）

④发出材料实际成本=34 650+554.4=35 204.4（元）

⑤当月多记材料费用=35 486-35 204.4=281.6（元）

（2）计算结果证明，计入当月产品生产成本中的材料费用不正确，多记 281.6 元。其原因可能是将期末库存原材料应负担的成本差异挤入当月产品生产成本中，应进一步查明原因，然后再作相应的处理。

2. 直接人工成本的审计

（1）抽查产品成本计算单，检查直接人工成本的计算是否正确，人工费用的分配标准与计算方法是否合理和适当，是否与人工费用分配汇总表中该产品分摊的直接人工费用相符。

（2）将本年度直接人工成本与前期进行比较，查明其异常波动的原因。

（3）分析比较本年度各个月份的人工费用发生额，如有异常波动，应查明原因。

（4）结合应付职工薪酬的检查，抽查人工费用会计记录及会计处理是否正确。

（5）对采用标准成本法的被审计单位，应抽查直接人工成本差异的计算、分配与会计处理是否正确，并查明直接人工的标准成本在本年度内有无重大变更。

3. 制造费用的审计

（1）获取或编制制造费用汇总表，并与明细账、总账核对相符，抽查制造费用中的重大数额项目及例外项目是否合理。

（2）审阅制造费用明细账，检查其核算内容及范围是否正确，并应注意是否存在异常交易事项；如有，则应追查至记账凭证和原始凭证，重点查明被审计单位有无将不应列入成本费用的支出（如投资支出、被没收的财物、支付的罚款、违约金等）计入制造费用。

（3）必要时，对制造费用实施截止测试，即检查资产负债表日前后若干天的制造费用明细账及其凭证，确定有无跨期入账的情况。

（4）检查制造费用的分配是否合理。重点查明制造费用的分配方法是否符合被审计单位自身的生产技术条件，是否体现受益原则，分配方法是否在相当时期内保持稳定，有无随意变更的情况；分配率和分配额的计算是否正确，有无以人为估计数代替分配数的情况；对按计划分配率分配制造费用的企业，还应查明计划与实际差异是否及时调整。

（5）对于采用标准成本法的被审计单位，应抽查标准制造费用的确定是否合理，计入成本计算单的数额是否正确，制造费用的计算、分配与会计处理是否正确，并查明标准制造费用在本年度内有无重大变动。

任务3　生产与存货循环相关账户审计

一、应付职工薪酬审计

（一）应付职工薪酬的审计目标

应付职工薪酬的审计目标一般包括：确定资产负债表中记录的应付职工薪酬是否存在；所有应当记录的应付职工薪酬是否均已记录；确定记录的应付职工薪酬是否为被审计单位应当履行的现时义务；确定应付职工薪酬是否以恰当的金额包括在财务报表中，与之相关的计价调整是否已恰当记录；确定应付职工薪酬是否已按照企业会计准则的规定在财务报表中作出恰当列报。

（二）应付职工薪酬的实质性程序

（1）获取或编制应付职工薪酬明细表，复核加计是否正确，并与报表数、总账数和明细账合计数核对是否相符。

（2）实施实质性分析程序。

①针对已识别需要运用分析程序的有关项目，并基于对被审计单位及其环境的了解，通过进行以下比较，同时考虑有关数据间关系的影响，以建立有关数据的期望值：

a. 比较被审计单位员工人数的变动情况，检查被审计单位各部门各月工资费用的发生额是否有异常波动，若有，则查明波动原因是否合理；

b. 比较本期与上期工资费用总额，要求被审计单位解释其增减变动原因，或取得公司管理当局关于员工工资标准的决议；

c. 结合员工社保缴纳情况，明确被审计单位员工范围，检查是否与关联公司员工工资混淆列支；

d. 核对下列相互独立部门的相关数据：工资部门记录的工资支出与出纳记录的工资支付数；工资部门记录的工时与生产部门记录的工时。

e. 比较本期应付职工薪酬余额与上期应付职工薪酬余额，是否有异常变动。

②确定可接受的差异额。

③将实际的情况与期望值相比较，识别需要进一步调查的差异。

④如果其差额超过可接受的差异额，调查并获取充分的解释和恰当的佐证审计证据（如通过检查相关的凭证）。

⑤评估分析程序的测试结果。

(3) 检查工资、奖金、津贴和补贴。

①计提是否正确，依据是否充分。将执行的工资标准与有关规定核对，并对工资总额进行测试。

②检查分配方法与上年是否一致，除因解除与职工的劳动关系给予的补偿直接计入管理费用外，被审计单位是否根据职工提供服务的受益对象，分别下列情况进行处理：

a. 应由生产产品、提供劳务负担的职工薪酬，计入产品成本或劳务成本；

b. 应由在建工程、无形资产负担的职工薪酬，计入建造固定资产或无形资产；

c. 作为外商投资企业，按规定从净利润中提取的职工奖励及福利基金，是否相应记入"利润分配——提取的职工奖励及福利基金"科目；

d. 其他职工薪酬，计入当期损益；

③检查发放金额是否正确，代扣的款项及其金额是否正确；

④检查是否存在属于拖欠性质的职工薪酬，并了解拖欠的原因。

(4) 检查社会保险费（包括医疗、养老、失业、工伤、生育保险费）、住房公积金、工会经费和职工教育经费等计提（分配）和支付（或使用）的会计处理是否正确，依据是否充分。

(5) 检查辞退福利。

①对于职工没有选择权的辞退计划，检查按辞退职工数量、辞退补偿标准计提辞退福利负债金额是否正确；

②对于自愿接受裁减建议的辞退计划，检查按接受裁减建议的预计职工数量、辞退补偿标准（该标准确定）等计提辞退福利负债金额是否正确；

③检查实质性辞退工作在一年内完成但付款时间超过一年的辞退福利，是否按折现后的金额计量，折现率的选择是否合理；

④检查计提辞退福利负债的会计处理是否正确，是否将计提金额计入当期管理费用；

⑤检查辞退福利支付凭证是否真实正确。

（6）检查非货币性福利。

①对于以自产产品发放给职工的非货币性福利，检查是否根据受益对象并按照该产品的公允价值及应计的销项税额，计入相关资产成本或当期损益，同时确认应付职工薪酬；对于难以认定受益对象的非货币性福利，是否直接计入当期损益和应付职工薪酬（可参考【审计案例 2-3-1】及其分析）。

②检查无偿向职工提供住房的非货币性福利，是否根据受益对象，将该住房每期应计提的折旧计入相关资产成本或当期损益，同时确认应付职工薪酬；对于难以认定受益对象的非货币性福利，是否直接计入当期损益和应付职工薪酬。

③检查以租赁住房等资产形式供职工无偿使用的非货币性福利，是否根据受益对象，将每期应付的租金计入相关资产成本或当期损益，并确认应付职工薪酬；对于难以认定受益对象的非货币性福利，是否直接计入当期损益和应付职工薪酬。

（7）检查应付职工薪酬是否已按照企业会计准则的规定在财务报表中作出恰当的列报。

①检查是否在附注中披露与职工薪酬有关的下列信息：a. 应当支付给职工的工资、奖金、津贴和补贴，及其期末应付未付金额；b. 应当为职工缴纳的医疗、养老、失业、工伤和生育等社会保险费，及其期末应付未付金额；c. 应当为职工缴存的住房公积金，及其期末应付未付金额；d. 为职工提供的非货币性福利，及其计算依据；e. 应当支付的因解除劳动关系给予的补偿，及其期末应付未付金额；f. 其他职工薪酬。

②检查因自愿接受裁减建议的职工数量、补偿标准等不确定而产生的预计负债（应付职工薪酬），是否按照《企业会计准则第 13 号——或有事项》进行披露。

二、营业成本审计

（一）营业成本的审计目标

营业成本的审计目标一般包括：确定利润表中记录的营业成本是否已发生，且与被审计单位有关；确定所有应当记录的营业成本均已记录；确定与营业成本有关的金额及其他数据已恰当记录；确定营业成本已记录于正确的会计期间；确定营业成本已记录于恰当的账户；确定营业成本已按照企业会计准则的规定在财务报表中作出恰当的列报。

（二）营业成本——主营业务成本的实质性审计程序

（1）获取或编制主营业务成本明细表，复核加计是否正确，并与总账数和明细账合计数核对是否相符，结合其他业务成本科目与营业成本报表数核对是否相符。

（2）复核主营业务成本明细表的正确性，编制生产成本与主营业务成本倒轧表（如表 2-5-7 所示），并与库存商品等相关科目勾稽核对。

表 2-5-7　　　　生产成本及主营业务成本倒轧表

项目	未审数	调整或重分类金额借（贷）	审定数
原材料期初余额			
加：本期购进			
减：原材料期末余额			
其他发出额			
直接材料成本			
加：直接人工成本			
制造费用			
本期生产费用			
加：在产品期初余额			
减：在产品期末余额			
完工成品生产成本			
加：产成品期初余额			
减：产成品期末余额			
主营业务成本			

（3）检查主营业务成本的内容和计算方法是否符合会计准则规定，前后期是否一致。

（4）必要时实施实质性分析程序：

①针对已识别需要运用分析程序的有关项目，注册会计师基于对被审计单位及其环境的了解，通过进行以下比较，并考虑有关数据间关系的影响，以建立注册会计师有关数据的期望值：

a. 比较当年度与以前年度不同品种产品的主营业务成本和毛利率，并查明异常情况的原因；

b. 比较当年度与以前年度各月主营业务成本的波动趋势，并查明异常情况的原因；

c. 比较被审计单位与同行业的毛利率，并查明异常情况的原因；

d. 比较当年及以前年度主要产品的单位成本，并查明异常情况的原因。

②确定可接受的差异额。

③将实际的情况与期望值相比较，识别需要进一步调查的差异。

④如果其差额超过可接受的差异额，调查并获取充分的解释和恰当的佐证审计证据（例如通过检查相关的凭证）。

⑤评估分析程序的测试结果。

（5）抽取若干月份的主营业务成本结转明细清单，结合生产成本的审计，检查销售成本结转数额的正确性，比较计入主营业务成本的商品品种、规格、数量与计入主营业务收入的口径是否一致，是否符合配比原则。

（6）针对主营业务成本中重大调整事项（如销售退回）、非常规项目，检查相关原始凭证，评价真实性和合理性，检查其会计处理是否正确。

（7）在采用计划成本、定额成本、标准成本或售价核算存货的条件下，应检查产品成本差异或商品进销差价的计算、分配和会计处理是否正确。

（8）结合期间费用的审计，判断被审计单位是否通过将应计入生产成本的支出计入期间费用，或将应计入期间费用的支出计入生产成本等手段调节生产成本，从而调节主营业务成本。

（9）检查主营业务成本是否已按照企业会计准则的规定在财务报表中作出恰当列报。

【审计案例 2-5-4】

注册会计师王科对三利公司 2013 年 12 月的主营业务成本进行审计，通过审查该公司的主营业务明细表，并与有关明细账、总账核对，发现账表之间数字完全相符。有关数字如下：原材料期初余额为 10 000 元，本期购进原材料 25 000 元，原材料期末余额为 8 000 元，本期销售原材料 3 000 元；本期直接人工成本为 15 000 元，制造费用为 12 000 元，在产品期初余额为 23 000 元，期末余额为 25 000 元，产成品期初余额为 40 000 元，期末余额为 38 000 元。该注册会计师通过对有关记账凭证和原始凭证的审计，发现以下问题：

（1）经对期末在产品的盘点，发现在产品的实际金额为 38 000 元；

（2）已领而未用的原材料 3 000 元未作假退料处理；

（3）将在建工程人员的工资 2 000 元计入生产成本。

【问题思考】根据以上资料填制“生产成本及销售成本倒轧表”，计算并分析存在的问题。

【审计案例 2-5-4 分析】

表 2-5-8　　**生产成本及主营业务成本倒轧表**

被审计单位名称：三利股份有限公司　审计项目：主营业务成本　　单位：元

项目	未审数	调整或重分类分录	审定数
期初原材料成本	10 000		10 000
加：本期购进原材料	25 000		25 000
减：原材料期末余额	8 000	借：3 000	11 000
本期销售材料	3 000		3 000
直接材料成本	24 000	贷：3 000	21 000

表2-5-8(续)

项目	未审数	调整或重分类分录	审定数
加：直接人工成本	15 000	贷：2 000	13 000
制造费用	12 000		12 000
本期生产费用	51 000	贷：5 000	46 000
加：在产品期初余额	23 000		23 000
减：在产品期末余额	25 000	借：13 000	38 000
完工产品生产成本	49 000	贷：18 000	31 000
加：产成品期初余额	40 000		40 000
减：产成品期末余额	38 000		38 000
产品销售成本（主营业务成本）	51 000		33 000
审计结论：由于多计完工产品成本 18 000 元，导致多计主营业务成本 18 000 元，将影响营业利润少计 18 000 元，因此少缴企业所得税 4 500 元，少提盈余公积 1 350 元。			

由于虚增了完工产品成本和销售成本，使得当年利润虚减 18 000 元，应进行相应的调整。调账分录为：

（1）借：原材料　3 000
　　生产成本　13 000
　　在建工程　2 000
　　贷：以前年度损益调整　18 000

（2）借：以前年度损益调整　5 850
　　贷：应交税费——应交企业所得税　4 500
　　　盈余公积——法定盈余公积　1 350

（3）借：以前年度损益调整　12 150
　　贷：利润分配——未分配利润　12 150

（三）营业成本——其他业务成本的实质性程序

（1）获取或编制其他业务成本明细表，复核加计是否正确，并与总账数和明细账合计数核对是否相符，结合主营业务成本科目与营业成本报表数核对是否相符。

（2）复核其他业务成本明细表的正确性，并与相关科目交叉核对。

（3）检查其他业务成本是否冲抵相应的收入，并与上期其他业务收入、其他业务成本比较，检查是否有重大波动，如有，应查明原因。

（4）检查其他业务成本内容是否真实，计算是否正确，配比是否恰当，并择要抽查原始凭证予以核实。

（5）对异常项目，应追查入账依据及有关法律文件是否充分。

（6）检查其他业务成本是否已按照企业会计准则规定在财务报表中作出恰当

列报。

【审计案例 2-5-5】

审计人员对甲公司 2013 年度财务报表进行年度审计时，发现该公司在年初曾和 A 公司签订一项房屋租赁合同，A 公司租用甲公司的 6 间办公室，租期为 5 年，年租金为 84 000 元，该办公室的年折旧额为 8 000 元。甲公司在收到第一年的租金时，作了如下会计分录：

借：银行存款　　84 000
　贷：累计折旧　　8 000
　　其他业务收入　　76 000

假定该公司房屋租赁收入适用的营业税税率为 5%（不考虑其他税费）。

【问题思考】指出该公司存在的问题，并提出处理意见。

【审计案例 2-5-5 分析】

（1）存在的问题：该公司账务处理错误，将应计入其他业务成本的折旧费8 000 元冲减了其他业务收入，偷漏营业税 4 200（84 000×5%）元、城市维护建设税 294（4 200×7%）元和教育费附加 126（4 200×3%）元。

（2）处理意见：审计人员应责成该公司依照税法的有关规定补交营业税，并调整有关账簿记录。调整分录如下：

借：以前年度损益调整　　4 620
　贷：应交税费——应交营业税　　4 200
　　　　——应交城市维护建设税　　294
　　　　——应交教育费附加　　126

【审计案例 2-5-6】

审计人员在审查某公司（一般纳税人）材料销售业务时，发现 2013 年 5 月 9 日出售原材料及包装物一批，其账面成本为原材料 600 元、包装物 800 元，合计1 400 元；公司开具普通发票列明销售价款合计为 1 755 元（含税），对方开出转账支票 1 张，当即解入银行，但其在编制记账凭证时将销售收入与成本轧抵后入账，作如下账务处理：

借：银行存款　　1 755
　贷：原材料　　600
　　周转材料——包装物　　800
　　其他业务收入　　355

【问题思考】分析该公司材料销售会计处理存在的问题。

【审计案例 2-5-6 分析】

根据企业会计准则规定，企业出售材料的会计处理如下：

（1）售出时：

借：银行存款　　1 755

　贷：其他业务收入　　1 500

　　　应交税费——应交增值税（销项税额）　　255

（2）结转成本时：

借：其他业务成本　　1 400

　贷：原材料　　600

　　　周转材料——包装物　　800

该公司错误做法导致漏交增值税、城市维护建设税和教育费附加，也会影响到企业所得税的计算缴纳，影响财务报表的准确性与真实性。

本案例的出现有两种原因：业务不熟悉；为减少麻烦故意轧抵后入账。审计人员应追查原因，要求被审计单位作出相应调整。

三、材料采购或在途物资审计

（1）获取或编制材料采购（在途物资）明细表，复核加计是否正确，与总账数、明细账合计数核对是否相符。

（2）检查材料采购或在途物资。

①对大额材料采购或在途物资，追查至相关的购货合同及购货发票，复核采购成本的正确性，并抽查其入库情况，必要时发函询证；

②检查期末材料采购或在途物资，核对有关凭证，查看是否存在不属于材料采购（在途物资）核算的交易或事项；

③检查月末转入原材料等科目的会计处理是否正确。

（3）检查材料采购是否存在长期挂账事项，如有，应查明原因，必要时提出建议调整。

（4）查阅资产负债表日前后若干天材料采购（在途物资）增减变动的有关账簿记录和收料报告单等资料，检查有无跨期现象，如有，则应作出记录，必要时作调整。

（5）如采用计划成本核算，审核材料采购账项有关材料成本差异发生额的计算是否正确。

（6）检查材料采购（在途物资）的披露是否恰当。

【审计案例 2-5-7】

审计人员在 2014 年 2 月 4 日审查某企业 2013 年 12 月份“管理费用——其他”

明细账时，发现12月4日11#记账凭证在账簿摘要栏说明含混不清，审计人员决定进一步查证。随后，审计人员调阅了该记账凭证，内容如下：

借：管理费用——其他　　5 000

　贷：银行存款　　5 000

检查其所附的原始凭证，发现是两张运费发票，其中铁路运费计4 500元、市内运费500元，是支付2013年12月2日购进材料的运输费，而该笔购料业务的记账凭证是付字6#。其会计分录为：

借：材料采购　　65 000

　　应交税费——应交增值税（进项税额）　　11 050

　贷：银行存款　　76 050

12月4日转字13#记录该批购料入库的分录为（企业原材料采用实际成本核算）：

借：原材料　　65 000

　贷：材料采购　　65 000

【问题思考】分析该企业材料采购成本核算存在的问题是什么，应如何调账。

【审计案例2-5-7分析】

该企业将应计入原材料采购成本的运输费5 000元计入管理费用，一方面使该批材料少计成本4 650元（运费进项税额扣除率为7%），进项税额少计350元；另一方面影响本月及以后各期发出材料成本，乃至经营成果的准确性，应予以相应的调整。

如果该批材料12月份尚未被领用，则调整分录为：

借：原材料　　4 650

　　应交税费——增值税检查调整　　350

　贷：以前年度损益调整　　5 000

如果该批材料12月份已被全部领用，但所生产产品尚未完工，则调整分录为：

借：生产成本　　4 650

　　应交税费——增值税检查调整　　350

　贷：以前年度损益调整　　5 000

如果该批材料12月份已被全部领用并已制成产成品（但尚未销售），则调整分录为：

借：库存商品　　4 650

　　应交税费——增值税检查调整　　350

　贷：以前年度损益调整　　5 000

四、原材料审计

（1）获取或编制原材料明细表，复核加计是否正确，并与总账数、明细账合计数核对是否相符。

（2）必要时实施实质性分析程序

①针对已识别需要运用分析程序的有关项目，并基于对被审计单位及其环境的了解，通过进行以下比较，同时考虑有关数据间关系的影响，以建立注册会计师有关数据的期望值：

a. 比较当年及以前年度原材料成本占生产成本百分比的变动，对异常情况作出解释；

b. 比较原材料的实际用量与预算用量的差异，并分析其合理性；

c. 核对仓库记录的原材料领用量与生产部门记录的原材料领用量是否相符，并对异常情况作出解释；

d. 根据标准单耗指标，将原材料收发存情况与投入产出结合比较，以分析本期原材料领用、消耗、结存的合理性。

②确定可接受的差异额。

③将实际的情况与期望值相比较，识别需要进一步调查的差异。

④如果其差额超过可接受的差异额，调查并获取充分的解释和恰当的佐证审计证据（例如通过检查相关的凭证）。

⑤评估分析程序的测试结果。

（3）实施存货监盘程序。选取代表性样本，抽查原材料明细账的数量与盘点记录的原材料数量是否一致，以确定原材料明细账的数量的准确性和完整性。

①从原材料明细账中选取具有代表性的样本，与盘点报告（记录）的数量核对；

②从盘点报告（记录）中抽取有代表性的样本，与原材料明细账的数量核对。

（4）原材料计价方法的测试。

①检查原材料的计价方法前后期是否一致。

②自原材料明细表中选取适量品种，检查原材料的入账基础和计价方法是否正确：

a. 以实际成本计价时，将其单位成本与购货发票核对，并确认原材料成本中不包含增值税；

b. 以计划成本计价时，将其单位成本与材料成本差异明细账及购货发票核对，同时关注被审计单位计划成本制定的合理性；

c. 检查进口原材料的外币折算是否正确，检查相关的关税、增值税及消费税的会计处理是否正确。

③检查原材料发出计价的方法是否正确。

a. 了解被审计单位原材料发出的计价方法，前后期是否一致，并抽取主要材料复核其计算是否正确；若原材料以计划成本计价，还应检查材料成本差异的发生和结转的金额是否正确。

b. 编制本期发出材料汇总表，与相关科目勾稽核对，并复核若干月发出材料汇总表的正确性。

④结合期末市场采购价，分析主要原材料期末结存单价是否合理。

⑤结合原材料的盘点检查，期末有无料到单未到情况，如有，应查明是否已暂估入账，其暂估价是否合理。

（5）对于通过非货币性资产交换、债务重组、企业合并以及接受捐赠等取得的原材料，检查其入账的有关依据是否真实、完备，入账价值和会计处理是否符合相关规定。

（6）检查投资者投入的原材料是否按照投资合同或协议约定的价值入账，并检查约定的价值是否公允、交接手续是否齐全。

（7）检查与关联方的购销业务是否正常，关注交易价格、交易金额的真实性及合理性，检查对合并范围内购货记录应予合并抵销的数据是否正确。

（8）审核有无长期挂账的原材料，如有，应查明原因，必要时作调整。

（9）截止测试。

①原材料入库的截止测试：

a. 在原材料明细账的借方发生额中选取资产负债表日前后若干天的凭证，并与入库记录（如入库单，或购货发票，或运输单据）核对，以确定原材料入库被记录在正确的会计期间；

b. 在入库记录中选取资产负债表日前后若干张、大于一定金额以上的凭据，与原材料明细账的借方发生额进行核对，以确定原材料入库被记录在正确的会计期间。

②原材料出库的截止测试：

a. 在原材料明细账的贷方发生额中选取资产负债表日前后若干天的凭证，并与出库记录（如出库单，或销货发票，或运输单据）核对，以确定原材料出库被记录在正确的会计期间；

b. 在出库记录中选取资产负债表日前后若干天的凭据，与原材料明细账的贷方发生额进行核对，以确定原材料出库被记录在正确的会计期间。

（10）结合银行借款等科目，了解是否有用于债务担保的原材料，如有，则应取证并作相应的记录，同时提请被审计单位作恰当披露。

（11）检查原材料的披露是否恰当。

五、材料成本差异审计

（1）获取或编制材料成本差异的明细表，复核加计是否正确，并与总账数、明细账合计数核对是否相符。

（2）对本期内各月的材料成本差异率进行分析，并与上期进行比较，检查是否有异常波动，计算方法是否前后期一致，注意是否存在调节成本的现象。

(3) 结合以计划成本计价的原材料、包装物等的入账基础测试，比较计划成本与供货商发票或其他实际成本资料，检查材料成本差异的发生额是否正确。

(4) 抽查若干月发出材料汇总表，检查材料成本差异是否按月分摊，使用的差异率是否为当月实际差异率，差异的分配是否正确，分配方法前后期是否一致。

(5) 确定材料成本差异的披露是否恰当。

【审计案例 2-5-8】

审计人员在审查某企业 2013 年 12 月份会计资料时发现该月生产费用水平高于以前各月，而材料成本差异率较以前各月低，于是决定进一步调查。

审计人员调阅了被审企业“材料计划成本单价表”及“材料采购”“原材料”等明细账和“材料成本差异”明细账，发现该企业材料的计划成本高于实际成本，“材料成本差异”明细账出现贷方余额。其中，10 月初材料成本差异贷方余额为 120 650 元，当月收入材料成本节约差异为 450 000 元；月初结存材料的计划成本为 3 016 250 元，当月收入材料的计划成本为 9 000 000 元，当月发出材料的计划成本为 8 500 000 元。企业采用的成本差异率为-2. 125%，实际结转发出材料节约差异 180 625 元。

【问题思考】请分析该企业在计算结转材料成本差异方面存在的问题，并作出相应的调账处理。

【审计案例 2-5-8 分析】

材料成本差异率=（-120 650-450 000）÷（3 016 250+9 000 000）×100%
≈-4. 749%

应结转发出材料节约差异=8 500 000×（-4. 749%）= 403 665（元）

但该企业采用的成本差异率是-2. 125%，实际结转发出材料节约差异 180 625 元，从而使当月生产成本虚增了 223 040 元。该企业利用“材料成本差异”账户人为调节产品成本，致使成本虚增、隐匿利润，应根据企业产品完工及销售情况进行相应的调账处理。

如果该材料生产的产品尚未完工：

借：材料成本差异　　223 040
　贷：生产成本　　223 040

如果该材料所生产的产品已全部完工但尚未销售：

借：材料成本差异　　223 040
　贷：库存商品　　223 040

如果该材料所生产的产品已全部完工并有一半已出售：

借：材料成本差异　　223 040
　贷：以前年度损益调整　　111 520
　　　库存商品　　111 520

借：以前年度损益调整　　36 244
　贷：应交税费——应交企业所得税　　27 880
　　　盈余公积——法定盈余公积　　8 364
借：以前年度损益调整　　75 276
　贷：利润分配——未分配利润　　75 276

六、库存商品审计

（1）获取或编制库存商品明细表，复核加计正确，并与总账数、明细账合计数核对相符；同时，抽查明细账与仓库台账、卡片记录，检查是否相符。

（2）必要时实施实质性分析程序。

①针对已识别需要运用分析程序的有关项目，并基于对被审计单位及其环境的了解，同时通过进行以下比较，并考虑有关数据间关系的影响，以建立注册会计师有关数据的期望值：

a. 按品种分析库存商品各月单位成本的变动趋势，以评价是否有调节生产成本或销售成本的因素；

b. 比较前后各期的主要库存商品的毛利率（按月、按生产线、按地区等）、库存商品周转率和库存商品账龄等，评价其合理性并对异常波动作出解释，查明异常情况的原因；

c. 比较库存商品库存量与生产量及库存能力的差异，并分析其合理性；

d. 核对仓库记录的库存商品入库量与生产部门记录的库存商品生产量是否一致，并对差异作出解释；

e. 核对发票记录的数量是否与发货量、订货量、主营业务成本记录的销售量是否一致，并对差异作出解释；

f. 比较库存商品销售量与生产量或采购量的差异，并分析其合理性；

g. 比较库存商品销售量和平均单位成本之积与账面库存商品销售成本的差异，并分析其合理性。

②确定可接受的差异额。

③将实际的情况与期望值相比较，识别需要进一步调查的差异。

④如果其差额超过可接受的差异额，调查并获取充分的解释和恰当的佐证审计证据（例如通过检查相关的凭证）。

⑤评估分析程序的测试结果。

（3）执行存货监盘程序。选取代表性样本，抽查库存商品明细账的数量与盘点记录的库存商品数量是否一致，以确定库存商品明细账的数量的准确性和完整性。

①从库存商品明细账中选取具有代表性的样本，与盘点报告（记录）的数量核对；

②从盘点报告（记录）中抽取有代表性的样本，与库存商品明细账的数量核对。

（4）库存商品计价方法的测试。

①检查库存商品的计价方法是否前后期一致。

②自库存商品明细表中选取适量品种，检查库存商品的入账基础和计价方法是否正确。

a. 自制库存商品：以实际成本计价时，将其单位成本与成本计算单核对；以计划成本计价时，将其单位成本与相关成本差异明细账及成本计算单核对；

b. 外购库存商品：以实际成本计价时，将其单位成本与购货发票核对；以计划成本计价时，将其单位成本与相关成本差异明细账及购货发票核对；

c. 抽查库存商品入库单，核对库存商品的品种、数量与入账记录是否一致；并将入库商品的实际成本与相关科目（如生产成本）的结转额核对并作交叉索引。

③检查库存商品的发出计价是否正确。

a. 了解被审计单位对库存商品发出的计价方法，并抽取主要库存商品，检查其计算是否正确；若库存商品以计划成本计价，还应检查产品成本差异的发生和结转金额是否正确。

b. 编制本期库存商品发出汇总表，与相关科目勾稽核对，并复核各月库存商品发出汇总表的正确性。

④结合库存商品的盘点，检查期末有无库存商品已到而相关单据未到的情况，如有，应查明是否暂估入账，其暂估价是否合理。

（5）对于通过非货币性资产交换、债务重组、企业合并以及接受捐赠取得的库存商品，检查其入账的有关依据是否真实、完备，入账价值和会计处理是否符合相关规定。

（6）检查投资者投入的库存商品是否按照投资合同或协议约定的价值入账，并同时检查约定的价值是否公允，交接手续是否齐全。

（7）检查与关联方的商品购销交易是否正常，关注交易价格、交易金额的真实性与合理性，对合并范围内购货记录应予合并抵销的数据是否抵销。

（8）审阅库存商品明细账，检查有无长期挂账的库存商品，如有，应查明原因，必要时提出适当处理建议。

（9）库存商品截止测试。

①库存商品入库的截止测试。

a. 在库存商品明细账的借方发生额中选取资产负债表日前后若干天的凭证，并与入库记录（如入库单，或购货发票，或运输单据）核对，以确定库存商品入库被记录在正确的会计期间；

b. 在入库记录选取资产负债表日前后若干天的凭证，与库存商品明细账的借方发生额进行核对，以确定库存商品入库被记录在正确的会计期间。

②库存商品出库的截止测试。

a. 在库存商品明细账的贷方发生额中选取有资产负债表日前后若干天的凭证，并与出库记录（如出库单，或销货发票，或运输单据）核对，以确定库存商品出库被记录在正确的会计期间；

b. 在出库记录中选取资产负债表日前后若干天的凭证，与库存商品明细账的贷方发生额进行核对，以确定库存商品出库被记录在正确的会计期间。

（10）结合长、短期借款等项目，了解是否有用于债务担保的库存商品，如有，应取证并作相应记录，同时提请被审计单位作恰当披露。

（11）检查库存商品的披露是否恰当。

【审计案例 2-5-9】

某企业采用先进先出法计算、结转发出产品成本。审计人员在审阅“库存商品”明细账时发现：年初结存 1 000 件，单价为 100 元；当年第一批完工入库2 500 件，单价为 110 元；第二批入库 1 000 件，单价为 105 元；第三批入库 1 500 件，单价为 115 元；共销售 5 000 件，结转成本 543 750 元；截至审计日结存 1 000 件，结存成本 108 750 元。

【问题思考】验证企业期末结存商品计价是否正确，并提出处理意见。

【审计案例 2-5-9 分析】

（1）审计人员根据先进先出法对发出产品的计价进行复核，计算如下：

发出产品成本＝1 000×100+2 500×110+1 000×105+500×115＝537 500（元）；

多转发出产品成本＝543 750−537 500＝6 250（元）

年末结存商品正确的成本＝108 750+6 250＝115 000（元）（结存金额＝1 000×115）

（2）处理意见：其结果是虚增了主营业务成本 6 250 元，虚减利润 6 250 元，偷漏所得税 1 562. 5（6 250×25%）元，同时导致库存商品计价偏低。对此，审计人员应建议企业予以调整。调整分录为：

借：库存商品	6 250	
贷：以前年度损益调整		6 250
借：以前年度损益调整	2 031. 25	
贷：应交税费——应交企业所得税		1 562. 50
盈余公积		468. 75
借：以前年度损益调整	4 218. 75	
贷：利润分配——未分配利润		4 218. 75

七、发出商品审计

（1）获取或编制发出商品明细表，复核加计是否正确，并与总账数、明细账合计数核对是否相符。

（2）检查发出商品有关的合同、协议和凭证，分析交易实质，检查其会计处理是否正确。

（3）检查发出商品品种、数量和金额与库存商品的结转额核对一致，并作交叉索引。

（4）了解被审计单位对发出商品结转的计价方法，并抽取主要发出商品，检查其计算是否正确；若发出商品以计划成本计价，还应检查产品成本差异发生和结转金额是否正确。

（5）编制本期发出商品发出汇总表，与相关科目勾稽核对，并抽查复核月度发出商品汇总表的正确性。

（6）必要时，应函询核实发出商品的期末余额。

（7）检查发出商品退回的会计处理是否正确。

（8）查阅资产负债表日前后若干天发出商品增减变动的有关账簿记录及有关的合同、协议、出库单、货运单等资料，检查有无跨期现象，如有，则应作出记录，必要时建议作审计调整。

（9）审核有无长期挂账的发出商品，如有，应查明原因，必要时提出调整建议。

（10）检查发出商品的披露是否恰当。

八、商品进销差价审计

（1）获取或编制商品进销差价明细表，复核加计是否正确，并与总账数、明细账合计数核对是否相符。

（2）对本期内每月商品进销差价率进行分析，检查是否存在异常波动，计算方法前后期是否一致，注意是否存在调节成本的现象。

（3）结合以售价核算的库存商品入账基础的测试，检查商品进销差价的发生额是否正确。

（4）抽查月度商品发出汇总表，检查商品进销差价是否按月分摊，使用的差价率是否系当月实际差价率，并注意分配方法前后期是否一致。

（5）检查库存商品发生溢余或损失时，商品进销差价及增值税进项税的会计处理方法是否正确。

（6）检查被审计单位是否在年度终了对商品进销差价进行核实调整。

（7）检查商品进销差价的披露是否恰当。

九、委托加工物资审计

（1）获取或编制委托加工物资明细表，复核加计是否正确，并与总账数、明细账合计数核对是否相符。

（2）抽查一定数量的委托加工业务合同，检查有关发料、加工费、运费结算的凭证，核对成本计算是否正确，会计处理是否及时、正确。

（3）抽查加工完成物资的验收入库手续是否齐全，会计处理是否正确；需要缴纳消费税的委托加工物资，由受托方代收代缴消费税的会计处理是否正确。

（4）编制本期委托加工物资发出汇总表，与相关科目勾稽核对，并抽查复核月度委托加工物资发出汇总表的正确性。

（5）对期末结存的委托加工物资，应现场察看或函询核实。

（6）审核有无长期挂账的委托加工物资，如有，应查明原因，必要时提出调整建议。

（7）查阅资产负债表日前后若干天委托加工物资增减变动的有关账簿记录和有关的合同、协议、出库单、入库单、货运单、验收单等资料，检查有无跨期现象，如有，则应作出记录，必要时建议作审计调整。

（8）确定委托加工物资的披露是否恰当。

十、周转材料审计

（1）获取或编制周转材料（低值易耗品、包装物）明细表，复核加计是否正确，并与总账数、明细账合计数核对是否相符；同时，抽查明细账与仓库台账、卡片记录是否相符。

（2）检查周转材料（低值易耗品、包装物）的入库和领用手续是否齐全，会计处理是否正确。

（3）执行存货监盘程序。选取代表性样本，抽查周转材料（低值易耗品、包装物）明细账的数量与盘点记录的周转材料（低值易耗品、包装物）数量是否一致，以确定周转材料（低值易耗品、包装物）明细账的数量的准确性和完整性。

①从周转材料（低值易耗品、包装物）明细账中选取具有代表性的样本，与盘点报告（记录）的数量核对；

②从盘点报告（记录）中抽取有代表性的样本，与周转材料（低值易耗品、包装物）明细账的数量核对。

（4）检查周转材料（低值易耗品、包装物）与固定资产的划分是否符合规定。

（5）自周转材料明细表中选取适量品种，检查周转材料的计价方法是否正确，前后期是否一致：

①以实际成本计价时，将其单位成本与购货发票核对。

②以计划成本计价时，将其单位成本与被审计单位制定的计划成本核对，同时关注被审计单位计划成本制定的合理性。

③检查进口周转材料（低值易耗品、包装物）的外币折算是否正确，检查相关

的关税、增值税及消费税的会计处理是否正确。

④检查周转材料（低值易耗品、包装物）摊销方法是否正确，前后期是否一致（对包装物和低值易耗品，根据领用数量及价值的大小，可以选用一次转销法或者五五摊销法进行摊销）。

⑤结合周转材料（低值易耗品、包装物）的盘点，检查期末有无料到单未到情况，如有，应查明是否已暂估入账，其暂估价是否合理。

（6）编制本期周转材料发出汇总表，与相关科目勾稽核对，并抽查月度周转材料发出汇总表的正确性。

（7）审核有无长期挂账的周转材料（低值易耗品、包装物）事项，如有，应查明原因，必要时提出调整建议。

（8）截止测试，与原材料的截止测试相同。

（9）检查与关联方的购销交易是否正常，关注交易价格、交易金额的真实性与合理性，检查对合并范围内购货记录应予合并抵销的金额是否抵销。

（10）检查出租、出借周转材料的会计处理是否正确。

（11）检查被审计单位是否存在周转材料押金，若有，结合相关科目的审计，查明周转材料押金的收取是否合理，有无合同，是否存在逾期押金，相应的增值税、消费税处理是否正确，必要时提出调整建议。

（12）结合长、短期借款等项目，了解是否有用于债务担保的周转材料，如有，则应取证并作相应的记录，同时提请被审计单位作恰当披露。

（13）检查周转材料的披露是否恰当。

十一、存货跌价准备审计

（1）获取或编制存货跌价准备明细表，复核加计是否正确，并与总账数和明细账合计数核对是否相符。

（2）检查存货跌价准备计提和存货损失转销的批准程序，取得书面报告、销售合同或劳务合同等证明文件。

（3）检查分析存货是否存在减值迹象，以判断被审计单位计提存货跌价准备的合理性。

①将存货余额与现有的订单、资产负债表日后各期的销售额和下一年度的预测销售额进行比较，以评估存货滞销和跌价的可能性；

②比较当年及以前年度存货跌价准备占存货余额的比例，并查明异常情况的原因；

③结合存货监盘，对存货的外观形态进行检视，以了解其物理形态是否正常；检查期末结存的库存商品和在产品，针对过时陈旧、产量下降、生产成本或售价波动、技术或市场需求的变化情形以及期后销售情况，考虑是否需进一步计提准备：

a. 对于残次、冷背、呆滞的存货，查看永续盘存记录、销售分析等资料，分析当年实际使用情况，确定是否已合理计提跌价准备；

b. 将上年度残次、冷背、呆滞存货清单与当年存货清单进行比较，确定是否需补提跌价准备。

（4）根据成本与可变现净值孰低的计价方法，评价存货跌价准备所依据的资料、假设及计提方法，考虑是否有确凿证据并以此为基础计算确定存货的可变现净值，检查其合理性及计提方法前后是否一致。

（5）考虑不同存货的可变现净值的确定原则，复核其可变现净值计算正确性（即充足但不过度）：

①对用于生产而持有的原材料，检查是否以所生产的产成品的估计售价减去至完工时估计将要发生的成本、估计的销售费用和相关税费后的金额作为可变现净值的确定基础；

②库存商品和用于出售而持有的原材料等直接用于出售的存货，检查是否以该存货的估计售价减去估计的销售费用和相关税费后的金额作为可变现净值的确定基础；

③检查为执行销售合同而持有的库存商品等存货，是否以合同价格作为其可变现净值的确定基础；如果被审计单位持有库存商品的数量多于销售合同订购数量，超出部分的库存商品可变现净值是否以一般销售价格为计量基础。

（6）对从合并范围内部购入存货计提的跌价准备，关注其在合并时是否已作抵销。

（7）检查债务重组、非货币性资产交换和企业合并等涉及存货跌价准备的会计处理是否正确。

（8）若被审计单位为建造承包商，对其执行中的建造合同，应检查预计总成本是否超过合同总收入，如果发生合同损失，其计提的跌价准备是否合理，会计处理是否正确。

（9）如果被审计单位出售或核销已经计提跌价准备的存货，应检查相应的跌价准备是否转销，会计处理是否正确。

（10）已计提跌价准备的存货价值又得以恢复的，检查是否在原已计提的跌价准备的范围内转回，依据是否充分，并记录转回金额。

（11）检查存货跌价准备的计算和会计处理是否正确，本期计提或转销数额是否与有关损益科目金额核对一致。

（12）抽查计提存货跌价准备的项目，看其期后售价是否低于原始成本。

（13）检查被审计单位是否于期末对存货进行了检查分析，存货跌价准备的计算和会计处理是否正确。

（14）确定存货跌价准备的披露是否恰当。

按照《企业会计准则第 1 号——存货》的规定，企业应当在财务报表附注中披露存货可变现净值的确定依据、存货跌价准备的计提方法、当期计提的存货跌价准备的金额、当期转回的存货跌价准备的金额以及计提和转回的有关情况。

【审计案例 2-5-10】

审计人员审查乙公司 2013 年度财务报表，在进行分析性复核后，发现该企业 12 月份的“资产减值损失——存货跌价准备”明细账贷方发生额计提了 630 万元，比以前各期明显偏多，怀疑企业随意计提存货跌价准备。

审计人员通过询问乙公司主管会计，获悉该企业半年计提一次存货跌价准备。经查，6 月末存货跌价准备账户贷方余额为 150 万元，12 月末存货账面成本为4 000 万元，存货可变现净值为 3 500 万元。

【问题思考】请分析乙公司在计提存货跌价准备方面存在的问题，并作出相应的调账分录。

【审计案例 2-5-10 分析】

乙公司 12 月末存货跌价准备应提数=4 000-3 500-150（贷方余额）= 350（万元），而不是乙公司计提的 630 万元。公司随意计提存货跌价准备，虚增资产损失，减少利润，可能偷逃所得税。应要求该公司按照企业会计准则和税法规定进行所得税纳税调整，并作出进行相应的调账处理（企业所得税率为 25%，按净利润的 10% 计提盈余公积）。

（1）调整存货跌价准备

借：存货跌价准备　　2 800 000

　贷：以前年度损益调整　　2 800 000

（2）调增纳税所得额，补提企业所得税 700 000（2 800 000×25%）元：

借：以前年度损益调整　　700 000

　贷：应交税费——应交企业所得税　　700 000

（3）计提盈余公积 210 000［（2 800 000-700 000）×10%］元

借：以前年度损益调整　　210 000

　贷：盈余公积　　210 000

（4）结转“以前年度损益调整”账户余额

借：以前年度损益调整　　1 890 000

　贷：利润分配——未分配利润　　1 890 000

项目六　筹资与投资循环审计

学习目标

通过本项目学习，熟悉筹资与投资循环涉及的主要凭证、会计记录和主要业务活动；了解筹资与投资循环内部控制的内容，掌握对其进行控制测试所采用的程序和方法；能够确定短期借款、长期借款、实收资本（股本）和长期股权投资等报表项目的审计目标，掌握对其实施的实质性程序。

能力目标

1. 能结合实际分析筹资与投资循环内部控制的内容和作用；

2. 了解短期借款、长期借款、实收资本（股本）和长期股权投资的具体审计程序；

3. 熟悉交易性金融资产、持有至到期投资等项目的审计过程。

【审计案例 2-6-1】

琼民源公司，1988 年 7 月在海口注册成立。1992 年 9 月，在全国证券交易自动报价（STAQ）系统中募集法人股 3 000 万股，实收股本 3 000 万元。1993 年 4 月 30 日，以琼民源 A 股的名义在深圳上市，成为当时在深圳上市的 5 家异地企业之一。上市后的第二年，琼民源公司便开始走下坡路，经营业绩不佳，其股票无人问津。在 1995 年公布的年报中，“琼民源”每股收益不足一厘，年报公布日（1996 年 4 月 30 日）其股价仅为 3. 65 元。从 1996 年 7 月 1 日起，“琼民源”的股价以 4. 45 元起步，在短短几个月内股价已蹿升至 20 元，翻了数倍。“琼民源”成了创造 1996 年中国股市神话中的一匹“大黑马”。

1997 年 3 月 22 日，琼民源公司率先公布 1996 年年报。年报赫然显示：“琼民源”1996 年每股收益为 0. 867 元，净利润比 1995 年同比增长 1 290. 68 倍，分配方案为每 10 股转送 9. 8 股。年报一公布，“琼民源”股价便赫然飘升至 26. 18 元。股市掀起了不小的波动，有人为买入“琼民源”股票而欢呼，有人为错失良机而顿足，短短一年里琼民源公司的利润从何而来？为了消除股民的疑惑，坚定投资者的信心，琼民源公司两次登报声明，说明琼民源公司年报的正确性。而对“琼民源”年报进行审计的海南中华会计师事务所也公开在媒介上表示财务报表的真实性不容置疑。

公司和会计师事务所的“声明”使股市得到暂时的平静。然而，经过1997年2月28日罕见的、巨大的成交量之后，证交所突然宣布：琼民源公司于3月1日起停牌。

被“琼民源”股票牢牢套住的众多中小投资者终于在1998年4月29日等来了中国证监会对“琼民源”一案的处理决定。证监会对琼民源公司、会计师事务所以及相关机构作出了行政处罚。1998年11月12日，北京市第一中级人民法院也对此案作出了一审判决，追究直接责任人的刑事责任。

【问题思考】试分析中华会计师事务所对“琼民源”年报审计中存在的问题。

任务1　筹资与投资循环内部控制及测试

一、筹资与投资循环涉及的凭证和会计记录

（一）筹资活动的凭证和会计记录

1. 债券

它是公司依据法定程序发行、约定在一定期限内还本付息的有价证券。

2. 股票

它是公司签发的证明股东所持股份的凭证。

3. 债券契约

它是一张明确债券持有人与发行企业双方所拥有的权利与义务的法律性文件。其内容一般包括：债券发行的标准；债券的明确表述；利息或利息率；受托管理人证书；登记和背书；如系抵押债券，其所担保的财产；债券发生拖欠情况如何处理，以及对偿债基金、利息支付、本金返还等的处理。

4. 股东名册

发行记名股票的公司应记载的内容一般包括：股东的姓名或者名称及住所；各股东所持股份数；各股东所持股票的编号；各股东取得其股份的日期。发行无记名股票的，公司应当记载其股票数量、编号及发行日期。

5. 公司债券存根簿

发行记名公司债券应记载的内容一般包括：债券持有人的姓名或者名称及住所；债券持有人取得债券的日期及债券的编号；债券总额、债券的票面金额、债券的利率、债券还本付息的期限和方式；债券的发行日期。发行无记名债券的应当在公司的债券存根簿上记载债券总额、利率、偿还期限和方式、发行日期和债券编号。

6. 承销或包销协议

公司向社会公开发行股票或债券时，应当由依法设立的证券经营机构承销或包

销，公司应与其签订承销或包销协议。

7. 借款合同或协议

公司向银行或其他金融机构借入款项时与其签订的合同或协议。

8. 有关记账凭证

略。

9. 有关会计科目的明细账和总账

略。

（二）投资活动的凭证和会计记录

（1）股票或债券。

（2）经纪人通知书。

（3）债券契约。

（4）企业的章程及有关协议。

（5）投资协议。

（6）有关记账凭证。

（7）有关会计科目的明细账和总账。

二、筹资与投资循环涉及的主要经济业务

（一）筹资所涉及的主要业务活动

1. 审批授权

企业通过借款筹集资金需经管理层的审批，其中债券的发行每次均要由董事会授权；企业发行股票必须依据国家有关法规或企业章程的规定，报经企业最高权力机构（如董事会）及国家有关管理部门批准。

2. 签订合同或协议

向银行或其他金融机构融资须签订借款合同，发行债券须签订债券契约和债券承销或包销合同。

3. 取得资金

企业实际取得银行或金融机构划入的款项或债券、股票的融入资金。

4. 计算利息或股利

企业应按有关合同或协议的规定，及时计算利息或股利。

5. 偿还本息或发放股利

银行借款或发行债券应按有关合同或协议的规定偿还本息，融入的股本根据股东大会的决定发放股利。

（二）投资所涉及的主要业务活动

1. 审批授权

投资业务应由企业的高层管理机构进行审批。

2. 取得证券或其他投资

企业可以通过购买股票或债券进行投资，也可以通过与其他单位联合形成投资。

3. 取得投资收益

企业可以取得股权投资的股利收入、债券投资的利息收入和其他投资收益。

4. 转让证券或收回其他投资

企业可以通过转让证券实现投资的收回；其他投资已经投出，除联营合同期满，或由于其他特殊原因联营企业解散外，一般不得抽回投资。

三、筹资与投资循环的特点

筹资与投资循环由筹资活动和投资活动的交易事项构成。筹资活动主要由借款交易和股东权益交易组成。投资活动主要由权益性投资交易和债权性投资交易组成。筹资与投资循环具有如下特征：

（1）对一般工商企业而言，与销售与收款循环、采购与付款循环相比，每年筹资与投资循环涉及的交易数量较少，而每笔交易的金额通常较大。这就决定了对该循环涉及的财务报表项目，更可能采用实质性方案。

（2）筹资活动必须遵守国家法律、法规和相关契约的规定。例如，债务契约可能限定借款人向股东分配利润，或规定借款单位的流动比率和速动比率不能低于某一水平。注册会计师了解被审计单位的筹资活动，可能对评估财务报表舞弊的风险、从性质角度考虑审计重要性、评估持续经营假设的适用性等有重要影响。

（3）漏记或不恰当地对一笔业务进行会计处理，将会导致重大错误，从而对企业财务报表的公允反映产生较大的影响。对于从事投机性衍生金融工具交易的企业而言，尤其如此。公允价值的确定和交易记录的完整性等可能存在重大错报风险。

筹资与投资循环中所涉及的资产负债表项目主要包括交易性金融资产、应收利息、应收股利、可供出售金融资产、持有至到期投资、长期股权投资、投资性房地产、短期借款、交易性金融负债、应付利息、应付股利、长期借款、应付债券、实收资本（或股本）、资本公积、盈余公积、未分配利润等。筹资与投资循环中所涉及的利润表项目主要包括财务费用、投资收益等。

四、筹资与投资循环的内部控制和控制测试

首先需要说明的是，筹资与投资循环涉及货币资金的收付，有关的内部控制已分别在销售与收款循环、采购与付款循环阐述，这里侧重阐述筹资与投资循环其他的内部控制。

（一）筹资活动的内部控制和控制测试

筹资活动主要由借款交易和股东权益交易组成。股东权益增减变动的业务较少而金额较大，注册会计师在审计中一般直接进行实质性程序。企业的借款交易涉及

短期借款、长期借款和应付债券，这些内部控制基本类似。因此，这里我们以应付债券为例说明筹资活动的内部控制和控制测试。

无论是否依赖内部控制，注册会计师均应对筹资活动的内部控制获得足够的了解，以识别错报的类型、方式及发生的可能性。一般来讲，应付债券内部控制的主要内容包括：①应付债券的发行要有正式的授权程序，每次均要由董事会授权；②申请发行债券时，应履行审批手续，向有关机关递交相关文件；③应付债券的发行，要有受托管理人来行使保护发行人和持有人合法权益的权利；④每种债券发行都必须签订债券契约；⑤债券的承销或包销必须签订有关协议；⑥记录应付债券业务的会计人员不得参与债券发行；⑦如果企业保存债券持有人明细分类账，应同总分类账核对相符，若这些记录由外部机构保存，则须定期同外部机构核对；⑧未发行的债券必须有专人保管；⑨债券的回购要有正式的授权程序。

如果企业应付债券业务不多，注册会计师可根据成本效益原则采取实质性方案；如果企业应付债券业务繁多，注册会计师就可考虑采用综合性方案，则应进行控制测试。筹资活动的内部控制及测试如表 2-6-1 所示。

表 2-6-1　　**筹资活动的控制目标、内部控制和测试一览表**

内部控制目标	关键内部控制程序	内部控制测试	交易实质性测试
借款和所有者权益账面余额在资产负债表日确定存在，借款利息费用和已支付的股利是由被审计期间真实事项引起的（存在或发生）	借款或发行股票经过授权审批； 签订借款合同或协议、债券契约、承销或包销协议等相关法律性文件	索取借款或发行股票的授权批准文件，检查权限恰当否，手续齐全否； 索取借款合同或协议、债券契约、承销或包销协议	获取或编制借款和股本明细表，复核加计正确，并与报表数、总账数和明细账合计数核对相符； 检查与借款或股票发行有关的原始凭证，确认其真实性，并与会计记录核对； 检查利息计算的依据，复核应计利息的正确性，并确认全部利息计入相关账户
借款和所有者权益的增减变动及其利息和股利已登记入账（完整性）	筹资业务的会计记录、授权和执行等方面明确职责分工； 借款合同或协议由专人保管； 如保存债券持有人的明细资料，应同总分类账核对相符； 如由如外部机构保存，需定期同外部机构核对	观察并描述其职责分工； 了解债券持有人明细资料的保管制度，检查被审计单位是否将其与总账或外部机构核对	检查年度内借款和所有者权益增减变动原始凭证，核实变动的真实性、合规性，检查授权批准手续是否完备、入账是否及时准确

表2-6-1（续）

内部控制目标	关键内部控制程序	内部控制测试	交易实质性测试
借款均为被审计单位承担的债务，所有者权益代表所有者的法定求偿权（权利与义务）			向银行或其他金融机构、债券包销人函证，并与账面余额核对；检查股东是否已按合同、协议、章程约定时间缴付出资额，其出资是否经注册会计师审验
借款和所有者权益的期末余额正确（计价和分摊）	建立严密完善的账簿体系和记录制度；核算方法符合会计准则和会计制度的规定	抽查筹资业务的会计记录，从明细账抽取部分会计记录，按原始凭证到明细账、总账顺序核对有关数据和情况，判断其会计处理过程是否合规完整	
借款和所有者权益在资产负债表上披露正确（列报）	筹资业务明细账与总账的登记职务分离；筹资披露符合会计准则和会计制度的要求	观察职务是否分离	确定借款和所有者权益的披露是否恰当，注意一年内到期的借款是否列入流动负债

注：本表以获得初始借款交易为例，不包括偿还的利息和本息交易。

（二）投资活动的内部控制和控制测试

1. 投资的内部控制

（1）合理的职责分工。合法的投资业务，应在业务的授权、业务的执行、业务的会计记录以及投资资产的保管等方面都有明确的分工，不得由一人同时负责上述任何两项工作。比如，投资业务在企业高层管理机构核准后，可由高层负责人员授权签批，由财务经理办理具体的股票或债券的买卖业务，由会计部门负责进行会计记录和财务处理，并由专人保管股票或债券。这种合理的分工所形成的相互牵制机制有利于避免或减少投资业务中发生错误或舞弊的可能性。

（2）健全的资产保管制度。企业对投资资产（指股票和债券资产）一般有两种保管方式：一种是由独立的专门机构保管，如在企业拥有较大的投资资产的情况下，委托银行、证券公司、信托投资公司等机构进行保管。这些机构拥有专门的保存和防护措施，可以防止各种证券及单据的失窃或毁损，并且由于它与投资业务的会计记录工作完全分离，可以大大降低舞弊的可能性。另一种方式是由企业自行保管，在这种方式下，必须建立严格的联合控制制度，即至少要由两名以上人员共同控制，不得由一人单独接触证券。对于任何证券的存入或取出，都要将债券名称、数量、价值及存取的日期、数量等详细记录于证券登记簿内，并由所有在场的经手人员签名。

（3）详尽的会计核算制度。企业的投资资产无论是自行保管还是由他人保管，都要进行完整的会计记录，并对其增减变动及投资收益进行相关会计核算。具体而言，应对每一种股票或债券分别设立明细分类账，并详细记录其名称、面值、证书编号、数量、取得日期、经纪人（证券商）名称、购入成本、收取的股息或利息等；对于联营投资类的其他投资，也应设置明细分类账，核算其他投资的投出及其投资收益和投资收回等业务，并对投资的形式（如流动资产、固定资产、无形资产等）、投向（即接受投资单位）、投资的计价以及投资收益等作出详细的记录。

（4）严格的记名登记制度。除无记名证券外，企业在购入股票或债券时应在购入的当日尽快登记于企业名下，切忌登记于经办人员名下，防止冒名转移并借其他名义牟取私利的舞弊行为发生。

（5）完善的定期盘点制度。对于企业所拥有的投资资产，应由内部审计人员或不参与投资业务的其他人员进行定期盘点，检查是否确实存在，并将盘点记录与账面记录相互核对，以确认账实的一致性。

2. 投资的控制测试

（1）检查控制执行留下的轨迹。注册会计师应抽查投资业务的会计记录和原始凭证，确定各项控制程序运行情况。

（2）审阅内部盘核报告。注册会计师应审阅内部审计人员或其他授权人员对投资资产进行定期盘核的报告。应审阅其盘点方法是否恰当、盘点结果与会计记录相互核对情况以及出现差异的处理是否合规。如果各期盘核报告的结果未发现账实之间存在差异（或差异不大），说明投资资产的内部控制得到了有效执行。

（3）分析企业投资业务管理报告。对于企业的长期投资，注册会计师应对照有关投资方面的文件和凭证，分析企业的投资业务管理报告。在做出长期投资决策之前，企业最高管理阶层（如董事会）需要对投资进行可行性研究和论证，并形成一定的纪要。投资业务一经执行，又会形成一系列的投资凭据或文件，如证券投资的各类证券、联营投资中的投资协议、合同及章程等。负责投资业务的财务经理须定期向企业最高管理层报告有关投资业务的开展情况（包括投资业务内容和投资收益实现情况及未来发展预测），即提交投资业务管理报告书，供最高管理层决策和控制。注册会计师应认真分析这些投资业务管理报告的具体内容，并对照前述的文件和凭证资料，从而判断企业长期投资的管理情况。投资活动的内部控制及测试如表 2-6-2 所示。

表 2-6-2　　投资活动的控制目标、内部控制和测试一览表

内部控制目标	关键内部控制程序	内部控制测试	交易实质性测试
投资账面余额为资产负债表日确实存在的投资，投资收益（或损失）是由被审计期间实际事项引起（存在与发生）	投资业务经过授权审批； 与被投资单位签订合同、协议，并获取被投资单位出具的投资证明	索取投资的授权批文，检查权限恰当否，手续齐全否； 索取投资合同或协议，检查是否合理有效； 索取被投资单位的投资证明，检查其是否合理有效	获取或编制投资明细表，复核加计正确，并与报表数、总账数和明细账合计数核对相符； 向被投资单位函证投资金额、持股比例及发放股利情况

表2-6-2(续)

内部控制目标	关键内部控制程序	内部控制测试	交易实质性测试
投资增减变动及其收益损失均已登记入账（完整性）	投资业务的会计记录与授权，执行和保管等方面明确职责分工职责分工；健全证券投资资产的保管制度，或委托专门机构保管，或在内部建立至少两名人员以上的联合控制制度，证券的存取均需详细记录和签名	观察并描述业务的职责分工；了解证券资产的保管制度，检查被审计单位自行保管时，存取证券是否进行详细的记录并由所有经手人员签字	检查年度内增减变动的原始凭证，对于增加项目要核实其入账基础是否符合有关规定，会计处理是否正确；对于减少的项目要核实其变动原因及授权批准手续
投资均为被审计单位所有（权利与义务）	内部审计人员或其他不参与投资业务的人员定期盘点证券投资资产，检查是否为企业实际拥有	了解企业是否定期进行证券投资资产的盘点；审阅盘核报告，检查盘点方法是否恰当、盘点结果与会计记录核对情况以及出现差异的处理是否合规	盘点证券投资资产；向委托的专门保管机构函证，以证实投资证券的真实存在
投资的计价方法正确，期末余额正确（计价和分摊）	建立详尽的会计核算制度，按每一种证券分别设立明细账，详细记录相关资料；核算方法符合准则的规定；期末成本与市价孰低，并正确记录投资跌价准备	抽查投资业务的会计记录，从明细账抽取部分会计记录，按顺查顺序核对有关数据和情况，判断其会计处理过程是否合规完整	检查投资的入账价值是否符合投资合同、协议的规定，会计处理是否正确，对重大投资项目，应查阅董事会有关决议，并取证；检查长期股权投资的核算是否符合会计准则的规定；检查长期债券投资的溢价或折价，是否按有关规定摊销
投资在资产负债上的披露正确（列报）	投资明细账与总账的登记职务分离；投资披露符合会计准则的要求	观察职务是否分离	验明投资的披露是否恰当，注意一年内到期的长期投资是否列入流动资产

注：本表以获得初始投资交易为例，不包括收到的投资收益、收回或变现投资、期末对投资计价进行调整等交易。

任务2　筹资审计的实质性程序

一、短期借款审计

（一）短期借款的审计目标

短期借款的审计目标一般包括：确定资产负债表中记录的短期借款是否存在；

确定所有应当记录的短期借款是否均已记录；确定记录的短期借款是否为被审计单位应当履行的现时义务；确定短期借款是否以恰当的金额包括在财务报表中，与之相关的计息调整是否已恰当记录；确定短期借款是否已按照企业会计准则的规定在财务报表中作出恰当列报。

（二）短期借款的实质性程序

（1）获取或编制短期借款明细表。注册会计师应首先获取或编制短期借款明细表，复核其加计数是否正确，并与明细账和总账核对相符。

（2）函证短期借款的实有数。注册会计师应在期末短期借款余额较大或认为必要时向银行或其他债权人函证短期借款。

（3）检查短期借款的增加。对年度内增加的短期借款，注册会计师应检查借款合同和授权批准，了解借款数额、借款条件、借款日期、还款期限、借款利率，并与相关会计记录相核对。

（4）检查短期借款的减少。对年度内减少的短期借款，注册会计师应检查相关记录和原始凭证，核实还款数额。

（5）检查有无到期未偿还的短期借款。注册会计师应检查相关记录和原始凭证，检查被审计单位有无到期未偿还的短期借款，如有，则应查明是否已向银行提出申请并经同意后办理延期手续。

（6）复核短期借款利息。注册会计师应根据短期借款的利率和期限，复核被审计单位短期借款的利息计算是否正确，有无多算或少算利息的情况，如有未计利息和多计利息，应作出记录，必要时进行调整。

（7）检查外币借款的折算。如果被审计单位有外币短期借款，注册会计师应检查外币短期借款的增减变动是否按业务发生时的市场汇率或期初市场汇率折合为记账本位币金额；期末是否按市场汇率将外币短期借款余额折合为记账本位币金额；折算差额是否按规定进行会计处理；折算方法是否前后期一致。

（8）检查短期借款在资产负债表上的列报是否恰当。企业的短期借款在资产负债表上通常设“短期借款”项目单独列示，对于因抵押而取得的短期借款，应在资产负债表附注中揭示。注册会计师应注意被审计单位对短期借款项目的披露是否充分。

【审计案例 2-6-2】

审计人员在审查某公司“短期借款——生产周转借款”使用情况时发现，该公司 2013 年 6 月至 12 月平均贷款为 850 000 元，存货合计为 240 000 元，其他应收款为 400 000 元。审计人员分析：该公司其他应收款占用比重过大，可能有非法使用或占用短期借款的行为。

首先审计人员调阅了 6 月 1 日借入短期借款的 73#凭证。其记录为：

借：银行存款　　　　　　　　　　　　　　　　390 000

贷：短期借款——生产周转借款 390 000

73#凭证所附“入账通知”和“借款契约”两张原始凭证，借款期限为6个月。审计人员追踪调查存款的去向，在审阅银行存款日记账时，发现6月25日银付字204#凭证，减少银行存款380 000元。随即调阅该凭证，其摘要为“汇给×公司贷款”。其凭证分录为：

借：其他应收款——张某 380 000

贷：银行存款 380 000

经核实，以上凭证所记汇出款项，是该公司为职工垫付的购买50台空调的款项，张某是负责向职工收回垫付款的负责人，全部贷款于本年7月至12月陆续收回。

审计人员认为，该公司为职工垫付的空调款，实际上是占用短期借款，不按借款用途使用借款，并增加了公司的财务费用，审计人员向该公司提出上述问题时，该公司供认不讳。

【问题思考】指出审计人员应当提出的调整处理意见。

【审计案例2-6-2分析】

上述问题查实后，审计人员应提出的处理意见为：公司收回的垫付款应归还借款，已入账的借款利息费用应由职工承担。按借款占用时间计算，应负担利息18 500元，该公司应调整有关账簿记录。调账会计分录如下：

（1）按规定应向职工收回利息时：

借：其他应收款 16 380

贷：财务费用 16 380

（2）归还借款时：

借：短期借款——生产周转借款 390 000

应付利息 16 380

贷：银行存款 406 380

二、长期借款审计

（一）长期借款的审计目标

长期借款的审计目标一般包括：确定资产负债表中记录的长期借款是否存在；确定所有应当记录的长期借款是否均已记录；确定记录的长期借款是否为被审计单位应当履行的现时义务；确定长期借款是否以恰当的金额包括在财务报表中，与之相关的计息调整是否已恰当记录；确定长期借款是否已按照企业会计准则的规定在财务报表中作出恰当列报。

（二）长期借款的实质性程序

（1）获取或编制长期借款明细表，复核其加计数是否正确，并与明细账和总账核对相符。

（2）了解金融机构对被审计单位的授信情况以及被审计单位的信用等级评估情况，了解被审计单位获得短期借款和长期借款的抵押和担保情况，评估被审计单位的信誉和融资能力。

（3）对年度内增加的长期借款，应检查借款合同和授权批准，了解借款数额、借款条件、借款日期、还款期限、借款利率，并与相关会计记录相核对。

（4）检查长期借款的使用是否符合借款合同的规定，重点检查长期借款使用的合理性。

（5）向银行或其他债权人函证重大的长期借款。

（6）对年度内减少的长期借款，注册会计师应检查相关记录和原始凭证，核实还款数额。

（7）检查年末有无到期未偿还的借款，逾期借款是否办理了延期手续：分析计算逾期借款的金额、比率和期限，判断被审计单位的资信程度和偿债能力。

（8）计算短期借款、长期借款在各个月份的平均余额，选取适用的利率匡算利息支出总额，并与财务费用的相关记录核对，判断被审计单位是否高估或低估利息支出，必要时进行适当调整。

（9）检查非记账本位币折合记账本位币时采用的折算汇率，折算差额是否按规定进行会计处理。

（10）检查借款费用的会计处理是否正确。借款费用，指企业因借款而发生的利息及其他相关成本，包括折价或溢价的摊销、辅助费用以及因外币借款而发生的汇兑差额。按照《企业会计准则第 17 号——借款费用》的规定，企业发生的借款费用，可直接归属于符合资本化条件的资产的购建或生产的，应当予以资本化，计入相关资产成本；其他借款费用，应当在发生时根据其发生额确认费用，计入当期损益。

（11）检查企业抵押长期借款的抵押资产的所有权是否属于企业，其价值和实际状况是否与抵押契约中的规定相一致。

（12）检查企业重大的资产租赁合同，判断被审计单位是否存在资产负债表外融资的现象。

（13）检查长期借款是否已在资产负债表上充分披露。

长期借款在资产负债表上列示于长期负债类下，该项目应根据“长期借款”科目的期末余额扣减将于一年内到期的长期借款后的数额填列，该项扣除数应当填列在流动负债类下的“一年内到期的长期负债”项目单独反映。注册会计师应根据审计结果，确定被审计单位长期借款在资产负债表上的列示是否充分，并注意长期借款的抵押和担保是否已在财务报表附注中作了充分的说明。

【审计案例 2-6-3】

审计人员 2014 年 2 月 8 日在审查 C 公司长期借款业务时，获取相关资料如下：为研制新产品而建造一车间，该公司 2012 年 1 月 1 日向建设银行天山支行借入为期 3 年的基建借款 300 万元，借款年利率为 12%，双方已于当时签订了借款合同。合同规定：C 公司于第二年年末归还借款本金 100 万元并支付两年利息，其余本息于第三年年末一次付清。

审计人员从 C 公司获取的相关会计资料显示：新车间已于 2012 年年末建成并使用，2012 年年末长期借款账户余额为 300 万元，2013 年年末长期借款账户余额为 100 万元，截止到 2014 年年末该项借款发生的财务费共计 108 万元。

【问题思考】C 公司上述业务的会计处理是否正确？说明理由并进行相应的账务调整。

【审计案例 2-6-3 分析】

C 公司长期借款业务的会计处理是错误的，不符合《企业会计准则第 17 号——借款费用》的规定。该项长期借款是专门为建造新车间而借入的，在车间达到预定可使用状态之前发生的借款费用（包括利息）应当计入该资产的成本，尽管借款合同规定 C 公司在 2013 年年末才支付前两年的借款利息及 100 万元本金，但公司应该在 2012 年年末计提该借款第一年利息并计入新建车间成本。其会计处理为：

借：在建工程——基建工程　　360 000
　贷：长期借款——应计利息　　360 000

则 2012 年年末长期借款账户余额应为 336 万元，而不是 300 万元，既少计了负债又少计了在建工程成本，进而影响到当年的损益（少计利润和所得税）和以后期间的固定资产折旧。

2013 年年末计提借款利息时会计处理为：

借：财务费用　　360 000
　贷：长期借款——应计利息　　360 000

2013 年年末支付借款本金及前两年利息时会计处理为：

借：长期借款——基建借款（本金）　　1 000 000
　　　　　　——应计利息　　720 000
　贷：银行存款　　1 720 000

在经过上述会计处理后，2013 年年末长期借款账户余额应为 200 万元（336+36−172），而不是 100 万元（少计负债）。

2014 年年末计提借款利息费用时会计处理为：

借：财务费用　　360 000
　贷：应付利息　　360 000

2014 年年末支付借款剩余本金及第三年利息时的会计处理为：

借：长期借款——基建借款（本金）　　2 000 000
　　应付利息　　360 000
　　贷：银行存款　　2 360 000

在按照企业会计准则规定处理后，截止到2014年年末，该项借款共发生借款利息费用108万元，其中计入工程或固定资产成本36万元，计入后两年财务费用共72万元（而不是108万元），长期借款账户余额为0。

在审查出C公司会计资料的错误后，审计人员应说明其错报的严重影响，并要求其进行必要的调整。调账分录为：

借：固定资产　　360 000
　　贷：以前年度损益调整　　360 000
借：以前年度损益调整　　117 000
　　贷：应交税费——应交企业所得税　　90 000
　　　　盈余公积　　27 000
借：以前年度损益调整　　243 000
　　贷：利润分配——未分配利润　　234 000

三、应付债券审计

（一）应付债券的审计目标

应付债券的审计目标一般包括：确定资产负债表中记录的应付债券是否存在；确定所有应当记录的应付债券是否均已记录；确定记录的应付债券是否为被审计单位应当履行的现时义务；确定应付债券是否以恰当的金额包括在财务报表中，与之相关的计息调整是否已恰当记录；确定应付债券是否已按照企业会计准则的规定在财务报表中作出恰当列报。

（二）应付债券的实质性程序

（1）取得或编制应付债券明细表。注册会计师应首先取得或编制应付债券明细表，并同有关的明细分类账和总分类账核对相符。应付债券明细表通常都包括债券名称、承销机构、发行日、到期日、债券总额（面值）、实收金额、折价和溢价及其摊销、应付利息、担保情况等内容。

（2）检查债券交易的有关原始凭证。检查债券交易的各项原始凭证，是确定应付债券金额及其合法性的重要程序，注册会计师应做好以下工作：①检查企业现有债券副本，确定其发行是否合法，各项内容是否同相关的会计记录一致；②检查企业发行债券所收入现金的收据、汇款通知单、送款登记簿及相关的银行对账单；③检查用以偿还债券的支票存根，并检查利息费用的计算；④检查已偿还债券数额同应付债券借方发生额是否相符；⑤如果企业发行债券时已作抵押或担保，注册会计师还应检查相关契约的履行情况。

（3）检查应计利息、债券折（溢）价摊销及其会计处理是否正确。此项工作一般可通过检查债券利息、溢价、折价等账户分析表来进行。该表可让企业代为编制，注册会计师加以检查，也可由注册会计师自己编制。

（4）函证“应付债券”账户期末余额。为了确定“应付债券”账户期末余额的真实性，注册会计师如果认为必要，可以直接向债权人及债券的承销人或包销人进行函证。函证内容应包括应付债券的名称、发行日、到期日、利率、已付利息期间、年内偿还的债券、资产负债表日尚未偿还的债权及注册会计师认为应包括的其他重要事项。

（5）检查到期债券的偿还。对到期债券的偿还，注册会计师应检查相关会计记录，检查其会计处理是否正确。对可转换公司债券持有人行使转换权利，将其持有的债券转换为股票，则应检查其转股的会计处理是否正确。

（6）检查借款费用的会计处理是否正确。

（7）检查应付债券是否已恰当列报。应付债券在资产负债表中列示于长期负债类下，该项目应根据“应付债券”科目的期末余额扣除将于一年内到期的应付债券后的数额填列，该扣除数应当填列在流动负债类下的“一年到期的长期负债”项目单独反映。注册会计师应根据审计结果，确定被审计单位应付债券在财务报表上的披露是否充分，应注意有关应付债券的类别是否已在财务报表附注中作了充分的说明。

四、财务费用审计

（一）财务费用的审计目标

财务费用的审计目标一般包括：确定利润表中记录的财务费用是否已发生，且与被审计单位有关；确定所有应当记录的财务费用是否均已记录；确定与财务费用有关的金额及其他数据是否已恰当记录；确定财务费用是否已记录于正确的会计期间；确定财务费用是否已记录于恰当的账户；确定财务费用是否已按照企业会计准则的规定在财务报表中作出恰当的列报。

（二）财务费用的实质性程序

（1）获取或编制财务费用明细表，复核加计是否正确，与报表数、总账数和明细账合计数核对是否相符。

（2）将本期、上期财务费用各明细项目作比较分析，必要时比较本期各月的财务费用，如有重大波动和异常情况，应查明原因，扩大审计范围或增加测试量。

（3）检查利息支出明细账，确认利息支出的真实性及正确性，检查各项借款期末应计利息有无预计人账，注意检查现金折扣的会计处理是否正确。

（4）检查汇兑损失明细账，检查汇兑损益计算方法是否正确，核对所用汇率是否正确，前后期是否一致。

（5）检查“财务费用——其他”明细账，注意检查大额金融机构手续费的真实性与正确性。

（6）审阅下期期初的财务费用明细账，检查财务费用各项目有无跨期入账的现象，对于重大跨期项目，应作必要调整。

（7）检查从其他企业或非银行金融机构取得的利息收入是否按规定计缴营业税。

（8）检查财务费用的列报是否恰当。

五、实收资本审计

（一）实收资本（股本）的审计目标

实收资本（股本）的审计目标一般包括：确定资产负债表中记录的实收资本（股本）是否存在；确定所有应当记录的实收资本（股本）是否均已记录；确定实收资本（股本）是否以恰当的金额包括在财务报表中；实收资本（股本）是否已按照企业会计准则的规定在财务报表中作出恰当列报。

（二）实收资本（股本）的实质性程序

（1）获取或编制实收资本（股本）增减变动情况明细表，复核加计是否正确，与报表数、总账数和明细账合计数核对是否相符。

（2）查阅公司章程、股东大会、董事会会议记录中有关实收资本（股本）的规定。收集与实收资本（股本）变动有关的董事会会议纪要、合同、协议、公司章程及营业执照。公司设立批文、验资报告等法律性文件，并更新永久性档案。

（3）检查实收资本（股本）增减变动的原因，查阅其是否与董事会纪要、补充合同、协议及其他有关法律性文件的规定一致，逐笔追查至原始凭证，检查其会计处理是否正确。注意有无抽资或变相抽资的情况，如有，应取证核实，作恰当处理。对首次接受委托的客户，除取得验资报告外，还应检查并复印记账凭证及进账单。

（4）对于以资本公积、盈余公积和未分配利润转增资本的，应取得股东（大）会等资料，并审核是否符合国家有关规定。

（5）根据证券登记公司提供的股东名录，检查被审计单位及其子公司、合营企业与联营企业是否有违反规定的持股情况。

（6）以非记账本位币出资的，检查其折算汇率是否符合规定。

（7）检查实收资本（股本）的列报是否恰当。

六、资本公积审计

资本公积是非经营性因素形成的不能计入实收资本的所有者权益，主要包括投资者实际缴付的出资额超过其资本份额的差额（如股本溢价、资本溢价）和其他资本公积等。

(一) 资本公积的审计目标

资本公积的审计目标一般包括：确定资产负债表中记录的资本公积是否存在；确定所有应当记录的资本公积是否均已记录（资本公积的增减变动是否符合法律、法规、合同、章程的规定）；确定资本公积是否以恰当的金额包括在财务报表中；确定资本公积是否已按照企业会计准则的规定在财务报表中作出恰当列报。

(二) 资本公积的实质性程序

资本公积的实质性程序通常包括：

(1) 获取或编制资本公积明细表，复核加计正确，并与报表数、总账数和明细账合计数核对相符。

(2) 收集与资本公积变动有关的股东（大）会决议，董事会会议纪要、资产评估报告等文件资料，更新永久性档案。首次接受委托的，应检查期初资本公积的原始发生依据。

(3) 根据资本公积明细账，对股本溢价、其他资本公积各明细的发生额逐项进行审查。

①对股本溢价，应取得董事会会议纪要、股东（大）会决议、有关合同、政府批文，追查至银行收款等原始凭证，结合相关科目的审计，检查会计处理是否正确，注意发行股票溢价收入的计算是否已扣除股票发行费用。

②检查以权益法核算的被投资单位除净损益以外所有者权益的变动，被审计单位是否已按其享有的份额入账，会计处理是否正确；处置该项投资时，应注意是否已转销与其相关的资本公积。

③对拨款转入，审阅有关的拨款批文，检查拨款项目的完成情况，结合专项应付款的审计，检查会计处理是否正确。

④对可供出售金融资产形成的资本公积，结合相关科目检查金额和相关会计处理是否正确：①当可供出售金融资产转为采用成本或摊余成本计量时，已记入本科目的公允价值变动是否按规定进行了会计处理；②当可供出售金融资产发生减值时，已记入本科目的公允价值变动是否转入资产减值损失：③当已减值的可供出售金融资产公允价值回升时，区分权益工具和债务工具分别确定其会计处理是否正确。

⑤若有同一控制下企业合并，应结合长期股权投资科目，检查被审计单位（合并方）取得的被合并方所有者权益账面价值的份额与支付的合并对价账面价值的差额计算是否正确，是否依次调整本科目、盈余公积和未分配利润。

⑥对资本公积转增资本，应取得股东（大）会决议、董事会会议纪要和政府批文等，检查资本公积转增资本是否符合有关规定，会计处理是否正确。

(4) 确定资本公积的列报是否恰当。

七、盈余公积审计

盈余公积是企业按照规定从税后利润中提取的积累资金，是具有特定用途的留存收益，主要用于弥补亏损和转增资本，也可以按规定用于分配股利。盈余公积包括法定盈余公积和任意盈余公积。

（一）盈余公积的审计目标

盈余公积的审计目标一般包括：确定资产负债表中记录的盈余公积是否存在；确定被审计单位所有应当记录的盈余公积是否均已记录，盈余公积的增减变动是否符合法律、法规、合同、章程的规定；确定盈余公积是否以恰当金额包括在财务报表中，与之相关的计价调整是否已恰当记录；确定盈余公积是否已按照企业会计准则的规定在财务报表中作出恰当列报。

（二）盈余公积的实质性程序

盈余公积的实质性程序通常包括：

（1）取得或编制盈余公积明细表，复核加计正确，并与报表数、总账数和明细账合计数核对相符。

（2）收集与盈余公积变动有关的董事会会议纪要、股东（大）会决议以及政府主管部门、财政部门批复等文件资料，进行审阅，并更新永久性档案。

（3）对法定盈余公积和任意盈余公积的发生额逐项审查至原始凭证：

①审查法定盈余公积和任意盈余公积的计提顺序、计提基数、计提比例是否符合有关规定，会计处理是否正确。

②审查盈余公积的减少是否符合有关规定，取得董事会会议纪要、股东（大）会决议，予以核实，检查有关会计处理是否正确。

八、未分配利润审计

未分配利润是指未作分配的净利润，即这部分利润没有分配给投资者，也未指定用途。未分配利润是企业当年税后利润在弥补以前年度亏损、提取公积金和公益金以后加上上年年末未分配利润，再扣除向所有者分配的利润后的结余额，是企业留于以后年度分配的利润。它是企业历年积存的利润分配后的余额，也是所有者权益的一个重要组成部分。企业的未分配利润通过“利润分配——未分配利润”明细科目核算，其年末余额反映历年积存的未分配利润（或未弥补亏损）。

（一）未分配利润的审计目标

未分配利润的审计目标一般包括：确定资产负债表中记录的未分配利润是否存在；确定被审计单位所有应当记录的未分配利润是否均已记录，未分配利润增减变动是否符合法律、法规和章程的规定；确定未分配利润是否以恰当的金额包括在财务报表中，与之相关的计价调整是否已恰当记录；确定未分配利润是否已按照企业会计准则的规定在财务报表中作出恰当列报。

（二）未分配利润的实质性程序

未分配利润的实质性程序通常包括：

（1）获取或编制利润分配明细表。复核加计是否正确，与报表数、总账数及明细账合计数核对是否相符。

（2）检查未分配利润期初数与上期审定数是否相符，涉及损益的上期审计调整是否正确入账。

（3）收集和检查与利润分配有关的董事会会议纪要、股东（大）会决议、政府部门批文及有关合同、协议、公司章程等文件资料更新永久性档案。对照有关规定确认利润分配的合法性。检查对资产负债表日后至财务报告批准报出日之间由董事会或类似机构所制订利润分配方案中拟分配的股利，是否在财务报表附注中单独披露。

（4）检查本期未分配利润变动除净利润转入以外的全部相关凭证，结合所获取的文件资料，确定其会计处理是否正确。

（5）了解本年利润弥补以前年度亏损的情况，如果已超过弥补期限，且已因为抵扣亏损而确认递延所得税资产的，应当进行调整。

（6）结合以前年度损益调整科目的审计检查以前年度损益调整的内容是否真实、合理，注意对以前年度所得税的影响。对重大调整事项应逐项核实其发生原因、依据和有关资料、复核数据的正确性。

（7）确定未分配利润的列报是否恰当。

九、应付股利审计

（一）应付股利的审计目标

应付股利的审计目标一般包括：确定资产负债表中记录的应付股利是否存在；确定所有应当记录的应付股利是否均已记录；确定记录的应付股利是否为被审计单位应当履行的现时义务；确定应付股利是否以恰当的金额包括在财务报表中，与之相关的计价调整是否已恰当记录；确定应付股利是否已按照企业会计准则的规定在财务报表中作出恰当列报。

（二）应付股利的实质性程序

应付股利的实质性程序通常包括：

（1）获取或编制应付股利明细表，复核加计是否正确，并与报表数、总账数和明细账合计数核对是否相符。

（2）审阅公司章程和股东（大）会决议中有关股利的规定，了解股利分配标准和发放方式是否符合有关规定并经法定程序批准。若被审计单位董事会或类似机构通过利润分配方案拟分配现金股利或利润的注意是否披露。

（3）检查应付股利的发生额，是否根据股东（大）会决定的利润分配方案，从可供分配利润中计算确定，并复核应付股利计算和会计处理的正确性。

（4）检查股利支付的原始凭证的内容、金额和会计处理是否正确。

（5）现金股利是否按公告规定的时间、金额予以发放结算。

（6）确定应付股利的列报是否恰当。

任务3　投资审计的实质性程序

一、交易性金融资产审计

交易性金融资产，是指企业为了近期出售而持有的金融资产。在会计科目设置上，企业持有的直接指定为以公允价值计量且其变动计入当期损益的金融资产，也通过该科目核算。

（一）交易性金融资产的审计目标

交易性金融资产的审计目标一般包括：确定资产负债表中记录的交易性金融资产是否存在；确定所有应当记录的交易性金融资产是否均已记录；确定记录的交易性金融资产是否由被审计单位拥有或控制；确定交易性金融资产是否以恰当的金额包括在财务报表中，与之相关的计价调整是否已恰当记录；确定交易性金融资产是否已按照企业会计准则的规定在财务报表中作出恰当列报。

（二）交易性金融资产的实质性程序

交易性金融资产的实质性程序通常包括：

（1）获取或编制交易性金融资产明细表，复核加计是否正确，并与报表数、总账数和明细账合计数核对是否相符。

（2）对期末结存的相关交易性金融资产，向被审计单位核实其持有目的，检查本科目核算范围是否恰当。

（3）获取股票、债券及基金等交易流水单及被审计单位证券投资部门的交易记录。与明细账核对，检查会计记录是否完整，会计处理是否正确。

（4）监盘库存交易性金融资产，并与相关账户余额进行核对，如有差异，应查明原因，并作出记录或进行适当调整。

（5）向相关金融机构发函询证交易性金融资产期末数量以及是否存在变现限制，并记录函证过程。取得回函时应检查相关签章是否符合要求。

（6）抽取交易性金融资产增减变动的相关凭证，检查其原始凭证是否完整合法，会计处理是否正确：

①抽取交易性金融资产增加的记账凭证，注意其原始凭证是否完整合法，成本、交易费用和相关利息或股利的会计处理是否符合规定。

②抽取交易性金融资产减少的记账凭证，检查其原始凭证是否完整合法，会计处理是否正确；注意出售交易性金融资产时其成本结转是否正确。原计入的公允价值变动损益有无调整至投资收益。

(7) 复核与交易性金融资产相关的损益计算是否准确，并与公允价值变动损益及投资收益等有关数据核对。

(8) 复核股票、债券及基金等交易性金融资产的期末公允价值是否合理，相关会计处理是否正确。

(9) 关注交易性金融资产是否存在重大的变现限制。

(10) 确定交易性金融资产的列报是否恰当。

二、可供出售金融资产审计

可供出售金融资产，是指初始确认时即被指定为可供出售的非衍生金融资产，以及除下列各类资产以外的金融资产：①贷款和应收款项；②持有至到期投资；③以公允价值计量且其变动计入当期损益的金融资产。

(一) 可供出售金融资产的审计目标

可供出售金融资产的审计目标一般包括：确定资产负债表中记录的可供出售金融资产是否存在；确定所有应当记录的可供出售金融资产是否均已记录；确定记录的可供出售金融资产是否由被审计单位拥有或控制；确定交可供出售金融资产是否以恰当的金额包括在财务报表中，与之相关的计价调整是否已恰当记录；确定可供出售金融资产是否已按照企业会计准则的规定在财务报表中作出恰当列报。

(二) 可供出售金融资产的实质性程序

可供出售金融资产的实质性程序通常包括：

(1) 获取或编制可供出售金融资产资产明细表，复核加计是否正确，并与报表数、总账数和明细账合计数核对是否相符。

(2) 获取可供出售金融资产对账单，与明细账核对，并检查其会计处理是否正确。

(3) 检查库存可供出售金融资产，并与相关账户余额进行核对，如有差异，应查明原因，并作出记录或进行适当调整。

(4) 向相关金融机构发函询证可供出售金融资产期末数量，并记录函证过程。取得回函时应检查相关签章是否符合要求。

(5) 对期末结存的可供出售金融资产，向被审计单位核实其持有目的。检查本科目核对范围是否恰当。

(6) 抽取可供出售金融资产增减变动的相关凭证，检查其原始凭证是否完整合法，会计处理是否正确：

①抽取可供出售金融资产增加的记账凭证，注意其原始凭证是否完整合法，成本、交易费用和相关利息或股利的会计处理是否符合规定。

②抽取可供出售金融资产减少的记账凭证，检查其原始凭证是否完整合法，会计记录是否正确。注意出售可供出售金融资产时相应的资本公积有无调整。

(7) 复核可供出售金融资产的期末公允价值是否合理，检查会计处理是否正确。

(8) 如果可供出售金融资产的公允价值发生较大幅度下降，并且预期这种下降趋势属于非暂时性的，应当检查被审计单位是否计提资产减值准备，计提金额和相关会计处理是否正确。

(9) 已确认减值损失的可供出售金融资产。当公允价值回升时，检查其相关会计处理是否正确。注意债券等债务工具应从资产减值损失科目转回；股票等权益工具则应从资本公积转回，不得从当期损益转回。

(10) 若债券等债务工具类可供出售金融资产发生减值，检查相关利息的计算和会计处理是否正确。

(11) 检查可供出售金融资产出售时，其相关损益计算及会计处理是否正确，已计入资本公积的公允价值累计变动额是否转入投资收益科目。

(12) 复核可供出售金融资产划转为持有至到期投资的依据是否充分，会计处理是否正确。

(13) 检查债券投资计入损益的利息收入计算所采用的利率是否正确。

(14) 结合银行借款等科目，了解是否存在已用于债务担保的可供出售金融资产。如有，则应取证并作相应的记录，同时提请被审计单位作恰当披露。

(15) 确定可供出售金融资产的列报是否恰当。

三、持有至到期投资审计

持有至到期投资，是指到期日固定、回收金额固定或可确定，且企业有明确意图和能力持有至到期的非衍生金融资产。

(一) 持有至到期投资的审计目标

持有至到期投资的审计目标一般包括：确定资产负债表中记录的持有至到期投资是否存在；确定所有应当记录的持有至到期投资是否均已记录；确定记录的持有至到期投资是否由被审计单位拥有或控制；确定持有至到期投资是否以恰当的金额包括在财务报表中，与之相关的计价调整是否已恰当记录；确定持有至到期投资是否已按照企业会计准则的规定在财务报表中作出恰当列报。

(二) 持有至到期投资的实质性程序

持有至到期投资的实质性程序通常包括：

(1) 获取或编制持有至到期投资明细表，复核加计是否正确，并与总账数和明细账合计数核对是否相符。

(2) 获取持有至到期投资对账单，与明细账核对，并检查其会计处理是否正确。

(3) 检查库存持有至到期投资并与账面余额进行核对，如有差异，应查明原因，并作出记录或进行适当调整。

(4) 向相关金融机构发函询证持有至到期投资期末数量，并记录函证过程。取得回函时应检查相关签章是否符合要求。

(5) 对期末结存的持有至到期投资资产，核实被审计单位持有的目的和能力检查本科目核算范围是否恰当。

(6) 抽取持有至到期投资增加的记账凭证，注意其原始凭证是否完整合法，成本、交易费用和相关利息的会计处理是否符合规定。

(7) 抽取持有至到期投资减少的记账凭证，检查其原始凭证是否完整合法，会计处理是否正确。

(8) 根据相关资料，确定债券投资的计息类型。结合投资收益科目，复核计算利息采用的利率是否恰当，相关会计处理是否正确，检查持有至到期投资持有期间收到的利息会计处理是否正确。检查债券投资票面利率和实际利率有较大差异时被审计单位采用的利率及其计算方法是否正确。

(9) 结合“投资收益”科目，复核处置持有至到期投资的损益计算是否准确，已计提的减值准备是否同时结转。

(10) 检查当持有目的改变时，持有至到期投资划转为可供出售金融资产的会计处理是否正确。

(11) 结合“银行借款”等科目，了解是否存在已用于债务担保的持有至到期投资。如有，则应取证并作相应的记录，同时提请被审计单位作恰当披露。

(12) 当有客观证据表明持有至到期投资发生减值的，应当复核相关资产项目的预计未来现金流量现值，并与其账面价值进行比较，检查相关准备计提是否充分。

(13) 若发生减值，检查相关利息的计算及处理是否正确。

(14) 确定持有至到期投资的列报是否恰当，注意一年内到期的持有至到期投资是否已重分类至一年内到期的非流动资产。

四、长期股权投资审计

长期股权投资核算企业持有的采用权益法或成本法核算的长期股权投资。具体包括：①企业持有的能够对被投资单位实施控制的权益性投资，即对子公司的投资。②企业持有的能够与其他合营方一同对被投资单位实施共同控制的权益性投资，即对合营企业的投资。③企业持有的能够对被投资单位施加重大影响的权益性投资，即对联营企业的投资。④企业对被投资单位不具有控制、共同控制或重大影响，且在活跃市场中没有报价、公允价值不能可靠计量的权益性投资。

(一) 长期股权投资的审计目标

长期股权投资的审计目标一般包括：确定资产负债表中记录的长期股权投资是否存在；确定所有应当记录的长期股权投资是否均已记录；确定记录的长期股权投

资是否由被审计单位拥有或控制；确定长期股权投资是否以恰当的金额包括在财务报表中，与之相关的计价调整是否已恰当记录；确定长期股权投资是否已按照企业会计准则的规定在财务报表中作出恰当列报。

（二）长期股权投资的实质性程序

长期股权投资的实质性程序通常包括：

（1）获取或编制长期股权投资明细表，复核加计正确，并与总账数和明细账合计数核对相符；结合长期股权投资减值准备科目与报表数核对相符。

（2）根据有关合同和文件，确认股权投资的股权比例和持有时间，检查股权投资核算方法是否正确。

（3）对于重大的投资，向被投资单位函证被审计单位的投资额、持股比例及被投资单位发放股利等情况。

（4）对于应采用权益法核算的长期股权投资，获取被投资单位已经注册会计师审计的年度财务报表，如果未经注册会计师审计，则应考虑对被投资单位的财务报表实施适当的审计或审阅程序：

①复核投资收益时，应以取得投资时被投资单位各项可辨认资产等的公允价值为基础，对被投资单位的净利润进行调整后加以确认；被投资单位采用的会计政策及会计期间与被审计单位不一致的，应当按照被审计单位的会计政策及会计期间对被投资单位的财务报表进行调整，据以确认投资损益。

②将重新计算的投资收益与被审计单位所计算的投资收益相核对，如有重大差异，则查明原因，并作适当调整。

③检查被审计单位按权益法核算长期股权投资，在确认应分担被投资单位发生的净亏损时，应首先冲减长期股权投资的账面价值，其次冲减其他实质上构成对被投资单位净投资的长期权益账面价值（如长期应收款等）；如果按照投资合同和协议约定被审计单位仍需承担额外损失义务的，应按预计承担的义务确认预计负债，并与预计负债中的相应数字核对无误；被投资单位以后期间实现盈利的，被审计单位在其收益分享额弥补未确认的亏损分担额后，恢复确认收益分享额。审计时，应检查被审计单位会计处理是否正确。

④检查除净损益以外被投资单位所有者权益的其他变动，是否调整计入所有者权益。

（5）对于采用成本法核算的长期股权投资，检查股利分配的原始凭证及分配决议等资料确定会计处理是否正确；对被审计单位实施控制而采用成本法核算的长期股权投资，比照权益法编制变动明细表，以备合并报表使用。

（6）对于成本法和权益法相互转换的，检查其投资成本的确定是否正确。

（7）确定长期股权投资的增减变动的记录是否完整：

①检查本期增加的长期股权投资，追查至原始凭证及相关的文件或决议及被投资单位验资报告或财务资料等，确认长期股权投资是否符合投资合同、协议的规定，

并已确实投资，会计处理是否正确。

②检查本期减少的长期股权投资，追查至原始凭证，确认长期股权投资的收回有合理的理由及授权批准手续，并已确实收回投资，会计处理是否正确。

（8）期末对长期股权投资进行逐项检查，以确定长期股权投资是否已经发生减值：

①核对长期股权投资减值准备本期与以前年度计提方法是否一致，如有差异，查明政策调整的原因，并确定政策改变对本期损益的影响，提请被审计单位作适当披露。

②对长期股权投资逐项进行检查，根据被投资单位经营政策、法律环境的变化，市场需求的变化，行业的变化，盈利能力等各种情形予以判断长期股权投资是否存在减值迹象。确有出现导致长期股权投资可收回金额低于账面价值的，将可收回金额低于账面价值的差额作为长期股权投资减值准备予以计提，并与被审计单位已计提数相核对。如有差异，查明原因。

③将本期减值准备计提金额与利润表资产减值损失中的相应数字核对无误。

④长期股权投资减值准备按单项资产计提，计提依据充分，得到适当批准。减值损失一经确认，在以后会计期间不得转回。

（9）结合银行借款等的检查，了解长期股权投资是否存在质押、担保情况。如有，则应详细记录，并提请被审计单位进行充分披露。

（10）确定长期股权投资在资产负债表上已恰当列报。与被审计单位人员讨论确定是否存在被投资单位由于所在国家和地区及其他方面的影响，其向被审计单位转移资金的能力受到限制的情况，如存在，应详细记录受限情况，并提请被审计单位进行充分披露。

五、应收利息审计

（一）应收利息的审计目标

应收利息的审计目标一般包括：确定资产负债表中记录的应收利息是否存在；确定所有应当记录的应收利息均已记录；确定记录的应收利息是被审计单位应当拥有的现时义务；确定应收利息以恰当的金额包括在财务报表中，与之相关的计价调整已恰当记录；确定应收利息已按照企业会计准则的规定在财务报表中作出恰当列报。

（二）应收利息的实质性程序

应收利息的实质性程序通常包括：

（1）获取或编制应收利息明细表，复核加计正确，并与总账数和明细账合计数核对相符，结合坏账准备科目与报表数核对相符。

（2）实质性分析程序。交易性金融资产、可供出售金融资产、持有至到期投资等相关项目的审计结合，验证确定应收利息的计算是否充分、正确，检查会计处理是否正确。

（3）对于重大的应收利息项目，审阅相关文件，复核其计算的准确性。必要时，向有关单位函证并记录。

（4）检查应收利息减少有无异常。

（5）检查期后收款情况，对至审计时已收回金额较大的款项进行常规检查，如核对收款凭证、银行对账单、发票等。

（6）关注长期未收回及金额较大的应收利息，询问被审计单位管理人员及相关职员，确定应收利息的可收回性。必要时，向被投资单位函证利息支付情况，复核并记录函证结果。确定应收利息已恰当列报。

六、投资收益的审计

（一）投资收益审计的目标

投资收益的审计目标一般包括：确定利润表中记录的投资收益是否已发生，且与被审计单位有关；所有应当记录的投资收益是否均已记录；确定与投资收益有关的金额及其他数据已恰当记录；确定投资收益已记录于正确的会计期间；确定投资收益已记录于恰当的账户；确定投资收益已按照企业会计准则的规定在财务报表中作出恰当列报。

（二）投资收益的实质性程序

投资收益的实质性程序通常包括：

（1）获取或编制投资收益分类明细表，复核加计正确并与总账数和明细账合计数核对相符，与报表数核对相符。

（2）与以前年度投资收益比较，结合投资本期的变动情况，分析本期投资收益是否存在异常现象。如有，应查明原因，并作出适当的调整。

（3）与长期股权投资、交易性金融资产、交易性金融负债、可供出售金融资产、持有到期投资等相关项目的审计结合，验证确定投资收益的记录是否正确，确定投资收益被记入正确的会计期间。

（4）确定投资收益已恰当列报。检查投资协议等文件，确定国外投资收益汇回是否存在重大限制，若存在重大限制，应说明原因，并作出恰当披露。

七、应收股利审计

（一）应收股利的审计目标

应收股利的审计目标一般包括：确定资产负债表中记录的应收股利是存在的；确定所有应当记录的应收股利均已记录；确定记录的应收股利由被审计单位拥有或控制；确定应收股利以恰当的金额包括在财务报表中，与之相关的计价调整已恰当记录；确定应收股利已按照企业会计准则的规定在财务报表中作出恰当列报。

（二）应收股利的实质性程序

应收股利的实质性程序通常包括：

（1）获取或编制应收股利明细表，复核加计正确，并与总账数和明细账合计数核对相符，结合坏账准备科目与报表数核对相符。

（2）与长期股权投资、交易性金融资产、可供出售金融资产等项目的审计结合，验证确定应收股利的计算是否正确，检查会计处理是否正确。

（3）对于重大的应收股利项目，应查阅相关文件并测试其计算的准确性。必要时，向被投资单位函证并记录。

（4）检查应收股利减少有无异常。

（5）检查期后收款情况，对至审计时已收回金额较大的款项进行常规检查，如核对收款凭证、银行对账单、股利分配方案等。

（6）关注长期未收回且金额较大的应收股利，询问被审计单位管理人员及相关职员或者查询被投资单位的情况，确定应收股利的可收回性。必要时，向被投资单位函证股利支付情况，复核并记录函证结果。

（7）检查应收股利已恰当列报，确定境外投资应收股利汇回是否存在重大限制，如果存在，已充分披露。

八、其他应收款审计

（一）其他应收款的审计目标

其他应收款的审计目标一般包括：确定资产负债表中记录的其他应收款是否存在；确定所有应当记录的其他应收款是否均已记录；确定记录的其他应收款是否由被审计单位拥有或控制；确定其他应收款是否以恰当的金额包括在财务报表中，与之相关的计价调整是否已恰当记录；确定其他应收款是否已按照企业会计准则的规定在财务报表中作出恰当列报。

（二）其他应收款的实质性程序

其他应收款的实质性程序通常包括：

（1）获取或编制其他应收款明细表，复核加计是否正确，并与报表数、总账数和明细账合计数核对是否相符；检查其他应收款的账龄分析是否正确；分析有贷方余额的项目，查明原因，必要时作重新分类调整；结合应收账款明细余额查验是否有双方同时挂账的项目，核算内容是否重复，必要时作出适当调整；标明应收关联方（包括持股5%以上的股东）的款项，并注明合并报表时应予以抵销的数字。

（2）判断并选择向一定金额以上、账龄较长或异常的明细账户余额发函询证，编制函证结果汇总表。

（3）对发出询证函未能收到回函的样本，采用替代审计程序，如查核下期明细账，或追踪至其他应收款发生时的原始凭证。特别注意是否存在抽逃资金、隐藏费用的现象。

（4）检查资产负债表日后的收款事项，确定有无未及时入账的债权。

（5）分析明细账户，对于长期未能收回的项目，应查明原因，确定是否可能发生坏账损失。

（6）对非记账本位币结算的其他应收款，检查其采用的折算汇率是否正确。

（7）检查转作坏账损失项目，是否符合规定并办妥审批手续。

（8）检查其他应收款的列报是否恰当。

九、其他应付款审计

（一）其他应付款的审计目标

其他应付款的审计目标一般包括：确定资产负债表中记录的其他应付款是否存在；确定所有应当记录的其他应付款是否均已记录；确定记录的其他应付款是否为被审计单位应当履行的现时义务；确定其他应付款是否以恰当的金额包括在财务报表中，与之相关的计价调整是否已恰当记录；确定其他应付款是否已按照企业会计准则的规定在财务报表中作出恰当列报。

（二）其他应付款的实质性程序

其他应付款的实质性程序通常包括：

（1）获取或编制其他应付款明细表，复核加计是否正确，并与报表数、总账数和明细账合计数核对是否相符；分析有借方余额的项目，查明原因，必要时作重分类调整；结合应付账款、其他应付款明细余额，查明有否双方同时挂账的项目，核算内容是否重复，必要时作重分类调整；标出应付关联方（包括持股5%以上的股东）的款项，并注明合并报表时应抵销的金额。

（2）请被审计单位协助，在其他应付款明细表上标出截至审计日已支付的其他应付款项，抽查付款凭证、银行对账单等，并注意这些凭证发生日期的合理性。

（3）判断选择一定金额以上和异常的明细余额，检查其原始凭证，并考虑向债权人发函询证。

（4）对非记账本位币结算的其他应付款，检查其折算汇率是否正确。

（5）审核资产负债表日后的付款事项，确定有无未及时入账的其他应付款。

（6）检查长期未结的其他应付款，并作妥善处理。

（7）检查其他应付款中关联方的余额是否正常，如数额较大或有其他异常现象，应查明原因，追查至原始凭证并作适当披露。

（8）检查其他应付款的列报是否恰当。

十、长期应付款审计

（一）长期应付款的审计目标

长期应付款的审计目标一般包括：确定资产负债表中记录的长期应付款是否存在；确定所有应当记录的长期应付款是否均已记录；确定记录的长期应付款是否为被审计单位应当履行的现时义务；确定长期应付款是否以恰当的金额包括在财务报表中，与之相关的计价调整是否已恰当记录；确定长期应付款是否已按照企业会计准则的规定在财务报表中作出恰当列报。

（二）长期应付款的实质性程序

长期应付款的实质性程序通常包括：

（1）获取或编制长期应付款明细表复核加计是否正确，并与报表数、总账数和明细账合计数核对是否相符；检查长期应付款的内容是否符合企业会计准则的规定。

（2）检查各项长期应付款相关的契约，有无抵押情况。对融资租赁固定资产应付款，还应审阅融资租赁合约规定的付款条件是否履行，检查授权批准手续是否齐全，并作适当记录。

（3）向债权人函证重大的长期应付款。

（4）检查各项长期应付款本息的计算是否准确，会计处理是否正确。

（5）检查与长期应付款有关的汇兑损益是否按规定进行了会计处理。

（6）检查长期应付款的列报是否恰当，注意一年内到期的长期应付款应列入流动负债。

十一、预计负债审计

预计负债主要因企业确认的对外担保、未决诉讼、产品质盘保证、重组义务、亏损性合同等形成。预计负债的审计是或有事项审计的一部分。

（一）预计负债的审计目标

预计负债的审计目标一般包括：确定资产负债表中记录的预计负债是否存在；确定所有应当记录的预计负债是否均已记录；确定记录的预计负债是否为被审计单位应当履行的现时义务；确定预计负债是否以恰当的金额包括在财务报表中，与之相关的计价调整是否已恰当记录；确定预计负债是否已按照企业会计准则的规定在财务报表中作出恰当列报。

（二）预计负债的实质性程序

预计负债的实质性程序通常包括：

（1）获取或编制预计负债明细表。复核加计是否正确，并与报表数、总账数和明细账合计数核对是否相符。

（2）向相关银行函证担保事项。

（3）对已涉诉并已判决的对外担保，取得并审阅法院判决书。

（4）对已涉诉但尚未判决的对外担保，取得被审计单位律师或法律顾问的法律意见。

（5）检查预计负债的估计是否准确，会计处理是否正确。

（6）检查预计负债的列报是否恰当。

【审计案例 2-6-1 分析】

对琼民源公司在短短一年的时间内有如此惊人的业绩，略有会计常识的人都会提出怀疑。

首先，巨额利润令人疑惑。

琼民源公司 1996 年利润总额和净利润分别较 1995 年增长 848 倍和 1 290 倍。而对这种超常增长，公司解释为“ 公司投资北京的战略决策获得巨大成功，开启和培育了公司获得高收益的新利润增长点，使公司今后稳健、持续地获得利润有了可靠保证”。这种含糊其辞的解释实在难以让人信服。实际情况是，在 1996 年利润总额 57 亿元中有 5. 4 亿元是虚构出来的，是琼民源公司在未取得土地使用权的情况下，通过与关联企业（香港党联置业）及其他公司签订的未经国家有关部门批准的合作建房，权益转让等无效合同编造的。

其次，巨额资本公积令人疑惑。

公司新增加的 6. 57 亿元的货款是从何而来的呢？年报在资本公积这一栏是这样写的，“资本公积金增加的原因可参阅对本期数与上期数比较超过 30%的解释”。然而在第 11 项“对本期数与上期数比较变化”的解释中，却只字不提资本公积金。在东窗事发后，有关部门经过调查发现. 所谓的增加 6. 57 亿元资本公积是琼民源公司在未取得土地使用权、未经国家有关部门批准立项和确认的情况下，对四个投资项目的资产进行评估而产生的。这 6. 57 亿元资本公积显然是虚增的。

经查实，“琼民源”股票以虚构的利润来抛出“利好消息”使股价大幅上升，然后伺机大量抛出，牟取暴利。在这次操纵股市的违法行为中，两家公司分别获利 6 651万元和 6 630 万元。

尽管琼民源公司的有关人员没有尽到会计责任，而作为对“琼民源”年报进行审计的海南中华会计师事务所和出具资产评估报告的海南大正会计师事务所同样没有尽到审计责任。因为对于“琼民源”1996 年年报中利润和资本公积如此大幅度增加的情形，具有审计专业知识的注册会计师本应当引起足够的注意，保持应有的职业谨慎态度。但事实是注册会计师不但没有这样做，相反，在众多投资者对资本公积、盈余公积、未分配利润等项目提出疑问的情况下，海南中华会计师事务所还站出来为琼民源公司辩护，声称“报表的真实性不容置疑 ”。这无疑是推波助澜。

按照注册会计师审计准则的规定，对会计财务报表进行审计时. 除了采用一般的检查、盘点、函证等取证方法外，还应实施最常用的分析性复核程序。所谓分析性复核程序，是指通过对被审计单位财务报表重要项目的各种数据比较分析，来检查报表项目中有否反常现象。如果一旦出现异常变动情况，注册会计师就必须追踪审核，并掌握异常变动的根本原因及其证据。这是年报审计工作的基本常识。如果“琼民源”案中的注册会计师能够按照审计准则的这些要求，对有异常变动的“资本公积”“未分配利润”等项目进行实质性测试，并取得能够说明异常变动原因的可靠证据，或者认真检查资本公积增加的相关会计记录和原始凭证，审核资产评估是否经有关部门批准，估价方法是否合规，然后再发表有关声明，就不会出现上述后果。

项目七　货币资金审计

学习目标

通过本项目学习，了解货币资金与交易循环的特点；了解货币资金审计目标；掌握货币资金内部控制的目标与内容；了解货币资金内部控制测试；了解并掌握与库存现金、银行存款、其他货币资金相关的实质性程序。

能力目标

1. 能够区别货币资金内部控制测试与实质性程序；

2. 能够运用内部控制规范及相应的实质性程序，结合案例分析判断企业在货币资金使用管理等方面存在的问题及相应的处理措施。

【审计案例 2-7-1】

2014 年 3 月 10 日注册会计师对 ABC 公司 2013 年的财务决算报告进行了审计，并采用了相应的审计方法对该单位货币资金的真实性进行了审查。在审查货币资金项目包含的库存现金真实性时，审计人员首先审阅了现金总账和现金日记账，并将两者余额进行核对，2013 年 12 月 31 日两者余额均为 968.37 元。随后，审计人员核对了 2014 年 1 月 1 日至 3 月 10 日的现金总账和现金日记账，没有发现明显错误，现金日记账的余额为 13 568.37 元。在审计人员的监督下，由该公司财务负责人参加，出纳员对 3 月 10 日的库存现金进行清点，实存现金为 2 768.37 元，同时发现 3 月 8 日报销的 1 500 元的凭证尚未入账。另外，有会计王××借 5 000 元（购房），没有领导批准；还有 3 000 元是公司副总经理李××借款、公司总经理办公室刘某经手书写的一张由副总经理李××批准的借条。

【问题思考】填制下列库存现金情况表，指出该单位在库存现金管理上存在什么问题，并指出审计意见。

表 2-7-1　　　　库存现金情况表

日期：2014 年 3 月 10 日　　　　单位：元

项目	金额	备注
库存现金实存数		
加：已付讫但尚未入账的支出凭证		
白条抵库数		
库存现金实际占用数		
库存现金账面结存数		

企业会计：　　　　出纳：　　　　被审计单位：（公章）

编制：	复核：

任务 1　货币资金与交易循环概述

一、货币资金与交易循环

货币资金与各交易循环均直接相关，如图 2-7-1 所示。需要说明的是，图 2-7-1仅选取各业务循环中具有代表性的会计科目或财务报表项目予以列示，并未包含各业务循环中与货币资金有关的全部会计科目或财务报表项目。

二、凭证和会计记录

货币资金审计涉及的凭证和会计记录主要有：①现金盘点表；②银行对账单；③银行存款余额调节表；④有关科目的记账凭证；⑤有关会计账簿。

三、货币资金控制测试

（一）货币资金内部控制概述

由于货币资金是企业流动性最强的资产，企业必须加强对货币资金的管理，建立良好的货币资金内部控制，以确保全部应收取的货币资金均能收取，并及时正确地予以记录；全部货币资金支出是按照经批准的用途进行的，并及时正确地予以记录；库存现金、银行存款报告正确，并得以恰当保管；正确预测企业正常经营所需的货币资金收支额，确保企业有充足又不过剩的货币资金余额。

一般而言，一个良好的货币资金内部控制应该达到以下几点：①货币资金收支

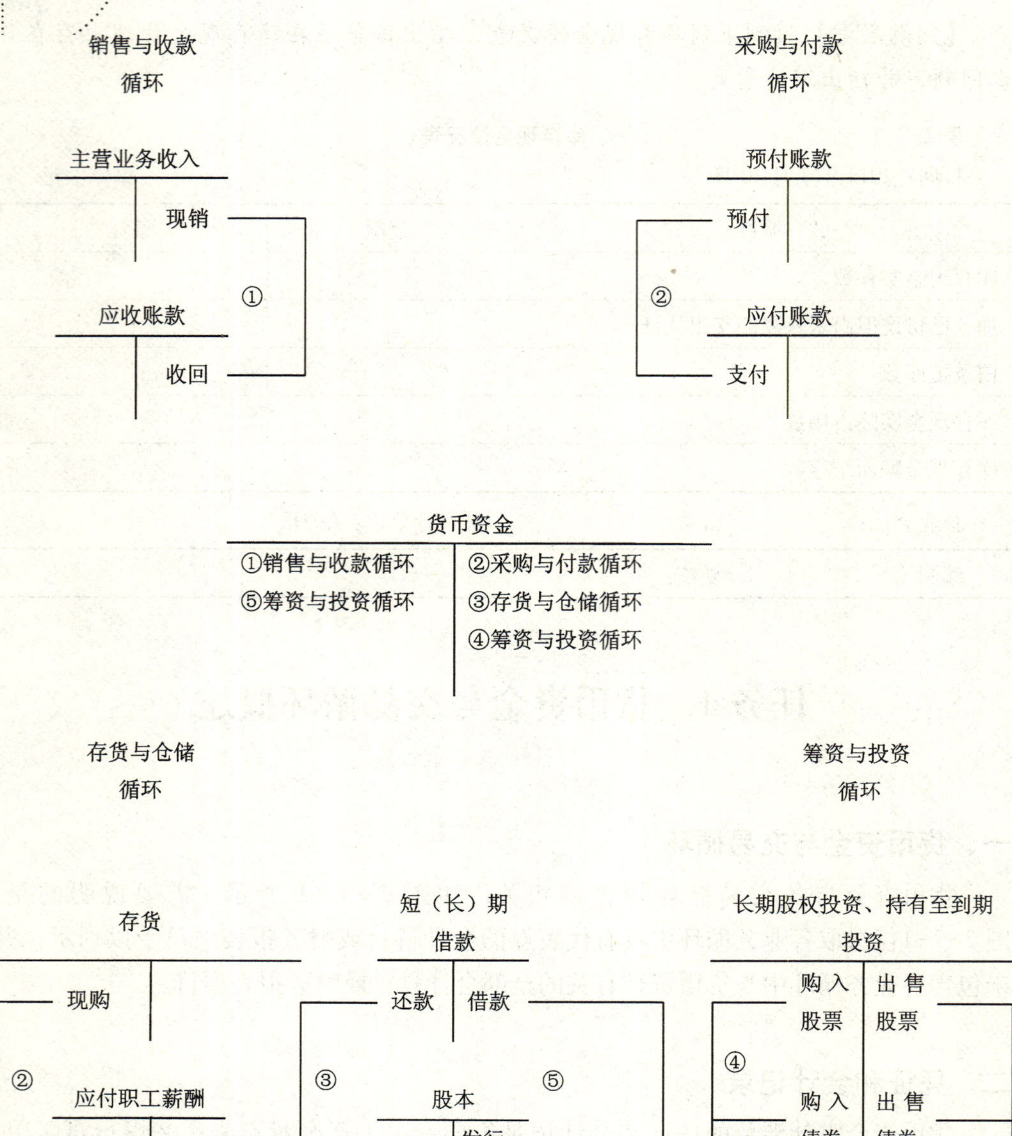

图 2-7-1　货币资金与其他交易循环账户关系示意图

与记账的岗位分离；②货币资金收支要有合理、合法的凭据；③全部收支及时准确入账，并且支出要有核准手续；④控制现金坐支，当日收入现金应及时送存银行；

⑤按月盘点现金，编制银行存款余额调节表，以做到账实相符；⑥加强对货币资金收支业务的内部审计。

根据财政部于2001年7月12日发布的《内部会计控制规范——货币资金（试行）》，货币资金的内部控制包括以下内容：

1. 岗位分工及授权批准

（1）单位应当建立货币资金业务的岗位责任制，明确相关部门和岗位的职责权限，确保办理货币资金业务的不相容岗位相互分离、制约和监督。出纳人员不得兼任稽核、会计档案保管和收入、支出、费用、债权债务账目的登记工作。单位不得由一人办理货币资金业务的全过程。

（2）单位应当对货币资金业务建立严格的授权批准制度，明确审批人对货币资金业务的授权批准方式、权限、程序、责任和相关控制措施，规定经办人办理货币资金业务的职责范围和工作要求。审批人应当根据货币资金授权批准制度的规定，在授权范围内进行审批，不得超越审批权限。经办人应当在职责范围内，按照审批人的批准意见办理货币资金业务。对于审批人超越授权范围审批的货币资金业务，经办人员有权拒绝办理，并及时向审批人的上级授权部门报告。

（3）单位应当按照规定的程序办理货币资金支付业务。

①支付申请。单位有关部门或个人用款时，应当提前向审批人提交货币资金支付申请，注明款项的用途、金额、预算、支付方式等内容，并附有效经济合同或相关证明。

②支付审批。审批人根据其职责、权限和相应程序对支付申请进行审批。对不符合规定的货币资金支付申请，审批人应当拒绝批准。

③支付复核。复核人应当对批准后的货币资金支付申请进行复核，复核货币资金支付申请的批准范围、权限、程序是否正确，手续及相关单证是否齐备，金额计算是否准确，支付方式、支付单位是否妥当等。复核无误后，交由出纳人员办理支付手续。

④办理支付。出纳人员应当根据复核无误的支付申请，按规定办理货币资金支付手续，及时登记现金和银行存款日记账。

（4）单位对于重要货币资金支付业务，应当实行集体决策和审批，并建立责任追究制度，防范贪污、侵占、挪用货币资金等行为。

（5）严禁未经授权的机构或人员办理货币资金业务或直接接触货币资金。

2. 现金和银行存款的管理

（1）单位应当加强现金库存限额的管理，超过库存限额的现金应及时存入银行。

（2）单位必须根据《现金管理暂行条例》的规定，结合本单位的实际情况，确定本单位现金的开支范围，不属于现金开支范围的业务应当通过银行办理转账结算。

（3）单位现金收入应当及时存入银行，不得用于直接支付单位自身的支出。因特殊情况需坐支现金的，应事先报经开户银行审查批准。

单位借出款项必须执行严格的授权批准程序，严禁擅自挪用、借出货币资金。

（4）单位取得的货币资金收入必须及时入账，不得私设“小金库”，不得账外设账，严禁收款不入账。

（5）单位应当严格按照《支付结算办法》等国家有关规定，加强银行账户的管理，严格按照规定开立账户，办理存款、取款和结算。

单位应当定期检查、清理银行账户的开立及使用情况，如发现问题，及时处理。

单位应当加强对银行结算凭证的填制、传递及保管等环节的管理与控制。

（6）单位应当严格遵守银行结算纪律，不准签发没有资金保证的票据或远期支票，套取银行信用；不准签发、取得和转让没有真实交易和债权债务的票据，套取银行和他人资金；不准无理拒绝付款，任意占用他人资金；不准违反规定开立和使用银行账户。

（7）单位应当指定专人定期核对银行账户，每月至少核对一次，编制银行存款余额调节表，使银行存款账面余额与银行对账单调节相符。如调节不符，应查明原因，及时处理。

（8）单位应当定期和不定期地进行现金盘点，确保现金账面余额与实际库存相符。如发现不符，及时查明原因，作出处理。

【审计案例 2-7-1 分析】

（1）根据库存现金的清查结果，审计人员记录该单位库存现金情况表，如表 2-7-2 所示。

表 2-7-2　　××会计师事务所库存现金情况表

日期：2014 年 3 月 10 日　　单位：元

项　目	金　额	备　注
库存现金实存数额	2 768.37	
加：已付讫但尚未入账的支出凭证	1 500.00	
白条抵库数	8 000.00	
库存现金实际占用额	9 268.37	
库存现金账面结存数	13 568.37	短缺 4 300.00

企业会计：　　出纳：　　被审计单位：(公章)

编制：　　复核：

（2）该单位在库存现金管理上存在以下问题：

①现金账实不符。审查日账面结存额为 13 568.37 元，而库存现金实际额为 9 268.37元，短缺现金 4 300 元。

②白条抵库。有会计王××借 5 000 元（购房），没有领导批准；还有 3 000 元是公司副总经理李××借款、公司总经理办公室刘某经手书写的一张由副总经理李××批准的借条。

③审批手续不健全。未经领导批准，出纳员擅自借出现金，严重违反货币资金管理条例规定。

④会计王××购房挪用公款。

⑤库存现金日记账未做到日清月结。3 月 10 日检查时，发现 3 月 8 日报销的 1 500元的凭证尚未入账。

审计意见：①应查明短缺现金的原因，并追究出纳员的责任；②立即催收出借的现金，及时收回交库；③应严格履行审批和复核手续，强化财务人员的法制观念，增强自觉遵守财经法规的意识，杜绝挪用公款等违法乱纪现象的发生。

3. 票据及有关印章的管理

（1）单位应当加强与货币资金相关的票据的管理，明确各种票据的购买、保管、领用、背书转让、注销等环节的职责权限和程序，并专设登记簿进行记录，防止空白票据的遗失和被盗用。

（2）单位应当加强银行预留印鉴的管理。财务专用章应由专人保管，个人名章必须由本人或其授权人员保管。严禁一人保管支付款项所需的全部印章。按规定需要有关负责人签字或盖章的经济业务，必须严格履行签字或盖章手续。

4. 监督检查

（1）单位应当建立对货币资金业务的监督检查制度，明确监督检查机构或人员的职责权限，定期和不定期地进行检查。

（2）货币资金监督检查的内容主要包括：①货币资金业务相关岗位及人员的设置情况，重点检查是否存在货币资金业务不相容职务混岗的现象；②货币资金授权批准制度的执行情况，重点检查货币资金支出的授权批准手续是否健全，是否存在越权审批行为；③支付款项印章的保管情况，重点检查是否存在办理付款业务所需的全部印章交由一人保管的现象；④票据的保管情况，重点检查票据的购买、领用、保管手续是否健全，票据保管是否存在漏洞。

（3）对监督检查过程中发现的货币资金内部控制中的薄弱环节，应当及时采取措施，加以纠正和完善。

（二）货币资金内部控制的测试

（1）了解内部控制。注册会计师可以根据实际情况采用不同的方法实现对货币资金内部控制的了解。一般而言，注册会计师可以采用绘制流程图的方法。绘制货币资金内部控制流程图是了解货币资金控制的重要步骤。注册会计师在绘制之前应通过询问、观察等调查手段搜集必要的资料，然后根据所了解的情况编制流程图。对中小企业，也可采用编写货币资金内部控制说明的方法。若年度审计工作底稿中已有以前年度的流程图，注册会计师可根据调查结果加以修正，以供本年度审计之用。

（2）抽取并检查收款凭证。如果货币资金收款内部控制薄弱，很可能会发生贪污舞弊或挪用等情况。例如，在一个小企业中，出纳员同时记应收账款明细账，很可能发生循环挪用的情况。为测试货币资金收款的内部控制，注册会计师应选取适当样本的收款凭证，进行如下检查：①核对收款凭证与存入银行账户的日期和金额是否相符；②核对库存现金、银行存款日记账的收入金额是否正确；③核对收款凭证与银行对账单是否相符；④核对收款凭证与应收账款等相关明细账的有关记录是否相符；⑤核对实收金额与销售发票等相关凭据是否一致。

（3）抽取并检查付款凭证。为测试货币资金付款内部控制，注册会计师应选取适当样本的货币资金付款凭证，进行如下检查：①检查付款的授权批准手续是否符合规定；②核对库存现金、银行存款日记账的付出金额是否正确；③核对付款凭证与银行对账单是否相符；④核对付款凭证与应付账款等相关明细账的记录是否一致；⑤核对实付金额与购货发票等相关凭据是否相符。

（4）抽取一定期间的库存现金、银行存款日记账与总账核对。首先，注册会计师应抽取一定期间的库存现金、银行存款日记账，检查其有无计算错误，加总是否正确无误。如果检查中发现问题较多，说明被审计单位货币资金的会计记录不够可靠。其次，注册会计师应根据日记账提供的线索，核对总账中的库存现金、银行存款、应收账款、应付账款等有关账户的记录。

（5）抽取一定期间的银行存款余额调节表，查验其是否按月正确编制并经复核。为证实银行存款记录的正确性，注册会计师必须抽取一定期间的银行存款余额调节表，将其同银行对账单、银行存款日记账及总账进行核对。确定被审计单位是否按月正确编制并复核银行存款余额调节表。

（6）检查外币资金的折算方法是否符合有关规定，是否与上年度一致。对于有外币货币的被审计单位，注册会计师应检查外币货币资金有关的日记账及“财务费用”“在建工程”等账户的记录，确定企业有关外币货币资金的增减变动是否采用交易发生日的即期汇率将外币金额折算为记账本位币金额，或者采用按照系统合理的方法确定的、与交易发生日即期汇率近似的汇率折合为记账本位币，选择采用汇率的方法前后各期是否一致；检查企业的外币货币资金的余额是否采用期末即期汇率折合为记账本位币金额；折算差额的会计处理是否正确。

（7）评价货币资金的内部控制。注册会计师在实施上述测试之后，应对货币资金的内部控制进行评价。评价时，注册会计师应首先确定货币资金内部控制可信赖的程度以及存在的薄弱环节和缺点，然后据以确定在货币资金实质性程序中对哪些环节可以适当减少审计程序，哪些环节应增加审计程序，进行重点检查，以减少审计风险。

以现销收入交易为例，其相关的控制目标、关键内部控制和测试一览表如表2-7-3所示。

表 2-7-3 现销收入业务的控制目标、关键控制和测试一览表

内部控制目标	关键内部控制	常用控制测试	常用实质性测试
登记入账的现金收入确定为企业已经实际收到的现金（存在或发生）	现金出纳与现金记账的岗位分离； 现金折扣必须经过适当的审批手续	观察； 检查现金折扣是否经过恰当的审批	检查现金收入的日记账、总账和应收账款明细账的大金额项目和异常项目
收到的现金收入已全部登记入账（完整性）	现金出纳与现金记账的岗位分离； 每日及时记录现金收入； 定期向顾客寄送对账单； 现金收入记录的内部复核	观察； 检查是否存在未入账的现金收入； 检查是否向顾客寄送对账单，了解是否定期进行； 检查复核标记	现金收入的截止测试； 抽查顾客对账单并与账面金额核对
已经收到的现金确实为企业所有（权利和义务）	定期盘点现金并与账面余额核对	检查是否定期盘点，检查盘点记录	盘点库存现金，如与账面应有数存在差异，分析差异原因
登记入账的现金已经如数存入银行并登记入账（计价或分摊）	定期取得银行对账单； 编制银行存款余额调节表	检查银行对账单； 银行存款余额调节表	检查调节表中未达账项的真实性及资产负债表日后的进账情况
现金收入在资产负债表上的披露正确（分类）	现金日记账与总账的登记职责分开	观察	

任务2 库存现金审计

一、库存现金内部控制测试

由于库存现金是企业流动性最强的资产，加强现金管理对于保护企业资产安全完整、维护财经纪律具有重要的意义。在良好的货币资金内部控制下，企业的现金收支记录及时、准确、完整；全部现金支出均经批准的用途进行；现金得以安全保管。一般而言，一个良好的现金内部控制应该达到以下几点：①现金收支与记账的岗位分离；②现金收支要有合理、合法的凭据；③全部收支及时准确入账，并且支出要有核准手续；④控制现金坐支，当日收入现金应及时送存银行；⑤按月盘点现金，以做到账实相符；⑥加强对现金收支业务的内部审计。

（1）了解现金内部控制。通常通过现金内部控制流程图来了解现金内部控制。编制现金内部控制流程图是现金控制测试的重要步骤。注册会计师在编制之前应通过询问、观察等调查手段收集必要的资料，然后根据所了解的情况绘制流程图。对中小企业，也可采用编写现金内部控制说明的方法。

若年度审计工作底稿中已有以前年度的流程图，注册会计师可根据调查结果加

以修正，以供本年度审计之用。一般地，了解现金内部控制时，注册会计师应当注意检查库存现金内部控制的建立和执行情况，并关注：

①库存现金的收支是否按规定的程序和权限办理；

②是否存在与被审计单位经营无关的款项收支情况；

③出纳与会计的职责是否严格分离；

④库存现金是否妥善保管，是否定期盘点、核对等。

（2）检查收款凭证。如果现金收款内部控制不强，很可能会发生贪污舞弊或挪用等情况。例如，在一个小企业中，出纳员同时负责登记应收账款明细账，很可能发生循环挪用货款的情况。为测试现金收款的内部控制，注册会计师应按现金的收款凭证分类，选取适当的样本量，作如下的检查：①核对现金日记账的收入金额是否正确；②核对收款凭证与应收账款明细账的有关记录是否相符；③核对实收金额与销货发票是否一致等。

（3）检查付款凭证。为测试现金付款内部控制，注册会计师应按照现金付款凭证分类，选取适当的样本量，作如下检查：①检查付款的授权批准手续是否符合规定；②核对现金日记账的付出金额是否正确；③核对付款凭证与应付账款明细账的记录是否一致；④核对实付金额与购货发票是否相符等。

（4）抽取一定期间的库存现金日记账与总账核对。注册会计师应抽取一定期间的库存现金日记账，检查其加总是否正确无误，库存现金日记账是否与总分类账核对相符。

（5）检查外币现金的折算方法是否符合有关规定，是否与上年度一致。对于有外币现金的被审计单位，注册会计师应检查外币库存现金日记账及“财务费用”“在建工程”等账户的记录，确定企业有关外币现金的增减变动是否采用交易发生日的即期汇率将外币金额折算为记账本位币金额，或者采用按照系统合理的方法确定的、与交易发生日即期汇率近似的汇率折算为记账本位币，选择采用汇率的方法前后各期是否一致；检查企业的外币现金的期末余额是否采用期末即期汇率折算为记账本位币金额；折算差额的会计处理是否正确。

（6）评价库存现金的内部控制。注册会计师在完成上述程序之后，即可对库存现金的内部控制进行评价。评价时，注册会计师应首先确定库存现金内部控制可信赖的程度以及存在的薄弱环节和缺点，然后据以确定在库存现金实质性程序中对哪些环节可以适当减少审计程序，哪些环节应增加审计程序作重点检查，以减少审计风险。

二、库存现金实质性程序

（1）核对库存现金日记账与总账的余额是否相符。注册会计师测试现金余额的起点，是核对库存现金日记账与总账的余额是否相符。如果不相符，应查明原因，并作出适当调整。

（2）监盘库存现金。监盘库存现金是证实资产负债表中所列现金是否存在的一项重要程序。企业盘点库存现金，通常包括对已收到但未存入银行的现金、零用金、找换金等的盘点。盘点库存现金的时间和人员应视被审计单位的具体情况而定，但必须有现金出纳员和被审计单位会计主管人员参加，并由注册会计师进行监盘。盘点和监盘库存现金的步骤和方法主要有：

①制订监盘计划，确定监盘时间。对库存现金的监盘最好实施突击性的检查，时间最好选择在上午上班前或下午下班时进行，盘点的范围一般包括被审计单位各部门经管的现金。在进行现金盘点前，应由出纳员将现金集中起来存入保险柜。必要时可加以封存，然后由出纳员把已办妥现金收付手续的收付款凭证登入库存现金日记账。如被审计单位库存现金存放部门有两处或两处以上的，应同时进行盘点。

②审阅库存现金日记账并同时与现金收付凭证相核对。一方面检查库存现金日记账的记录与凭证的内容和金额是否相符；另一方面了解凭证日期与库存现金日记账日期是否相符或接近。

③由出纳员根据库存现金日记账加计累计数额，结出现金结余。

④盘点保险柜的现金实存数，同时由注册会计师编制“库存现金监盘表”（格式如表 2-7-4 所示），分币种、面值列示盘点金额。

⑤资产负债表日后进行盘点时，应调整至资产负债表日的金额。

⑥将盘点金额与库存现金日记账余额进行核对，如有差异，应查明原因，并作出记录或适当调整。

⑦若有冲抵库存现金的借条、未提现支票、未作报销的原始凭证，应在“库存现金盘点表”中注明或作出必要的调整。

（3）抽查大额库存现金收支。注册会计师应检查大额现金收支的原始凭证是否齐全、原始凭证是否完整、有无授权批准、记账凭证和所原始凭证是否相符、账务处理是否正确、是否记录于恰当的会计期间等项内容。

（4）检查现金收支的正确截止。被审计单位资产负债表的货币资金项目中的库存现金数额，应以结账日实有数额为准。因此，注册会计师必须验证现金收支的截止日期。通常，注册会计师可考虑对结账日前后一段时期内现金收支凭证进行审计，以确定是否存在跨期事项，是否应考虑提出调整建议。具体如表 2-7-4 所示。

表 2-7-4　　　　　　　　　　　**库存现金监盘表**

被审计单位：　　　　　　　　　　索引号：

项目：　　　　　　　　　　　　　财务报表截止日期/时间：

编制：　　　　　　　　　　　　　复核：

日期：　　　　　　　　　　　　　日期：

检查盘点记录						实有库存现金盘点记录						
项目		项次	人民币	美元	某外币	面额（元）	人民币		美元		某外币	
上一日账面库存余额		①				1 000	张	金额	张	金额	张	金额
盘点日未记账传票收入金额		②				500						
盘点日未记账传票支出金额		③										
盘点日账面应有金额		④=①+②-③				100						
盘点实有库存现金数额		⑤				50						
盘点日应有与实有差异		⑥=④-⑤				10						
差异原因分析	白条抵库（张）					5						
						2						
						1						
						0.5						
						0.2						
						0.1						
						合计						
追溯调整	报表日至审计日库存现金付出总额											
	报表日至审计日库存现金收入总额											
	报表日库存现金应有余额											
	报表日账面汇率											
	报表日余额折合本位币金额											
本位币合计												

出纳员：　　　　　　会计主管人员：　　　　　　监盘人：　　　　　　复核人：

（5）检查外币现金的折算方法是否符合规定，是否与上年度一致。

（6）检查库存现金是否在资产负债表上恰当披露。根据有关规定，库存现金在资产负债表的“货币资金”项目中反映，注册会计师应在实施上述审计程序后，确定库存现金账户的期末余额是否恰当，进而确定库存现金是否在资产负债表上恰当披露。对于因质押或冻结等对使用有限制、存放在境外、有潜在回收风险的款项，关注其是否作出单独说明。

【审计案例 2-7-2】

2014 年 1 月 25 日，审计人员对甲公司 2013 年 12 月 31 日资产负债表进行审计，查得“货币资金”项目的库存现金余额为 2 995 元，2014 年 1 月 25 日现金日记账的余额是 2 365 元。2014 年 1 月 26 日上午 8 时，审计人员对该公司的库存现金进行了盘点，盘点结果如下：

（1）现金实有数为 1 850 元。

（2）在保险柜中发现职工李东 11 月 5 日预借差旅费 500 元，已经领导批准；职工胡立借据一张，金额为 450 元，未经批准，也未说明其用途；有已收款但未入账的凭证 6 张，金额为 435 元。

另外，经核对 1 月 1 日至 25 日的收付款凭证和现金日记账，核实 1 月 1 日至 25 日的现金收入数为 7 130 元，现金支出数为 7 160 元，正确无误；银行核定的公司现金库存限额为 2 000 元。

审计步骤：

第一步：根据以上资料，首先核实 1 月 25 日库存现金应有数。

由于职工胡立借据 450 元未经批准，属于白条，不能用于抵充现金，所以 1 月 25 日库存现金应为 1 月 25 日库存现金实有数 1 850 元加胡立的借款 450 元，为2 300 元。未入账的收付款凭证都属于合法凭证，可以据以收付现金，只是没有入账。1 月 25 日现金日记账的正确余额应是 2 365 元加上未入账的现金收入 435 元，减去未入账的现金支出 500 元，结果是 2 300 元。由此可见，除白条抵库和应入账未入账的现金收支外，1 月 25 日库存现金账实是相符的，即未发生现金溢缺。

第二步：核实 2013 年 12 月 31 日资产负债表中的库存现金是否真实、完整。

2014 年 1 月 25 日库存现金账实相符，未发生现金溢缺，且核对 1 月 1 日至 25 日的收付款凭证和现金日记账，1 月 1 日至 25 日的现金收入 7 130 元和现金支出 7 160 元正确无误。

【问题思考】根据上述资料倒推 2013 年 12 月 31 日库存现金应有数额并说明审计结论。

【审计案例 2-7-2 分析】

2013 年 12 月 31 日库存现金应有数额 = 2 300+7 160−7 130 = 2 330（元）

由于 2013 年 12 月 31 日公司资产负债表中“货币资金”项目中的库存现金余额为 2 995 元，因此，财务报表中的现金余额是虚假的，正确金额应为 2 330 元。

审计结论：

（1）该公司 2013 年 12 月 31 日的库存现金账实不符，应进一步查明原因。

（2）督促被审计单位将收支及时入账。例如，职工李东 11 月 5 日预借差旅费 500 元，虽经领导批准，属于合规的行为，但出纳人员未及时将借款登记入账。被审计单位应编制如下会计分录：

借：其他应收款——李东 500

贷：库存现金 500

同时，出纳人员应及时催促李东报销有关单证，退回多余的款项。

（3）财务制度明令禁止白条抵库，审计人员应进一步调查胡立借款的真实性，并督促被审计单位及时收回该笔款项。

（4）银行规定现金库存限额为 2 000 元，公司现金留存超过限额 330 元，应及时送存银行。

任务 3 银行存款审计

一、银行存款审计目标

（1）确定被审计单位资产负债表的货币资金项目中的银行存款在资产负债表日是否确实存在，是否为被审计单位所拥有或控制。

（2）确定被审计单位在特定期间内发生的银行存款收支业务是否均记录完毕，有无遗漏。

（3）确定银行存款余额是否正确。

（4）确定银行存款是否已按照企业会计准则的规定在财务报表中作出恰当列报。

二、银行存款内部控制测试

（一）银行存款内部控制概述

一般而言，一个良好的银行存款的内部控制同现金的内部控制一样，也应达到以下几点：

（1）银行存款收支与记账的岗位分离。

（2）银行存款收支要有合理、合法的凭据。

（3）全部收支及时准确入账，并且支出要有核准手续。

（4）按月编制银行存款余额调节表，以做到账实相符。

（5）加强对银行存款收支业务的内部审计。

按照我国现金管理的有关规定，超过规定限额以上的现金支出一律使用支票。因此，企业应建立相应的支票申领制度，明确申领范围、申领批准及支票签发、支票报销等。

对于支票报销和现金报销，企业应建立报销制度。报销人员报销时应当有正常的报批手续、适当的付款凭据，有关采购支出还应具有验收手续。会计部门应对报销单据加以审核，出纳员见到加盖核准戳记的支出凭据后方可付款。

付款记录应及时登记入账，相关凭证应按顺序或内容编制会计记录的附件。

（二）银行存款的控制测试

（1）了解银行存款的内部控制。注册会计师对银行存款内部控制的了解一般与了解现金的内部控制同时进行。注册会计师应当注意的内容包括：①银行存款的收支是否按规定的程序和权限办理；②银行账户是否存在与本单位经营无关的款项收支情况；③是否存在出租、出借银行账户的情况；④出纳与会计的职责是否严格分离；⑤是否定期取得银行对账单并编制银行存款余额调节表等。

（2）检查银行存款收款凭证。注册会计师应选取适当的样本量，作如下检查：①核对收款凭证与存入银行账户的日期和金额是否相符；②核对银行存款日记账的收入金额是否正确；③核对收款凭证与银行对账单是否相符；④核对收款凭证与应收账款明细账的有关记录是否相符；⑤核对实收金额与销货发票是否一致等。

（3）检查银行存款付款凭证。为测试银行存款付款内部控制，注册会计师应选取适当的样本量，作如下检查：①检查付款的授权批准手续是否符合规定；②核对银行存款日记账的付出金额是否正确；③核对付款凭证与银行对账单是否相符；④核对付款凭证与应付账款明细账的记录是否一致；⑤核对实付金额与购货发票是否相符。

（4）抽取一定期间的银行存款日记账与总账核对。注册会计师应抽取一定期间的银行存款日记账，检查其有无计算错误，并与银行存款总分类账核对。

（5）抽取一定期间银行存款余额调节表，查验其是否按月正确编制并经复核。为证实银行存款记录的正确性，注册会计师必须抽取一定期间的银行存款余额调节表，将其同银行对账单、银行存款日记账及总账进行核对，确定被审计单位是否按月正确编制并复核银行存款余额调节表。

（6）检查外币银行存款的折算方法是否符合有关规定，是否与上年度一致。对于有外币银行存款的被审计单位，注册会计师应检查外币银行存款日记账及“财务费用”“在建工程”等账户的记录，确定有关外币银行存款的增减变动是否采用交易发生日的即期汇率将外币金额折算为记账本位币金额，或者采用按照系统合理的方法确定的、与交易发生日即期汇率近似的汇率折算为记账本位币，选择采用汇率的方法前后各期是否一致；检查企业的外币银行存款的余额是否采用期末即期汇率折算为记账本位币金额；折算差额的会计处理是否正确。

（7）评价银行存款的内部控制。注册会计师在完成上述程序之后，即可对银行存款的内部控制进行评价。评价时，注册会计师应首先确定银行存款内部控制可信赖的程度以及存在的薄弱环节和缺点。然后据以确定在银行存款实质性程序中对哪些环节可以适当减少审计程序，哪些环节应增加审计程序作重点检查，以减少审计风险。

三、银行存款实质性程序

（1）核对银行存款日记账与总账的余额是否相符。注册会计师测试银行存款余额的起点，是核对银行存款日记账与总账的余额是否相符。如果不相符，应查明原因，并考虑是否应建议作适当调整。

（2）实施实质性分析程序。计算银行存款累计余额应收利息收入，分析比较被审计单位银行存款应收利息收入与实际利息收入的差异是否恰当，评估利息收入的合理性，检查是否存在高息资金拆借，确认银行存款余额是否存在，利息收入是否已经完整记录。

（3）取得并检查银行存款余额对账单和银行存款余额调节表。注册会计师应取得并检查银行存款余额对账单和银行存款余额调节表是证实资产负债表中所列银行存款是否存在的重要程序。银行存款余额调节表通常应由被审计单位根据不同的银行账户及货币种类分别编制，其格式如表 7-3 所示。具体测试程序通常包括：

①将被审计单位资产负债表日的银行存款余额对账单与银行询证函回函核对，确认是否一致，抽样核对账面记录的已付票据金额及存款金额是否与对账单记录一致。

②检查资产负债表日的银行存款余额调节表中加计数是否正确，调节后银行存款日记账余额与银行对账单余额是否一致。

③检查调节事项的性质和范围是否合理。

a. 检查是否存在跨期收支和跨行转账的调节事项。编制跨行转账业务明细表，检查跨行转账业务是否同时对应转入和转出，未在同一期间完成的转账业务是否反映在银行存款余额调节表的调整事项中。具体如表 2-7-5 所示。

表 2-7-5　　银行存款余额调节表

被审计单位：　　索引号：

项目：银行存款余额调节表检查　　财务报表截止日期/时间：

编制：　　复核：

日期：　　日期：

开户银行：　　银行账号：　　币种：

项目	金额	调节项目说明
银行对账单余额		
加：企业已收而银行尚未入账合计金额		
其中：1.		
2.		
减：企业已付而银行尚未入账合计金额		

表2-7-5(续)

项目	金额	调节项目说明
其中：1.		
2.		
调整后银行对账单余额		
企业银行存款日记账余额		
加：银行已收而企业尚未入账合计金额		
其中：1.		
2.		
减：银行已付而企业尚未入账合计金额		
其中：1.		
2.		
调整后企业银行存款日记账余额		

经办会计人员：（签字）　　　　　　　会计主管：（签字）

b. 检查大额在途存款的日期，查明发生在途存款的具体原因，追查期后银行对账单存款记录日期，确定被审计单位与银行记账时间差异是否合理，确定在资产负债表日是否需作审计调整。

c. 检查被审计单位的未付票据明细清单，查明被审计单位未及时入账的原因，确定账簿记录时间晚于银行对账单的日期是否合理。

d. 检查被审计单位未付票据明细清单中有记录但截止到资产负债表日银行对账单无记录且金额较大的未付票据，获取票据领取人的书面说明，确认资产负债表日是否需要进行调整。

e. 检查资产负债表日后银行对账单是否完整地记录了调节事项中银行未付票据金额。

④检查是否存在未入账的利息收入和利息支出。

⑤检查是否存在其他跨期收支事项。

⑥如果被审计单位未经授权或授权不清支付货币资金的现象比较突出，检查银行存款余额调节表中支付的异常的领款（包括没有载明收款人）、签字不全、收款地址不清、金额较大票据的调整事项，确认是否存在舞弊。

（4）函证银行存款余额，编制银行函证结果汇总表，检查银行回函。

①向被审计单位在本期存过款的银行发函，包括零账户和账户已结清的银行。

②确定被审计单位账面余额与银行函证结果的差异，对不符事项作出适当处理。

银行存款函证是指注册会计师在执行审计业务过程中，需要以被审计单位名义向有关单位发函询证，以验证被审计单位的银行存款是否真实、合法、完整。按照国际惯例，财政部和中国人民银行于1999年1月6日联合印发了《关于做好企业的银行存款、借款及往来款项函证工作的通知》（以下简称《通知》）。《通知》对函证工作提出了明确的要求，并规定：各商业银行、政策性银行、非银行金融机构要在收到询证函之日起10个工作日内，根据函证的具体要求，及时回函并可按照国家的有关规定收取询证费用；各有关企业或单位根据函证的具体要求回函。

函证银行存款余额是证实资产负债表所列银行存款是否存在的重要程序。通过向往来银行函证，注册会计师不仅可了解企业资产的存在，还可了解企业账面反映所欠银行债务的情况，并有助于发现企业未入账的银行借款和未披露的或有负债。银行询证函参考格式如表2-7-6所示。

表2-7-6　银行询证函（示例）

编号：

××（银行）：

本公司聘请的××会计师事务所正在对本公司××年度财务报表进行审计，按照中国注册会计师审计准则的要求，应当询证本公司与贵行相关的信息。下列信息出自本公司记录，如与贵行记录相符，请在本函下端“信息证明无误”处签章证明；如有不符，请在“信息不符”处列明不符项目及具体内容；如存在与本公司有关的未列入本函的其他重要信息，也请在“信息不符”处列出其详细资料。回函请直接寄至××会计师事务所。

回函地址：

邮编：　　　电话：　　　传真：　　　联系人：

截至××年×月×日止，本公司与贵行相关的信息列示如下：

①银行存款

账户名称	银行账号	币种	利率	余额	起止日期	是否被质押或用于担保或存在其他限制	备注

除上述列示的银行存款外，本公司并无在贵行的其他存款。

注：“起止日期”一栏仅适用于定期存款，如为活期或保证金存款，可只填写“活期”或“保证金”的字样。

②银行借款

账户名称	币种	余额	借款日期	还款日期	利率	其他借款条件	抵（质）押品/担保人	备注

除上述列示的银行借款外，本公司并无自贵行的银行借款。

注：此项仅函证截至资产负债表日本公司尚未归还的借款。

（公司盖章）

年　月　日

（以下仅供被函证银行使用）

<table>
<tr><td>结论：1. 信息证明无误。

（银行盖章）
年　月　日</td></tr>
<tr><td>2. 信息不符，请列名不符项目及具体内容（其他未在本函列出的项目，请列出金额及其详细资料）。

（银行盖章）
年　月　日</td></tr>
</table>

（5）检查银行存单。编制银行存单检查表，检查是否与账面记录金额一致，是否被质押或限制使用，存单是否为被审计单位所拥有。

①对已质押的定期存款，应检查定期存单，并与相应的质押合同核对，同时关注定期存单对应的质押借款有无入账；

②对未质押的定期存款，应检查开户证实书原件；

③对审计外勤工作结束日前已提取的定期存款，应核对相应的兑付凭证、银行对账单和定期存款复印件。

（6）检查银行存款账户存款人是否为被审计单位，若存款人非被审计单位，应获取该账户户主和被审计单位的书面声明，确认资产负债表日是否需要调整。

（7）抽查大额银行存款收支的原始凭证，检查原始凭证是否齐全、记账凭证与原始凭证是否相符、账务处理是否正确、是否记录于恰当的会计期间等项内容。检查是否存在非营业目的的大额货币资金转移，并核对相关账户的进账情况；如有与被审计单位生产经营无关的收支事项，应查明原因并作相应的记录。

（8）检查银行存款收支的正确截止日期。选取资产负债表日前后若干天的银行存款收支凭证实施截止测试，关注业务内容及对应项目，如有跨期收支事项，应考虑是否应提小调整建议。

（9）检查银行存款的列报是否恰当。根据有关规定，企业的银行存款在资产负债表的“货币资金”项目反映，所以，注册会计师应在实施上述审计程序后，确定银行存款账户的期末余额是否恰当，进而确定银行存款是否在资产负债表上恰当披露。

【审计案例 2-7-3】

审计人员对B公司2013年12月31日的银行存款进行审查，查得银行存款日记账余额为174 800元，银行对账单余额为97 500元，并发现如下未达账项：

B公司12月28日开出金额为25 500元的转账支票一张，银行尚未入账；

（2）银行12月29日收到甲公司汇来的购货款35 000元，B公司尚未入账；

（3）B公司收到乙公司签发的64 000元转账支票一张，银行尚未入账；

(4) 银行对账单上发现12月22日和23日收入和付出支票各一张，金额均为50 000元，B公司银行存款日记账上无此记录。

B公司出纳员编制的银行存款余额调节表如表2-7-7所示。

表2-7-7　　银行存款余额调节表　　单位：元

项目	金额	项目	金额
银行对账单余额	97 500	银行存款日记账余额	174 800
加：企业已收而银行未收		加：银行已收而企业未收	
1. 存入转账支票	64 000	1. 借款利息	1 200
2. 存入现金	5 000		
减：企业已付而银行未付		减：银行已付而企业未付	
1. 开出转账支票	25 500	1. 收到汇款	35 000
调节后实际存款余额	141 000	调节后实际存款余额	141 000

【问题思考】

1. 指出B公司编制的银行存款余额调节表存在的问题；

2. 分析B公司在银行存款管理方面可能存在的问题。

【审计案例2-7-3分析】

(1) B公司编制的银行存款余额调节表中遗漏了银行对账单上所记录的12月22日收到支票50 000元和23日开出的支票50 000元，尽管调节表左右两边平衡，但并不能说明公司银行存款日记账没有错误。

(2) B公司出纳员对收到的支票款项和开出的支票款项未及时登记银行存款日记账，存在的问题可能是将收到转账的营业收入款项通过开出金额相等的现金支票存入“小金库”，或者是出纳员将公款转入私人账户存储赚取高额利息，或者是出纳员乘机贪污挪用公款等。需要审计人员进一步向银行函证，追查收入支票的来源和开出支票的去向；再根据函证结果对应审查银行存款总账、主营业务收入或其他业务收入、应收账款等账户记录，看是否存在上述问题，并提出相关审计意见。

任务4　其他货币资金审计

一、其他货币资金审计目标

其他货币资金是指除库存现金、银行存款以外的其他各种货币资金，包括企业到外地进行临时或零星采购而汇往采购地银行开立采购专户的款项所形成的外埠存款，企业为取得银行汇票按照规定存入银行的款项所形成的银行汇票存款，企业为取得银行本票按照规定存入银行的款项所形成的银行本票存款；信用卡存款；信用证保证金存款和存出投资款等。

其他货币资金的审计目标主要包括：

（1）确定被审计单位资产负债表的货币资金项目中的其他货币资金在资产负债表日是否确实存在，是否为被审计单位所拥有或控制。

（2）确定被审计单位在特定期间内发生的其他货币资金收支业务是否均已记录而无遗漏。

（3）确定其他货币资金余额是否正确。

（4）确定其他货币资金是否已按照企业会计准则规定在财务报表中作出恰当列报。

二、其他货币资金控制测试

一般而言，一个良好的其他货币资金内部控制同现金的内部控制一样，也应达到以下几点：①其他货币资金收支与记账的岗位分离。②其他货币资金收入、支出要有合理、合法的凭据。③全部收支及时准确入账，并且支出要有核准手续。④加强对其他货币资金收支业务的内部审计。

其他货币资金的控制测试包括：

（1）了解其他货币资金的内部控制。注册会计师在对其他货币资金的内部控制进行了解时，应当注意的内容包括：①其他货币资金的收支是否按规定的程序和权限办理；②其他货币资金的记账依据是否充分、恰当；③其他货币资金是否及时入账；④出纳与会计的职责是否严格分离。

（2）检查收支凭证。注册会计师应选取适当的样本量，作如下检查：①检查授权批准手续是否符合规定；②检查原始凭证是否充分、恰当；③检查入账金额是否正确；④检查入账时间是否及时。

（3）抽取一定期间的其他货币资金明细账与总账核对。注册会计师应抽取一定期间的其他货币资金明细账，检查其有无记录错误，并与其他货币资金总分类账核对。

（4）评价其他货币资金的内部控制。评价时，注册会计师应首先确定现金内部控制可信赖的程度以及存在的薄弱环节和缺点，然后据以确定在其他货币资金实质性程序中对哪些环节可以适当减少审计程序，哪些环节应增加审计程序作重点检查，以减少审计风险。

如果被审计单位的其他货币资金业务通常较少，注册会计师可以直接实施其他货币资金的实质性程序。

三、其他货币资金实质性程序

（1）获取或编制其他货币资金明细表。

①复核银行汇票存款、银行本票存款、信用卡存款、信用证保证金存款、存出投资款、外埠存款等加计是否正确，并与总账数和日记账、明细账合计数核对是否相符；

②检查非记账本位币其他货币资金的折算汇率及折算是否正确。

（2）取得并检查其他货币资金余额调节表。

①取得被审计单位银行对账单，检查被审计单位提供的银行对账单是否存在涂改或修改的情况，确定银行对账单金额的正确性，并与银行回函结果核对是否一致，抽样核对账面记录的已付款金额及存款金额是否与对账单记录一致。

a. 应将保证金户对账单与相应的交易进行核对，检查保证金与相关债务的比例和合同约定是否一致，特别关注是否存在有保证金发生而被审计单位账面无对应的保证事项的情形；

b. 若信用卡持有人是被审计单位职员，应取得该职员提供的确认书，并应考虑进行调整。

②获取资产负债表日的其他货币资金存款余额调节表，检查调节表中加计数是否正确，调节后其他货币资金日记账余额与银行对账单余额是否一致。

③检查调节事项的性质和范围是否合理，如存在重大差异应作审计调整。

（3）函证银行汇票存款、银行本票存款、信用卡存款、信用证保证金存款、存出投资款、外埠存款等期末余额，编制其他货币资金函证结果汇总表，检查银行回函。

（4）检查其他货币资金存款账户存款人是否为被审计单位，若存款人非被审计单位，应获取该账户户主和被审计单位的书面声明，确认资产负债表日是否需要调整。

（5）关注是否有质押、冻结等对变现有限制，或存放在境外，或有潜在回收风险的款项。

（6）选取资产负债表日前后若干张、一定金额以上的凭证，对其他货币资金收支凭证实施截止测试，如有跨期收支事项，应考虑是否进行调整。

（7）抽查大额其他货币资金收付记录。检查原始凭证是否齐全，记账凭证与原始凭证是否相符，账务处理是否正确，是否记录于恰当的会计期间等项内容。

（8）对不符合现金及现金等价物条件的其他货币资金在审计工作底稿中予以列明，以考虑对现金流量表的影响。

（9）检查其他货币资金的列报是否恰当。根据有关规定，企业的他货币资金在资产负债表的“货币资金”项目中反映，所以，注册会计师应在实施上述审计程序后，确定其他货币资金的期末余额是否恰当，进而确定其他货币资金是否在资产负债表上恰当列报。

模块三　审计报告阶段

项目一　出具审计报告前的准备工作

学习目标

学生通过对本项目的学习，了解在出具审计报告前须做些什么工作？对于发现的审计差异应当如何进行调整？如何编制试算平衡表？

能力目标

1. 能够编制审计差异调整表；
2. 能够正确编制试算平衡工作底稿。

任务1　编制审计差异调整表

注册会计师在确定审计报告意见类型和出具审计报告之前，应做好各项准备工作。

一、审计差异调整的含义

审计项目组成员在审计中发现的被审计单位财务报表的编报与其适用的编制基

础（如会计准则和会计制度）不一致之处，即为审计差异。注册会计师应根据审计重要性原则初步汇总，并建议被审计单位调整属于“重大错报”的审计差异，该项工作被称为审计差异调整。

二、审计差异的分类

按照审计差异产生的原因，审计差异可分为核算错误和重分类错误。

（一）核算错误的审计差异调整

核算错误是因被审计单位对经济业务进行了不正确的会计核算而导致的错误。

【审计案例 3-1-1】

注册会计师李玲在审计 ABC 公司时发现被审计单位将一笔广告费 500 000 元计入了“管理费用”账户。

【审计案例 3-1-1 分析】

（1）被审计单位的会计分录：

借：管理费用　　500 000

　贷：银行存款　　500 000

（2）正确的会计分录：

借：销售费用　　500 000

　贷：银行存款　　500 000

通过以上调整看出，被审计单位多计管理费用 500 000 元，少计销售费用 500 000元。审计调整分录为：

借：销售费用　　500 000

　贷：管理费用　　500 000

（二）重分类错误的审计差异调整

重分类错误是因企业未按企业会计准则列报财务报表而引起的错误。例如，在应付账款项目中列报了预付账款，在应收账款项目中列报了预收账款，在流动负债中列报了长期负债等。

【审计案例 3-1-2】

注册会计师李玲在审计 ABC 公司时发现应收账款总账余额为借方 75 000 元，其中三个明细账为贷方 25 000 元。资产负债表上，反映应收账款项目为 75 000 元。

【审计案例 3-1-2 分析】

该公司年末应收账款余额分为借方和贷方两个方向，“应收账款”科目在正常情况下应该为借方余额，当出现贷方余额时，实际上是公司预收的货款，应该对贷方余额进行重分类，所以审计调整分录为：

借：应收账款　　　　25 000

　贷：预收账款　　　　25 000

三、审计差异调整的基本步骤

对审计中发现的核算误差，如何运用审计重要性原则来划分建议调整的不符事项和未调整的不符事项，是正确编制审计差异调整表的关键。注册会计师应当考虑核算误差的金额和性质两个因素，确定建议调整的不符事项和未调整不符事项。

第一次调整：

情况一：对于单笔核算误差超过所涉及财务报表项目（或账项）层次重要性水平的，应视为建议调整的不符事项。

情况二：对于单笔核算误差低于所涉及财务报表项目（或账项）层次重要性水平，但性质重要的，比如涉及舞弊与违法行为的核算误差、影响收益趋势的核算误差、股本项目等不期望出现的核算误差，应视为建议调整的不符事项。

第二次调整：对于单笔核算误差低于所涉及财务报表项目（或账项）层次重要性水平，并且性质不重要的，一般应视为未调整不符事项，但当若干笔同类型未调整不符事项汇总数超过财务报表项目（或账项）层次重要性水平时，应从中选取几笔转为建议调整的不符事项，过入调整分录汇总表，使未调整不符事项汇总金额降至项目层重要性水平之下。

第三次调整：将所有未调整不符事项的错报合计数与报表层重要性水平相比较，如果超过报表层重要性水平，则应从中选取几笔转为建议调整的不符事项，过入调整分录汇总表，使得未调整不符事项汇总金额降至财务报表层重要性水平之下。

第四次调整：考虑前期未调整且继续影响本期的错报金额，如果和第三次调整后的合计数超过报表层的重要性水平，应继续调整，直至剩下的未调整不符事项汇总金额低于财务报表层重要性水平。

第五次调整：必要时，还需要考虑期后事项、或有事项的影响，调整方法同上。

【审计案例 3-1-3】

假定只考虑资产负债表的应收账款项目，注册会计师确定的该项目的重要性水平为 30 万元，财务报表层次的重要性水平为 300 万元。那么：

第一次调整：

情况一：在应收账款项目中，如果单笔核算误差超过项目层重要性水平 30 万元，就要建议调整。如：发现一笔 40 万元的错报，肯定要调，因为超过了项目重要性水平 30 万元。

情况二：如果单笔核算误差低于 30 万元，但性质重要，也要建议调整。例如：发现一笔 15 万元的错报，是与另外一单位串通舞弊造成的，建议调整，因为其性质重要。

第二次调整：应收账款项目内，单笔核算误差低于30万元，性质也不重要，就单笔看，应该不建议调整；但是如果应收账款项目内这种未调整的不符事项太多了，以至于合计起来的数超过了项目层重要性水平，也要调整。例如：发现一笔15万元的错报，金额不超过30万元，性质也不重要，不建议调整；后来又发现一笔20万元的错报，同样是金额不超过30万元，性质也不重要，不应该建议调整。两笔错报分开来看，都未超过重要性水平，而且性质也不重要，但加起来的总额为35万元，大于应收账款项目层重要性水平30万元，此时，从中选择几笔调到重要性水平之下。此例中将20万元那笔转为建议调整的；假如还有一笔8万元的错报漏报，同样满足性质不重要，金额也未超过重要性水平，还是建议调20万元那笔，因为剩下的两笔15万元和8万元，加起来的金额为23万元，不超过重要性水平30万元。

总之，调整的原则是：

项目调整结束时，不建议调整的错报漏报满足：第一，每笔金额不超过重要性，性质也不重要；第二，加起来的金额也不超过重要性。即相当于两次调整机会，第一次单独看一个项目内，第二次合起来看。这两次调整都是与财务报表项目（或账项）层次重要性水平相比较。

【审计案例3-1-4】

ABC会计师事务所的A和B注册会计师对公开发行A股的XYZ股份有限公司2013年度的财务报表进行审计。XYZ股份有限公司未经审计的2013年度的部分会计资料如表3-1-1所示。

表3-1-1　　XYZ公司未经审计的2013年度部分会计资料

项目	金额（万元）
主营业务收入	120 000
主营业务成本	100 000
利润总额	18 000
净利润	12 060
资产总额	90 000
长期股权投资	36 000
股东权益	44 000
其中：股本（每股面值1元）	20 000
资本公积	4 000
盈余公积	3 600
未分配利润	16 400

A 和 B 注册会计师经审计发现以下五个事项：

（1）2013 年 12 月 1 日，XYZ 股份有限公司经批准，将短期闲置的 10 000 万元资金通过银行委托贷款，月利率为 0.8%。XYZ 股份有限公司作了借记“其他应收款——银行委托贷款”科目 10 000 万元、贷记“银行存款”科目 10 000 万元的会计处理，但对 2014 年 1 月 5 日收到的 2013 年 12 月份的银行委托贷款利息收入尚未作会计处理。

（2）XYZ 股份有限公司采用平均年限法计提固定资产折旧，漏计 2013 年 7 月办公大楼折旧。该办公大楼原值 12 000 万元，预计使用年限为 20 年，预计净残值率为 5%。

（3）2013 年 11 月 30 日，XYZ 股份有限公司清查盘点原材料，发现短缺 15 万元，作了借记“待处理财产损溢”科目 15 万元、贷记“原材料”科目 15 万元的会计处理。2013 年 12 月，查清短缺原因，其中属于非常损失部分为 14 万元，属于一般经营损失部分为 1 万元。公司作了借记“营业外支出——非常损失”科目 15 万元、贷记“待处理财产损溢”科目 15 万元的会计处理。

（4）XYZ 股份有限公司采用备抵法核算坏账，坏账准备按期末应收账款余额的 5‰计提。2013 年 12 月 31 日，未经审计的资产负债表反映的应收账款项目为借方余额 10 000 万元，坏账准备项目为贷方余额 10 万元。应收账款项目的明细组成如表 3-1-2所示。

表 3-1-2　　应收账款项目的明细组成

应收账款——A 公司	8 000 万元
应收账款——B 公司	4 000 万元
应收账款——C 公司	-2 000 万元
合计	10 000 万元

（5）XYZ 股份有限公司漏计上述办公大楼 2013 年 12 月的折旧。

【问题思考】

1. 如果以资产总额、净资产（股东权益）、主营业务收入和净利润作为判断基础，采用固定比率法，并假定资产总额、净资产、主营业务收入和净利润的固定百分比数值分别为 0.5%、1%、0.5%和 5%，请代 A 和 B 注册会计师计算确定 XYZ 股份有限公司 2013 年度财务报表层次的重要性水平，并简要说明理由。

2. 假定不考虑 XYZ 股份有限公司 2013 年度财务报表项目层次的重要性水平，就审计发现的上述五个事项，请代 A 和 B 注册会计师列示审计调整分录（不考虑调整分录对税费、期末结转损益及利润分配的影响）。

3. 假定 A 和 B 注册会计师将已确定的 XYZ 股份有限公司 2013 年度财务报表层次的重要性水平分配至各财务报表项目。其中部分财务报表项目的重要性水平如表

3-1-3 所示。

表 3-1-3　　部分账务报表项目的重要性水平

财务报表项目	重要性水平（万元）
银行存款	10
应收账款	100
应收利息	10
坏账准备	0.50
其他应收款	30
存货　其中：原材料	3 020
固定资产	100
累计折旧	90
股本	0
资本公积	30
盈余公积	0
主营业务成本	100
营业费用	10
管理费用	20
财务费用	15
营业外支出	5

请指出上述审计调整分录中，哪些为 A 和 B 注册会计师必须建议 XYZ 股份有限公司调整的审计调整分录？在必须建议调整的审计调整分录中，哪些应归入“审计差异调整表——调整分录汇总表”？哪些应归入“审计差异调整表——重分类分录汇总表”？哪些应归入“审计差异调整表——未调整不符事项汇总表”？并请简要说明理由（不考虑调整分录对所得税、期末结转损益及利润分配的影响）。

（4）假定 XYZ 股份有限公司同意 A 和 B 注册会计师在考虑了财务报表项目层次重要性水平基础上提出的审计调整建议。2014 年 3 月 5 日，根据 2013 年年初未分配利润余额 4 340 万元和 2013 年度审计后的净利润，XYZ 股份有限公司董事会审议通过如下分红派息预案：“按 10%和 5%分别提取法定盈余公积和法定公益金；以 2013 年 12 月 31 日总股本为基数，每 10 股送 5 股，派现金 1.25 元；剩余未分配利润滚存至下一年度。资本公积每 10 股转 1 股。”如果审计报告日为 2014 年 3 月 6 日，请代 A 和 B 注册会计师据此作出建议的审计调整分录（不考虑调整分录对企业所得税、期末结转损益及对代扣代缴个人所得税的影响，也不考虑年度终了将“利润分配”科目下的其他明细科目的余额转入“利润分配——未分配利润”科目）。

【审计案例 3-1-4 分析】

（1）计算确定 XYZ 股份有限公司 2013 年度财务报表层次的重要性水平，如表 3-1-4 所示。

表 3-1-4　　XYZ 公司 2013 年度财务报表层次的重要性水平

判断基础	金额（万元）	固定百分比数值（%）	乘积（万元）	财务报表层次的重要性水平（万元）
资产总额	90 000	0.5	450	440
净资产	44 000	1	440	
主营业务收入	120 000	0.5	600	
净利润	12 060	5	603	

理由：按照固定比率计算结果，不同财务报表的重要性水平会不相同，注册会计师应选取最低者作为财务报表层次的重要性水平。因为这个最低金额的错报对于每一张报表都重要。同时从谨慎性原则考虑，重要性水平与审计证据之间成反比关系，重要性水平越低，意味着注册会计师应当搜集、获取的审计证据越多，以降低审计风险。

（2）不考虑财务报表项目层次的重要性水平情况下的审计调整分录。

①调整 XYZ 股份有限公司发生银行委托贷款业务时的会计处理：

借：短期投资——银行委托贷款　　100 000 000

　贷：其他应收款——银行委托贷款　　100 000 000

②按权责发生制补记 2014 年 1 月 5 日收到的 2013 年 12 月份的银行委托贷款利息收入：

借：应收利息　　800 000

　贷：投资收益　　800 000

③补计 2013 年 7 月办公大楼折旧 475 000［12 000×（1－5%）÷（20×12）］元：

借：管理费用——折旧费　　475 000

　贷：累计折旧　　475 000

④属于一般经营损失的原材料短缺 10 000 元应调整记入“管理费用”科目：

借：管理费用——物料消耗　　10 000

　贷：营业外支出——非常损失　　10 000

⑤“应收账款——C 公司”贷方余额 20 000 000 元应作财务报表重分类调整：

借：应收账款——C 公司　　20 000 000

　贷：预收账款——C 公司　　20 000 000

⑥按调整后期末应收账款余额补提坏账准备 500 000 元（12 000×5‰－10）：

借：资产减值损失——提取的坏账准备　　　　　　　　　　500 000
　贷：坏账准备　　　　　　　　　　　　　　　　　　　　500 000

⑦补计 2013 年 12 月办公大楼折旧 475 000 元｛12 000×（1-5%）÷（20×12）

借：管理费用　　　　　　　　　　　　　　　　　　　　475 000
　贷：累计折旧　　　　　　　　　　　　　　　　　　　　475 000

（3）A 和 B 注册会计师必须建议 XYZ 股份有限公司调整的项目为上述分录中①、②、③、⑤、⑥和⑦，共 6 笔。必须建议调整的审计调整分录中，分录①、②、③、⑥和⑦共 5 笔应归入“审计差异调整表——调整分录汇总表”；分录⑤应归入“审计差异调整表——重分类分录汇总表”。分录④应归入“审计差异调整表——未调整不符事项汇总表”。

理由：

分录①的金额超过了其他应收款项目的重要性水平金额。

分录②的金额超过了应收利息项目的重要性水平金额。

分录⑥的金额超过了坏账准备的重要性水平金额。

分录③和分录⑦的金额从单笔看虽然均未达到累计折旧项目的重要性水平金额，但该两笔系同一性质、同一内容的经济业务，其相加金额已超过了累计折旧项目的重要性水平金额，并且上述 5 笔分录均为会计误差调整分录，所以，必须建议 XYZ 股份有限公司作审计调整，并将其归入“审计差异调整表——调整分录汇总表”。

分录⑤的金额超过了应收账款项目的重要性水平金额，并且该笔分录属财务报表重分类调整分录，所以，必须建议 XYZ 股份有限公司作审计调整，并将其归入“审计差异调整表——重分类分录汇总表”。

分录④的金额小于营业外支出项目的重要性水平金额，并且该笔分录既不影响损益，也不影响税费，所以，可考虑将其归入“审计差异调整表——未调整不符事项汇总表”。

（4）因为经上述审计调整后，XYZ 股份有限公司 2013 年度实现的净利润为 119 950 000 元（12 060+80-47.50-50-47.50），故应提取法定盈余公积数为11 995 000（119 950 000×10%）元应提取法定公益金数为 5 997 500（119 950 000×5%）元。建议作如下审计调整分录：

①借：利润分配——提取法定盈余公积　　　　　　　　11 995 000
　　　利润分配——提取法定公益金　　　　　　　　　5 997 500
　贷：盈余公积——法定盈余公积　　　　　　　　　　　11 995 000
　　　盈余公积——法定公益金　　　　　　　　　　　　5 997 500

以 2013 年 12 月 31 日总股本为基数，每 10 股送 5 股，派现金 1. 25 元。对于“每 10 股送 5 股”，根据《企业会计准则——资产负债表日后事项》，此时应视为非调整事项；对于“派现金 1. 25 元”，共派发现金股利 25 000 000 元（200 000 000×1. 25÷10）。建议作如下审计调整分录：

借：利润分配——应付普通股股利　　　　25 000 000

　　贷：应付股利　　　　25 000 000

②资本公积每 10 股转 1 股，则共转股本 20 000 000 元（200 000 000×1÷10），建议作如下审计调整分录：

借：资本公积　　　　20 000 000

　　贷：股本　　　　20 000 000

任务 2　编制试算平衡工作底稿

一、试算平衡工作底稿的含义

试算平衡工作底稿是注册会计师在被审计单位提供的未审计财务报表的基础上，考虑调整分录、重分类分录等内容后，为确定财务报表审定数而编制的审计工作底稿。

二、试算平衡的原理及公式

注册会计师在编制试算平衡工作底稿时，依然要遵循借贷记账法的基本原理，即：

（1）检查每笔会计分录的借、贷金额是否平衡；

（2）检查总分类账户的借、贷发生额是否平衡；

（3）检查总分类账户的借、贷余额是否平衡。

在借贷记账法下，试算平衡的基本公式是：

全部账户的借方期初余额合计数=全部账户的贷方期初余额合计数

全部账户的借方发生额合计=全部账户的贷方发生额合计

全部账户的借方期末余额合计=全部账户的贷方期末余额合计

试算平衡可以分为两种，一种是将本期发生额和期末余额分别编制列表；另一种是将本期发生额和期末余额合并在一张表上进行试算平衡。

通过试算平衡来检查账簿记录是否正确并不是绝对的，从某种意义上讲，如果借贷不平衡，就可以肯定账户的记录或者是计算有错误，但是如果借贷平衡，我们也不能肯定账户记录没有错误，因为有些错误并不影响借贷双方的平衡关系。如果在有关账户中重记或漏记某项经济业务，或者将经济业务的借贷方向记反，就不一定能通过试算平衡发现错误。

注册会计师可与被审计单位就调整建议进行讨论，然后将被审计单位同意调整的核算错报项目编入账项调整分录汇总表，将被审计单位同意调整的重分类错报项目编入重分类调整分录汇总表（注册会计师可根据需要，灵活设计这两种专用工作底稿的格式和内容，此处不列示)，对于被审计单位不同意调整的事项和不建议调整的事项编入尚未更正错报汇总表中，然后根据调整分录汇总表和重分类调整分录汇总表，编制资产负债表试算平衡工作底稿和利润表试算平衡工作底稿。

三、试算平衡工作底稿的参考格式

在审计实务中，并不存在所有会计师事务所统一的资产负债表和利润表试算平衡工作底稿格式。此处列示参考格式，分别如表 3-1-5 和表 3-1-6 所示。

资产负债表试算平衡工作底稿填列说明：

(1)“未审数”应根据被审计单位提供的未审计财务报表填列；

(2)“重分类错误调整数”应根据经被审计单位同意的“重分类调整分录汇总表”填列；

(3)“核算错误调整数”应根据经被审计单位同意的“账项调整分录汇总表”填列；

(4)“审定数”应根据“未审数”加（或减）“重分类错误调整数”和“核算错误调整数”之后的计算结果填列。

利润表的试算平衡工作底稿填列说明：

(1)“未审数”应根据被审计单位提供的未审计财务报表填列；

(2)“调整数”应根据经被审计单位同意的“账项调整分录汇总表”填列；

(3)“审定数”应根据“未审数”加（或减）“调整数”之后的计算结果填列。

表 3-1-5　　　　资产负债表试算平衡工作底稿

项目	行次	未审数	重分类错误调整数	核算错误调整数	审定数
流动资产：	1				
货币资金	2				
交易性金融资产	3				
应收票据	5				
应收股利	6				
应收利息	7				
应收账款	8				
其他应收款	9				
预付账款	10				
存货	11				
库存材料（产成品）	13				
一年内到期的非流动资产	14				

表3-1-5(续)

项目	行次	未审数	重分类错误调整数	核算错误调整数	审定数
其他流动资产	15				
流动资产合计	16				
非流动资产：	17				
可供出售金融资产	18				
持有至到期投资	19				
长期应收款	20				
长期股权投资	21				
股权分置流通权	22				
投资性房地产	23				
固定资产原价	24				
减：累计折旧	25				
固定资产净额	28				
在建工程	29				
工程物资	30				
固定资产清理	31				
无形资产	32				
长期待摊费用	39			–	
递延所得税资产	40				
递延税款借项	41				
其他非流动资产	42				
非流动资产总计	44				
资产合计					

表 3-1-6　　利润表试算平衡工作底稿

项目	未审数	调整数	审定数
一、营业收入			
减：营业成本			
营业税金及附加			
销售费用			
管理费用			

表3-1-6(续)

项目	未审数	调整数	审定数
财务费用			
资产减值损失			
加：公允价值变动收益（损失以“-”号填列）			
投资收益（损失以“-”号填列）			
其中：对联营企业和合营企业投资收益			
二、营业利润（亏损以“-”号填列）			
加：营业外收入			
减：营业外支出			
其中：非流动资产处置损失			
三、利润总额（亏损总额以“-”号填列）			
减：所得税费用			
四、净利润（净亏损以“-”号填列）			

【审计案例 3-1-5】

某会计师事务所于2014年2月10日接受ABC公司委托，对该公司2013年度财务报表进行审计。ABC公司2013年度财务报表（部分）及相关调整事项列示如表3-1-7和表3-1-8所示。

（1）资产负债表

表 3-1-7　　**资产负债表**　　单位：元

项目	期末余额	年初余额	负债和所有者权益	期末余额	年初余额
流动资产：			流动负债：		
货币资金	311 200	500 000	短期借款	1 600 000	2 100 000
交易性金融资产	300 000		交易性金融负债		
应收票据	510 000	1 700 000	应付票据	740 000	500 000
应收账款	2 000 000	3 000 000	应付账款	5 000 000	4 880 000
预付款项		500 000	预收款项	10 000	100 000
应收利息			应付职工薪酬	16 000	20 000
应收股利			应交税费	-14 300	
其他应收款	22 000	100 000	应付利息	25 000	10 000
存货	8 850 000	6 850 000	应付股利		

表3-1-7(续)

项目	期末余额	年初余额	负债和所有者权益	期末余额	年初余额
一年内到期非流动资产			其他应付款	320 000	100 000
流动资产合计	11 993 200	12 650 000	一年内到期非流动负债		
非流动资产：			其他流动负债		
可供出售金融资产			流动负债合计	7 696 700	7 710 000
持有至到期投资	3 120 000	3 120 000	非流动负债：		
长期股权投资	3 100 000	3 100 000	长期借款	6 600 000	7 600 000
投资性房地产			应付债券	230 000	500 000
固定资产	11 800 000	12 100 000	长期应付款	148 000	300 000
在建工程	1 540 000	2 020 000	专项应付款		
工程物资	1 800 000	1 120 000	预计负债		
固定资产清理	5 000		递延所得税负债		
生产性生物资产			其他非流动负债		
油气资产			非流动负债合计	6 978 000	8 400 000
无形资产	1 920 000	2 000 000	负债合计	14 674 700	16 110 000
开发支出	30 000		所有者权益：		
商誉			实收资本	20 000 000	20 000 000
长期待摊费用	1 079 000	1 620 000	资本公积	600 000	600 000
递延所得税资产			盈余公积	600 000	400 000
其他非流动资产			未分配利润	512 500	300 000
非流动资产合计	24 394 000	24 760 000	所有者权益合计	21 712 500	21 300 000
资产总计	36 387 200	37 410 000	负债和所有者权益总计	36 387 200	37 410 000

（2）利润表

表 3-1-8　　**利润表**　　单位：元

项目	本期金额	上期金额
一、营业收入	12 420 000	11 850 000
减：营业成本	8 418 000	7 836 000
营业税金及附加	381 600	364 800
销售费用	1 423 000	1 170 000

表3-1-8(续)

项目	本期金额	上期金额
管理费用	1 480 000	1 400 000
财务费用	400 000	680 000
资产减值损失	50 000	
加：公允价值变动收益（损失以“-”号填列）		
投资收益（损失以“-”号填列）	320 000	300 000
其中：对联营企业和合营企业投资收益	160 000	150 000
二、营业利润（亏损以“-”号填列）	587 400	699 200
加：营业外收入	20 000	
减：营业外支出	30 000	
其中：非流动资产处置损失	12 000	
三、利润总额（亏损总额以“-”号填列）	577 400	699 200
减：所得税费用	144 350	174 800
四、净利润（净亏损以“-”号填列）	433 050	524 400

（3）审计中发现的问题

①ABC公司2013年11月末盘亏乙材料20 000元，当时在未查明原因前暂列入“待处理财产损溢”账户；在2013年12月初查明短缺原因，其中属于非常损失部分18 000元，属于一般经营性损失2 000元。公司会计处理为：

借：营业外支出——非常损失　20 000

　贷：待处理财产损溢——待处理流动资产损溢　20 000

②公司未将12月收款的2013年机器设备租金收入（出租给甲企业）150 000元入账，而是挂在“其他应付款”账户。会计处理如下：

借：银行存款　150 000

　贷：其他应付款——甲企业　150 000

③2014年1月4日入账的未付款固定资产，经查系2013年12月20日购入且于当月投入运营的卡车一辆，取得的增值税专用发票注明价款240 000元、税款40 800元。公司会计处理如下：

借：固定资产——生产经营用固定资产　240 000

　　应交税费——应交增值税（进项税额）　40 800

　贷：应付账款　280 800

④预收账款明细账户中有借方余额30 000元，在编制财务报表时未并入应收账款，并未计提坏账准备（公司按年末应收账款余额的5%计提坏账准备）。

⑤公司漏记一办公楼2013年12月折旧，该办公楼账面原值为460万元，预计

使用年限为 20 年，预计净残值率为 4%。

【问题思考】针对上述资料，先进行审计差异调整，再编制资产负债表和利润表的试算平衡表。

【审计案例 3-1-5 分析】

（1）针对以上审计差错，注册会计师应作审计调整分录如下：

①将经营性损失材料错计入营业外支出，应调整计入管理费用，但不影响当期损益和所得税金额。

借：管理费用　　2 000

　贷：营业外支出　　2 000

②将固定资产出租收入挂往来账户，少计其他业务收入，因此少计利润和所得税金额。

借：其他应付款——甲企业　　150 000

　贷：其他业务收入　　150 000

③将 2013 年 12 月购买的固定资产推迟入账，将会导致 2013 年财务报表少计固定资产和负债，不影响 2013 年度损益和所得税。调整分录为：

借：固定资产　　240 000

　　应交税费——应交增值税　　40 800

　贷：应付账款　　280 800

④进行重分类调整并计提还账准备：

借：应收账款——××公司　　30 000

　贷：预收账款——××公司　　30 000

借：资产减值损失——计提坏账准备　　1 500

　贷：坏账准备　　1 500

⑤补提 12 月份办公楼折旧［（4 600 000×（1-4%）÷20÷12］：

借：管理费用——折旧费　　18 400

　贷：累计折旧　　18 400

⑥假定只有上述需要调整的事项，考虑其影响的所得税 32 525 元［（150 000-1 500-18 400）×25%］。

借：所得税费用　　32 525

　贷：应交税费——应交企业所得税　　32 525

⑦将增加的净利润 97 575 元按 10%比例计提法定盈余公积 9 757. 50 元，90%转增未分配利润 87 817. 50 元，此处属调整表，可以不作分录，直接调整。应付投资者利润及转增资本等属于期后非调整事项，此处不用调整。

（2）编制的试算平衡工作底稿

①资产负债表试算平衡工作底稿如表 3-1-9 所示。

表3-1-9　　资产负债表试算平衡工作底稿

编制单位：××委托单位　　2013年12月31日　　单位：元

资产	未审数	调整数	审定数	负债及所有者权益	未审数	调整数	审定数
流动资产：				流动负债：			
货币资金	311 200		311 200	短期借款	1 600 000		1 600 000
交易性金融资产	300 000		300 000	交易性金融负债			
应收票据	510 000		510 000	应付票据	740 000		740 000
应收账款	2 000 000	+30 000 -1 500	2 028 500	应付账款	5 000 000	+280 800	5 280 800
预付款项				预收款项	10 000	+30 000	40 000
应收利息				应付职工薪酬	16 000		16 000
应收股利				应交税费	-14 300	-40 800 +32 525	-21 775
其他应收款	22 000			应付利息	25 000		25 000
存货	8 850 000			应付股利			
一年内到期的非流动资产				其他应付款	320 000	-150 000	70 000
其他流动资产				一年内到期的非流动负债			
流动资产合计	11 993 200	+28 500	12 021 700	其他流动负债			
非流动资产：				流动负债合计	7 696 700	+152 525	7 849 225
可供出售金融资产				非流动负债：			
持有至到期投资	3 120 000		3 120 000	长期借款	6 600 000		6 600 000
长期股权投资	3 100 000		3 100 000	应付债券	230 000		230 000
投资性房地产				长期应付款	148 000		148 000
固定资产	11 800 000	+240 000 -18 400	12 021 600	专项应付款			
在建工程	1 540 000		1 540 000	预计负债			
工程物资	1 800 000		1 800 000	递延所得税负债			
固定资产清理	5 000		5 000	其他非流动负债			
生产性生物资产				非流动负债合计	6 978 000		6 978 000
油气资产				负债合计	14 674 700		14 827 225
无形资产	1 920 000		1 920 000	所有者权益：			
开发支出	30 000		30 000	实收资本	20 000 000		20 000 000
商誉				资本公积	600 000		600 000
长期待摊费用	1 079 000		1 079 000	减：库存股			
递延所得税资产				盈余公积	600 000	+9 757. 50	609 757. 50
其他非流动资产				未分配利润	512 500	+87 817. 50	600 317. 50
非流动资产合计	24 394 000	+221 600	24 615 600	所有者权益合计	21 712 500	+97 575	21 810 075
资产总计	36 387 200		36 637 300	权益总计	36 387 200		36 637 300

②利润表试算平衡工作底稿如表3-1-10所示。

表 3-1-10　　　　　　　　**利润表试算平衡工作底稿**

编制单位：××委托单位　　　　　　2013 年 12 月　　　　　　　　　　单位：元

项目	未审数	调整数	审定数
一、营业收入	12 420 000	+150 000	12 570 000
减：营业成本	8 418 000		8 418 000
营业税金及附加	381 600		381 600
销售费用	1 423 000		1 423 000
管理费用	1 480 000	+20 400	1 500 400
财务费用	400 000		400 000
资产减值损失	50 000	+1 500	51 500
加：公允价值变动收益（损失以“-”号填列）			
投资收益（损失以“-”号填列）	320 000		320 000
其中：对联营企业和合营企业投资收益	160 000		160 000
二、营业利润（亏损以“-”号填列）	587 400	+128 100	715 500
加：营业外收入	20 000		20 000
减：营业外支出	30 000	−2 000	28 000
其中：非流动资产处置损失	12 000	−2 000	10 000
三、利润总额（亏损总额以“-”号填列）	577 400	+130 100	707 500
减：所得税费用	144 350	+32 525	176 875
四、净利润（净亏损以“-”号填列）	433 050	+97 575	530 625

本案例未涉及 ABC 公司 2013 年期初数的变动，则期初数直接按未审计财务报表的期初数列示，期末数按审计调整表的审定数填列，经委托单位确认签章后，即可对外提供。

项目二　如何出具审计报告

学习目标

学生通过本项目的学习，掌握注册会计师审计报告的含义、内容和审计意见类型。

能力目标

能够依据审计证据，确定审计意见类型并出具审计报告。

任务1 认识注册会计师审计报告

一、注册会计师审计报告的含义

注册会计师审计报告是指注册会计师依据审计准则的规定，在计划和实施审计工作的基础上对被审计单位财务报表发表审计意见而形成的书面文件。

注册会计师通过出具审计报告，向财务报表使用者表达他们对被审计单位财务报表可信赖程度的判断意见，有助于财务报表使用人正确理解财务信息并做出相关经济决策。

注册会计师审计报告也可以看成承接审计业务的会计师事务所提交给审计业务委托人的“最终产品”，具有法定的证明效力。

二、注册会计师审计报告的内容

根据《中国注册会计师审计准则第1501号——对财务报表形成审计意见和出具审计报告》的规定，注册会计师的审计报告应当包括如下内容：

（一）标题

关于审计报告的标题，世界各国的注册会计师审计界有多种表述，如注册会计师的报告、注册会计师意见等。在我国，注册会计师审计报告的标题统一规范为“审计报告”。

（二）收件人

审计报告应当按照审计业务约定的要求载明收件人。一般说来，审计报告的收件人是审计业务的委托人。审计报告应载明收件人的全称，如“四川长虹电器股份有限公司全体股东”。

（三）引言段

引言段是对审计报告中引导语段落的简称。引言段应说明以下内容：

指出被审计单位的名称；说明财务报表已经审计；指出构成整套财务报表的每一种财务报表的名称；提及财务报表附注；指明构成整套财务报表的每一种财务报表的日期或涵盖的期间。

（四）管理层对财务报表的责任段

管理层对财务报表的责任段应当说明，编制财务报表是管理层的责任，这种责任包括按照适用的财务报告编制基础编制财务报表，并使其实现公允反映；设计、执行和维护必要的内部控制，以使财务报表不存在由于舞弊或错误导致的重大错报。

（五）注册会计师的责任段

注册会计师责任段应当说明以下几点：

（1）注册会计师的责任是在执行审计工作的基础上对财务报表发表审计意见。

（2）注册会计师按照中国注册会计师审计准则的规定执行了审计工作。中国注册会计师审计准则要求注册会计师遵守中国注册会计师职业道德守则，计划和执行审计工作以对财务报表是否不存在重大错报获取合理保证。

（3）审计工作涉及实施审计程序，以获取有关财务报表金额和披露的审计证据。选择的审计程序取决于注册会计师的判断，包括对由于舞弊或错误导致的财务报表重大错报风险的评估。在进行风险评估时，注册会计师考虑与财务报表编制和公允列报相关的内部控制，以设计恰当的审计程序，但目的并非对内部控制的有效性发表意见。

审计工作还包括评价管理层选用会计政策的恰当性和作出会计估计的合理性，以及评价财务报表的总体列报。

（4）注册会计师相信获取的审计证据是充分、适当的，为其发表审计意见提供了基础。

（六）审计意见段

审计意见段就是注册会计师发表对已审计财务报表作出的专业判断意见的段落。

在审计意见段中，注册会计师应当说明被审计单位的财务报表是否按照适用的编制基础编制，在所有重大方面是否公允反映了被审计单位的财务状况、经营成果和现金流量。

如果对财务报表发表无保留意见，除非法律法规另有规定，审计意见应当使用“财务报表在所有重大方面按照适用的财务报告编制基础（如《企业会计准则》等）编制，公允反映了……”的措辞。

（七）注册会计师签名和盖章

审计报告应当由注册会计师签名和盖章。

（八）会计师事务所签章和地址

审计报告应当载明会计师事务所的名称和地址，并加盖会计师事务所公章。

（九）审计报告日期

审计报告应当注明报告日期。审计报告日不应早于注册会计师获取充分、适当的审计证据，并在此基础上对财务报表形成审计意见的日期。

在确定审计报告日期时，注册会计师应当确信已获取下列两方面的审计证据：

（1）构成整套财务报表的所有报表（包括相关附注）已编制完成；

（2）被审计单位的董事会、管理层或类似机构已经认可其对财务报表负责。

一般说来，审计报告日期不应当早于被审计单位管理当局确认和签署财务报表的日期。

三、注册会计师审计报告的主要编制步骤

在审计报告阶段，为了编制和出具审计报告，注册会计师应遵循以下工作步骤，认真地完成每一步骤的全部工作，最终出具一份真实合法的审计报告。

第一步，汇总审计差异。

它主要是整理、分析并汇总审计工作底稿中记录的各类审计差异（也成为财务报表的错报），在此基础上编制调整分录汇总表、重分类分录汇总表、未调整不符事项汇总表等。

第二步，确定应当建议调整的重大错报。

注册会计师应当将审计差异的汇总情况与原来确定的财务报表层次和账户余额层次的重要性水平进行比较，确定应当提请被审计单位调整的重大错报项目及金额。

第三步，编制试算平衡工作底稿。

在提请被审计单位调整财务报表前，注册会计师应当进行试算平衡，以再次确认调整建议的恰当性和合理性。该项工作的目的是检验假定被审计单位按照调整建议对财务报表进行调整，审定后的资产负债表和利润表是否平衡。

第四步，提请被审计单位调整重大错报。

注册会计师对于确定属于重大错报的事项后，应与被审计单位进行沟通，建议其作出相应的调整。如果被审计单位拒绝调整重大错报，注册会计师必须考虑拟发表的审计意见类型以及确定如何在审计报告中反映。

第五步，确认已审计的财务报表及其附注的内容。

注册会计师对于被审计单位调整后的财务报表及附注应当进行最后确认，以防被审计单位随意修改或替换已审计财务报表。

第六步，确定审计意见。

注册会计师应当依据对审计证据的分析和评价结果，并考虑重要性水平，确定在审计报告中发表何种审计意见。

第七步，草拟审计报告。

在初步确定审计意见的类型后，注册会计师可以按照审计准则规定的格式和内容起草审计报告初稿。

第八步，出具审计报告。

注册会计师应先就审计报告初稿（或征求意见稿）的内容与被审计单位管理当局沟通，最后再正式出具审计报告。

任务2　掌握注册会计师审计报告的意见类型

【审计案例 3-2-1】

重庆渝港钛白粉股份有限公司（以下简称“渝钛白公司”）是以吸收合并方式接受重庆化工厂后，于1992年9月11日以社会募集方式设立的股份有限公司。

1993年7月12日，“渝钛白A”在深圳证券交易所上市交易。公司上市之后，起初经营业绩尚好，但从1996年开始，公司开始出现亏损（1996年亏损1 318万元，公司未予以分配）。

为了扭转亏损局面，1998年一开年，市委、市政府有关领导及银行的负责同志到渝钛白公司现场办公。从资金、管理、市场等方面给予继续支持。市化工局在1998年的工作安排中，力求把渝钛白公司抓紧抓好，“使其成为今年的新的增长点”。特别认为在高档钛白粉（特别是金红石型钛白粉）仍然主要靠进口的情况下，公司生产的金红石型钛白粉产品不仅可以替代进口而且还可以出口创汇，其市场前景是光明和广阔的。

1998年4月29日，渝钛白公司公布了1997年度报告，其中在财务报告部分，刊登了重庆会计师事务所于1998年3月8日出具的否定意见审计报告。重庆会计师事务所的审计报告指出：“1997年度应计入财务费用的应付债券利息为8 064万元，贵公司将其计入渝钛白粉工程成本；欠付中国银行常青市分行的美元借款利息为89.8万美元（折合人民币743万元），贵公司未计提入账，两项共影响利润8 807万元。我们认为，由于本报告第二段所述事项的重大影响，贵公司1997年12月31日资产负债表、1997年度利润表及利润分配表、财务状况变动表未能公允地反映贵公司1997年12月31日财务状况和1997年度经营成果及资金变动情况。”

通常，在注册会计师出具的审计报告中，无保留意见的审计报告或保留意见的审计报告较为常见，主要是因为大部分被审计单位会接受注册会计师的建议调整财务报表中的重大错报项目，最终使得注册会计师愿意为经过审计的财务报表不存在重大错报提供合理保证。

审计实务中，注册会计师出具否定意见的审计报告并不常见。无论是注册会计师还是被审计单位，都不希望发表否定意见的审计报告。被出具了否定意见的审计报告，就意味着该单位的财务报表信息列报是不公允的，财务报表的编制是不符合编制基础的，财务报表的信息将很难被信赖。

【问题思考】在什么情况下，注册会计师才能出具否定意见的审计报告？

一、标准审计报告——不带强调或说明事项段的无保留意见审计报告

无保留意见审计报告是指注册会计师认为财务报表的编报符合适用的编制基础，

不存在应当调整或披露而被审计单位未予以调整或披露的重大事项时，出具的一种审计报告。

注册会计师在决定出具无保留意见的审计报告时，如果认为审计报告不必附加任何说明段、强调事项段或修正性用语，则这种审计报告的格式和内容基本统一。因此注册会计师出具的这种无保留意见的审计报告在审计实务界被称为“标准审计报告”。

如果注册会计师决定对财务报表发表不带强调或说明事项段的无保留意见审计报告，除非法律法规另有规定，审计意见应当使用“财务报表按照适用的财务报告编制基础（如《企业会计准则》等）编制，在所有重大方面公允反映了……”的措辞。不带强调或说明事项段的无保留意见审计报告的范例如下：

审计报告

ABC 股份有限公司全体股东：

我们审计了后附的 ABC 股份有限公司（以下简称“ABC 公司”）财务报表，包括××××年 12 月 31 日的资产负债表，××××年度的利润表、股东权益变动表和现金流量表以及财务报表附注。

一、管理层对财务报表的责任

按照《企业会计准则》和《××会计制度》的规定编制财务报表是 ABC 公司管理层的责任。这种责任包括：①设计、实施和维护与财务报表编制相关的内部控制，以使财务报表不存在由于舞弊或错误而导致的重大错报；②选择和运用恰当的会计政策；③作出合理的会计估计。

二、注册会计师的责任

我们的责任是在实施审计工作的基础上对财务报表发表审计意见。我们按照《审计准则》的规定执行了审计工作。《审计准则》要求我们遵守职业道德规范，计划和实施审计工作以对财务报表是否不存在重大错报获取合理保证。

审计工作涉及实施审计程序，以获取有关财务报表金额和披露的审计证据。选择的审计程序取决于注册会计师的判断，包括对由于舞弊或错误导致的财务报表重大错报风险的评估。在进行风险评估时，我们考虑与财务报表编制相关的内部控制，以设计恰当的审计程序，但目的并非对内部控制的有效性发表意见。审计工作还包括评价管理层选用会计政策的恰当性和作出会计估计的合理性，以及评价财务报表的总体列报。

我们相信，我们获取的审计证据是充分、适当的，为发表审计意见提供了基础。

三、审计意见

我们认为，ABC 公司财务报表已经按照《企业会计准则》和《××会计制度》的规定编制，在所有重大方面公允反映了 ABC 公司××××年 12 月 31 日的财务状况以及××××年度的经营成果和现金流量。

××会计师事务所（签章）　　　　　中国注册会计师：×××　（签名并盖章）
中国××市　　　　　　　　　　　中国注册会计师：×××（签名并盖章）
××××年××月××日

二、非标准审计报告

注册会计师出具非标准审计报告时，应当遵守《中国注册会计师审计准则第1502号——在审计报告中发表非无保留意见》《中国注册会计师审计准则第1503号——在审计报告中增加强调事项段和其他事项段》和《中国注册会计师审计准则第1501号——对财务报表形成审计意见和出具审计报告》的相关规定。非标准审计报告包括带强调事项段的无保留意见审计报告、保留意见审计报告、否定意见审计报告和无法表示意见审计报告四种类型。

（一）带强调事项段的无保留意见的审计报告

审计报告的强调事项段是指注册会计师在审计意见段之后增加的对重大事项予以强调的段落。强调事项应当同时符合下列条件：

（1）可能对财务报表产生重大影响，但被审计单位进行了恰当的会计处理，且在财务报表中作出充分披露。

（2）不影响注册会计师发表的审计意见。

（3）当存在可能导致对持续经营能力产生重大疑虑的事项或情况，但不影响已发表的审计意见时，注册会计师应当在审计意见段之后增加强调事项段对此予以强调。

（4）当存在可能对财务报表产生重大影响的不确定事项（持续经营问题除外），但不影响已发表的审计意见时，注册会计师应当考虑在审计意见段之后增加强调事项段对此予以强调。不确定事项是指其结果依赖于未来行动或事项，不受被审计单位的直接控制，但可能影响财务报表的事项。

带强调事项段的无保留意见的审计报告就是注册会计师发表的审计意见依然是无保留意见，只是报告中增加了强调事项或其他说明。

带强调事项段的无保留意见审计报告的参考格式如下：

审计报告

ABC股份有限公司全体股东：

我们审计了后附的ABC股份有限公司（以下简称“ABC公司”）财务报表，包括××××年12月31日的资产负债表，××××年度的利润表、股东权益变动表和现金流量表以及财务报表附注。

（一）管理层对财务报表的责任

按照《企业会计准则》和《××会计制度》的规定编制财务报表，是ABC公司管理层的责任。这种责任包括：①设计、实施和维护与财务报表编制相关的内部控制，以使财务报表不存在由于舞弊或错误而导致的重大错报；②选择和运用恰当的会计政策；③作出合理的会计估计。

（二）注册会计师的责任

我们的责任是在实施审计工作的基础上对财务报表发表审计意见。我们按照中国注册会计师审计准则的规定执行了审计工作。中国注册会计师审计准则要求我们遵守职业道德规范，计划和实施审计工作以对财务报表是否不存在重大错报获取合理保证。

审计工作涉及实施审计程序，以获取有关财务报表金额和披露的审计证据。选择的审计程序取决于注册会计师的判断，包括对由于舞弊或错误导致的财务报表重大错报风险的评估。在进行风险评估时，我们考虑与财务报表编制相关的内部控制，以设计恰当的审计程序，但目的并非对内部控制的有效性发表意见。审计工作还包括评价管理层选用会计政策的恰当性和作出会计估计的合理性，以及评价财务报表的总体列报。

我们相信，我们获取的审计证据是充分、适当的，为发表审计意见提供了基础。

（三）审计意见

我们认为，ABC公司财务报表已经按照《企业会计准则》和《××会计制度》的规定编制，在所有重大方面公允反映了ABC公司××××年12月31日的财务状况以及××××年度的经营成果和现金流量。

（四）强调事项

我们提醒财务报表使用者关注，如财务报表附注×所述，ABC公司在××××年发生亏损××万元，在××××年12月31日，流动负债高于资产总额××万元。ABC公司已在财务报表附注×充分披露了拟采取的改善措施，但其持续经营能力仍然存在重大不确定性，本段内容不影响已发表的审计意见。

××会计师事务所（签章）　　　　中国注册会计师：×××（签名并盖章）

中国××市　　　　　　　　　　　中国注册会计师：×××（签名并盖章）

××××年××月××日

(二) 保留意见的审计报告

当存在下列情形之一时，注册会计师应当发表保留意见。

(1) 在获取充分、适当的审计证据后，注册会计师认为错报单独或汇总起来对财务报表影响重大，但不具有广泛性。

(2) 注册会计师无法获取充分、适当的审计证据以作为形成审计意见的基础，但认为未发现的错报（如存在）对财务报表可能产生的影响重大，但不具有广泛性。

当由于财务报表存在重大错报而发表保留意见时，注册会计师应当根据适用的财务报告编制基础在审计意见段中说明：注册会计师认为，除了导致保留意见的事项段所述事项产生的影响外，财务报表在所有重大方面按照适用的财务报告编制基础编制，并实现了公允反映。

当无法获取充分、适当的审计证据而导致发表保留意见时，注册会计师应当在审计意见段中使用“除……可能产生的影响外”等措辞。

保留意见审计报告的参考格式如下：

审计报告

ABC 股份有限公司全体股东：

我们审计了后附的 ABC 股份有限公司（以下简称“ABC 公司”）财务报表，包括××××年 12 月 31 日的资产负债表，××××年度的利润表、股东权益变动表和现金流量表以及财务报表附注。

一、管理层对财务报表的责任

按照《企业会计准则》和《××会计制度》的规定编制财务报表，是 ABC 公司管理层的责任。这种责任包括：①设计、实施和维护与财务报表编制相关的内部控制，以使财务报表不存在由于舞弊或错误而导致的重大错报；②选择和运用恰当的会计政策；③作出合理的会计估计。

二、注册会计师的责任

我们的责任是在实施审计工作的基础上对财务报表发表审计意见。我们《审计准则》的规定执行了审计工作。《审计准则》要求我们遵守职业道德规范，计划和实施审计工作以对财务报表是否不存在重大错报获取合理保证。

审计工作涉及实施审计程序，以获取有关财务报表金额和披露的审计证据。选择的审计程序取决于注册会计师的判断，包括对由于舞弊或错误导致的财务报表重大错报风险的评估。在进行风险评估时，我们考虑与财务报表编制相关的内部控制，以设计恰当的审计程序，但目的并非对内部控制的有效性发表意见。审计工作还包括评价管理层选用会计政策的恰当性和作出会计估计的合理性，以及评价财务报表的总体列报。

我们相信，我们获取的审计证据是充分、适当的，为发表审计意见提供了基础。

三、导致保留意见的事项

ABC 公司××××年 12 月 31 日的应收账款余额××万元，占资产总额×%。由于 ABC 公司未能提供债务人地址，我们无法实施函证以及其他审计程序，以获取充分、适当的审计证据。

四、审计意见

我们认为，除了导致保留意见的事项段所述事项可能产生的影响外，ABC 公司财务报表已经按照《企业会计准则》和《××会计制度》的规定编制，在所有重大方面公允反映了 ABC 公司××××年 12 月 31 日的财务状况以及××××年度的经营成果和现金流量。

××会计师事务所（签章）　　　　　　中国注册会计师：×××（签名并盖章）

中国××市　　　　　　　　　　　　　中国注册会计师：×××（签名并盖章）

××××年××月××日

（三）否定意见的审计报告

在获取充分、适当的审计证据后，如果认为错报单独或汇总起来对财务报表的影响重大且具有广泛性，注册会计师应当发表否定意见。

一般说来，只有当注册会计师确信财务报表存在重大错报和歪曲，以至财务报表不符合适用的编制基础，未能从整体上公允反映被审计单位的财务状况、经营成果和现金流量，注册会计师才出具否定意见的审计报告。

当发表否定意见时，注册会计师应当根据适用的财务报告编制基础在审计意见段中说明：注册会计师认为，由于导致否定意见的事项段所述事项的重要性，财务报表没有按照适用的财务报告编制基础编制，未能在所有重大方面公允反映被审计单位的财务状况、经营成果和现金流量。

否定意见审计报告的参考格式如下：

审计报告

ABC 股份有限公司全体股东：

我们审计了后附的 ABC 股份有限公司（以下简称“ABC 公司”）财务报表，包括××××年 12 月 31 日的资产负债表，××××年度的利润表、股东权益变动表和现金流量表以及财务报表附注。

一、管理层对财务报表的责任

按照《企业会计准则》和《××会计制度》的规定编制财务报表，是 ABC 公司管理层的责任。这种责任包括：①设计、实施和维护与财务报表编制相关的内部控制，以使财务报表不存在由于舞弊或错误而导致的重大错报；②选择和运用恰当的会计政策；③作出合理的会计估计。

二、注册会计师的责任

我们的责任是在实施审计工作的基础上对财务报表发表审计意见。我们按照《审计准则》的规定执行了审计工作。《审计准则》要求我们遵守职业道德规范，计划和实施审计工作以对财务报表是否不存在重大错报获取合理保证。

审计工作涉及实施审计程序，以获取有关财务报表金额和披露的审计证据。选择的审计程序取决于注册会计师的判断，包括对由于舞弊或错误导致的财务报表重大错报风险的评估。在进行风险评估时，我们考虑与财务报表编制相关的内部控制，以设计恰当的审计程序，但目的并非对内部控制的有效性发表意见。审计工作还包括评价管理层选用会计政策的恰当性和作出会计估计的合理性，以及评价财务报表的总体列报。

我们相信，我们获取的审计证据是充分、适当的，为发表审计意见提供了基础。

三、导致否定意见的事项

如财务报表附注×所述，ABC 公司的长期股权投资未按《企业会计准则》的规定采取权益法核算。如按权益法核算，ABC 公司的长期投资账面价值将减少××万元，变为亏损××万元。

四、审计意见

我们认为，由于受到导致否定意见的事项段所述事项的重大影响，ABC 公司财务报表没有按照《企业会计准则》和《××会计制度》的规定编制，未能在所有重大方面公允反映了 ABC 公司××××年 12 月 31 日的财务状况以及××××年度的经营成果和现金流量。

××会计师事务所（签章）　　中国注册会计师：×××　（签名并盖章）

中国××市　　中国注册会计师：×××（签名并盖章）

××××年××月××日

【审计案例 3-2-1 分析】

根据《中国注册会计师审计准则第 1221 号——计划和执行审计时的重要性》中关于审计的重要性的定义看，本案例所述的两项错报足以影响会计信息使用人对财务报表的整体理解。

首先，渝钛白公司是一个上市公司，1996 年已出现 1 000 多万元的亏损，而 1997 年在未调整的情况下，又出现了 3 000 多万元的亏损，加上这两个会计事项的调整，其亏损额已高达 11 943 万元，调整之后的股东权益仅为 3 290 万元。与其原有的注册资本 13 000 万元相比，仅剩下 25%左右，这样，其持续经营的能力就值得怀疑。

其次，如果上述两个错报会计事项不调整，就会严重误导依赖财务报表进行决策的证券投资者。

因此，从这两个因素来考虑，重庆会计师事务所的审计意见是合理的。

虽然重庆会计师事务所出具了否定意见审计报告，并与渝钛白公司的管理部门发生了严重的意见分歧，但最后渝钛白公司股东大会还是通过方案，同意重庆会计师事务所的意见，并按此意见调整了 1997 年度会计决算报表。即：将原计入钛白粉工程的应付债券利息 8 064 万元调整计入当期财务费用，将欠付中国银行重庆分行的美元借款利息 89. 8 万美元（折合人民币 743 万元）也调整计提入账，两项增加亏损 8 807 万元。再加上报表中原有亏损 3 136 万元，渝钛白公司经重庆会计师事务所确认的 1997 年度亏损额为 11 943 万元。

1998 年 3 月 8 日，重庆会计事务所对渝钛白公司财务报表出具的否定意见审计报告成为我国第一例对上市公司财务报表出具了否定意见审计报告。

（四）无法表示意见的审计报告

无法表示意见的审计报告是注册会计师无法获得充分适当的审计证据，无法对财务报表的整体表示意见的一种审计报告。

当注册会计师发表无法表示意见审计报告时，应当在审计意见段中说明：由于导致无法表示意见的事项段所述事项的重要性，注册会计师无法获取充分、适当的审计证据为发表审计意见提供基础，因此，注册会计师不对这些财务报表发表审计意见。

在审计实务中，如果未发现的错报（如存在）可能对财务报表产生的影响重大且具有广泛性，以至于发表保留意见不足以反映情况的严重性，注册会计师应当在可行时解除业务约定（除非法律法规禁止）；如果在出具审计报告之前解除业务约定被禁止或不可行，应当发表无法表示意见。

当由于无法获取充分、适当的审计证据而发表无法表示意见时，注册会计师应当修改审计报告的引言段，仅说明注册会计师接受委托审计财务报表。

注册会计师还应当修改对注册会计师责任段的描述，仅作出如下说明："我们的责任是在按照中国注册会计师审计准则的规定执行审计工作的基础上对财务报表发表审计意见。但由于导致无法表示意见的事项段中所述的事项，我们无法获取充分、适当的审计证据为发表审计意见提供基础。"

一般说来，只有当审计范围受到限制可能产生的影响非常重大和广泛，不能获取充分、适当的审计证据，以至于无法确定财务报表的合法性与公允性，注册会计师才可出具无法表示意见的审计报告。无法表示意见不同于否定意见，如果注册会计师发表否定意见，必须获得充分、适当的审计证据。无论发表无法表示意见还是否定意见，都只有在非常严重的情形下采用。无法表示意见审计报告的参考格式如下：

审计报告

ABC 股份有限公司全体股东：

我们接受委托审计后附的 ABC 股份有限公司（以下简称"ABC 公司"）财务报表，包括××××年 12 月 31 日的资产负债表，××××年度的利润表、股东权益变动表和现金流量表以及财务报表附注。

一、管理层对财务报表的责任

按照《企业会计准则》和《××会计制度》的规定编制财务报表是 ABC 公司管理层的责任。这种责任包括：①设计、实施和维护与财务报表编制相关的内部控制，以使财务报表不存在由于舞弊或错误而导致的重大错报；②选择和运用恰当的会计政策；③作出合理的会计估计。

二、注册会计师的责任

我们的责任是在按照《审计准则》的规定执行审计工作的基础上对财务报表发表审计意见。但由于导致无法表示意见的事项段中所述的事项的存在，我们无法获取充分、适当的审计证据为发表审计意见提供基础。

三、导致无法表示意见的事项

ABC 公司未对××××年 12 月 31 日的存货进行盘点，金额为××万元，占期末总额的 40%，我们无法实施存货监盘，也无法实施替代审计程序，无法对期末存货的数量和状况获取充分、适当的审计证据。

四、审计意见

由于导致无法表示意见的事项段所述事项的影响，我们无法获取充分适当的审计证据作为发表审计意见的基础，我们无法对 ABC 公司的财务报表发表意见。

××会计师事务所（签章）　　中国注册会计师：×××　（签名并盖章）

中国××市　　中国注册会计师：×××（签名并盖章）

××××年××月××日

【审计案例 3-2-2】

飞腾股份有限责任公司委托南宁明日会计师事务所（主任会计师为蒙浩）审计其 2011 年度财务报表，2012 年 3 月 20 日审计工作结束，按审计业务约定书的要求，会计师事务所应于 2012 年 4 月 1 日前出具审计报告。飞腾公司管理层于 2012 年 3 月 31 日签署审计后的财务报表。飞腾公司的总资产为 9 000 万元，总负债为4 500万元，利润总额为 1 800 万元。审计中存在以下事项：

（1）2011 年 12 月 21 日飞腾公司销售给利友公司产品一批，不含税价为 400 万元，成本为 120 万元。2011 年 12 月 30 日，利友公司发现产品质地有问题要求退货。2012 年 2 月 26 日正式办妥退货手续，退回产品验收入库，飞腾公司未作处理。

（2）飞腾公司在其报表附注中披露 2011 年因生产造成环境污染被起诉，原告要求赔偿损失 1 100 万元的事项，至注册会计师完成审计工作时，这一案件仍未判决。

（3）飞腾公司在其境外子公司投资额为 100 万元，占 70%股权比例，连续几年没有收到投资收益，因受条件限制，注册会计师无法去现场审计，所发出的询证函也没有回音。

（4）飞腾公司 2011 年 11 月购买一条原价为 150 万元的生产线并入账，当月启用，但当年未计提折旧。公司会计政策规定，此类固定资产按平均年限法计提折旧，折旧年限为 10 年，净残值率为 5%。

（5）飞腾公司在 2011 年度变更了坏账准备的计提方法，但并未在财务报表附注中加以披露。注册会计师认为变更是不合理的。

（6）由于市场竞争激烈，飞腾公司的存货出现滞销，其账面成本为 1 200 万元，2011 年 12 月 31 日的可变现净值为 580 万元，飞腾公司对此尚未进行相应的会计处理。

（7）飞腾公司利润总额中的 70%是由其境外子公司提供的，注册会计师无法赴国外对子公司的财务报表进行审查，也无法通过其他审计程序进行验证。

【问题思考】

1. 如果飞腾公司拒绝调整或披露以上情况，请分别说明上面7种情况下注册会计师应当发表的审计意见类型及理由。（假定注册会计师确定本次财务报表层次的重要性水平为50万元）

2. 假定只存在1和6两种情况，飞腾公司不接受注册会计师的调整建议，请说明注册会计师应当出具何种意见的审计报告，简要说明理由，并代注册会计师写出审计报告。

【审计案例3-2-2分析】

（1）上述7种情况下注册会计师应分别出具的审计报告的意见类型如表3-2-1所示。

表3-2-1　　注册会计师出具审计报告的意见类型

项目	审计意见类型	理由
1	保留意见	错报影响重大，但不广泛
2	带强调事项段无保留意见	存在重大的不确定事项
3	保留意见	审计范围受到局部限制，但影响不广泛
4	无保留意见	错报金额小于重要性水平
5	保留意见	未充分披露信息，但影响不广泛
6	保留意见	错报影响重大，但不广泛
7	无法表示意见	审计范围受到严重限制，影响广泛

（2）假如只存在1和6所述情况，飞腾公司不接受注册会计师的调整建议，注册会计师应当出具否定意见审计报告。主要理由：如果飞腾公司拒绝调整1和6所述的错报，将使得飞腾公司2011年12月31日的财务状况和2011年度的财务成果和现金流量严重扭曲，影响重大而广泛。注册会计师为飞腾公司出具的否定意见的审计报告如下：

审计报告

飞腾股份有限公司全体股东：

我们审计了后附的飞腾股份有限公司（以下简称飞腾公司）财务报表，包括2011年12月31日的资产负债表，2011年度的利润表、股东权益变动表、现金流量表以及财务报表附注。

一、管理层对财务报表的责任

按照《企业会计准则》和《企业会计制度》的规定编制财务报表是飞腾公司管理层的责任。这种责任包括：①设计、实施和维护与财务报表编制相关的内部控制，以使财务报表不存在由于舞弊或错误而导致的重大错报；②选择和运用恰当的会计